大学堂顶尖学者丛书

王汎森 著

Thinking as a Way of Life:
Contemplating Modern Chinese
Intellectual History
Fansen Wang

思想是生活的一种方式
中国近代思想史的再思考

北京大学出版社
PEKING UNIVERSITY PRESS

图书在版编目(CIP)数据

思想是生活的一种方式：中国近代思想史的再思考/王汎森著. —北京：北京大学出版社，2018.3
（大学堂顶尖学者丛书）
ISBN 978-7-301-27029-5

Ⅰ.①思… Ⅱ.①王… Ⅲ.①思想史—研究—中国—近代 Ⅳ.①B25

中国版本图书馆 CIP 数据核字（2018）第 008672 号

书　　　名	思想是生活的一种方式：中国近代思想史的再思考 SIXIANG SHI SHENGHUO DE YI ZHONG FANGSHI
著作责任者	王汎森　著
责 任 编 辑	陈　甜
标 准 书 号	ISBN 978-7-301-27029-5
出 版 发 行	北京大学出版社
地　　　址	北京市海淀区成府路 205 号　100871
网　　　址	http://www.pup.cn　新浪微博：@北京大学出版社
电 子 邮 箱	编辑部 wsz@pup.cn　　总编室 zpup@pup.cn
电　　　话	邮购部 62752015　发行部 62750672　编辑部 62752025
印 刷 者	北京中科印刷有限公司
经 销 者	新华书店
	880 毫米×1230 毫米　A5　12.25 印张　288 千字 2018 年 3 月第 1 版　2023 年 12 月第 5 次印刷
定　　　价	78.00 元

未经许可，不得以任何方式复制或抄袭本书之部分或全部内容。
版权所有，侵权必究
举报电话：010-62752024　电子邮箱：fd@pup.cn
图书如有印装质量问题，请与出版部联系，电话：010-62756370

"大学堂顶尖学者丛书"总序

"大学者,囊括大典,网罗众家之学府也"。北京大学素有广延名师、博采众长的优良传统,其中不乏具有国际一流水准的学术大师。在北大发展的不同历史阶段,许多卓有影响的学术和思想名家,包括杜威、罗素、杜里舒、泰戈尔、詹明信、德里达等,借助北大的讲台传递他们的思想,也获益于与北大学人的对话,留下许多中外学术交流的佳话。

知识改变世界,人才创造未来。进入新世纪以来,学术研究的国际化趋势日益明显,交流变得空前活跃。伴随北大建设世界一流大学步伐的加快,北大师生与世界前沿学术展开对话的愿望日益迫切。

正是在这一背景下,北京大学充分利用自身的学术影响和资源,积极搭建国际化的学术平台,举办各种类型的讲座或论坛,建设国际学术交流的重要基地,使人才的引进与汇聚,成为北京大学创建世界一流大学的助推器。而设立于2012年的"大学堂"顶尖学者讲学计划(Peking University Global Fellowship,以下简称"大学堂"计划),就居于北大多层次引智体系的顶端。北大设立这一项目的初衷,旨在吸引和汇聚一批世界顶尖学者,提升北大引进海外智力的层次,从根本上增强北大创建世界一流大学的综合竞争力。项目发展至今,已经邀请到超过40位成就卓著、具有世界声誉的杰出学者,为他们提供在北京大学发表其前沿学术成果、并与北大师生深度交流的机会。受"大学堂"计划之邀来访的学者中,既有自然科学领域的诺贝尔奖、菲尔茨奖、图灵奖获得者,也有人文科学、社会科学领域的重要思想家和代表性学者,体现了北大一如既往地兼容并包的精神,也反映了北大在全球人才竞争中的地位与水平。他们的到访,所带来的不仅是知识的教导,更有教学方式和教育理念的更新,为整体教学氛围注入新元素与新活力,开阔了学生的国际视野,促进了学校教学和科研水平的提高。

当今世界,人才全球化趋势不可逆转,国际高等教育对于高水平人才的竞争空前激烈。在此意义上,"大学堂"计划汇聚全球的学术名家与大师于北大,对于加快推进北大的世界一流大学和一流学科建设,具有重要意义。北京大学将继续推动"大学堂"计划的深入发展,努力营造人才辈出、人才集聚、人尽其才的良好环境。

现在,经由北大国际合作部与北大出版社的策划与推动,学者们的讲学成果将在"大学堂顶尖学者丛书"的框架下,陆续整理、结集出版。放眼世界,高端讲座项目与优质出版资源的携手,使学者的思想得以行之久远,惠及大众,这是一流大学之通例。值此北京大学即将迎来建校120周年校庆之际,我们推出这样一套丛书,希望能够记录下北大迈向世界一流学府过程中的坚实脚印,也留下一批经典作品,树立起一流学术的标杆。

北京大学党委书记　郝　平
北京大学校长　林建华

王汎森

目　录

序　　　　　　　　　　　　　　　　　　　　　　　1

第一章　思想是生活的一种方式
　　　　——兼论思想史的层次　　　　　　　　　001

第二章　从"新民"到"新人"
　　　　——近代思想中的"自我"与"政治"　　　033

第三章　五四运动与生活世界的变化　　　　　　　069

第四章　"烦闷"的本质是什么
　　　　——近代中国的私人领域与"主义"的崛起　089

第五章　"主义时代"的来临
　　　　——中国近代思想史的一个关键发展　　　138

第六章　时间感、历史观、思想与社会
　　　　——进化思想在近代中国　　　　　　　　220

第七章　中国近代思想中的"未来"　　　　　　　244

第八章　如果把概念想象成一个结构
　　　　——晚清以来的"复合性思维"　　　　　272

第九章　"儒家文化的不安定层"
　　　　——对"地方的近代史"的若干思考　　　281

第十章　人的消失?!
　　　　——兼论20世纪史学中"非个人性历史力量"　　　314
附　录　中国近代思想文化史研究的若干思考　　　351

出版后记　　　365

序

在进入正文前,我要先提几点可能的疑问:我是不是在为中国没有发展出抽象的哲学思维辩护?是不是倾向于将思想化约为生活?是不是在宣扬一种唯与生活发生关系的思想才有价值的想法?是不是认为重要的、具有原创性的思想家没有价值,不必用心研究?答案都是否定的。我个人高度重视为何中国没有发展出像希腊以来的那种抽象的思维。诚如克罗齐(Benedetto Croce,1866—1952)所说的:"思想作为行动才是积极的,思想既不是对实在的模仿,也不是装实在的容器";同时他也强调"思想不在生活之外,甚至就是生活职能"。[1] 那么如果想了解思想在历史发展中实际的样态,则不能忽略"思想的生活性"与"生活的思想性"的问题。所以,一方面是"思想是生活的一种方式",另一方面是"生活是思想的一种方式"。至于本书的标题之所以仅取前者("思想是生活的一种方式"),只是为求简洁方便而已。而不管哪一面,我所讨论的都只是对传统思想史视野的一种扩大,而不是对思想史工作的取代。

将近二十年前,我在《思想史与生活史的交界》一文中,便提到对"思想的生活性""生活的思想性",以及这两者之间往复交织,宛如"风"般来

---

[1] 克罗齐著,田时纲译,《作为思想和行动的历史》(北京:商务印书馆,2012),页25。

回往复的现象的兴趣。但当时的想象相对比较简单,后来在考虑这个问题时,"宇宙如网"的意象经常出现在我脑海中。此处所谓的"生活",包括的范围比较宽,其中当然也包括社会生活、经济生活、政治生活。而我之所以特别强调"生活"这个面相,是因为即使是涉及经济、政治、社会,我所侧重的也还是在经济生活、政治生活、社会生活的层面。

一

在近代中国史学中,"思想的生活性"与"生活的思想性"之所以被忽略,可能与西方"哲学"观念的传入有关。"哲学"高踞学问的宝座之后,人们有意无意之间认为,要经过几度从生活世界抽离之后的哲学,才是最高的真理。但如果我们想了解历史的发展,则仅注意历朝各代比较抽象的哲学,往往又未必能解释历史的真正变动。本书所关心的是"intellection",是广义的思想活动,是一切"思"之事物,是思想如微血管般遍布整个社会的现象。它们最初可能是来自一些具有高度原创性、概念性的哲学思想,但是它们在日常生活世界中,像血液在微血管中流通,形成了非常复杂的现象。

对于了解传统中国的历史而言,"思想的生活性"与"生活的思想性",似乎是难以回避的面相。而且,传统中的许多文本带有浓厚的生活性[2] 儒家基本上是一种践履之学,譬如宋明理学的文本,如果不

---

[2] 如 Martin Kern 认为《诗经》中有一些篇章是礼仪展演的文本,详见 Martin Kern, "*Shi Jing* Songs as Performance Texts: A Case Study of 'Chu ci'(Thorny Caltrop)," *Early China* 25 (2000), pp. 49-111。相关讨论可见张节末、张妍,《"自我指涉":柯马丁对〈诗经〉的解读》,《浙江学刊》2013 年第 3 期,页 81—90。

在相当程度上从践履的角度去把握,则必然会有所误失。一直到近代反传统运动之后,这个生活践履的层面才被刻意忽略。近人研究历史时,每每忽略传统思想的生活性,也忽略了一旦加入生活的面相,思想史的理路便要相应地扩充及复杂化。譬如说其中有性质及内容的不同,光谱浓淡、思想高低之差异,或者说有不同的思想史层次(layers of concept)的存在。不同层次之间既有所区分,也有各种复杂的影响或竞合关系。

谈"intellection"时,决不能抹杀大思想家的关键地位。试想,如果把孔子、孟子、朱熹(1130—1200)、王阳明(1472—1529)等人,乃至近代的胡适(1891—1962)与陈独秀(1879—1942)从思想史上抽掉,历史又会变成什么样子呢?如果将程朱或宋明理学诸大儒都抽掉了,整个东亚近八百年的历史又会是哪一种景色?历史上有许多具有重大影响力的通俗文本或意识形态,往往是从具原创性的思想层层转手而来的。譬如托马斯·格林(T. H. Green,1836—1882)的伦理学思想形塑了19世纪英国公务员的基本意识形态;又如熊彼得(Joseph Alois Schumpeter,1883—1950)说过的,许多财政部长脑海中的东西,其实是从他读过的经济学教科书转手而来的。所以在讨论思想史时应该留意它有一个纵深,需要了解并处理思想在社会中周流的实况,免得误将某种"思想的存在"自然而然地当作"历史的现实"。

二

多年来我都这样认为。第一,每一段历史都不是单线的,其中都有各种力量同时在竞合着,但并不表示当时没有主旋律及次旋律之分,也不是没有大论述与小论述之分。第二,我们应该从历史中看出层次的分别。层次的分别当然不是像切蛋糕那样整齐,各层次之间的分别与界域往往模糊难定,但是层次之分别多少是存在的,而且有时出现在相同人身上。譬如清代考证学最盛时,从事考证的人可能一方面作反宋儒的考证工作,另一方面在参加科举考试时所攻习的仍是四书朱注。

层次之别有时出现在不同人群中。譬如在清代考证学当令之时,有一层官员、学者、地方读书人是以生活化的理学作为其持身的标准,如唐鉴(1778—1861)《清学案小识》中所列举的大量案例,或如清末民初沈子培(曾植,1850—1922)所观察到的,即使在考证学盛行的时代,"乾嘉以来朝贵负时望者,其衣钵有二途。上者正身洁己,操行清峻,以彭南畇《儒门法语》为宗;其次则谦抑清俭,与时消息,不蹈危机,以张文端《聪训斋语》为法。百余年来汉官所称贤士大夫之风气在是矣"。[3]

对不同思想史层次的了解有助于我们澄清一种误会,误以为思想史中所陈述过的即自然而然周流于一般人民脑海中,忽略了其中可能存在的断裂(conceptual lags)。譬如说会误以为清代中期以后,戴震(1724—1777)、阮元(1764—1849)、凌廷堪(1857—1809)的新人性论已经是人们思想的公分母;或误以为明清以来,既然有崇商的思想家,那么广大士大夫世界应当是已经采取了一种重商的观点;或误以为太虚法师(1890—1947)于民初提出"人生佛教"之后,当时广大佛教信徒已经接受了这个概念,而忘了这是要等到几十年之后,经印顺(1906—2005)、证严等人提倡"人间佛教"之后,才得以下及广大的群众、并产生有力的行动。如果不分层次进行观察,则往往会误以为思想家所鼓

---

[3] 许全胜撰,《沈曾植年谱长编》(北京:中华书局,2007),页87。

吹的，自然会被各个层次的人所接受，或误以为浮在咖啡上浅浅的一层奶油，早已经渗透到整杯咖啡中。

在"思想是生活的一种方式"或"生活是思想的一种方式"这个大前提下，首先要考虑的是生活与思想/知识交织的现象。首先，关心"文本"的"生活性"这个问题，有好几个方面，譬如古代有不少文本，本来就应该从"思想与生活"这个角度去领略。[4] 如果忽略了这一层，除了可能误失它的意义，而且不能鲜活生动地理解文本及文本后面的活生生的意志与活动之外，也失去了揣摩、模拟它们的意义，失去了转化自己心智与行动的机会。我个人所发表过的《"经学是生活的一种方式"——读〈吴志仁先生遗集〉》则是另外一种例子，它显示在"使用""诠释"等场合中，思想与生活交织的现象。我在这一篇文章中提到，抄《春秋繁露·祈雨篇》以祈雨，评论《春秋》以寓自己的出处进退等都是。又如明清学术转型，一般多只将注意力集中在考证学的崛起，很少注意到回向经典、回向古代，在现实政治、人生态度及其他若干方面带来的深刻改变。譬如它带出一批新的政治语言、带出一种新的想象政治的架构。在之前的一个阶段可能是处于边缘的，或陌生甚至不存在的语言及思考政治的架构，在此时来到历史舞台中央，成为形塑舆论，合理化或排斥某种政治生活的态度。而这些影响，其实与考证学这种新学术的兴起至少是一样重要的。

历代"经书"每每有其生活性，讨论经书往往也同时在指涉现实。近代学者洪廷彦在《经学史与历代政治》中讨论何休(129—182)的《公羊解诂》。洪氏说该书的论点每每针对东汉末年社会政治的突出问题

---

[4] 如 Martin Kern, "*Shi Jing* Songs as Performance Texts: A Case Study of 'Chu ci' (Thorny Caltrop)," pp. 49-111.

而发,如中央受宦官控制,如少数民族(羌族)的侵略。何休引用《公羊传》的说法,认为应该要"先正京师",即针对处理宦官专权的问题而发;何氏又说"乃正诸夏",即是把首都以外的地方安定下来;最后是"乃正夷狄",即是解决少数民族的问题。〔5〕足见《公羊解诂》这一部书,既是东汉的,也是跨越时空的;既是生活的,也同时是一部经典注释之书。每一次"用经"都是对自己生命的一次新塑造,而每一次的"用",也都是对经书的性质与内容的新发展,也直接或间接参与建构"传统"。所以,关于"用经"或"用史"的研究,是不可或缺的。

这个讨论还可以延伸到另一个面相:"历史的"与"思想的"是否必然处于互相排斥的状态? 我认为答案应该是否定的。事实上,从生活情境中所孕育出来的思想、哲学,也可能产生跨越时代的影响。宋明理学的产生与唐末五代以来的政治、社会、思想、人心有关,宋代大儒不满唐末五代以来的乱局,并试着对此乱局提出解方,而宋明理学即带有这个解方的某些药性,然而这并不影响那一套思想后来成为跨越时空的思想资源。故一时的,也可能成为永远的,而事实上所有永远的,最开始都与一时的历史与生活情境不能完全分开。举例说,我们如果细看朱熹的生平的资料,看朱氏成书或酝酿思想的过程,就可以印证前述的观点。

---

〔5〕 洪廷彦在文中指出,何休及一大批士人认为汉朝搞了三四百年的郡县制,弄得朝廷快崩溃了,只有再封诸侯才能共同挽救这个局面。于是何休强调"兴灭国,继绝世",这个"兴灭国,继绝世"语出《论语》,意思是把灭亡了的封建国家扶植起来,把已经断绝了的诸侯世系恢复起来。《论语》里有这个话,但是《公羊传》里没有。何休注《公羊传》的时候,偏偏把这段话引来,要部分地恢复封建制。见洪廷彦,《经学与历代政治》,《洪廷彦史学文存》(北京:中华书局,2012),页207—208。

三

本书中所收的文字多与近代思想史有关,包括《从"新民"到"新人"——近代思想中的"自我"与"政治"》《"烦闷"的本质是什么——近代中国的私人领域与"主义"的崛起》《五四运动与生活世界的变化》《中国近代思想中的"未来"》,这些文章所牵涉到的主题往往可以用许多不同的角度加以处理,但是收在这里的几篇文章倾向从存在的境遇、心灵气质及心识感觉的层面入手。譬如本书中与"主义"有关的几篇文章,"主义"当然是政治问题,但是在政治之外,它也与生活中实存的境遇、心识的感受密切相关。

如前所述,由于这几篇文章多触及近代中国的心灵危机与革命,所以我要在这里略作一些申说。因为忽略了思想与生活面相的关系,所以我们对近代中国的心灵危机与革命也没有足够的把握。心灵革命当然与思想的变动密切相关,但两者不总是同一回事。此处的"心灵"是指一些实存感受、生命意义、精神世界,甚至是一些尚不能称之为思想的,佛家称之为"心识"的东西。从晚清儒学解体开始,中国社会/思想产生了心灵(或精神)革命/危机。一方面是革命,同时是危机,是无所适从;是解体也是创造、启蒙也可能同时有困扰,这些现象往往同时发生,有时候甚至出现在同一个人身上。

我们一向把对心灵世界的探索交给思想史,但是思想史对这个不太抽象、不太概念化的实存层面,也就是"思想是生活的一种方式"的部分,往往过于忽略。这个心灵的、实存的世界不只是对个人生命有意义,它与整个时代的历程与抉择,甚至与现实的政治都有分不开的关系。我们也可以说,政治的世界从来都不只是政治的,它还牵涉到许多个人的、心灵的、实存的、情感的、人生观的层面。这里我要引用杜威（John Dewey，1859—1952）介绍威廉·詹姆士（William James，1842—1910）学说的话："知识里面还有愿望、意志，影响于他的'信仰的意志'"[6]，而愿望、意志、信仰，都是包括政治在内的各种现实活动不可忽视的部分。所以当我们想更深入了解近代的巨变时，不能不对这个领域有比较深入的了解。

譬如，想了解清代政治意识形态时，我们不能不深入了解理学与名教纲常、忠孝节义结合之后，究竟产生了什么样的心灵或思想状态。但我们很难在理学思想的研究中找到这方面的评估。有关这些大思想家的研究，大多在分析他们"理""气""心""性""诚""仁"等方面的概念。

在探索五四之后的思想与日常生活世界时，我们便发现存在感受、生命气质、人生态度、人生观等方面的问题的重要性。《五四运动与生活世界的变化》一文即是探讨五四新文化运动如何如毛细管般地影响人们的生活世界。《从"新民"到"新人"》则是讨论个人的人生观及内心结构，以及内心动力与态度之变化，如何与思想上的追求相互作用。《"烦闷"的本质是什么》是在探讨生命存在的感受、心灵的烦闷不安，如何成为时代思潮的"转辙点"。这三篇文章最后都隐约指向一个关键的历史发展："主义时代"的来临。

不管人们是否喜欢，主义式的政治与思想对过去八九十年的历史影响最大，"主义时代"的来临最重要的背景当然是为国家、为政治找出路，或是年轻人为了生活"找出路"。但"主义时代"的来临不只是一个政治运动，同时也是思想史上的重大变化。如果只从政治来谈主义，

---

[6] 杜威著，胡适口译，《杜威五大演讲》（合肥：安徽教育出版社，2005），页237。

或是从拥护或谴责某种主义来谈论它,以至于忽略了从思想史及生命存在感受、心灵困惑、生命意义的追求或生活史等角度去研究它,都将有所缺憾。

本书中《"烦闷"的本质是什么》一文试着回答一个问题:为什么一个时代集体的存在感受可能与政治有关?也就是为什么心灵的、思想的与生命存在方面的问题会影响到政治思想的抉择?它牵涉到生活与思想之间可能存在着接口与接口互相转接的关系,在《"烦闷"的本质是什么》中讨论透过"转喻"或"转辙点","生活史"与"思想史"或其他的接口套接在一起。每个时代的人都在体验着他们的体验,而如何体验他们的体验,便产生了接口衔接的可能。

在这篇文章中,我提到"转喻"的观念,即"意识到什么是什么"(conscious of something being something)。譬如意识到现实生活挫折的本质是什么、意识到烦闷的本质是什么。在极度无助的时代,或在新思想活跃的时代,"意识到什么是什么"的"转喻"式行为可能变得比较活跃,而且更容易受到时代思潮的影响,进而倾向于把体验到"什么"是"什么"的第二个"什么"用新思潮给填满。烦闷、生活挫折、日常小事的不如意可能被联系到一套更具理论性、更有延展性的思想系统,形成接口与接口的转接。透过"转喻",使得生活的可以连接上思想的、主义的,因而一切存在的困境与烦闷便与政治主义有了连接,而且与现实行动形成最密切的关系。在这个格局下,日常生活的感受都直接或间接、近期或长远地联系到一个清晰的蓝图,使得人们内心的意义感得到一种满足。讨论"主义"何以吸引人时,政治的层面当然是首要的,但我认为心灵的、存在的感受的层面也不可忽视,它们最后都归到政治,像纤维丛一般缠绕在一起,故"主义"的崛起与近代中国心灵世界的革命与失落、启蒙与困扰等有不可忽略的关系。

更具体地说，我是在讨论近代思想中的"自我"与"政治"。近代主义式政治的兴起，是一件非常关键性的大事。但是政治行动的主体是一个一个的个人，是我、是人生观、是生命意义、是生涯规划等，这是一个包括心灵、情绪、感觉、内在自我等非常广泛的世界（人的存在是什么？人的心灵是一堆杂草？）。国民党在"主义"与"人生"方面的论述非常少，国民党的刊物中也不断提到青年的"苦闷"，但是认为青年之所以苦闷是因为信错了共产主义，或没有坚定信仰所致。在三民主义阵营方面，比较像是国民党为了适应"主义"的时代，而勉力撑持出一套体系来。国民党不像共产党，有一个完整的思想系统扩充到各个层面。《中国近代思想中的"未来"》一文讨论的是近代一种强大的"未来性文化"，还有这个强大的"未来性文化"对历史解释与历史写作的巨大影响，以及它对现代政治、文化所产生的超乎吾人所能想象的作用。

人的思想像风中飘曳的火焰，它很容易熄灭，或被各种思想或信仰的怒潮席卷而去，这个情形在下层生活世界尤其明显。故本书中的另一条线索是如何了解下层生活世界的思想状态，如《"儒家文化的不安定层"——对"地方的近代史"的若干思考》。再来是《思想是生活的一种方式——兼论思想史的层次》，这篇文章除了是对思想与生活交光互影的各种面相的陈述之外，还讲到"我在故我思"，即生活世界在思想的形成过程中所起的作用。我在文中特别强调了"转喻"这一个观念。人的大脑是一个最重要的"转喻器"，在某些特定的时代条件下，"转喻"活动变得异常活跃，人们更灵敏地意识到"什么是什么"，在这种时候，生活中的挫折或生命中的烦闷，每每会"转喻"成对形形色色的思想体系的迎拒或发展出新的诠释。譬如前面提到的《"烦闷"的本质是什么》一文，我想用这篇文章来说明人如何"意识到什么是什么"，而将"生活"转喻为"思想"，或将"思想"转喻为"生活"。透过"转喻"，

"思想"与"生活"形成有机联结,不再截然二分。

本书的另一篇文章是偏于思想史方法论的反思:《如果把概念想象成一个结构——晚清以来的"复合性思维"》,乃是以思想"结构体"来思考晚清以来的一种思想复合性现象,而在无限多样复合式的结构体之上有各种支配的理路,譬如愈来愈强的民族主义。

最后,在强调"思想"与"生活"时,不能不反省历史写作中"人的消失"的问题,故本书以《人的消失?!——兼论20世纪史学中"非个人性历史力量"》一文作为总结。撰写这一篇文章有一个最重要的机缘。我注意到,近百年史学思潮中有一条若隐若现的主线,便是否定"人"在历史中的地位。而且近代历史学太过倾向于从人的日常生活世界中抽离出来,太受过度抽象的、哲学化的思潮左右。没有了"人"的历史,也使得历史这一门学问日渐远离了它原初的任务。

四

如果将19世纪以来的知识区分为两种,一种是"求知的",一种是"受用的"。那么从19世纪以来,史学家就比较难以安然地把"求知的"与"受用的"合而为一。但是在我个人的历史信念中,这两者是可能合而为一的,可以既是"求知的",同时是"受用的"。当然"求知的"与"受用的"关系可以是无限多样的,历史对现实产生教训的方式有千百种,不一定是在古今之间简单地画上等号,而往往是一种"关联呼应"式的关系——将"求知的"结果作为"关联呼应"(而不一定是原样照搬)于我们的生命存在的养分。在这样的前提下,不必为了"受用的"而牺牲"求知的"工作,也不必为了"受用",而硬把古人打扮成现代人。当然,这样一种态度,也鼓励每一代人随时对古代历史采取反思甚至批判的态度。

在校对这本论文集时，我因公而有一趟美国之行。在到达匹兹堡与费城时，陪同的友人不约而同地说，他们的城市最近经历了一次复兴，而当问起原因时，则无不与新市长的领导有关。即使城市复兴牵涉到非常复杂的结构性因素，但是人们仍然不约而同地指出"人"才是振兴这两个老城市的主角，以后的"人"也可能使它们再度衰败。无论如何，它们都说明了"人"是历史的主人，并且应该对历史书写中"人的消失"这个现象再三致意。

本书所收各篇，大多成于过去几年中，但开始构思，则远在二十年前。其中《思想是生活的一种方式》及《人的消失？！》是北京大学"大学堂顶尖学者讲学计划"的演讲稿，也曾分别在高雄"中山大学"及台北的东吴大学讲过。《中国近代思想中的"未来"》，是北京师范大学"国际高端对话暨学术论坛"中的讲稿，《如果把概念想象成一个结构》则是该论坛的衍生物。在本书形成的过程中，我受到许多人的帮助，不在此一一致谢。联经出版事业公司的林载爵先生、沙淑芬小姐，北京大学的韩笑先生，北京大学出版社的刘方女士、陈甜小姐及台湾大学历史所博士生陈昀秀出力尤多。2015 年夏天，在写完《人的消失？！》《思想是生活的一种方式》《"儒家文化的不安定层"》三篇的初稿之后，我病了一场，现在此书得以出版，实在是一个可贵的纪念。我过去教过的几位学生，认为有将它们整辑在一起的价值，所以不揣浅陋，收拾成书，盼各界方家指正。

王汎森

2016 年 5 月 10 日

2016 年 8 月 30 日改订

第一章

思想是生活的一种方式
——兼论思想史的层次

过去我曾多次使用"思想史与生活史的交界"这个标题。但是近来我觉得以"交界"为题,仍将"思想史"与"生活史"想象得太区隔,是"一而二",但我脑海中所构思的其实是一种"二而一"的现象。所谓"二而一"的意思是它既是思想的,同时也是生活的。譬如说在传统中国,经学、思想与日常生活常常是融合无间的,只能以"思想是生活的一种方式"来描述。[1]

在进入这个主题之前,我要先说明,本文并不是要刻意忽略历史上

---

[1] 多年前在《执拗的低音:一些历史思考方式的反思》中,我曾郑重阐述法国学者阿道(Pierre Hadot, 1922—2010)的 *Philosophy as a Way of Life* 中的论点,目前这个标题当然受到多年前那段论述的暗示,但是我们关心的重点并不相同。有人建议或许可以借用"思想文化史"一词来状述这种新的思想史。我留意到"思想文化史"一词,是英国史学家彼得·伯克(Peter Burke)所提出的。首先强调对思想生产的文化史研究,譬如对一群思想家活动的社会学或文化史探索,他们倾向于不把"思想"视为一种"天经地义"的东西,而是有一个产生的过程,有它的适合土壤。第二,他强调思想中涉及文化、生活、社会层面的部分,如马丁·路德教义如何说服人、从将重心置于纯教义到重视实践(practice)的转变。后者也是本文所关心的重点之一,但我们关注的范围并不完全相同。

的大思想家,或刻意将思想化约为生活。我必须强调,如果我们把历史上的思想家,如孔子、朱子等人从思想史上抽掉,东亚历史将会变得非常难以想象。但是如果从历史实际发展的角度出发,在谈思想史的问题的时候,除了注意山峰与山峰之间的风景,还应注意从河谷一直到山峰间的立体图景。"思想是生活的一种方式"这个提法,便是想对这个立体的思想图景进行比较深入了解的一条进路。它希望了解思想在广大社会中如微血管中血液周流之情形,因而也提醒我们注意不能随便将思想视为实际。

史家认为思想史著作是依据新创性原则所写成的,与微血管遍布的部分脱节,以至于对历史的实际发展变得不可解。因为忽略了上述的层面,连带有许多通俗的思想文本、思想流传方式与渠道、思想下渗之层次等被忽略了。结合前述,可以导出一种思想史的层次观,即可以大略区分几种不同层次的思想展现。再者,由"思想是生活的一种方式",推导出的另一个问题是"我思故我在"的层面。

在"思想是生活的一种方式"这个主题下,应该讨论的问题非常多,本文只选择以下七个方面的问题,它们分别是:一、思想的生活性,生活的思想性;二、"思想的存在"与"历史的事实";三、"降一格"的文本;四、"思想史的层次"问题;五、扩散、下渗及意义的再生产;六、百姓的心识与"儒家文化的不安定层";七、"我在故我思"的现象。

一、 思想的生活性,生活的思想性

我们如果对思想史采取一个定义,那么应该是:思想像微血管般遍布于社会,有些地方比较稀疏,有些地方则非常浓密。人是会思想的动物,不管那是高深的玄思,或是一些傅斯年(1896—1950)称之为"心识"的东西,它们都可称之为思想(intellection),因此,我们可以换一个角度定义思想史为"history of intellection"。此处"intellection"的意思是指所有社会行动中有一个意义的层面,包括感知(perceiving)、辨识(discerning)、认识(discernment)、理解(understanding)、意义(meaning)、感觉(sense)、表示(signification)等。所有的社会行为,都有一个思想的层面赋予行为意义。[2] 如此一来,思想即与现实生活中的每一面都可能发生关联,"我思故我在"与"我在故我思"都存在,二者可能周流往复,互相形塑。

处理所谓"面向思的事情"[3]的历史时,可以有种种不同的取径:哲学史、思想史、学术史、概念史、精神史等,不一而足。而且,不管是哲学史、思想史中的哪一种取径,都可以有别的取径所不能得到的好处。有些是高度理论、抽象的层面,或与生活不完全相干的层面,有些则是与生活践履交织在一起的。以中国传统思想为例,儒家思想特别重视践履之学,是侧近人生的,但是近代的思想史研究,一心以趋向哲学的抽象化、理论化为高,经此一番改变,思想史这门学问就像一具"带宽"变得愈来愈窄的雷达。所以本文是想从史学的角度来恢复思想中的生活层面。

法国学者皮耶·阿道笔下所还原的希腊哲学,充满了各种精神修炼(spiritual exercise),更像是宋明理学强调的精神修炼或自我的提升("你可以比你自己所想的好"),要去除激情、欲望、奢华之念,宇宙及

---

[2] Keith Michael Baker, "On the Problem of the Ideological Origins of the French Revolution," *Inventing the French Revolution: Essays on French Political Culture in the Eighteenth Century*(New York: Cambridge University Press, 1990), p. 13.

[3] 海德格尔著、陈小文、孙周兴译,《面向思的事情》(北京:商务印书馆,2010)。

个人是一个整体,每一刻都要使自己更良善,保持快乐状态,而哲学在其中要扮演角色。但欧洲的中古时代摆脱了这一面,中古人格部分的关怀被基督教吸收了,而哲学所剩下的是思辨的部分。18 世纪以后大学兴起,大学中的哲学教育是一种专业教育,故遗弃生活层面。因此皮耶·阿道说,18 世纪有创发性的哲学是在大学之外。[4]

我对传统思想史研究的反思来自于几个原因,最重要的是因为我觉得思想与历史发展之间有一个重大的罅隙。一般思想史上所写的内容,与当时一般社会思想所表现的现实裂开为两层,现实如何?思想史如何?因何有互相合一之处、也有不合一处?在不合一之时,如果只注意较为抽象的思想概念的变化,那么对历史的实际发展往往无法理解。为了要了解现实中思想如何扩散、下渗,或思想与日常生活如何发生关联,以及思想传播的节点、渠道等问题,引发我思考本文中的种种问题。

因为思想是生活的一种方式,故它的范围是立体的、非平面的。它的范围至少包括以下几个方面的问题:一、思想如何与生活发生关系?二、为使思想生活化,人们做了些什么安排?这里牵涉到自我技巧、自我修养的历史。三、思想对社会产生何种影响?形成什么样外溢的、气质的、偏好的成分?因为思想影响涉及一般人(包括下渗)的历史,因此涉及形形色色的文本、管道、节点、场合。思想的下渗究竟影响到何种程度?所谓的政治思想,除了各个高峰之外,山脉呢?生活与思想的关系为何?都是我下一节要谈的问题。

---

[4] Pierre Hadot, *Philosophy as a Way of Life: Spiritual Exercises from Socrates to Foucault* (MA.: Blackwell, 1995), "Introduction," Ch. 1, 3, 4, 5.

二、"思想的存在"与"历史的事实"

前面提到如果思想史的雷达"带宽"不够,历史的实际发展会显得有点莫名其妙。以政治思想史为例,如果不考虑这方面的问题,会以为在思想史书中所出现过的即是历史上的现实,因而困惑于这样的问题:如果某些思想家的思想有影响,何以后来历史的发展会是那样?现代人撰写的政治思想史(如萧公权[1897—1981]),显示出合乎近人"现代性"想象,或是自由主义的偏见(liberal bias),每每是因为其思想新奇有创见才被写入,以至于读者感到不解:如果那样的思想曾深及民间,何以在历史发展中找不到它们的踪影?譬如史家一提到晚唐思想就列述罗隐(833—909)的《两同书》,写到明末清初思想就一定是黄宗羲(1610—1695)的《明夷待访录》。这当然是必要的,但他们的思想在当时是否生根,是否形成建置性遗产(institutional legacy),却并未被好好地回答。以《明夷待访录》为例,相比于卢梭(Jean-Jacques Rousseau,1712—1778)《社会契约论》在完成以后即一纸风行,黄宗羲的《明夷待访录》长期影响甚微,并没有产生建制性的遗产。所以如果一想到思想史上有《明夷待访录》,就误以为它与清初以来的实际历史密切相关,就会误以思想的创新为实际发生的历史。

《明夷待访录》在当时只是以抄本的形式偷偷流传,并没有形成大规模的流行,一直要到清朝后期才逐渐产生重大影响。日本汉学家宫崎市定(1901—1995)曾经写过《明夷待访录当作集》,指出这一部书在传抄过程中曾经有过各式各样的错讹,以及怎样夹杂了传抄之时的俗语等等。[5] 可见思想在发展的过程中，从创生到在实际历史中打开一扇门，也许要花一百年的时间，思想与现实生活之间往往有一段很长的距离。[6] 又如吕思勉（1884—1957）的《中国政治思想史》，书中讲到宋代政治思想时几乎只有井田与封建，问题是宋代政治思想只有这一点点吗？井田、封建思想真的影响过宋代的政治运作吗？它们曾经被相当程度的广大官员乃至百姓所理解吗？

如果思想是生活的一种方式，那么就有思想在生活中如何变得"可行动化"（actionable）的问题。明末以来，在书院志或其他地方常见到像吕坤（1536—1618）的《吕新吾先生理欲长生极至图说》或《吕新吾先生身家盛衰循环图说》这一类的文本，把思想通俗化、具象化、图示化，即是为了把思想打进人们的生活中所创造出来的文本。[7] 清末以来，保守派与新派的分别，常常是在要不要在日常生活中灌输或激励人们循守传统的德目。对当时一般青年而言，传统德目愈来愈抽象，愈来愈与现实脱节，如何有效地使这些德目深入身心并成为"可行动化"的资源，即是一大问题。以宋明理学为例，在我过去的研究中很希望了解

---

[5] 宫崎市定，《明夷待访录当作集》，《东洋史研究》第24卷第2号（1965年9月30日），页85—88。

[6] 详细论述请参见黄宗羲原著，王汎森导读，《何以三代下有乱无治：明夷待访录》（台北：大块文化出版公司，2011）；王汎森，《权力的毛细管作用——清代文献中"自我压抑"的现象》，收入氏著，《权力的毛细管作用：清代的思想、学术与心态》（修订版）（台北：联经出版事业公司，2014；北京：北京大学出版社，2015），页395—502；北大版，页345—442。

[7] 如《锦江书院纪略》，收在赵所生、薛正兴主编，《中国历代书院志》（南京：江苏教育出版社，1995）第6册，卷中，页35—40。为了"可行动化"所创造的实际样态非常多，譬如民国政府为了提倡新生活运动，在发给人民的脸盆上铭印以下字眼，好让人们每天洗脸时即可以知所警醒："新生活运动之推行，应以整齐、清洁、简单、朴素、迅速、确实为标准，礼义廉耻为基础"。感谢香港树仁大学区志坚教授提供相关资料。

理学家如何借助各种办法落实其自我修养，譬如有人模仿佛家提出"受孔子戒"[8]，而薛瑄（1389—1464）在日常生活中每每高呼"主人翁"在否，即是一例。[9] 在现实生活中如何生活、如何因应不同的社会阶层而塑造"可行动化"的思想概念来宣传其主张、如何以"可行动化"的思想概念来与政治或社会事务发生关系，还有种种意想不到的思想与生活的关系值得探索，譬如思想模式人物画像产生的教诲与传承作用。在西方，苏格拉底（Socrates，470/469—399 BC）往往是以一个模式人物在其传统中发挥思想作用[10]；而中国思想史上，也有无数这类例子，譬如大思想家王阳明的画像在思想与生活传承、教诲上所起的作用。[11] 在进入思想的扩散、创造或扭曲之讨论时，我想先做一段叙论。

许多年来，我都困惑于何以思想影响不了现实。首先，思想要落实到现实，往往就要"降一格"成为条文、格言之类的东西。[12] 中国历代思想，凡在日常生活世界中发生重要影响的，一定经历"降一格"之类的历程——包括一个无所不在的"俭约原则"，即将相对复杂深奥的思想一阶一阶地降。后来可能成为几个概念或几个口号，或是不停地通俗化或改写（包括具象化与譬喻化）。曾国藩（1811—1872）即好将道理格言化，使人们易于循行[13]，譬如"主人公常惺惺"在日常修身格言

---

[8] 元儒廉希宪的故事，收于唐鉴，《清学案小识》（台北：台湾商务印书馆，1969），页304。

[9] 洪应明著，吴家驹注译，《新译菜根谭》（台北：三民书局，1998），页105。

[10] Pierre Hadot, *Philosophy as A Way of Life*, pp. 147-178.

[11] 可参考张艺曦，《明代阳明画像的流传及其作用——兼及清代的发展》，《思想史》5（台北：联经出版事业公司，2016），页97—155。

[12] Henry Sidgwick, *The Methods of Ethics* (Indianapolis：Hackett Pub. Co., 1981).

[13] 胡哲敷，《曾国藩治学方法》（北京：当代中国出版社，2015），页72。

书中可能以这样的方式表达:"耳目见闻为外贼,情欲意识为内贼,只是主人公惺惺不昧,独坐中堂,贼便化为家人矣。"[14] 所以我们的关注力不能总是停在最上一格,而应观察一次又一次地"降一格",并扩散出去而影响历史变化的实况。

在处理这个问题时,德国史学家科泽勒克(Reinhart Koselleck, 1923—2006)的"语义丛"(semantic concepts)也有重要启发。他的意思是说任何重要的概念,也都有"次概念"或"认识域",会在它四面八方产生一些相涉的概念,这些概念未必与原观念之间有必然的推导关系。另外,就是人们在阅读文本时自我的"推衍"及"创造"。二战之后的德国"接受美学"思想中,如伊瑟尔(Wolfgang Iser, 1926—2007)的"不定因素""空白点"(通过读者的想象来填补空白),或是"读者在阅读活动中兑现文本结构中的潜在意义"等都是富有参照价值的概念。[15] 文本与读者之间产生期待视野中的创造性或扭曲,这些新义极可能无足轻重,也可能是莫名其妙的扭曲或误解。但是正因为它们是历史的一部分,所以无论其情况如何,也值得史学家重视。

有时某些思想体系在历史中形成一种架构、态度、评价。近八百年来东亚思想界影响最大的是宋明理学。宋明理学本身理气心性方面的思想,牛毛茧丝,细入毫芒,到了一个非常高的境界,可是真正作现实生活中的影响,却很少是这些"牛毛茧丝"的东西,而往往是四书形形色色的注本,甚至是几句简单的口号。因此,思想史工作者除了应注意几位理学大师理气心性方面的理论外,还可以扩及日常生活的层次。

受宋明理学思想影响的读书人们,往往形成了一种特殊的内心结

---

〔14〕 洪应明著,吴家驹注译,《新译菜根谭》,页86。

〔15〕 方维规,《20世纪德国文学思想论稿》(北京:北京大学出版社,2014),页160。

构、态度、评价。譬如说，宋明理学中随处可见的二分结构："心""性"；"道心""人心"；"道""气"；"理""气"；"理""欲"；"形而上""形而下"；"先天""后天"；"公""私"等。在这个无处不二分的架构下，属于前者是优先的，属于后者通常是次要的，或有时是应当被排除的。而这样的内心结构为无数人的人生态度定下一个模态。这些思想形成了一种内心的构造，一个人有两个层次的存在，一方面是经验的、知觉的；一方面是形上的、精神的、抽象的、意识的。有心践行理学理想的人，便是在这二分的构造中生活着，日常生活中"下"的部分要符合"上"的标准与规范。这是一种自我将自己的存在抽象化的努力，可以称为"自我的第二人称化"，也就是说要使自己的日常行为都归于这个第二人称的自我。在这个过程中，上层该追求的是什么，下层该否弃的是什么，都有了一定的标准。在这个框架下，"功利"在传统中国是要不得的，但西方几百年来即是正视"功利"、追求"功利"。心习之不同是如此隐微而重大地决定不同社会的历史发展。

三、"降一格"的文本

接续着前面的讨论，让我们回到本文一开始所提到的政治思想方面的断裂现象，譬如清代道咸以后的政治思想。如果我们读一般的清代政治思想史，则入眼的极可能是戴震、焦循（1763—1820）、凌廷堪之类，但是如果深入当时的日常世界，则对道咸以后的政治世界影响最大的是一种高度生活化的理学思想，许许多多与同治中兴有关的大大小小人物都或多或少受其影响，而此时期理学的倾向与价值偏好，正好与当时的西学背道而驰。大体而言，他们喜静厌动，认为应该沉静少话，应该少与商业或城市事务相牵扯，反对奢靡浪费，颜色应该是低调的，日常生活应是俭陋而低调的，书法的字体应是朴素而洁静的，客厅中所悬挂的书画应是道德教化意涵深厚而不是"为艺术而艺术"的，双眼应尽量下视、尊重等级、"日求寡过"，随时注意"惩忿窒欲、迁善改过"，重内心而不务外、平旦实，甚至太多的"我"也是不好的。[16]

与此同一时期，《清学案小识》中所收的一大批理学家，其中有许多是在地型的、在本地社会发生重要影响的理学家，他们的思想信条形成一系列（constellation）行为理想及生活态度。有许多人认为这是部迂腐至极的书，但我却在这里看到了一大片中下层人物的思想、生活和心态，以及他们以这样的心态在社会上的作为。书中充斥大量纯朴雷同的套语，但是纯朴雷同正表示一个时代思想的一致性，这本身也是一个重要的思想现象。这些几百年来一成不变的套语，或模式文本（template），或"正则"式的表述，其实有着重要的历史意义，它们反映了这一时期中最有力量的一种"理想上"（ideally）应该成为的政治人格的实况。如果忽略了这一层，对晚清政治中正、反两方面政治思想的掌握都会失真。有些人认为若是离开了当时代表性的思想家，则都是一些模糊、偏离或迷失的观点，便会不知不觉地忽视它们。[17] 正如 E. P. 汤普森（E. P. Thompson, 1924—1993）指出的，与其视英国的工人文化为英格兰文化风格的偏离、堕落或消逝，何不正视它为一种新形成的工人文化。[18]

历史上出现的各种"杂书"是很有力量的文本（譬如晚明出现大量

---

[16] 唐鉴，《清学案小识》，页295、298、305。

[17] 甚至于忽略了多元主体之可能性，譬如最近讲东亚各国儒学的多元主体，也是与这一思维相呼应的。

[18] E. P. Thompson，《互助共生的仪式》，收入 Jeffrey C. Alexander & Steven Seidman 主编，古佳艳、李纪舍等译，《文化与社会：当代论辩》（台北：立绪文化事业有限公司，1997），页212—229。

类似日本江户时代"御杂书"之类的文本）。我觉得这类文本带有一种主动性，为了适合各种时代、各种地方、各种场合所改编、改撰成的这种文本，其内容、性质与现实功用也在相当程度上脱离了原初的脉络，跟着环境产生微妙的变化。"杂书"的种类多至难以想象，如眉批本、选本、辑本、示例本、重写本、集辑、集锦，或适应各种环境需要而编辑、改写的本子，甚至书目提要等，它们往往较能反映时代，流通最广。选本、辑本等的改编或改撰的主动权，不在原来的作者，而是操在选者、辑者或改撰者手上。譬如眉批本的主动性即在相当程度上操在眉批者的手上，是所谓"一经眉批，便为私有"，故它们是一种再创造，是选者、辑者旨趣的展现，是适应现实的"可行动化"文本。而近世中国许多"杂书"，如家训、清言、格言集、笑话书、童蒙书、修身书等，往往有着若隐若现、来路不明的理学元素。我个人便觉得《菜根谭》中江右王学的味道甚为浓厚，人们随手披读，对近百年来日常人生观的塑造影响很大。[19] 譬如《菜根谭》中说："须定云止水中，有鸢飞鱼跃气象，才是有道的心体"；"则性定而动无不正"；"心地干净，方可读书学古。不然，见一善行，窃以济私；闻一善言，假以覆短，是又藉寇兵，而赍盗粮矣"；

---

[19]《菜根谭》一书，向来皆视为明代洪应明（字自诚）所撰，出版于万历年间。今人章军华于江西临川汪革故里访查汪氏族谱时，发现《汪信民菜根谭》一书，作为《白沙汪氏宗族谱》艺文单行本刊行，首封标识"民国辛酉重修"。章氏乃撰《洪应明无辜 汪信民有冤——新发现宋刊明刻本〈菜根谭〉的作者辨证》（《东南大学学报》[哲学社会科学版]第11卷第2期，2009年3月）一文，提出新说，认为《菜根谭》应为宋代学者汪革（字信民）所撰，在宋代未以书籍的形式刊行，仅作为家训附于族谱之后，定为今名并正式刊刻，约在明代万历二十年间。按，章氏所举诸多论点，已有学者提出质疑批评，最大问题在于章氏所见《汪信民菜根谭》书中，引及"白沙"云云等文字，"白沙"乃明儒陈献章，《菜根谭》若为宋人汪革所撰，不可能引及陈献章语。故此处不取新说，仍视《菜根谭》一书为晚明学者的著作。

"天理路上甚宽,稍游心,胸中便觉广大宏朗;人欲路上甚窄,才寄迹,眼前俱是荆棘泥涂"。书中也反复讲"心体",如"有道的心体",讲"何思何虑",讲"初心",讲"欲"与"理"的拉锯战,讲"扬除外物""人定胜天"[20]。因此,我们要了解近几百年来一般思想的动向,不能忽略这类"杂书"中所反映的思想倾向。即使到今天,仍有许多人从《菜根谭》中得到人生智慧,台湾许多科技新贵在人生道路上受《菜根谭》的影响还远胜于《论语》《孟子》。这些思想的氛围进入人的意识之中,在每一个枝桠的分岔点,每一个生命的分岔处,左右着人们的走向。它们成为一种理想、一种语言、一种评价标准,形成一种与人生历程仿佛性的情节与架构,决定了许许多多人生的走向,并多少决定了历史的动向。

成语或格言是传播理学元素的利器。譬如"天理人欲""良知""江山易改,本性难易""变化气质"等,人们往往从这些成语、格言中,不自觉地受到理学思维的浸润。又如袁了凡(1533—1606)的思想,也是靠着像"从前种种,譬如昨日死;从后种种,譬如今日生"等习语,将繁复的思想体系不太准确地凝结在一粒粒"胶囊"中为人所服用[21]。当然有的强调人欲与天理之争等,有的强调"避""退""俭""约""啬""圆""和""淡""厚重""沉静"。强调人皆有"命数""天数",要"循理安命"。大体而言,总是主张恬退的多,主张激昂奋发或公平、正义、勇敢出头者少。譬如姚舜牧(1543—1627)说:"一部《大学》只说得修身,一部《中庸》只说得修道";"恬淡安泊,无他妄念,此心多少快活"[22]。张

---

[20] 洪应明著,吴家驹注译,《新译菜根谭》,页25、30、60、80、86、132、182、233、277、34、82、93、352、47。

[21] 如《野叟曝言》、如《好逑传》、如《歧路灯》、如《袁了凡先生家庭四训》。

[22] 姚舜牧,《药言》,收入吴敏霞、杨居让、侯蔼奇注译,《治家格言》(西安:三秦出版社,1998),页95、98。

英说:"圣贤领要之语曰:'人心惟危,道心惟微。'危者,嗜欲之心,如堤之束水,其溃甚易,一溃则不可复收也。微者,理义之心,如帷之映镫,若隐若现,见之难而晦之易也",庸人"多求多欲,不循理、不安命"。[23]

各种格言往往也塑造一个时代的生活气质或人生态度。如果我们以重商或反商为主题,稍微检视,则可发现《治家格言》中认为从商是极危险之事,"独有田产,不忧水火,不忧盗贼"。[24] 这些格言界定了什么是正面的人生价值,如"淡""常""澹""让""宽""利人""脱得俗性""减""退求""悔""有余不尽""卑""静""默""守浑噩而黜聪明""少事为祸"。格言也界定了什么是负面的人生态度,如"聪明""声色""利欲""宠""满""盈""客气""名根"等,其实际影响是不可量计的。

"扰乱事物之来",即是一种日常生活中随时可能表现出的态度,一动不如一静,以最好无事作为正面人生的理想。一个厌恶事物之来的人,遇到生活中每一个选择的时候,倾向于静而无事的一方,最后一切便有不同。譬如"理"的社会,是以现有结构的稳定为前提来思考,尽量避免矛盾与冲突;但重"气"则不然,比较容许改变并加以秩序再造的可能。套用美国诗人罗伯特·弗罗斯特(Robert Frost)的名句"前面有两条路,我选择了人烟稀少的一条路,后果便有不同"。[25]

四、思想的层次

另外,我还想谈谈"思想的层次"。并不是历史上每一个时代的材

---

[23] 张英,《聪训斋语》,收入吴敏霞、杨居让、侯蔼奇注译,《治家格言》,页104、108。
[24] 张英,《恒产琐言》,收入吴敏霞、杨居让、侯蔼奇注译,《治家格言》,页223。
[25] 除此之外,当然我们可以探讨,那些理学的观念,落实到日常生活世界时是何面目?它们如何日常生活化?是仍为抽象的概念或是一改面目?等等。

料,都方便做层次之分,不是一定有如此层次之分别,或不一定能做到,但研究者要有这一觉知(awareness)。若想将思想区分出一些层次,我们就要知道历史上真正下及草根层次的思想学派相当少,即使如此我们也不能忽略,历史上有时也有一种若有若无的、宛如流转于风中的思之事物的微妙影响。而且也不是一定要下达草根层次的,才能左右历史的实际发展。这里面有极为复杂的变量,极为复杂的现象。但是以下几个问题,仍然值得考虑。

某一思想究竟下达到何种程度?什么时候下达?以什么样的形态下达?等等这些问题都是极富挑战性的。[26] 明代的心学家相较之下更在意"觉民行道"(余英时)的任务,他们透过大量深入草根的讲会,一村又一村讲学,其中很多还形成讲会的网络,办各种工作坊式的讲学活动,譬如泰州王艮(心斋,1483—1541)及他的弟子们的著作中便常看到这方面的记录。在思想的表达方式上,也常看到他们用几句"宗旨",或是几句口号,帮助一般群众掌握其思想旨意,如王守仁(1472—1529)是"致良知"、罗近溪(汝芳,1515—1588)是"赤子良心"、聂双江(豹,1487—1563)是"归寂"、季彭山(本,1485—1563)是"主宰"、黄绾(1480—1554)是"艮止"、王心斋是"百姓日用"、耿天台(定向,1524—1596)是"常知"、李见罗(材,1529—1607)是"止修"、耿楚倥(1534—1584)是"不容已"、唐一庵(枢,1497—1574)是"讨真心"、胡庐山(直,1517—1585)是"无念"、湛甘泉(若水,1466—1560)是"随处体认天理"、李贽(1527—1602)是"童心"。李贽到处宣传"童心"——"绝假

---

[26] 郑振满评估,有许多朱熹宗族家法之设计,在南宋以后下达民间草根层面。见郑振满,《明清福建家族组织与社会变迁》(北京:中国人民大学出版社,2009),页172—182。

存真,最初一念之本心",其影响之深广,为"口号式的儒家"下了一个很好的脚注。[27]

关于"口号式儒家",我还想再举两个例子,一个是王阳明,一个是李贽。我们从陈荣捷(1901—1994)广泛搜辑的《传习录》遗文中看到一条有意思的材料,两个街上吵架的人互相指责对方:"甲曰:'尔无天理',乙曰:'尔无天理';甲曰:'尔欺心',乙曰:'尔欺心'。"[28]阳明见状大乐,认为他的良知思想已下达一般民众了。但是这里仍有一些例外,如阳明的各种本子,每以浅显的方式向通俗大众推广。如嘉靖年间刻的《阳明文粹》,书名页上居然有小字向读者推销说"指历圣相传之正脉,在孩童不虑之良知"。[29] 值得注意的是,受阳明影响的李贽,居然在通俗戏曲中被连篇累牍地讨论。譬如《人天乐》便大幅地讨论、谴责李贽,说:"李卓吾之书,小弟幼时也都看过,他原是一个聪明才人……自此书(《焚书》)一行,世道人心皆从此坏,此正所谓邪说横议,其为害不在杨墨之下",又痛批《藏书》"是非颠倒"。[30]对李贽学说争论得津津有味。并不是大部分的理学思想都能下及通俗的层次,也有一些特定人物,譬如邵雍(1011—1077),特别能得到通俗文本的青睐。在《张协状元》这类戏文中,邵雍

---

[27] 李贽,《李氏焚书·续焚书》(京都:中文出版社,1971),卷3,《童心说》,页117。

[28] 陈荣捷撰,《王阳明传习录详注集评》(台北:台湾学生书局,1983),页395。

[29] 张秀民,《中国印刷史》(上海:上海人民出版社,1989),页513。

[30] 《人天乐》中讲李卓吾之处达五页之多,都在讲李卓吾及他的思想:"小生这李卓吾不必说了,近日又盛行金圣叹之书,冠翁以为何如?生那金圣叹也是个聪明才人,笔下幽隽,颇有别趣,其持论亦不甚邪僻,只是每每将前人之书任意改窜,反说是古本。"《人天乐》,收于《全明传奇续编》(台北:天一出版社,1996),页149—153、154。

的想法就被反复引用。[31] 戏曲、小说是传播理学元素很重要的媒介，广大民众是从戏棚或通俗唱本中不自觉地得到理学思想的一鳞半爪，并深深受到其思想倾向的影响。

从"街头层次"来考虑思想运动时，便要有许多不同于传统思想史研究的想象。要从各种新闻、期刊、乱七八糟的文本或言谈中得到些许可以拼凑的信息，它们如旋涡般往复作用着。没有正典当然不会有这些"周边文本"，但是如果不注意这些"周边文本"，便不能了解它们在不同情境下的转译、再译，以及发挥或变造的样态。

本文认为，如果没有考虑到上述问题，则一方面会对思想史的现实作用了解不足；另一方面会误以为"政治思想史"上所讲的，已经涵盖了此下几种层次的思想状况，因而误以为思想家出现过的想法，社会便会自我受其洗礼，而忘了两者之间可能有严重的断层。从这里要导向一个本文的核心议题，即思想的层次性。如果思想可以区分层次，以清代中期而言，可能最上层是考证学大师戴震，他发展出了容许某种合理的欲望或声色货利的政治思想（"欲当即理"）。可是对中层、中下层——也就是官僚士大夫，一直到地方上的小读书人，甚至到从戏曲、成语、格言中得到一些"思想"的下层来说，最有影响力的是如何过有组织的内心生活，同时要如何抵抗声色货利。或是在某些时候，最下一层是一种绮丽的思想，而中上层又是另一种或另几种思想色彩。如果思想史家可以尽可能把握不同层次的思想状态，那么就不会纳闷为何

---

[31]《张协状元》是南宋的戏剧，剧中引用了"康节先生说得好：'断以决疑不可缓。'当断不断，反受其乱"。还有《蒙求》、王通和韩愈，如"你莫欺我，第一会读《蒙求》，第二会看水牛。""唯，贫女！曾闻文中子曰：'辱莫大于不知耻辱。'""韩文公曰：'圣人不世出，贤人不时出。'且如张协，独占魁名，状元及第。"钱南扬校注，《永乐大典戏文三种校注》（台北：华正书局，2003），页15、68、161、194。感谢邢义田兄提醒我注意这本书中的材料。

在黄宗羲《明夷待访录》的时代，居然一般官僚士大夫乃至下层民众对他一无所知，从而也就不会讶异于历史发展之不如此而如彼了。

此外，还有一个值得注意的现象。虽然通常最大多数人的倾向是转动时代轮轴的最重要力量，但是历史不一定是数人头的游戏，在某些情境下，不一定是要下渗到街头层次的思潮才能转动历史。在某些时代，往往是一群人的发动，即足以使整个时代随它而转。在那种时候，如果若干思想精英的思想与整个时代的关怀或渴望相契合，透过强烈的努力，也可能改变一整个时代的思想气候，逐渐由少数派变成多数，由"思想的存在"变成"历史的事实"，这中间有一个历史的复杂的过程，值得深入探究。

社会、政治、经济及结构大变动的时代，最上层的精英思想，可能人数最少，但却产生最大的影响。五四前后的胡适、陈独秀、李大钊（1889—1927）、傅斯年即是一个例子，当时广大的人民是趋向保守的。可是在当时环境的催化之下，新思潮迅速替换了旧思维，如飞机场里显示班表的铁片，乍然间翻了一遍，连原先非常保守的乡村，也产生相当的变化。它不见得真的改变了实质，但是它形成了一个人们趋向或对抗的价值框架（或目标），并在那里不停地发生作用。历史上许多文风或思潮的变化，从一开始也只是少数几个人形成了梁启超（1873—1929）所说的历史的"发动机"。

像"程序正义"，若回到法律传统，"正义"不仅应该得到实现，而且要以人们看得见的方式加以实现，这个观念不是罗尔斯（John Rawls，1921—2002）提的，但在罗尔斯的《正义论》中细加区分、阐述三种"程序正义"之后扩大了影响力。以我在台湾的经验，罗尔斯《正义论》流行之后，人们也不知来由地辗转耳闻"程序正义"的观念，并付诸实践。如今，在台湾乡下乡镇公所的一场招标会中，我们也有可能听到不知谁会突然丢出"程序正义"一词。

这里的意思并不是那一个阶层的思想之间在传播上有一个优劣顺序,传递或流布要照此顺序进行。这里要随举一例。《柯林武德自传》第三章中讨论柯林武德(R. G. Collingwood,1889—1943)学生时代一派以格林为首的"繁琐哲学"。他说,格林对当时的牛津、剑桥为主的哲学高层影响不大,可是它们却在英国广大公务员及一般百姓之间有巨大影响。由于牛津大学也是教会、法庭、公职机关和议会里的公务人员的养成所,牛津的学生一批又一批地走上公职生涯,格林学派使他们抱持一个坚定的信念,就是他们在牛津大学里学到的哲学,是一件非常重要的东西,他们的职责就是将它付诸实践。这个信念为理念差异很大的政治家、社会改革家甚至是政府官员所共有,从1880—1910年前后,它已渗透了国民生活的每一部分。[32] 故当时在上层没有大众影响,可能渗浸了以下几层,这个例子提醒我们层次之间的关系不是我们所想象的那般简单。

正视"思想层次"的问题正是为了提醒我们自己,在许多时候下层的思想的惰性元素,是更强固而有力量的,对下层民众而言是更有说服力的。我们看历史时便不能忽视这一点。思考历史时,应该要了解这几个层次之间的分别,及相互之间具有无限可能的关系,以及决定它们互相关系的时代背景、社会经济条件的重大变动等。在不同的思想层次之间,固然有优先的顺序,但不总是按照由上而下的顺序。一般讨论"影响",都关注"抽象"的影响"实际"的,"上"阶层的影响"下"阶层的,可是实际的情况却未必都是这样。不同层次之间没有截然固定的

---

[32] R. G. Collingwood, *An Autobiography* (Oxford: Oxford University Press, 1970), pp. 15-21.

关系,事实上,许多时候所谓"影响"是来自四面八方,像风一样吹拂的。

这不是在说最高一层的只局限在自己,事实上宋明理学的若干稀薄的思想元素渗到下层,成为一种势力。透过格言、联语、小说、戏曲的影响,为人们所日用而不自知。我们无法想象没有朱熹(1130—1200)、王阳明等大儒,也没有办法想象没有各地星罗棋布的大大小小读书人。很多人认为通俗文化与精英文化没有关系,但是正如经济学大师熊彼得说的,他可以轻易地在许多财政部长的经济政策中发现他们过去所读经济学教科书的影响。

再回过头来看中国,在晚明心学之后,近代中国的思想启蒙运动曾经在相当程度上下达到街头层次。根据佐藤仁史对江南尤其是上海一带的研究,新的概念丛下及地方上的"市镇社会",但是并非所有晚清以来的新概念都有办法下及基层,在"市镇社会"比较常见的往往是"爱乡心""爱国意识""爱国主义""爱国心""改良风俗""权利意识""公共心""合群""社会进化论""种族思想""新剧""人种进化""身体的文明化""新文化运动""通俗演讲""天演竞争""公理""优胜劣败""万国公法""文明化""文明观""文明结婚""文明性""平民教育""民俗""民德"等概念。[33] 这些思想、观念的下渗有一个筛选的过程,而筛选过程是有重要意义的。这些新语言、新观念产生的影响是隐微而有力的。譬如我们看上海一带小读书人执笔撰写的地方志,就可以发现它与之前各个时代的地方志明显不同。在满纸新语言、新概念的驱策之下,许许多多乡土的文物与故事都在向新的价值与观念靠拢,使得

---

[33] 佐藤仁史教授的书中各章多触及以上问题,请见佐藤仁史,《近代中国の郷土意識——清末民初江南の在地指導層と地域社会》(东京:研文出版社,2013)。

地方社会的一切都有了新意义,好像整个地方是生活在一个看不见的阶梯上,拾级而上迈向"文明"。

五、 扩散、下渗及意义的再生产

在讨论思想的扩散与下渗时,社会达尔文主义是一个相当鲜明的例子。民初浙江地方军人领袖童保暄(1887—1919),为我们保留了一个生动的例子。《童保暄日记》中有一处说他叔叔在家乡欺负贫弱,一开始童保暄对这件事很不谅解,但是"及谈天演而始恍然矣。人不自立,不容于天演界,而人之欺我凌我,则我必思所以复之。舍自立,末由竞而进,即天演之所发见也,夫欺贫凌弱非独人然,即我亦无不然;非独人然、我然,即大而国家、种族,小而昆虫草木亦无不然。我先贫而后人欺,我先弱而后人凌。是欺、是凌,无关于我,无尤乎人,天演为之也"。[34] 童保暄由天演论出发,把他的叔叔欺凌贫弱的事合理化为天演之必然,这在当时恐怕是相当常见的。社会达尔文主义为清末民初以来的社会,造成了一种强调"动的""斗的"新的生活气质。[35]

社会达尔文主义的影响无远弗届,而且样态繁多,例如雷蒙·威廉斯(Raymond Williams, 1921—1988)说19世纪后半的优生学成为一种运动,在1890年代大行,与社会达尔文主义有关。如德国的毛奇(Hel-

---

[34] 宁海县政协教文卫体和文史资料委员会编,《童保暄日记》(宁波:宁波出版社,2006),页7。

[35] 达尔文思想对西方日常生活世界的影响,研究者非常多,《美国思想中的社会达尔文主义》之类的书展示了一种泛溢于美国19世纪生活中的胜利者的哲学,认为成为百万富翁是竞争文明中的花朵,认为互相残杀有助文明演进。见 Richard Hofstadter, *Social Darwinism in American Thought* (Boston: Beacon Press, 1992), pp. 58, 97。

muth Karl Bernhard von Moltke，1800—1891）将军认为战争是社会达尔文主义最好的实践，人们相争互斗，而且只有强者生存，人类未来的命运才能被保证。此外，帝国主义、种族主义、雅利安种的优越主义也与社会达尔文主义密切相关，同时它也为阶级斗争理论提供了火药，1860年马克思（Karl Marx，1818—1883）读完《物种原始》之后给恩格斯（Friedrich Engels，1820—1895）写信，即表达这样的意思。[36]

从各种小说中亦可见到社会达尔文主义深刻的影响。如史特林堡（August Strindberg，1849—1912）1888年写的小说《茱莉小姐》（*Miss Julie*）中，提到一种人际关系：仆人属于"上升"的物种；而贵族淑女茱莉却是脆弱的、逐渐衰败的物种，这两人的故事是标准的达尔文笔下的关系。在 D. H. 劳伦斯（David Herbert Lawrence，1885—1930）的小说中亦可见像史特林堡小说中的安排，在往上爬升中的是身体强壮有力的仆人，对照着高贵但血统已渐衰弱的贵族。杰克·伦敦（John Griffith "Jack London" Chaney，1876—1916）的小说用力描写奋战不休是一种美德。哈代（Thomas Hardy，1840—1928）小说中的角色也总是愈热望、愈纯洁的愈失败，他似乎在展现一种价值观：不是有价值的才能生存，而可能是能动的、能斗的才能生存。[37]

在讨论思想传播及下渗的过程中，我们必须了解到现象是非常多样的。一般比较能引起注意的是"心悦诚服"的例子，但是有时是"说法"或"作法"，或是"套利"之具。人们未必真是某种思想的真虔信徒，但是在一套思想形成强势论述，或带有现实利益作用时，或带有约制性

---

[36] Raymond Williams, "Social Darwinism," *Culture and Materialism: Selected Essays* (London: Verso, 2005), pp. 86-102.

[37] Raymond Williams, "Social Darwinism," pp. 86-102.

作用时，人们便常会用这一套说法来合法化自己，或是从这套说法来为行为获得意义（take on meaning），即使他们不是真诚的信仰者（true believer），但是在客观的历史效应上，即等于接受了某种思想，或扩散某思想的影响。故即使只是一套"说法"、需要一套"说法"，其意义亦很重大。[38] 所以，思想也可能是"套利"的工具，是"说法"，是"神主牌"，是突显自己、联系别人的资具。而不管如何，"套利"的结果是使得家法、伦理深入俗民生活的世界。[39]

日常生活中思想的应用，不是中学生的"查字典比赛"，思想家并没有能力规定人们怎样理解"自由""民主"，或"社会"，它们落实在生活中的意义，使它们在历史中真正产生作用，或是让人们从中获得意义。在这里让我引剑桥的南亚史家贝利（C. A. Bayly, 1945—2015）讨论印度政治思想史的名著《恢复自由》为例，他说英国古典政治思想家弥尔（John Stuart Mill, 1806—1873）及他的后来者那一辈自由主义大师的自由主义概念，不管在语言上还是概念上，并未直接译成南亚语言。在印度，用来指称 liberal 的，往往是带有梵文字根"kdara"（类似自由）意味的词，如"Kdartara""Kdarrad"，意指作风慷慨大方的，不是放任

---

[38] 一如要大家"做同一个梦"（如"圣梦"），与 Marion J. Levy《近代中国的家庭革命》（The Family Revolution in Modern China）中所说的"理想上"，有互相关联之处。"理想上"似是主动愿意的，"说法"较偏被动的部分。Peter Burke, "The Cultural History of Dreams," Varieties of Cultural History (NY: Cornell University Press, 1997), pp. 23-42.

[39] "说法"的例子包括为何要编纂家谱，且如此编，为何要刻此碑，且如此这般地刻，背后反映各种利益、思想、地位与冲突。但"说法"仍有一个局限，即不可能随己意胡作非为，因为它们毕竟是"公共性文本"或"公开性文本"，人们自觉其不合适，仍会抱怨，故"说法"有一个规范与限度。刘志伟，《宗族与沙田开发——番禺沙湾何族的个案研究》，《中国农史》1992 年第 4 期，页 34—41；刘志伟，《祖先谱系的重构及其意义——珠江三角洲一个宗族的个案分析》，《中国社会经济史研究》1992 年第 4 期，页 18—30。

自由主义(Libertarianism)也不是"消极自由"。在巫毒的语言脉络中,"liberal"被径以音译来使用,并未译成当地语言。不过,有一批从波斯文导引而来的词汇,尤其是那些涉及宗教多元主义者,有点近似"liberal"的意思。不过贝利仍然认为自由主义在印度的影响不能低估,而且它们与欧美的自由主义意识形态的选择亲和性异常清楚。贝利对自由主义在南亚的权威及创造性深具信心,印度不是简单地拷贝西方的观念,事实上它们蚕食(cannibalized)、重塑、重述(reiterate)那些思想概念,并常常用它们来攻击统治者的政策或行为举措。

贝利又指出,从1840年代以来,印度的思想家们即有意地与英国式的功利主义、理性主义保持距离,提倡一种比较精神化的、激进的国族主义,比较接近法国、西班牙、意大利或美国共和主义式的自由主义。当然,自由主义是殖民支配者或精英主义者的语言,但印度当地人仍持续"隐形颠覆"殖民或精英性。不论是贱民或是下阶层,或是妇女都挪借且改变被精英所控制的自由主义论述,赋予许多新的微妙层次之意义。[40] 这不只是简单的印度内部的"受容与转型",印度对"自由主义"与"近代性"的诠释,回过头来影响欧洲及美国对世界其他国家的态度。[41] 故不同的生活是一个神奇的炼丹炉,它使得西方古典自由主义的思想可以变化出一些新的面貌,甚至还可以回头去影响这个思想的原发地,两者是往复循环、周而复始的。

---

[40] C. A. Bayly, *Recovering Liberties: Indian Thought in the Age of Liberalism and Empire*(NY.: Cambridge University Press, 2012).

[41] 有研究指出,改革者 Ram Mohan Roy 的形象对英国的宗教与政治有很大的影响,稍后 Keshub Chunder Sen 及 Dadabhai Naoroji 这些被殖民者反过来影响母国,为甘地的事业开路。

六、 百姓的心识与"儒家文化的不安定层"[42]

由前述可知,如果是围绕着"思想是生活的一种方式"来考虑思想史,那么包括的范围就变得很宽,它的主体当然是过去思想史所关注的比较"严肃"的思想层面——如果没有朱熹,我们如何想象近世东亚历史呢?如果我们不研究那些没有现实影响,而展现丰富的思想深度的思想家,如何扩充人的心灵呢?但它同时也包括一种已发但未形成、固定的情感与思考,或是雷蒙·威廉斯所说的"感觉的结构"(structure of feeling)[43],人们如何以生活中的调节手段,或是以某种有系统的方式,有组织地管理内心生活,以达到某种要求之境界。这是一个广大的领域,探讨思想如何影响生活,包括人生观、人生态度、人生抉择、生活气质、自我认同;包括官方意识、人生履历的安排、财富观、政治观,甚至对分类方式的偏好、对颜色之喜好、对书本知识的态度等,不一而足。

如果我们不特别强调这一个面相,则雷达的"带宽"不够宽,就不能捕捉到与日常生活中与思想有关的形形色色的"思的事物"。过去认为只是思想史的问题,有时说不定应该加入生活史的角度来解释。另一方面我们也发现,在当时的日常生活世界中,往往只是一些很简单的概念与思考方式变化、一种模糊的东西、一种思想气氛、一种思想空气(如《陈范予日记》《懒寻旧梦录》中所提及的),却造成了至关重要

---

[42] 参见本书《"儒家文化的不安定层"——对"地方的近代史"的若干思考》一文。

[43] Raymond Williams, "Structure of feeling," *The Long Revolution* (New York: Columbia University Press, 1961), p.48.

的历史现象,而它们很少成为史家关注的主题。[44]但是如果把思想史的"带宽"打开,许多以前不被正视的问题,现在成为问题;许多过去不被正视的史料,现在成为重要史料,那些原先被附带论及的、在光晕四周的暗处可有可无的东西,现在成为值得以它作为核心出发点且加以注意的现象。

从历史发展的角度看,如果不留意下层人民的心识状态,往往会错解重大的历史现象。譬如,我个人认为,从晚清以来新政、现代化的过程中,虽然启蒙人物都呼吁新政或现代化将造福国家与人民,但在实际日常生活中,下层百姓往往是新政或现代化政策的损失者或受害者,最常见的情形是国家的新政或现代化往往会加重财政或其他负担,故其心识中每每产生一种反对的心态,这都是现代化进程中惰性或抵制性力量的一个重要来源。但在从上而下,或从国家全局的视角俯瞰之下,往往不容易发现或了解这种心态。

七、 我在故我思

生活世界如何对思想产生影响?在我看来,不同的生活方式就如同神奇的炼丹炉,它会孕育、筛选、改变我们的思想。生活的力量不一定是单元决定的,不一定是简单的下层结构决定上层结构,它可以像铁轨上的转辙器一样改变行进的方向。韦伯曾说好利的心思人人都有,就像一列往前直冲的火车,而基督新教伦理就像转辙器一样,使火车转

---

[44] 历史上许多重要的政治或文化运动,真正产生影响的只是几个词汇、几个要点,或一些标语。以新文化运动为例,新文化运动思想中比较精致的部分,极少在地方层次中看到。

向资本主义的方向。火车还是向前跑，可是它的方向改变了，生活就是这样筛选人的思想。

思想与生活之间不断地周流反馈，往往在地方上得到一种创造，或甚至在封闭的环境中，向上扩散形成一种新的风貌，也可能形成一种新异的样态。且让我们重新观看一下柳宗悦（1889—1961）的《民艺四十年》中一些名言："由文盲工匠制作的器物，从遥远的乡村运出来，是当时任何民众都要使用的。……这些低档的器物上却有着高尚之美。""今日投以万金的'大名物'茶器，很多只不过是杂器而已。它们的如此自然、如此奔放的雅致，是因杂器而起。如果不是杂器，绝不会成为'大名物'。"[45] 柳宗悦的这些话是在说明一种街头层次的，甚至是封闭乡村的再创造的力量，这些来自荒野乡村的陶瓷式样，后来居然成为地方大名心目中的"名物"。

"我思故我在"的另一面是"我在故我思"，生活是孕育思想的温床。譬如商业社会形成之后生活形态的转变，造成气质、人生态度、思想的巨变。恰如威廉·詹姆士所说的，我们可能不受意志及情感的影响，而仅凭知性做出决定吗？知性隶属于情感，而意志则抑制了知性及情感。[46] 思想不一定是来自抽象、拔高、好整以暇的沉思，它也可以是从实际的生活经验出发。我"在"故我"思"，此时的"在"不一定只是萨特（Jean-Paul Sartre，1905—1980）所讲的"存在"，它包含甚广，可以是生活经验，而由此经验生发出"思"的事物。"道"不总是影响或支配

---

[45] 柳宗悦著，石建中、张鲁译，《民艺四十年》（桂林：广西师范大学出版社，2011），《杂器之美》，页75、76—77。

[46] 朱建民，《詹姆士》（台北：东大图书公司，1998），页14。

"器",从"器"中也可能得出新的"道"。[47]

但是,我认为最重要的一种"我在故我思"的现象是"转译"式关系。在这里我要借用肯尼斯·柏克(Kenneth Burke,1897—1993)在讨论象征时提出的"转喻""意识到什么是什么"的观念来说明一种现象。[48] 柏克认为,我们其实没有办法真正了解世界上的事情,我们所能了解的都只是就某一方面而言(in term of),都是"意识到什么是什么"。在"意识到什么是什么"的时候,生活可能就会转变成思想,人的大脑随时在扮演一种"转喻"的角色。譬如因意识到生活世界中的某种挫折是因为思想上的不觉悟所造成的,这样就很容易把生活中的挫折"转喻"成思想史的议题。[49] 1925 年,在商务印书馆《学生杂志》担任主编的早期共产党人杨贤江(1895—1931)在一个夏令营演讲青年恋爱问题,他的言论掀起一番讨论,于是大家提出恋爱要先从社会革命着手,认为要把旧社会完全推翻,另建新社会。他说:"把社会上人人都变成无产阶级,大家都一律平等,到这时候,从前所谓的小姐、少爷一个也找不出,才可以根本解决无产阶级者的恋爱问题。"[50] 从恋爱问题

---

[47] 一如实验主义创始人皮尔士(Charles S. Peirce,1839—1914)说的,"在实验室里,所有的东西都被看作可能的实验对象"。科尼利斯·瓦尔(Cornelis de Waal)著,郝长墀译,《皮尔士》(北京:中华书局,2014),页 47。皮尔士把蒸锅变成思想的工具,思想是建立在对于真实事物的操作基础上,而不是空洞的词条和幻想的组合,这与"实验主义"旨趣相近。

[48] Kenneth Burke, *On Symbols and Society* (Chicago:University of Chicago Press, 1989), pp. 5, 161.

[49] 参见本书《"烦闷"的本质是什么——近代中国的私人领域与"主义"的崛起》一文,原载《思想史》1(台北:联经出版事业公司,2013),页 85—137。

[50] 参见本书《"烦闷"的本质是什么——近代中国的私人领域与"主义"的崛起》一文。

一直走到信仰共产主义,可见在"意识到什么是什么"的时候,人们如何把生活"转喻"成思想。

"意识到什么是什么"这一过程当然也会受到一个时代的环境的制约。所以在论述生活如何塑造思想的时候,我认为这不是机械的、完全的决定,或是单纯的反映。在"意识到什么是什么"的时候,就如诗人罗伯特·弗罗斯特的诗《两条路》中所说的那两条路,到这个时候变成了一条路,思想与生活融合成为一体。

境遇与思想的方向或抉择也不无关系,我称之为"转辙器的关系"。[51] 断绝、碰壁、绝境的存在境遇,对思想抉择的作用,也是很明显的。[52] 这方面的例子太多,我只选两个说明。首先是万斯同(1638—1702)的《宋遗民广录订误》,除了考证宋遗民,同时也是为顺治、康熙时期冒称遗老者发,既是历史的,又是生活的。[53] 再如陈垣(1880—1971)在日本占领北平下生活的三年,完成了《通鉴胡注表微》,都与现实生活的遭际有关。[54]

---

[51] 造成"转辙器"关系的,也可能是一种绝境,日本诺贝尔医学奖得主山中伸弥曾提到,他的重大突破事实上是受到一种负面的存在境遇影响。他说,日本对胚胎干细胞实验的管制极为严格,申请从事这类实验,往往要等一年以上的时间才能知道是否批准。虽然他的实验室不远处就是胚胎干细胞库,但是他却不得其门而入。这个绝境使他决定发展非胚胎干细胞研究,并得到最重大的突破。"碰壁"促发了许许多多的思想或学术抉择。益川敏英、山中伸弥,《"大発見"の思考法:iPS 細胞 VS. 素粒子》(东京:文艺春秋,2011)。

[52] 譬如余英时在《我为什么写陈寅恪》中,便抒发曾身为"无国籍人士"的经历,"党"高于一切,将本应是公民权利之护照剥夺了。

[53] 邓之诚说:"季野《宋遗民广录订误》考订精核,义正词严,盖为顺康时冒称遗老者而发。诚不苟之作。"邓之诚著,邓瑞整理,《邓之诚文史札记》(南京:凤凰出版社,2012),页168。

[54] 王汎森,《时代关怀与历史解释》,《古今論衡》23(台北:2011),页12—15。

在讨论这个问题时,当然不能忽略马克思的理论。马克思认为下层结构决定上层结构,所以思想意识基本上由经济基础决定,这当然是思想与生活世界的一种关系。生活世界对思想的塑造不一定是简单的"同义反复",或是"等价物",它们之间固然有时是等价对应的关系,但有时是如韦伯(Max Weber, 1864—1920)所说的"选择亲和性"(selective affinities),或像阿尔都塞(Louis Althusser, 1918—1990)所说的"多元决定"(overdetermination)的关系,或只是选取、扩大,而造成某些只是杂在众多分子中的点扩大成为主流的思潮。

前面提到的都是生活境遇与个人思想的抉择,当然历史上也常出现政治或政策上的大变动,造成了思想范式的变化,使得原来是边缘的或异端的,突然转成"正统"。[55] 辛亥之后,许多原先被压制的思想言论,在这个政治大变动的"转辙器"作用下,成为用官方力量推动的新正面价值。[56] 我个人以为陈寅恪(1890—1969)在讨论历史中的因果关系时,往往不用"因果"一词,而是用"条件""因缘",也就是上述那种几个接口之间在时空环境下互为决定的关系。[57]

威廉·詹姆士认为道德哲学指导人,但人的日常生活中,每一人、每一刻也正在塑造道德哲学。他说:"我们大家都在为人类的道德生

---

[55] 如晚清科举改试策论之后,一班应考秀才、童生顿失揣摩的工具,于是梁启超在日本所办的《清议报》《新民丛报》成了科考的揣摩参考。"千千万万的'士君子',从前骂康梁为离经叛道的,至此却不知不觉都受梁的笔锋驱策作他的学舌鹦鹉了。"李剑农,《中国近百年政治史》(台北:台湾商务印书馆,1957),页218。

[56] 参见拙著《观念的势力——辛亥革命的思想史意义》,待刊。

[57] 此外如"转化"也是一种例子,如将文学感性、热情、想象力转换成对大自然的感动,而成为数学的动力。

活尽力,因而我们每一个人都能决定道德哲学的内容。"[58] 在讨论思想者个人的生活史与思想史的关系之后,我要进而讨论每一个人日常生活中的每一个行为、每一个选择,其实都在直接或间接地参与定义"道德"、定义"传统"、定义"政治",决定时代思潮等。所以生活史当然是思想史一个应该考虑的环节,而且不只局限在思想者的生活与思想之间的同义反复关系,同时也是一种众人参与塑造的微妙过程。历史世界的塑造与筛选,可能影响长远,故具体的历史与思想并非互斥的。如朱子那些后来影响数百年的著作,每每是为了针对唐末五代以来混乱的历史世界所做的反思。

八、结 论

本文是从"思想是生活的一种方式"开始,说明思想不只是抽象的思辨,往往同时也是生活的一种方式,因此衍生了几个问题。第一个问题是生活层面的思想史解释。第二个问题是思想如何周流在社会各层,成为实际生活的一部分。第三是区分一个时代不同的思想层次,以及不同层次之间的竞合与联动。

此外本文有一部分是描述思想和生活之间彼此影响、融合时的不确定状态,或一种模糊的东西、一种思想气氛、一种思想空气。思想与生活的"二而一",都是在这样的状态下所构成的界面上成立的。这往往是过去思想史或历史研究所难以辨析的,因为既有的讨论多半聚焦在相对抽象的概念或确定的思想上。本文也讨论了一个时代的"思想层次"的问题。思想史之所以能分成各种不同层次去理解,即在于它

---

[58] William James, *Pragmatism and Other Writings*(NY: Penguin Books, 2000), p.242.

是变动的、周流不息的,更像一个立体的结构,如同原子的构成,思想中不同的基本元素,在各种不同的作用下,聚合成不同层次的事物。

此外,本文也提到过去的思想史研究太重视"由上而下"的部分,让人觉得思想和生活之间是由高至低的"正渗透",较少由低而高的"逆渗透"。"道"不总是派生"器",有时候可以是"器"派生"道"。又如本文讨论的"意识到什么是什么"的"转喻"现象,其实也是由"生活"拔高为"思想"的过程,但从例子来看,会给人一种是"器"决定要接受哪些"道"的过滤过程。譬如明代心学之所以成立,其中很重要的因素之一,在于生活已朝复杂化、商业化的社会变化,这样的生活世界,与思想的变化息息相关,这或许是"我在故我思"的例子,也或者可称之为"生活是思想的一种方式"了。

此外,本文也讨论到特定文本的优先性的问题。譬如在日常生活中,小说戏曲也参与思想的竞争,如果我们留心思想史与生活史的问题,只有对于每一个时代思想生活之交界有一个客观的掌握,才能了解某些新东西加进来,某些旧东西消失了。同时在这种客观的把握中有一点值得注意,我们发现过去局限在对不同思想之间对百姓的影响的竞合的观察中有一个晕暗处未被注意。在日常生活世界中,小说、戏曲的价值观,往往与儒家形成激烈对抗。一般人认为小说大幅地影响日常生活世界是从明代开始的[59],因而小说中之思想态度与文化偏好,包括穷形尽相地写淫写盗,每每成为儒家文化的竞争者。人们往往以

---

[59] 钱大昕《正俗》中说:"古有儒、释、道三教,自明以来,又多一教曰小说。小说演义之书,未尝自以为教也,而士大夫农工商贾无不习闻之,以至儿童妇女不识字者,亦皆闻而如见。是其教较之儒、释、道而更广也。"钱大昕撰,吕友仁标校,《潜研堂集》(上海:上海古籍出版社,1989),页282。

为小说、戏曲不是思想文本而不加理会,但它们在实际生活世界中所产生的影响却不可小看。

本文也一再强调思想史的新"带宽"。近来彼得·伯克在一篇总结思想史若干层面的发展的文章中提出了"思想文化史"[60],本文所强调的与他并不相同,我所重视的是思想史与生活史交织的层面。它们不再只是思想史的背景音乐,如果不特别强调这一个面相,则思想史雷达的"带宽"不够,所能捕捉到的就是寥寥几样东西,也就不能捕捉到那些非高度抽象的思想观点,而这个范围相当广大。它们常常只是日常生活世界中一些很简单的概念与思维方式的变化,某种生活气质或精神倾向,或是人们所感受到的一种模糊的空气或一种气氛。就像新文化运动思想中,弥漫在街头层次中那些微妙、难以捉摸的部分。如果扩宽思想史研究的"带宽",许多以前不被正视的问题,现在将成为问题;许多过去不被正视的史料,现在可能会成为重要史料;那些原先被附带论及的,在光晕四周灰暗处可有可无的东西,将变得值得以它作为核心出发点加以注意的。

[60] 参考本文注1。

第二章

从"新民"到"新人"
——近代思想中的"自我"与"政治"

一

在近代思想转型的时期,"自我"始终是一个重要的课题。"自我"是一个范围非常广、非常复杂的问题,在这篇短文中,我想谈的主要是在近代思想转型时期,"自我塑造"或"自我完善"的文化及它所形成的心理特质:怎样才可以称为"人"?怎样才可以称为良善的"自我"?自我完善的传统方式如何一步一步消退、并转变成一种新的形式,以及这种转变与近代政治、社会变动的关系。另一方面,近代中国"自我"的观念,往往把自我完善的过程当作是步步向上提升的阶梯,这与儒家思想、尤其是宋明理学有相近似之处,但是其中也有显著的差异:近代思想中的"自我",不再受传统礼法道德之限制,其内容是开放的、是无限可能的向上主义(possibilism)。所以本文也将讨论在后来各种意识形态的竞争日趋激烈时,良善"自我"的定义为何随着不同的意识形态而不断改变。[1]

张灏先生在《梁启超与中国思想的过渡，1890—1907》中已指出，梁启超(1873—1929)运用宋明理学的思想资源来塑造一个现代行动者的现象。[2] 在张先生的《中国近代思想史的转型时代》中[3]，他指出改良派的梁启超与革命派的刘师培(1884—1919)，都受了很多传统儒家修身观念的影响，但同时，传统圣贤君子人格的成分则日趋淡薄。[4] 这种修身观念与圣贤君子的理想逐渐滑开的现象相当值得注意，它不但使得自我完善的传统方式失去力量，而且对转型时代社会政治等层面产生过重大的影响。

此处要先指出的是，在近代以前儒家修身的观念与圣贤君子的人格理想是一元而不可分割的，即使在内容方面有过细部的修正或变化，但是很少人怀疑或根本挑战它的一元性。从近代日记等私人性文件中，我们可以看出，在转型时期之前，传统儒家的修身观念与圣贤君子的理想，基本上仍然维持比较稳定的地位。从清代后期，思想界出现了一种"自然人性论"的倾向，某种程度肯定人们的物质欲望，但是它并未彻底地改变旧的格局。

---

[1] 不过，这里必须强调一点：本文中所讨论的种种有关"自我"的新特质，并未发生在所有人身上，即使当时的新派人物，也不一定都有相似的特质。在最初它可能只是少数人的观念，后来慢慢成为转动时代的核心思想，并逐步扩散其影响。

[2] Hao Chang, *Liang Ch'i-ch'ao and Intellectual Transition in China, 1890-1907* (Cambridge: Harvard University Press, 1971), chap. 9.

[3] 张灏，《中国近代思想史的转型时代》，《时代的探索》(台北：联经出版事业公司，2004)，页37—60。

[4] 张灏，《转型时代在中国近代思想史与文化史上的重要性》，《张灏自选集》(上海：上海教育出版社，2002)，页115—116。

促成上述那种"滑离","修身"与"理想"形成二元架构的现象的因素很多,传统道德规范日渐受到质疑及现代"国家""社会"观念的崛起,恐怕是最为关键的。

从晚清以迄 1920 年代,有两波运动与自我的塑造有关。第一波以梁启超的"新民说"为主,其影响非常深远[5],讨论者比较多。它关心如何塑造新的"民",这新的"民"是国民,是脱离奴隶状态的现代"国民"。第二波是"新人",它没有像《新民说》那样的里程碑式的文献,但各种零星的文献很多,现代学者的讨论亦复不少。[6] 譬如说,我们如果仔细留意新文化运动前后的各种文字,便常会发现他们提到"人"这样的字眼时,往往以加上" "或「 」的方式来定义他们心目中理想的"人"。它的意思是我们现在存在的状态,只是暂时的"人",是向上进步的一个阶段而已。新的"人",加上引号的"人",才是自我完善的、理想的"新人"。我们比较可以确定的是,新"人"的心理特质形成了巨大的驱动力量,促使一代青年们自问理想上的"我"应该如何认知这个世界,理想上的"我"应该追求何种价值。

"新民"要把老大的中国民族改造成为新鲜活泼的民族,把自私自利的人民塑造成现代的"国民":"苟有新民,何患无新制度,无新政府,无新国家。"[7] 在晚清,"国民"被广泛的舆论设定为一种资格、一种身份、一种应该极力追求的正面目标,这方面的例证非常之多,此处仅举

---

[5] 参考胡适,《四十自述》,收入季羡林主编,《胡适全集》(合肥:安徽教育出版社,2003),第 18 卷。此外,"新民学会"的名字即是一例。

[6] 注意到"新民"与"新人"的学者,如刘再复,《百年来中国三大意识的觉醒及今日的课题》,《历史月刊》,第 110 期(1997 年 3 月),页 78—89;袁洪亮,《中国近代人学思想史》(北京:人民出版社,2006)。

[7] 梁启超,《新民说》(台北:台湾中华书局,1978),页 2。

晚清一部小说《学究新谈》为例。其中到处充斥着这样的对话："你不要替他过谦,将来都是国民哩","这班后生,果真做得国民,也自能转弱为强的"。[8]

梁启超的"新民"观中,"新民"是现代"国民""公民",有公德,时时存着为群体、为国家的观念。"新民"有种种心理特质,胡适《四十自述》中回忆说,梁氏所提倡的这些心理特质深深地改变一代青年,"(梁启超认为中国)所最缺乏而最须采补的是公德,是国家思想,是进取冒险,是权利思想,是自由,是自治,是进步,是自尊,是合群,是生利的能力,是毅力,是义务思想,是尚武,是私德,是政治能力……其中如《论毅力》等篇,我在二十五年后重读,还感觉到他的魔力"。[9]

梁启超对宋明理学相当熟悉[10],所以他在谈到人的"自我塑造"时常常援借宋明理学中对人内心世界中各种层次的分别。他在《新民说》中讲到人的内心世界中分几十层,要克去低下层次,提升到超越的层次,要"自胜",要区别"两我",并随时从物质的、俗鄙的"我",提升到精神的、超越的"我"。[11] 有时候,他也要求人们分别自己内心的状态,究竟是"有意识的"或"无意识的"。[12] 梁氏在《新民说》中还提出一个相当具有概括性的概念"第二世界":"盖丈夫之所以立于世者,莫不有第二之世界,以为其归宿之一故乡。"[13]也就是说历史上的大丈夫

---

[8] 吴蒙,《学究新谈》,收入王孝廉等编辑,《晚清小说大系》(台北:广雅出版有限公司,1984),第6回,页46;第10回,页74。

[9] 胡适,《四十自述》,页61。

[10] 梁启超在《新民说》的时代,仍非常痛恨汉学,倾向理学。

[11] 梁启超,《新民说》,页142、53、46。

[12] 梁启超,《新民说》,页60。

[13] 梁启超,《新民说》,页26。

是能从流俗的"第一世界"拔升，过渡到理想中的"第二世界"的人。"新民"之塑造，也一样有赖于从流俗自拔，形成一种必要的张力，丢掉流俗的、日常的第一世界，向"第二世界"提升。不过这里要强调："第二世界"的内容一直在变，梁启超的看法只是其中一种而已。

在《新民说》《德育鉴》中，梁启超广泛地援用明代王学右派的思想家所发展出的、非常精细的心理锻炼，用来刻画一个行动者所应有的心理质素。[14] 不过，他与宋明理学家不同，他把对"群"、团体、国家的奉献[15]，而不是圣贤君子的理想，提升为道德之极致。所以自我完善的方式与旧士大夫已经不同。

梁启超在撰写《新民说》的初期，对传统道德批判甚力，认为相对于团体的"公德"而言，它们都是一些私德。可是愈到后来，他愈强调传统道德的部分，说："维持吾社会于一线者何在乎？亦曰：吾祖宗遗传固有之旧道德而已。"[16]

刘师培的《伦理教科书》是《新民说》之后，比较系统地讨论相似问题的名著。刘氏显然受到梁启超"国民""公德""公共心"等观念之影响。《伦理教科书》分成一、二两册。第一册着重讨论传统德目，第二册偏重建立"社会伦理"。不过刘师培不像梁启超那样一开始即截然划分"私德"与"公德"，并把传统道德一律贬为"私德"。

刘师培一再强调一种逻辑关系，即完善自我即所以完善社会、国

---

[14] 参考王汎森，《中国近代思想中的传统因素：兼论思想的本质与思想的功能》，《学人》，第 12 期(1997)，页 1—28。

[15] 梁启超说："其最初一念之爱国心，无不为绝对的纯洁的，此尽人所同也。"梁启超，《新民说》，页 138。

[16] 梁启超，《新民说》，页 132。

家,保全社会即所以保全自己。[17] 所以该书第一册的叙述策略是先追究各种德目在宋以前及宋以后内容之不同。宋以前的仍然多少可以施用于现代,而宋以后的扭曲与窄化,则是应当被批评甚至被唾弃的。衡量的标准有两个:是否符合平等的、"对待"之伦理精神,及是否合乎"公共心"。[18]

在第二册一开始,刘师培很清楚地表示:"中国人民数载以前不知社会伦理为何物。"又说:"中国古籍于家族伦理失之于繁,于社会伦理失之于简。今编此书,于家族伦理多矫古说之偏,于社会伦理则增补前人所略。"他批评家族伦理,提倡社会伦理,认为中国"以社会之伦理皆由家族伦理而推,而一群之公益不暇顾矣"。尽管如此,我们仍可以看出,刘氏认为旧道德伦理仍有"创造转化"之可能,如果充分扩充旧道德、旧礼仪的社会意义,并作相当的调整,也可能出现"社会伦理"。如他说:"故欲行社会伦理,亦必自正身始","合同族之力以互营公益"。[19]

尽管刘氏为旧道德伦理与"社会伦理"留下一些沟通的道路,但我们仍然可以看出前面所提到的那种修身观念与其最终理想滑开来的痕迹。是"社会""国家",而不是圣贤君子的理想,才是修身工夫之究竟,他说:

> 己身为国家社会之身,非一己所克私。若戕贼己身,使国家、社会少一尽义务之人,其有负国家社会,罪莫大焉。[20]

他一再强调国家的重要,如说"盖以国家较家族,国为重",所重视

---

[17] 刘师培,《伦理教科书》,收入《刘申叔先生遗书》(台北:京华书局,1970),第4册,页2338。

[18] 刘师培《伦理教科书》随处提出这类看法,如页2310、2314、2329、2336、2337。

[19] 刘师培,《伦理教科书》,页2349、2323、2336—2337、2341、2332。

[20] 刘师培,《伦理教科书》,页2320。

的是"民"与"国"之关系,所欲培养的是"国民公共观念"。在《伦理教科书》第二册的结尾,他甚至归纳说欲行社会伦理,必须要有"党"——"故欲人民有公德,仍自成立完全社会始。欲成立完全社会,贵于有党。党也者,万物之公性情也。……盖各国均以党而兴,则欲兴中国,亦不得讳言朋党……必先自民各有党始。然民各有党,又必自事各有会始,事各有会,庶对于社会之伦理可以实行矣。"[21]所以推到极点,自我完善的极致是以"党"来建立"完全社会"。

刘师培与梁启超不同,他不像梁启超那样乞灵于宋明理学,把心分成几个层次,并力求自我超越。但刘氏相信旧道德伦理更有向"社会伦理"过渡的潜力。

梁、刘两种论旨,在清末有相当的代表性,他们一位是改良主义者,一位是革命家,但都不约而同地以"造国民"为其"修身"工作之根本归宿。不过,在晚清也有像章太炎(1869—1936)、鲁迅(1881—1936)那样比较关注"个人"的思想家。而章太炎等人大约和后来新文化运动时期讲"个人"的关联比较多些。

二

在新文化运动时期,青年极力批判传统,旧道德与旧伦理都在严厉指责之列,人的觉醒、个人解放是突出的主题。此时一方面是不再像《新民说》或《伦理教科书》那样,认为在塑造"新民"时,传统的修身观念仍有不可抹杀的地位;另方面是"新人"取代"新民",成为关心的焦点。

由"新民"到"新人"的转变很值得注意。这并不是说"国民"的思

---

[21] 刘师培,《伦理教科书》,页2327、2336、2349。

想已经失去力量,事实上"国民"已经沉淀为一种底色(譬如"国民性"的讨论仍然非常热门,即是一例)。想厘清"新民"与"新人"的变化之因并不容易。新文化运动前后的思想界是一个调色盘,西方自由民主思想、无政府主义、各种社会主义思想都在这个调色盘中,它们"杂糅附会",形成一些极含混复杂的色调,恐怕只有极少数在西方受过长期教育的人方能区分彼此,至于一般青年,则往往不能道其所以。

主要是受西方民主自由思想的影响,新文化运动提倡人的觉醒,人的解放,人的文学,人的宗教……人们思索着如何从传统的礼法道德、风俗习惯等层层束缚解放出来,成为西方现代文化标准下所定义的"人"。

但是此处我还想特别提到,无政府主义及激进社会主义的深刻影响。民初以来思想界,尤其是民国四、五年(1915—1916)左右,对现实政治社会彻底失望,却又不知最终希望之所在,青年群起趋向无政府主义。许许多多思想言论皆受其影响,即使连胡适介绍的易卜生主义,其实也带有浓厚的无政府色彩。在无政府主义及激进的社会主义影响下,由个人到全人类之间所有的组织与阶级——包括家庭、国家等——都在打破之列。人要成为一个"真正"的人、个体的人,才算是"人"。

特别值得注意的是这个时期的国家观的转变。在《新民说》的时代,鼓吹人们成为健全的现代"国民",但是此时受到两种因素的影响,对"国家"与"世界",往往游移不定;随着不同的语境及时代环境的变化,而在两者之间往复挪移,其中较为激进的则往往将"国家"当成批判、鄙弃的偶像。[22] 第一是无政府主义、社会主义的影响。第二是第

---

[22] 关于"国家"与"世界",参考罗志田,《理想与现实:清季民初世界主义与民族主义的关联互动》,《近代读书人的思想世界与治学取向》(北京:北京大学出版社,2009),页55—103。

一次世界大战之后,人们对德意志帝国的鄙弃。一时之间人们言论中多以弃"国家"为崇高(虽然他们内心深处的状态不一定如此)。这方面的言论相当多,早在1915年《新青年》第一卷中,高一涵(1885—1968)即已发表《国家非人生之归宿论》[23],陈独秀的《偶像破坏论》中斩钉截铁地说:"国家也不过是一种骗人的偶像。"[24]傅斯年在《新潮》发表之《〈新潮〉之回顾与前瞻》中,倡议"我"到"人类"之间一切的"阶级",包括家族、地方、国家,都是偶像。[25]五四的社团中更充满类似言论,认为理想的青年"都是不应该带有爱国的色彩的"。[26]这林林总总的材料都说明了"新民"、"新国民"的理想,至少在表面上,随着对"国家"的激烈批判,而被对"新人"的兴趣所取代。新人是"人类中的一个人"[27],而不是"国家"中的一个"民"。

第三个值得注意的元素是"进化"思想。进化思想在近代中国的影响无远弗届,它使得人们普遍认为未来是无限开放,无限可能的,"人"的究极状态亦复如此。现在的"人"只是达到未来真正的"人"之间的一个阶段性状态而已,所以"新人"是无限可能的,为了成为"完全的人",必须成为"新人";但这"新人"究竟是什么状态,便言人人殊了。

---

[23] 《青年杂志》,第1卷第4号(1915年12月),页1—8。

[24] 陈独秀,《偶像破坏论》,收入任建树等编,《陈独秀著作选》(上海:上海人民出版社,1993),第1卷,页392。

[25] 傅孟真先生遗著编辑委员会编,《傅斯年全集》(台北:联经出版事业公司,1980),第4册,总页1209。

[26] 《毛泽东给萧旭东蔡林彬并在法诸会友》,中国革命博物馆、湖南省博物馆编,《新民学会资料》(北京:人民出版社,1980),页146。袁洪亮前引书中列举了一些这方面的资料,请参考。

[27] 赵帝江、姚锡佩编,《柔石日记》(太原:山西教育出版社,1998),页104。

由于新文化运动中对旧道德礼法施以体无完肤的批评,所以在塑造"新人"的论述中,传统的自我完善方式,或是前面提到的那个逐渐滑离的二元架构的成分消退了,而国家的理想,也被其他的内容所取代。这个时候,一个理想的"新人",应该如何自我完善,应该具有哪些心理特质,应该追求哪些理想,都起了微妙的变化。

在以下的讨论中,我是藉由一批措辞,去捕捉这一代青年的心理特质。措辞与概念的升降,常常是把握一个时代思想动向的入手处,也是推测一代心理特质的重要根据。当我们想起新文化运动时,会很自然地浮现一堆与自我有关的措辞。在这篇文章中,我所讨论的几个核心措辞,分别是"人""人生""无意识的""有意识的""自然的""人为的""向上的"。值得注意的是,在晚清,这几个词汇已经出现,但它们的大流行是在民国,尤其是新文化运动以后。

三

新派人物较常使用这些措辞,但并不表示倾向保守的人不使用它们。这些措辞大多是一些有关心理状态的形容词,它们往往是在文章中一闪而过,语意模糊,并未细加定义或深入讨论。为了广泛引用一些文句来说明这个历史现象,所以以下的引文不免零碎,在此要先向读者致歉。

在傅斯年早期的文章中,加了引号的"人"这个用法不时出现[28],

---

[28] 如他在《白话文学与心理的改革》中说:"我们与其说中国人缺乏'人'的思想,不如说他缺乏'人'的感情;我们与其说俄国近代文学中富有'人'的思想,不如说他富有'人'的感情。"傅孟真先生遗著编辑委员会编,《傅斯年全集》,第4册,总页1183。

在五四青年中,"人"的表述屡见不鲜,有时候是提出自己最新的定义,如《浙人》中问什么才算"人",接着说"惟具有奋斗精神,独立精神,互助精神的'平民',才算做'人'"。[29] 有的是以"人"作为社团的宗旨,如"觉悟社"的宗旨是"求适于'人'的生活"。并说"觉悟"无边无止,"进化"无穷。[30] 有的宣示他们的任务是缩短"旧人"变"新人"的时间,如带有无政府主义色彩的"新人社",它的社名代表着这个时期追求成为"新人"的思潮。"新人社"有一份《新人约》,说该社的第一任务是在缩短"旧人"变"新人"的时间,"使他由无限的将来,变成有限并且是极小限度的将来",最终希望做到消灭"你、我、他"的隔阂。[31]

当时青年认为完整的"人"是打引号的"人",他们在内心中形成一种二元式的结构,并将之自然化下来,"人"天经地义地应该追求新思潮——没有加""的人则是尚未到达真正的"人"的境界。在中国思想史上,凡是到了重新定义"人"的时候,往往是思想产生重大变化之时。[32] 新文化运动时代提到人时,加上"",即表示不承认当时中国人是真正的人,而只是向着人的状态,正待向上进化的一个阶段而已。这个""所蕴含的对现实状态的不满,产生了重大的驱动力,代表着对人之所以为人的文化的、社会的、政治的各方面的重新检讨定义,而企求转变成为"新人"。这个理想"新人"的定义是五花八门的,我们已

---

[29] 中共中央马克思恩格斯列宁斯大林著作编译局研究室编,《五四时期期刊介绍》(北京:三联书店,1979),第 2 集,上册,页 442。

[30] 分见张允侯等著,《五四时期的社团》(北京:三联书店,1979),第 2 册,页 313、302—303。

[31] 中共中央马克思恩格斯列宁斯大林著作编译局研究室编,《五四时期期刊介绍》,第 2 集,上册,页 409。

[32] 如韩愈的《原人》、宗密的《原人论》、颜元的《存人编》。

经非常熟悉,譬如要有自主的意识,要进取竞争,要有开放创新、科学的精神等等[33],此处所要讨论的是其中的一些过去人们比较少注意的面相,人要成为"人",他的心理特质是"有意识的""人为的""向上的"。

不过,我要强调,"有意识的""人为的""向上的"并不一定与"人"同时出现,但它们都与广义的"人"的自我完善的议题分不开。

自然的 v.s. 人为的

首先我要谈到的是人们心中处处区分"自然的"与"人为的"对立。

"自然的"与"人为的"对立显然受到当时中国人所理解的进化论的影响。"自然的"一词应略加分疏:在近代中国,文学、艺术方面向往自然,希望贴近自然或研究描述大自然;但是在人事方面,则鄙薄"自然"。在这里,"自然"是指不经反思、未经自觉、保持现状的,甚至是预定的、命定的生活状态。在西方进化式思考中,人是自然的一部分,暗示人的有限性,被环境决定的可能。进步主义则强调对自然的征服,人可以透过自为的努力去克服自然。但在近代中国两者显然混合在一起,一方面讲"天行"与"人治"相反相成,另一方面是有意无意间突出"人治"的部分;在亡国灭种的危机中,人们在"天行"与"人治"的复杂杠杆中,突出"人为"努力的重要。对此,严复(1853—1921)的《天演论》有关键性的影响,在这一本影响力奇大无比的小书中,《导言》第四篇的标题就是"人为",它告诉人们自然是被"人为"所克服的。细读过《天演论》的人,会发现问题不是那样简单,该书虽然处处讲"自然"与"人为"之对立,并且宣扬一种由"自然"到"人为"的过程,不过它也为

---

[33] 袁洪亮,《中国近代人学思想史》,第五章。

"自然"留下一定的空间。"人为"并不能够凭空而为,必须要依恃"自然","人为"才可能成功,故说"天择者,择于自然,虽择而莫之择",又说"皆有其自然者,为之阴驱而潜率",故不能完全背逆"自然之机",否则"虽有圣者,不能一日行也"。[34]

通贯《天演论》的主旋律便是"人治"与"天行"相反而相成的情形,"人治之所以有功,即在反此天行之故","天人之际,其常为相胜","天人势不相能","天人互争之境"。在书末,他强调"今者欲治道之有功,非与天争胜焉,固不可也"。[35] 此处"天行"是"自然的",而"人治"是"人为的",而且书中也处处批判黄老的"自然"是要不得的,它举了许多例子(如园丁垦殖花园),说明"人为"或"人治"可以征服"自然"。这样一本书留给人们一种印象:天不是判官,天是与人竞争的,宋明以来奉为最高的"天理"反而不是主宰。

"自然"与"人为"相对的观念在晚清已经颇见流行(如梁启超《天演学初祖达尔文之学说及其传略》)。新文化运动前后所盛行的从"自然"到"人为"的思考方式,是演化论与进步主义的结合。在这个思考方式之下,"自然"与"人为"势不两立,"人为"不必依靠自然,"人为"可以凭空而起,人的理智能力有多高,它就可以到达多高。新文化运动时所讲的"自然",不是指大自然,而是一种相承数千年的"自然而然"的人生的态度。

依照我的初步观察,这种在内心中将一切人文现象分为"自然的"

---

[34] 分见赫胥黎著,严复译,《天演论》(台北:台湾商务印书馆,1977),《导言一:察变》,页3;《导言五:互争》,页16。

[35] 分见赫胥黎著,严复译,《天演论》,《导言六:人择》,页16—17;《导言五:互争》,页15;《论十七:进化》,页48。

与"人为的",并预设理想上应该从"自然的"发展为"人为的"思考方式,影响到许多方面。

新文化运动期间,李大钊在《东西文明根本之异点》中说,东西两个文明的根本不同处,即在于"一为自然的,一为人为的"[36],在《美与高》中,他又说,影响一国民族性有两大端,一是"境遇",一是"教育","境遇"属乎自然,"教育"基于"人为"。[37] 他又引日本早稻田大学教授北聆吉(1885—1961)的话说西方人"对于自然,不能漠不关心。纯取观望之态度,不能融合其自我于自然之中,以与自然共相游乐。其视自然为自我发展之凭基,非自我产生之嫡母。自然者,可以克服之障碍也"。[38]

胡适在1919年2月出版的《中国古代哲学史》中说,中国自古以来的哲学家都崇拜"天然",老、孔、庄、孟,皆是如此,"大家都以为凡是'天然的',都比'人为的'好。后来渐渐的把一切'天然的'都看作'真的',一切'人为的'都看作'假的',……独有荀子极力反对这种崇拜天然的学说,以为'人为的'比'天然的'更好"[39],而胡适当然是站在荀子这一边的。他的重"人为"轻"天然"的主张在当时有相当大的影响。

模模糊糊感觉到应该和"自然"采取敌对状态的,可以再举瞿秋白(1899—1935)的例子。不过他只是清楚地感觉到西方文明是以自然为敌的,但并不就认为中国文明即是"自然的",而认为中国只是与"自

---

[36] 李大钊,《东西文明根本之异点》,朱文通等整理编辑,《李大钊全集》(石家庄:河北教育出版社,1999),第3卷,页40。

[37] 李大钊,《美与高》,朱文通等整理编辑,《李大钊全集》,第2卷,页611。

[38] 李大钊,《东西文明根本之异点》,朱文通等整理编辑,《李大钊全集》,第3卷,页50。

[39] 胡适,《中国古代哲学史》(台北:台湾商务印书馆,1978),第三册,页34—35。

然"漠不相关的"路人"。1921年,瞿氏在《赤都心史》中的《自然》一文中引泰戈尔(Rabindranath Tagore,1861—1941)的话说,希腊人视"自然"为敌,印度人视"自然"为友,俄国人视"自然"为邻人,中国视"自然"为路人,"偶然同道而行,即使互相借助,始终痛痒漠然"。他语意不十分清楚地说,这是"未见目的,从容不迫,无所警策,行道蹒跚,懒于移步",他说"未来的黄金世界,不在梦寐,而在觉悟"。[40]似乎是在说最终应该觉醒,不是以自然为"邻人",而应以自然为敌,才能构筑未来的"黄金世界"。

新派人物如此说,调和派的杜亚泉(1873—1933)在《静的文明与动的文明》上也运用这两个对立的概念分析东西方,他说:"西洋社会,一切皆注重于人为,我国则反之,而一切皆注重于自然。西洋人以自然为恶,一切以人力营治之,我国人则以自然为善,一切皆以体天意、遵天命、循天理为主。"[41]所不同的是,李大钊等人坚持中国必须要从"自然的"发展到"人为的",而杜亚泉认为没有必要,东西方文明是性质的不同,不是程度的不同,"自然"与"人为"两种文明皆有其存在之合理性,"凡社会中之各个人,皆为自然存在者,非扰乱社会,决不失其存在之资格"。[42]

讨论文化的问题如此,讨论到政治组织的问题时,亦运用此"自然"与"人为"对立的概念。胡汉民(1879—1936)不能算是五四青年,但他在讨论政治的文章中说,斯宾塞(Herbert Spencer,1820—1903)一

---

[40] 瞿秋白,《赤都心史》三十六《自然》一文,收入《民国丛书》第五编(上海:上海书店出版社,1996),第80册,页123—124。

[41] 杜亚泉,《静的文明与动的文明》,许纪霖、田建业编,《杜亚泉文存》(上海:上海教育出版社,2003),页339。

[42] 许纪霖、田建业编,《杜亚泉文存》,页338—344。

派的政治学说什么都听其"自然",把"人为"看得很轻,所以会变成极端的保守主义,又说吕邦(Gustave Le Bon, 1841—1931)认为德意志的"国民心性"是"人为"的创造。[43] 胡汉民深受吕邦之影响,在讨论问题时常常引用吕邦之说以为左证,而他在论证了两种不同的政治学说之后,也主张作为一个现代国家应该要由"自然的"进到"人为的"。

新派人物当然也面临了有力的反抗。但是反对的人往往也认可"人为的""自然的"这两种划分,前面提到的杜亚泉,借着强调东西文明是"性质"之异,而非"程度"之异,进而指出"自然的"与"人为的"这两种文明可以并存,但是更激烈的反对者则认为"人为的"是坏的,"自然的"才是好的。深受无政府思想影响的朱谦之(1899—1972),在一本论点相当奇特的书《一个唯情论者的宇宙观及人生观》中,主张建立一个"宇宙观的政治系统",要培养"宇宙的国民"。他主张以"真情"作为政治的基础,大家只管发展真情的自由,不要"人为法"来拘束他。朱氏主张各人自主自治,自由组合,然后联合,"以次至于成为自由组织"的大同世界。他对于法治制度,全然加以否定,并把"人为法的组织"和"情的组织"——"自然法的组织"对立起来,痛斥"人为法的组织是万恶之源"。主张要倒转过来提倡"情的组织"——"自然法的组织了","须知只有这自然法的组织底下的政府,是'好政府',只有这自然法的组织底下的政治是'好政治'"。[44]

前面所提到的是"自然"与"人为"对立在文化、政治、社会组织等

---

[43] 胡汉民,《吕邦的〈群众心理〉》,收入蔡尚思主编,《中国现代思想史资料简编》(杭州:浙江人民出版社,1982),第1卷,页564—570。

[44] 朱谦之,《一个唯情论者的宇宙观及人生观》,收入《民国丛书》第一编(上海:上海书店出版社,1989),第3册,第九讲"政治理想",页141—142、145—146。

范围产生的区分作用。其实,这种无处不在的区分,深入到当时青年内心中的反复挣扎,我觉得傅斯年的《自然》一诗相当能表现这种自我内在的对立。

这里必须对这一首诗的背景略作些说明。在新文化运动时期,傅斯年这位五四游行的总指挥,在短短的几个月中写了几十首白话诗,其中大部分的技巧及意境都不算高明,但是这些诗因为无拘无束,不像《新潮》中那些板起脸孔来说话的文章,所以更自由、更无拘束地表达一个青年内心的挣扎,而《自然》正是他这一个时期的最后一首白话诗,大概也是傅斯年一生公开发表的最后一首白话诗。当时傅斯年正在上海沧洲旅社等船去伦敦留学,也是他挥别民国八年(1919)1月《新潮》创刊以来二百多个日子中,发表几十篇猛烈攻击传统,极力介绍西洋新知的文章之后。当他稍为平静下来,他似乎出现了一种对立,一种矛盾,对传统的或西方的、"自然"的或"人生"的(这时候所谓"人生"是指摆脱传统的生活而得到一种新的生命境界,是西方的生活理想与方式)摇摆不定。当时傅斯年当然是坚决站在西方反东方,站在"人生"反"自然"的,但是在沧洲旅社的这一刻,他犹疑了。他在《自然》中写道:

  究竟我还是爱自然重呢?
  或者爱人生?
  他俩常在我心里战争,弄得我常年不得安贴:
  有时觉得后一个有理,
  有时又觉得前一个更有滋味。
  虽然有滋味,总替他说不出理来;
  虽然说不出理来,总觉得这滋味是和我最亲切的——
  就是我的精神安顿的所在。
  ……

>从我几千年前的远祖,直到了我,无数的被你摄魂去了。
>明明白白知道和你亲切要演一出悲剧,
>然而多少年代的艺术家,为你呕了无数心血,
>亿万万的"有趣味者",遭了亿万万场大劫,
>结果还是一场大失败,
>眼看那"有所为","有目的",求善人生的鄙夫,
>一天一天的开拓起来。
>……
>人生啊!我的知识教我信你赖你!
>自然啊!我的知识教我敬你远你!
>……
>前面的光明啊!我陷在这里了!快引个路儿![45]

诗的一开始便点出"自然""人生"两种思路的对立,并坦白承认即使他不容他人有辩驳余地地提倡"人生",但事实上在他内心深处这两者"常在我心里战争,弄得我常年不得安贴",觉得"一个有理""一个更有滋味"。有理的是"人生",是当时中国应该走的路;而"有滋味"的是过去那种"自然"的生活方式,"虽然有滋味,总替他说不出理来",虽然说不出理,却总觉得是和他"最亲切的",是"精神安顿的所在"。但是这种生活是无用的、不能"遂生成业"的——"可见遂生成业未必就是安顿一人的一生的",也就是"遂生成业"与"安顿人生"是互相矛盾的。有"趣味"的自然的生活,在现实世界的残酷竞争中是最没用的,所以他要问"你为什么不能说明你自己来?"而且是带悲剧色彩的,所以它

---

[45] 原刊于《新潮》,第2卷第3号(1920年2月),后收入傅孟真先生遗著编辑委员会编,《傅斯年全集》,第7册,总页225—228。

的颜色"是悲凄的,终日流泪","从我几千年前的远祖,直到了我,无数的被你摄魂去了",而且和它亲近即要"演一出悲剧",是"遭了亿万万场大劫","结果还是一场大失败"。相反地,西方"人生"那种"有所为""有目的"的"求善人生的鄙夫",却"一天天的开拓起来"。所以在一番反省后,他仍决定选择信赖"鄙夫"们的"有所为"的"人生",而远离"自然";也就是放弃他所熟悉的传统,选择西方的道路。

在这首诗中,"自然"的是他自己以及他那一代青年所熟悉所亲近的东西,是延续传统而未经反省的习惯及心理。在那个否定传统历史文化的时代,这种自然而然的习性是负面的,是无意识的生活,"无所为""无目的",所以不配称作"人生"。正面的是有意识的、反思过的生活或行为方式,用他诗中的话,是"有所为""有用的"的人生。

从前面的讨论可以看出两点:第一,新派与反对他们的人都相当程度地认可"自然"与"人为"是两个有用的分析范畴。第二,新派人物认为"自然"的状态是不好的,"人为"的状态才是好的,是值得追求的。"自然"是舒服的、是中国人的,而西方是人为的、矫揉的;"自然"的是承袭现状的,"人为"是想改变现状的;"自然"的秩序是未经反思的,"人为"的秩序是理性建构的;"自然"的状态是梦寐的,"人为"的状态是觉悟的。而处在当时的中国,应该走"人为的"一路。

无意识的 v.s. 有意识的

在新文化运动之前,已经有人敏感地指出他那个时代是由"无意识时代"转为"批评时代"的时期。黄远庸(1884—1915)在《新旧思想之冲突》中说:

> 中国今日,盖方由无意识时代以入于批评时代之期……笃旧

守故者,方在不识不知顺帝之则。[46]

"无意识"的状态是不好的,"有意识"的状态是好的;"无意识"的是不识不知、顺帝之则,是受习俗或传统的影响,是约定俗成的;而"有意识"的是反思的、批判的,是运用理性擘划建构的;"无意识"的是落后的,而"有意识"的是理想的。从整个国家到自我的塑造,都应该由"自然的"过渡到"有意识的"。

谈"有意识的"与"无意识的"之区别,当然要先了解"意识"一词由何而来。中国古书中并不乏"意识"一词,如《论衡》中的"寡所意识",佛经中常提到"意识",宋明理学中也常使用"意识"一词;但是近代意义下的"意识"一词,是从日本传来的心理学名词[47],早在1907年王国维(1877—1927)译《心理学概论》时,便已有专章介绍"意识与无意识之关系"。在新文化运动时期,心理学是一门显学,傅斯年、汪敬熙(1897—1968)、吴康(1897—1976)、罗家伦(1897—1969)等皆颇醉心于心理学,傅斯年早在民国八、九年间(1919—1920)即已为新潮丛书写了《心理分析导引》[48],《新潮》中也有这方面的文章[49],1920年下半年罗素(Bertrand A. W. Russell, 1872—1970)访华,讲"心的分析",心理学遂大为流行。不过这个时期所重视的是行为心理学及弗洛伊德学说。弗氏的特点是将意识的层面推回到无意识的层面上,并

---

[46] 黄远庸,《远生遗著》(北京:商务印书馆,1984),卷1,页156。

[47] Lydia H. Liu, *Translingual Practice: Literature, National Culture, and Translated Modernity China,1900-1937*(Stanford:Stanford University Press, 1995), p. 310.

[48] 傅斯年,《心理分析导引》,傅孟真先生遗著编辑委员会编,《傅斯年全集》,第4册,总页1260—1300。

[49] 如1920年9月《新潮》第2卷第5号汪敬熙的《心理学之最近的趋势》一文,页889—902。此处用的是台北东方文化书局1972年景印本。

指出最后获得控制权的,是人的无意识作用,而不是理性。[50] 然而当时中国青年重视的不是无意识的作用,而是主张"人"应该要由"无意识"到"有意识"。

"有意识的"是在每一件事情上问"我为什么是要这样做",是希望社会关系、政治组织乃尽可能是人们运用理智思维及自由意志所创设的。譬如说黄远庸在《铸党论》一文中极力鼓吹中国应铸造政党,以人为的力量去构作政治团体,问到理由是什么,他就一句话交代过去:"盖超然无党之说之为无意识。"[51]

在日常生活行为方面,如辛亥革命那一年,叶圣陶(1894—1988)还在苏州草桥中学读书,因为革命事起,同学纷纷离校回家。叶氏批评这些同学碰到事情就纷纷回家避祸,是"无意识的"[52],"有意识"的举动应该是像他那样,留在学校,研究局势,然后决定采取积极的行动。新文化运动时期,叶圣陶的中学同学顾颉刚(1893—1980)尖锐批评他的旧家庭,写了《对于旧家庭的感想》,说旧家庭的面目虽然不同,但是"无论如何,总不能发生意识,和我们的精神感情有个交互联络的地方,做有商有量的共同生活",故主张有意识地改造旧家庭。[53]

---

[50] 汪敬熙《心理学之最近的趋势》上说:"总之,心理学之最近的趋势有二:一则渐渐怀疑专于研究意识之不当,而倾向以行为为研究对象之势,日益显著。"《新潮》,第2卷第5号(1920年9月),页893。至于当时有关弗洛伊德无意识之说,参傅斯年,《心理分析导引》,傅孟真先生遗著编辑委员会编,《傅斯年全集》,第4册,总页1260—1300。同时参考了林基成,《弗洛伊德学说在中国的传播:1914—1925》,《二十一世纪》,1991年第4期,页20—31。

[51] 黄远庸,《铸党论》,《远生遗著》,卷2,页94。

[52] 叶圣陶著,乐齐编,《叶圣陶日记》(太原:山西教育出版社,1997),页25。

[53] 顾诚吾(顾颉刚),《对于旧家庭的感想》,《新潮》,第1卷第2号(1919年2月),页158。

民国九年(1920),在杭州一师求学的陈范予(1901—1941)写下几段文字,有一段说一生一死之循环,"真是无意识之极了";另一段谈到孔子诞辰,学校放假,说孔子的道德与学说既然不能适用,何必"放无意识的假呢"?[54] 前面一段讲生死循环是"无意识",大概是说不能觉悟人生真正的意义,而只流转于生死循环中,是一种无意识的生活;而讲孔子诞辰放假的一段,显然是认为,既然孔子的思想学说已经不适合现代社会,而一仍旧贯地放假,是"无意识"的举动。

在政治方面,我们注意到梁启超在晚清已经区分"有意识地"形成现代国家与"自然地"因袭旧的王朝之不同,而其最终理想的当然是希望国人"有意识地"成立现代国家。梁氏《新民说》中讨论到"进步"时提倡"破坏",这是大家所知道的,但是还有更深入的一层,即梁氏区分出"有意识之破坏"与"无意识之破坏",两者分别是很清楚的:"有意识之破坏"是在一个有规划的未来的情形下"破坏","无意识之破坏"则是普通的杀人放火。[55] 讨论到战争,陈独秀有一篇文章中,要人们区分出"有意识的"和"无意识的"战争,说"吾国民第一所应觉悟者,欧洲战争,无意识者恒少,故战后而不改革进步者亦恒少"。他认为中国的战争大多是无意识的。[56]

在社会组织方面,傅斯年分别"群众"与"社会"两者之不同,关键处就在是不是过着"有意识的生活":

---

[54] 陈范予著,坂井洋史整理,《陈范予日记》(上海:学林出版社,1997),页238—239。

[55] 梁启超,《新民说》,页60。

[56] 陈独秀,《俄罗斯革命与我国民之觉悟》,收入任建树等编,《陈独秀著作选》,第1卷,页287。

旧社会的状况,只是群众,不算社会,并且没有生活可言……中国社会的里面,只是散沙一盘,没有精密的组织,健全的活动力,差不多等于无机体;中国人却喜欢这样群众的生活,不喜欢社会的生活,——这不就简直可说是没有生活吗?就是勉强说他算有生活,也只好说是无意识的生活。你问他人生真义是怎样,他是不知道;你问他为什么我教做我,他是不知道。[57]

当时人们常引用的法国社会学家吕邦,也强调群众"永远是无意识"的。

在文学革命方面,以当时最具代表性的人物胡适为例,他说"有意的"或"无意的"是关键分别。有意识的生活是时时反思的生活,新青年们用这个标准评判古今文学。譬如"尼姑思凡"一剧,傅斯年指出它不再是一出淫戏,他说尼姑跑下山去,不过是"别寻一个有意识的生活罢了"。[58] 在白话文学运动之前,中国早已存在不少白话作品,但胡适认为其中有"有意的"和"无意的"的区别。《胡适文存》第二集的《五十年来中国之文学》中,便从传统的白话文学作品选出几部,说它们"都是有意的作品",而判断其他同样用白话表达的东西为"都是无意识的冲动"。[59] 胡适说南宋、元代以来,白话文学的作品就相当多,但不算是一种革命,白话文学革命是"有意的"作为,而不是自然的。[60]

---

[57] 傅斯年,《戏剧改良各面观》,傅孟真先生遗著编辑委员会编,《傅斯年全集》,第4册,总页1085。

[58] 傅斯年,《戏剧改良各面观》,傅孟真先生遗著编辑委员会编,《傅斯年全集》,第4册,总页1087。

[59] 胡适,《五十年来中国之文学》,《胡适文存》,第二集,季羡林主编,《胡适全集》,第2卷,页262。

[60] 胡适,《白话文学史·引子》,季羡林主编,《胡适全集》,第11卷,页219。

所以问题不在表面的样态，而是内在的状态，过去白话文学的作品再多，也不表示它已经是一种"有意识"的产物，所以即使表面上看来合乎现代的标准，事实上也是没有意识的，民国六年（1917）以来的"文学革命"，则是一种有意识的主张。[61] 胡适为《海上花列传》所写的《序》中，称美作者韩邦庆（1856—1894）的书是吴语文学的第一部杰作，那是因为他见到《石头记》用京话写作成功，故决定"用苏州话作小说，这是有意的主张，有计划的文学革命"。[62]

他们在讨论"科学"时，所持的态度亦复如此。傅斯年在分别新文化运动之前的"科学"与新文化运动以后的"科学"时也有同样的思维。他说如果是有意识地提倡科学，那是一种运动，也是新文化运动之所以不同于晚清以来的科学活动之处。这多少也说明了一件事，在新文化运动之前（1915），中国科学社已经发行了《科学》杂志，而且这个杂志前后持续三十五年，每年十二期，字数二千余万，但是谈论近代科学运动的人却不大提到他们，而总是以新文化运动的"赛先生"为始，其分别即在于后者是"有意识的"提倡。

在生活态度方面，胡适在民国八年（1919）的一篇《新生活》中，一

---

[61] 胡适说："这五十年的白话小说史仍旧与一千年来的白话文学有同样的一个大缺点：白话的采用，仍旧是无意的，随便的，并不是有意的。民国六年以来的'文学革命'便是一种有意的主张……譬如乾隆以来的各处匪乱，多少总带着一点'排满'的意味，但多是无意识的冲动，不能叫做有主张的革命。"胡适，《五十年来中国之文学》，季羡林主编，《胡适全集》，第2卷，页262。

[62] 胡适，《海上花列传序》，《胡适文存》，第三集，季羡林主编，《胡适全集》，第3卷，页523。"然而国语还不曾得全国的公认，国语的文学也还不曾得大家的公认；这是因为什么缘故呢？这里面有两个大原因：一是科举没有废止，一是没有一种有意的国语主张。"胡适，《五十年来中国之文学》，季羡林主编，《胡适全集》，第2卷，页328。

开始就问:"那样的生活可以叫做新生活呢?我想来想去,只有一句话。新生活就是有意思(识)的生活。"又说:"诸位,凡是自己说不出'为什么这样做'的事,都是没有意思(识)的生活。反过来说,凡是自己说得出'为什么这样做'的事,都可以说是有意思(识)的生活。""我们希望中国人都能做这种有意思(识)的新生活。其实这种新生活并不十分难,只消时时刻刻问自己为什么这样做,为什么不那样做,就可以渐渐的做到我们所说的新生活了。"[63] 这里的"有意思"即"有意识"。胡适本人处处想展现"有意识"与"无意识"的区别,譬如对于母亲丧礼的改革,他在《我对于丧礼的改革》上说:"况且古代的遗制到了今日,应该经过一番评判的研究,看那种遗制是否可以存在,不应该因为他是古制就糊糊涂涂的服从他。我因为尊重良心的自由,不愿意盲从无意识的古制,故决意实行短丧。"[64] 在支持或反对某种主张时,胡适也要求人们区分"有意识"与"无意识"。在《新青年》第7卷第1号《宣言》中,胡适主张:"我们因为要实验我们的主张,森严我们的壁垒,宁欢迎有意识有信仰的反对,不欢迎无意识无信仰的随声附和。"[65]《国民杂志》"唤醒无意识之大多数国民"[66]《芜湖》分半意识与全意识之觉醒。[67] 某种行为是否"有意识",也成为一种屈敌人于下风的

---

[63] 胡适,《新生活》,《胡适文存》,第一集,季羡林主编,《胡适全集》,第1卷,页688—689。

[64] 胡适,《我对于丧礼的改革》,《胡适文存》,第一集,季羡林主编,《胡适全集》,第1卷,页683—684。

[65] 胡适,《本志宣言》,《新青年》,第7卷第1号(1919年12月),页4。

[66] 张允侯等著,《五四时期的社团》,第2册,页24。

[67] 中共中央马克思恩格斯列宁斯大林著作编译局研究室编,《五四时期期刊介绍》,第2集,下册,页481。

理论武器。如 1920 年胡适与蒋梦麟(1886—1964)批评以罢课作为抗争武器会养成依赖群众的恶心理、会养成逃学的恶习惯、会养成"无意识"的行为的恶习惯。[68]

在道德方面,此处我只举俞平伯(1900—1990)《我的道德谈》中的话为例,他说：

> 人类所以要讲道德,必先有个目的。这目的就是人生的幸福,但却不是部分的,暂时的;是全体的,永久的。……人生以幸福为目的,所以道德的作用只是有意识的向善,所谓善者,必须以意识作引导。虽貌似善事,而实无意识可言的,总不在善的范围之内。[69]

"无意识"地做善事,不在善的范围,要有意识的、反思过的善行,才在善的范围中。

吉尔兹(Clifford Geertz, 1926—2006)说,每个群体不只在政治及经济上竞争,同时也竞争对于真理、正义、美、道德、事物的本质的定义。[70] 这多少可以用来说明当时的情况,凡不符合我所主张之思想者,乃"不完全之人",乃"无意识的",乃"自然的",非"人为的"。譬如叶圣陶在辛亥那一年,讥刺头上仍然留着辫子的人说"此种人无以名之,只得谓之不完全之人耳"。[71] 又如恽代英(1895—1931)说"情"是无意识的,"欲(志)"是有意识的[72],也是在作区分,定下优劣之分。

---

[68] 胡适、蒋梦麟,《我们对于学生的希望》,《孟邻文存》(台北:正中书局,1954),页 223。

[69] 俞平伯,《我的道德谈》,《新潮》,第 1 卷第 5 号(1919 年 5 月),总页 886。

[70] Clifford Geertz, "The Politics of Meaning," in *The Interpretation of Cultures* (New York: Basic Books, 1973), p. 316.

[71] 叶圣陶著,乐齐编,《叶圣陶日记》,页 57。

[72] 中央档案馆等编,《恽代英日记》(北京:中共中央党校出版社,1981),页 80—81。

这一类例子相当之多,是这形形色色的区分与重新定义,构成了"自我认知的框架",无处不发挥其作用。

"自然的"生活 v.s."向上的"生活

  一种模糊的"向上"意识充斥在此时青年的文字间,与它对立的是一种"自然的"生活。而所谓"自然的"生活,大致是指一种对由来已久、或普遍肯定的传统人生道德价值规范的遵从或信仰的态度(至少在根本上并不反对之)。傅斯年常说"向上的生活","新民学会"中规定新友入会的三个条件是"(一)纯洁。(二)诚恳。(三)向上"。对"毫无向上之要求者",不再认为会员。[73] 毛泽东(1893—1976)给萧旭东(1894—1976)、蔡林彬(1895—1931)及新民学会在法诸会友的信中也强调会友所必具的质量,第一是"互助互勉",第二是"诚恳",第三是"光明",第四是"向上"。[74] 新民学会会员蔡和森(1895—1931)与向警予(1895—1928)在法国谈恋爱时,合写一本名为《向上同盟》的小册子,由这个书名可见"向上"思想对他们的意义。[75] "向上"的思想显然受进化思想影响。[76] 少年中国学会中的人说,加入互助团的人

---

[73]《新民学会会务报告》第 2 号,收入中国革命博物馆、湖南省博物馆编,《新民学会资料》,页 20。

[74]《毛泽东给萧旭东蔡林彬并在法诸会友》,中国革命博物馆、湖南省博物馆编,《新民学会资料》,页 151。

[75] 萧瑜, *Mao Tse-Tung and I Were Beggars* (Syracuse, N. Y. : Syracuse University Press, 1959;中文版:台北:李白出版社,1989),页 83。

[76] 凌霜在《本志宣言》中说:"证明物种的向上进化。"张允侯等著,《五四时期的社团》,第 4 册,页 184。

"原亦是向上加盲从而来的"。[77] 但是"向上"是向往何处,则又言人人殊,《新时代》说"向上"是"变被动的求学为自动的求学"。[78]《共进》则说"鲜明向上之主义",是指民主主义。[79]

在思想传统相对稳定的时代,"人"是一个非常确定的概念,而且从未有人质疑"人"是什么、"人生"是什么。儒家的"人"是一个道德的人,性恶派即使认为人生而恶,其善者伪也,但也同意人具有向上的道德本能。在中国思想史上两句被认为最能体现儒家对"人权"的主张的名言——"天地之性人为贵"及"人为万物之灵",这里的"人"都强调的是道德的人。

经过新文化运动的洗礼之后,青年们显然不满意传统定义的"人",他们对于"人"是什么、"人生"是什么,产生了前所未有的怀疑,而且认为合格的"人"与"人生"是中国人从未达到的,是一种需要努力才可以达到的目标。所以这个时期人们讲到"人"时,总是加上引号,或说是"不完全之人"[80],或是说"人"是大疑问,表示那不是一个我们熟悉的状态。[81]

他们认为,为道德而生的人生观脱离了人的生活现实。傅斯年说

---

[77] 中共中央马克思恩格斯列宁斯大林著作编译局研究室编,《五四时期期刊介绍》,第1集,上册,页246。

[78] 中共中央马克思恩格斯列宁斯大林著作编译局研究室编,《五四时期期刊介绍》,第2集,上册,页33。

[79] 中共中央马克思恩格斯列宁斯大林著作编译局研究室编,《五四时期期刊介绍》,第2集,下册,页505。

[80] 叶圣陶著,乐齐编,《叶圣陶日记》,页57。

[81] 赵帝江、姚锡佩编,《柔石日记》,页62、71。如傅斯年,《白话文学与心理的改革》,傅孟真先生遗著编辑委员会编,《傅斯年全集》,第4册,总页1183。

过去"以为人为道德而生——为圣人制定的道德而生"是大错的,故他责备说:"他们都不是拿人生解释人生问题,都是拿'非人生'破坏人生,都是拿个人的幻想,或一时压迫出来的变态,误当作人生究竟。"[82] 想要成为真正的"人",就必须拿"人生"看"人生",过真正的"生活",那不是现成的,而是一个需要努力才能造成的目标。而"人"或"人生"之究竟,基本上是以西洋作为模范的,所以前面所谈到过的傅斯年的那一首诗中,把"人生"当作中国人所无,而西洋人所专有。傅斯年又说:"个人是人类向着'人性'上走的无尽长阶上一个石级,只要把这一级的职分尽了,那普遍的价值永不消灭。"[83] 这两段话反映了当时青年内心的一种倾向,即认为向"人"的阶梯上有许多级要爬,所以在日常生活中内心随时要有"向上"的意识,最后真正达到"人性"时,便体现一种普遍永不消灭的价值。当时谈各种问题时,是否合乎"人"的标准的问题随时出现("人的文学"即是一例)。

我们一路说到这里,发现当时人相当清楚地主张"人为的",放弃"自然的";主张"有意识的",放弃"无意识的";主张"向上的",过"人"的生活,达到真正"人"的境界。但是对于那个目标的内容是什么,却各说各话。

在传统礼法秩序不再具有规范力量的时代,"人"的大疑问使得"生活"究竟是什么这个最简单的问题,成了最大的苦恼,"人"成为等待某些新东西填充的容器。这种心理特质造成一种莫大的驱动力,使

---

[82] 傅斯年,《人生问题发端》,傅孟真先生遗著编辑委员会编,《傅斯年全集》,第4册,总页1245。

[83] 傅斯年,《随感录》,傅孟真先生遗著编辑委员会编,《傅斯年全集》,第4册,总页1189。

人们寻找新的"大经大法",它与1920年代的政治革命及主义狂热形成了一种"选择亲和性"。

稍为归纳前面的讨论,可以发现从新文化运动到1920年代,"人"、人为的、有意识的、向上的,是一种完善的"自我"的共同义,但是它们所指向的目标却随着理想之不同而分裂,它们可以约略分成两期。前期由"人"到人,主要是指人生的、文学的、艺术的、哲学的、道德的、风俗的,以从旧社会与旧礼教解放为主;第二期是政治的、社会的、主义的。两者当然不能截然二分,而且常常杂糅在一起,出现在同时期一个人身上。两期之间比较合适的划分,大概以五四前后为界——当时政治革命、社会革命逐渐取代文学、伦理,成为青年追求的新目标。

此时人们认为一个完整的新"人"是能坚确服膺一种主义的,是能过一种严肃纪律的组织生活以从事革命事业,是能"向上"追求光明世界、建立黄金社会的人。"向上"青年与"进步"青年逐渐成为同义词。以下我将引几条资料说明之。

以陈范予为例,他在日记中表示应该提倡新道德,要改单方面的为双方面的道德。他说"总是旧道德是双方面的,新道德是改单方面为双方面的分别"。要抱持"公益公法",要讲勇敢,要讲自存、自信、自决。同时要能追求"光明",建立黄金世界。要从事"光明的事业","我们今已觉悟决向光明路上走,做一个二十世纪的人,做新思潮的人","讲的是今后中国的光明"。陈范予又说:"要有组织,才有纪律,才可做事。"[84]

---

[84] 分见陈范予著,坂井洋史整理,《陈范予日记》,页153、52、77、84、173、178、201、188。此处需加说明的是,本文引用《陈范予日记》一书所刊之"总是旧道德是双方面的"一语(该书页153),其所谓"双方面的"一词,疑有误(应为"单方面的")。

"人"是要有信仰、有主义。傅斯年说:"没主义的不是人,因为人总应有主义的,只有石头、土块、草、木、禽兽、半野兽的野蛮人,是没灵性,因而没主义的。"[85] 又说"见理不明,因而没主义可说;志行薄弱,因而没宗派可指",即使是谈俄国文学之大放异彩,谈当时中国的文学革命,傅斯年都以是否有"主义",决定其是否能成功。[86] 不过傅斯年当时所讲的主义未必即是俄国的主义。

在那极度光明的未来、那个无限美善的新社会,与青年们无限渴切的"向上"的意愿之间,缺乏一座桥梁,或是一个可以到达的路径。新文化运动掏空了传统,创造了一个极度兴奋紧张的心理结构,却没有确切地告诉人们下一步应该怎么走。未来是一个太过开放而令人有些苦恼的问题,于是人们渴望抱住一些确定的东西,如果有一种"主义"能说服人们,成为引路标,青年们常常就要跟着前进,尤其是如果这种主义不但应许一个理想、一个未来,还有整套具体可行的办法达到那个光明的新社会,就更好了。1920年11月,毛泽东给罗璈阶(1896—1995)的信上说中国坏空气太深太厚,要造成一种有力的新空气,"我想这种空气,固然要有一班刻苦励志的'人',尤其要有一种为大家共同信守的'主义'"。[87] "人"应该信守什么"主义"呢? 1920年11月7、8两日,连着有陈望道(1891—1977)在《民国日报》的《觉悟》副刊上及邵力子(1882—1967)在同一副刊上的两篇文章,反驳张东荪(1886—1973)、

---

[85] 傅斯年,《心气薄弱之中国人》,傅孟真先生遗著编辑委员会编,《傅斯年全集》,第5册,总页1574。

[86] 傅斯年,《白话文学与心理的改革》,傅孟真先生遗著编辑委员会编,《傅斯年全集》,第4册,总页1179、1181—1182。

[87] 毛泽东,《致罗璈阶信》,中共中央文献研究室等编,《毛泽东早期文稿:1912.6—1920.11》(长沙:湖南出版社,1990),页554。

舒新城(1893—1960)主张的资本主义救国。陈、邵认为应该选的是另一种主义。邵力子说:"而要使中国人得着'人的生活',一定非先有一种主义不可。"[88]而且一定要在社会主义下才能使人们得着"人的生活","人的生活"应兼顾精神及物质两方面,而只有社会主义才能,资本主义下的社会是罪恶的渊薮。在1920年代,由"人"到拥抱"社会主义"这样一条思路更为清楚。以《柔石日记》为例,1928年12月,他写着"中国人素来没有信仰","中国革命之失败就在这一点"。然后可以看到他由早先所信持的个人主义、人道主义渐渐转向真正的"主义",也就是"社会主义""共产主义"。[89]

值得注意的是,这种看似对当时中国"人"的状态的极端不满意,这种在内心中区分出两种截然划分的境界,这种将"人"定义为无限可能,当往上一阶一阶爬到最后真正达到"人性"时,可以实践"普遍而永不消灭"的真理的心态,加上张灏先生所说的儒家思想中原有的"人极意识"的影响,塑造出一种"人的神话"。一方面是对自己的现状极端鄙夷不满;另一方面是认为真正的"人"的状态不只我们所能想到的这些,我们所熟悉的,只是人的初级状态,而真正好的状态是无限开放的,永远不能知道其极限的境界。这种心理结构建构了一个无限庞大的未来神话。未来理想的世界是"人为的",是靠人的理智建构出来的,人的理智有多高,所建的世界就可以有多高,所以一方面是极端贱视自己所处的社会为肮脏、堕落,另一方面极力歌颂未来、人为构作的"黄金世界"。[90]

---

[88] 邵力子,《再评东荪君的"又一教训"》,傅学文编,《邵力子文集》(北京:中华书局,1985),页438。

[89] 姚锡佩,《前言》,赵帝江、姚锡佩编,《柔石日记》,页7。

[90] 如叶圣陶讲"决非黄金世界吾人神圣自由之权利也",见叶圣陶著,乐齐编,《叶圣陶日记》,页12。

在人为的、有意识的、向上的等心理特质之下,对于社会、生活及政治制度的构思,一方面是认为从亘古以来所遗留下来的,或是当时之现状,是属于"自然而然的",是不好的;另一方面是认为好的必定是人为的,必然是"理性"有意识地构作而成的新社会。[91]"造"字成为很常见的字眼:

> 脱离了旧社会的范围,另向山林高旷的地方,组织一个真自由真平等的团体……造成一个组织完美的新社会。[92]

> 生在现代的青年……要创造一种新生活。[93]

瞿秋白说中国"无社会",故要人为地、有意识地去造成种种新的社会组织。毛泽东早年文稿中不断提到"为有意识的有组织的活动"以便"造一种湖南文明于湖南领域以内","暂时只有努力造邦","政治改良一途,可谓绝无希望。吾人惟有不理一切,另辟道路,另造环境一法"。[94]从"造"湖南国,到最后"造"新人,"造"新中国。

前面提到过,梁启超在《新民说》中提到"人为的"时,是指要去掉"皇朝",构建"国家"。过了十几年,新文化运动一代想"人为的"构作

---

[91] 但那样的理想的社会机构究竟是什么,仍是言人人殊的,离现实社会的远近,也是各有不同。其中有两个现象,一是即使要肯认现在的社会与制度,也是要有意识地反思过的;另一种是,即使要采看来最自然的无政府状态,也需要是经过人为的努力才可能达成。

[92] 中共中央马克思恩格斯列宁斯大林著作编译局研究室编,《五四时期期刊介绍》,第1集,上册,页243。

[93] 张允侯等著,《五四时期的社团》,第2册,页342。

[94] 分见毛泽东《致陶毅信》《湖南改造促成会复曾毅书》《"全自治"与"半自治"》《致向警予信》,中共中央文献研究室等编,《毛泽东早期文稿:1912.6—1920.11》,页466、488、526、548。

的,却是去掉梁启超式的"国家",改为造一种理想的新社会。这种新社会的轮廓不是很稳定,一开始是各地的新村,后来当新村纷纷以失败收场之后,则自信满满地转向"造"一个全国或全人类的新社会:

> 只希望广东成为世界上一个模范的"新国"。[95]
>
> 洗出一个崭新光明的互助的世界。[96]
>
> 将来有一个新社会实现。[97]
>
> 组织一个世界大新村。[98]

而且要很快地达到把整个的世界在最短的时间,彻底地重新造过。

结 论

以上的讨论大约涵盖了 1900 年以迄 1920 年代主义崛起的时代。在文章一开始时我便提到在这一段时期中,"新民"与"新人"是两个明显可辨识的阶段,在这两个阶段中,人的自我完善的传统方式发生了深刻的变化。

在第一个阶段,一个"新民"的自我完善方式,是逐渐趋向二元化

---

[95] 陈独秀《答皆平》一文所附皆平寄给陈独秀的书信,收入陈独秀,《独秀文存》(合肥:安徽人民出版社,1987),页 822。

[96] 李大钊,《阶级竞争与互助》,朱文通等整理编辑,《李大钊全集》,第 3 卷,页 287(此处向往一个道德社会)。

[97] 王光祈,《工读互助团》,蔡尚思主编,《中国现代思想史资料简编》,第 1 卷,页 460。

[98] 瞿秋白,《读〈美利坚之宗教新村运动〉》,《瞿秋白文集》(北京:人民出版社,1987),"政治理论编",第 1 卷,页 59。

的,一方面是胡适所提到的公德、勇敢、冒险、进取、毅力……但是同时我们也看到梁启超大量地援用宋明理学中的修身观念,而且在发表《新民说》的后期,梁启超又重新拾回"私德"的部分,认为它们也是一个现代国民所不可缺的。但是圣贤君子的人格理想淡薄了,一切都是为了"国家",为了培养现代的"国民""公民"。刘师培的《伦理教科书》,内容虽然与梁启超的《新民说》有所不同,但是我们也同样看到自我完善的传统方式让位给一种"修身"与"理想"逐渐二元化的倾向。

在"新人"的阶段,我们看到几种微妙的变化。在构思"自我"时,人们实际上不可能完全摆脱传统的修身观念,但至少在言说的层面,则它们已经悄悄地让位给一些新的内容,"有意识的""人为的""向上的",成为自我完善的过程中常见的观念。单个的、不受各种规范约束的"人",而不是一切以"国家"为归宿的"民",成为"自我"的理想状态。怎样定义完全的"人",谁来定义完全的"人",充满着游疑性、复杂性。受英美自由民主思想洗礼的"人",崇尚"各尽所能,各取所需",人人绝对自由、绝对平等的"人"等不一而足。从"新民"到"新人"之间,经历了一种由偏重群体(国家)到偏重个体的转变。在1920年代大革命时期,理想的"新人"又转变为以"组织""团体纪律"为依归,其中有一个主要的发展线索:经过新文化运动及社会主义思潮的洗礼,使得"理想青年""进步青年"倾向追求一个个体得以充分解放而又平等的"新社会"(不管是"各尽所能,各取所需"、劳心者与劳力者平等,或社会分配平均),他们尝试过无政府主义的道路,譬如建立带有乌托邦色彩的各种新村,却都很快地发现这些道路走不通;于是其中许多人转向"主义·党·军队"三位一体的所谓"新型力量",希望靠组织、纪律的力量来达到建立"新社会"的理想,一旦这个理想的新社会建立了,每个"新人"都可以得到自由、平等的新生活。在这样一个曲折、但却又符合逻辑性的发展过程中,新"人"走向一种更强的集体性,人们往往认为能拥抱"主义"、能过严格纪律的团体生活者,才是完全的"人"。向上的、进步的青年,每每以能有主义、能服从纪律、能为改造社会的理想而奉献,作为"自我完善"的最高目标。

第三章

五四运动与生活世界的变化

五四运动是改变近代中国思想气候的重大事件,可以化为无数研究课题。在思想方面,相关研究甚多,所以我想在文章一开始强调,本文主要是想探讨五四运动还可以从哪些方面去研究。我们是不是可以试着将五四运动与整个生活世界的变化联系起来思考?

一、研究历史及参与历史

在过去五六十年,五四研究对台湾整体的发展有着深厚的意义。它不只是历史研究,同时也参与塑造当代,而且两者往往密不可分、交互作用,用佛经的话来说,即是"互缘"。事实上我们只要翻开任何一份五四研究的目录[1],就会很快地看到在1990年代(甚至更晚)以前,对台湾的报刊而言,纪念五四是一件很严肃的任务,五四书写往往带有双义性,即一方面是为了研究,另一方面是为了现实,"写历史本身即是历史的一部分"。五四的"民主"与"科学"两大口号,成为批判、

---

[1] 例如2009年3月出版,由"国家图书馆"参考组编的《五四运动论著目录初稿》(台北:"国家图书馆",2009)。

评定当前政治、文化等各个方面的重要判准。人们一方面发扬五四,一方面批判现实。[2]正因为五四研究与现实发展之间的联系如此密切,它的研究史本身也成了一个饶富意味的问题。

当法国大革命两百周年的时候,西方世界出版了大批相关书籍,其中像傅勒(François Furet, 1927—1997)和霍布斯鲍姆(Eric John Ernest Hobsbawm, 1917—2012)都不约而同地注意到研究史之研究,并指出研究与实践之间的密切关系。[3]用傅勒的话说,史家研究法国革命史,其实也在参与他们当代的历史。[4]五四与法国大革命不能等同,但它们也有仿佛之处,所以傅勒及霍布斯鲍姆的两本书很可以作为我们回顾九十年来五四研究的一个参照。我个人觉得这两本书很注意每一个时代的"时代特质"与"法国大革命的历史解释"之间的密切对应关系。譬如当马克思主义流行时,有关法国大革命的研究就有一番相应的变化。

但是我们可以从这类"对应论"式的研究史中看出一点瑕疵:在"对应论"式的讨论中,"过去""现在""未来"三种时间是静止、分开并列的,而不是三者之间形成一种不间断的、快速旋转的、旋涡般的关系。[5]如

---

[2] 在台湾,一直到政治解严及政党轮替,"民主"与"科学"似乎不再那么迫切之后,纪念五四或发扬五四才逐渐不再成为必要的活动。

[3] François Furet, *Penser la Révolution française* (1978); translated by Elborg Forster, *Interpreting the French Revolution* (Cambridge: Cambridge University Press, 1989); Eric John Ernest Hobsbawm, *Echoes of the Marseillaise: Two Centuries Look Back on the French Revolution* (New Brunswick, NJ: Rutgers University Press, 1990).

[4] François Furet, *Interpreting the French Revolution*, p. 1, 原文是"written history is itself located in history, indeed *is* history…"

[5] 关于这一点,可能受到已故京都大学哲学家田边元(1885—1962)的影响,但是一时找不到出处。

果过去、现在、未来不是可以清楚切割并立,而是像旋涡一样以"不能以一瞬"(苏轼《前赤壁赋》)的速度交缠而进,那么"过去的五四""现在的书写""未来的影响"这三者的关系像旋涡般交互糅缠,也就不能说成是一种简单的"对应"关系。

二、两个五四

回顾过去九十年的五四文献,我们一定会很快看出过去五六十年在政治压力之下,海峡两岸的五四研究形成一种左右分裂的现象。中国大陆有关五四的文献大多集中在左翼青年,尤其是与共产革命有直接或间接关系的人物与事件。[6]台湾的五四书写基本上偏重在右翼的人物、刊物、团体、事件,在戒严及白色恐怖的压力下,除非是为了批判或为了"匪情研究",否则接触1930年代的左翼思想与文学往往带有极大的危险。

事实上,五四几乎从一开始就逐渐浮现出左右两翼的思想成分,而且两种成分常常出现在同一个人或同一个团体身上。我们可以大致看出,从民国六年(1917)左右开始,新文化运动是以民主、科学、白话新文学等为主轴。在俄国十月革命成功之后,毛泽东说"十月革命一声炮响,给我们送来了马克思列宁主义"。此后左右两翼时浓时淡,像调色盘中的色彩到处窜动、交融[7],其成色与分量之增减,与北伐、清党

---

[6] 资料性的纂辑比较例外。如中共中央马克思恩格斯列宁斯大林著作编译局研究室编,《五四时期期刊介绍》(北京:人民出版社,1958—1959);张允侯等著,《五四时期的社团》(北京:三联书店,1979)。

[7] 譬如傅斯年也写过《社会革命——俄国式的革命》,《新潮》,第1卷第1号(1919年1月),页128—129。

等政治局势的变化也有非常复杂的关联。但是愈到后来,则俨然有左右两个五四运动。

我认为,国共分裂的局面为五四的研究带来了一种"后见之明",有意无意间投射回被研究的人物、团体或事件上,因而使许多论者忽略了五四新文化运动时期的思想中有一种模糊、附会、改换、倏忽不定的特质;当时青年常将"新学理"挂在嘴上,但是不同宗派、甚至相互冲突的宗旨也在"新学理"的大伞下被并置。从《五四时期的社团》或《五四时期期刊介绍》等书,可以看出同一个社团或同一个期刊,往往同时拥有在当时不觉得互相排斥,而在左右两翼分裂之后觉得不共戴天的思想成分。例如《毛泽东早期文稿》中有许多材料显示,青年时期的毛泽东不管是阅读的书刊,或是信从的观点,都是左右杂存的。[8] 蒋介石(1887—1975)早期的日记与年谱,亦复显现他在五四时期一方面服膺"输入新学理"的主张,积极学英文、想游学欧美三年,同时也是《新青年》《新潮》等刊物的爱好者。[9]

以傅斯年、罗家伦两位五四运动的主将为例,他们后来皆成为胡适阵营的人物,而且都坚决反共。可是如果以后来的发展,倒着回去看他们在五四时期的思想面貌,就会发现后来发展出的单一面相与五四时期有明显的差距。傅斯年在《新潮》中发表过《社会革命——俄国式的革命》,在傅斯年过世之后台湾大学所编的集子以及 1980 年联经出版事业公司所出版的《傅斯年全集》中,这篇文章都未被收入,因此遮盖

---

[8] 中共中央文献研究室等编,《毛泽东早期文稿:1912.6—1920.11》(长沙:湖南出版社,1990),如页 535—544。"问题与主义"论战期间,毛泽东一度还是胡适"问题"派的信徒,参见同书,页 396—403。

[9] 中国第二历史档案馆编,万仁元、方庆秋主编,《蒋介石年谱初稿》(北京:档案出版社,1992),页 38—39。

了他在五四时期思想的复杂性。至于罗家伦,他在念北京大学时原与李大钊过从甚密,曾积极撰文响应李大钊,主张俄国革命是最新的思想潮流,即将成为全世界之主流。[10]

我们暂时不管这些全国知名的风头人物,改看当时在地方上尚不知名的小读者,也常见左右两翼成分出现在同一人身上的情形。最近我有机会读到《王献唐日记》的打印本,在王献唐(1896—1960)1917年所读的书中,既有胡适的《中国哲学史大纲》《尝试集》及《杜威五大讲演》,也有《马克司经济学说》《革命哲学》。倭铿(Rudolf Eucken,1846—1926)的《人生之意义与价值》(*Der Sinn und Wert des Lebens*)杂在《老子》《庄子》《东塾读书记》《求阙斋日记》之类古籍中。[11]这一位不知名的山东青年的私人记录告诉我们,在当时青年心中,我们后来以为天经地义的分别是不存在的,所以应当合"左""右"两端看那个时代,才能比较清楚地把握当时的实况,也比较能有意识地观察它们后来为何分道扬镳。

三、 思想观念的下渗

前面提到五四是一个改变近代中国各种气候的关键事件,所以它的影响不仅限于思想。在追溯五四之思想根源时,我们往往因过度注意平滑上升的轨迹而忽略了事件发展、积累到一个程度,会因各种因素的汇集而有一个"量子跳跃"(quantum leap)的时刻。"量子跳跃"造成

---

[10] Maurice Meisner, *Li Ta-chao and the Origins of Chinese Marxism* (New York: Atheneum, 1973), p. 71.

[11] 丁原基整理,《王献唐日记》打印本,页1—29。

一种大震动、一种重击,它对日常之流造成"中断""回头""向前",形成了一种新意识,在识认原有的情境与材料时,形成了新的线索。

探究这样一个历史事件,用蒙文通(1894—1968)的意思来说,必须要能"前后左右"。[12] 一方面是,在了解这个运动的形成时,不能只注意与运动内容直接相关的部分,必须从"前后左右"去寻找;另一方面是,描述这个运动的影响时,不能只局限在思想领导者所意图要传达的信息,因为它的影响无微不至,常常在意想不到之处也发生了影响,故必须从"前后左右"去求索。

五四给人们带来一种"新眼光",老舍(1899—1966)即回忆经过五四,有一双"新眼睛"在影响着他的创作:"没有'五四',我不可能变成个作家。"老舍又说:

> "五四"运动是反封建的。这样,以前我以为对的,变成了不对。……既可以否定孔圣人,那么还有什么不可否定的呢?……这可真不简单!我还是我,可是我的心灵变了,变得敢于怀疑孔圣人了!这还了得!假若没有这一招,不管我怎么爱好文艺,我也不会想到跟才子佳人、鸳鸯蝴蝶有所不同的题材,也不敢对老人老事有任何批判。"五四"运动送给了我一双新眼睛。……看到了"五四"运动,我才懂得了"天下兴亡,匹夫有责"。……反帝国主义使我感到中国人的尊严,中国人不该再作洋奴。这两种认识(案:反礼教及反帝国主义)就是我后来写作的基本思想与情感。虽然我写的并不深刻,可是若没有"五四"运动给了我这点基本东西,我

---

[12] 罗志田,《事不孤起,必有其邻:蒙文通先生与思想史的社会视角》,收入蒙默编,《蒙文通学记(增补本)》(北京:三联书店,2006),页240—270。

便什么也写不出了。[13]

我的观察是,五四的瓜架上不是只有"德先生""赛先生"这两只大瓜,不经意的几篇短文或几句话都可能造成重要的影响,形成一种新的气氛或态度:包括新的学术态度[14]、文化氛围、人生态度、善恶美丑好坏的感觉与评价、情感的特质(譬如强大的"道德激情")等。

五四也带来一种新的政治视野,对于什么是新的、好的政治,有了新的评价标准。用胡适在《新文化运动与国民党》中的话说:"(民国)八年的变化,使国民党得着全国新势力的同情,十三年(国民党改组)的变化,使得国民党得着革命的生力军。"[15]从清季以来有一波又一波的"绅士大换班"(郑超麟[1901—1998]语)[16],五四运动造成一波新的政治运动与政治精英。

五四亦牵动到思想与现实的利益。以出版界来说,五四造成老字号与新字号的"大换班",思想变化夹带着现实利益的重新分配。上海商务印书馆在五四之后改组,即是一个显著的例子。汪原放(1897—1980)笔下的亚东图书馆,由1913年至1918年间生意清淡,到新文化运动之后因承印新书籍而大为昌盛(譬如《新青年》由起初只印一千本,到后来一个月可印一万五六千本)。后来当青年由新文化运动转向革命之后,亚东图书馆承印《建设》等革命刊物,更是大收鸿利——

---

[13] 徐德明编,《老舍自述》(武汉:湖北人民出版社,2006),页25、27。

[14] 譬如有"新"意识的人,对古代经书可能采取批判的态度,不会再把先秦礼经当作周代生活的实际记录。

[15] 胡适,《新文化运动与国民党》,收入季羡林主编,《胡适全集》(合肥:安徽教育出版社,2003),第21卷,页436—450。

[16] 郑超麟著,范用编,《郑超麟回忆录》(北京:东方出版社,2004),页115、150。

用汪原放的话说:"不久后,(《建设》)多数的编、译、著者,都到广东去忙更重要的事情了","出头了,我早就说过:一定要出头的","革命的人都出头了"。[17]在此气氛下一方面响应新思潮,一方面借机图利的出版事业不胜枚举,它们一面争利,一面帮助了新思潮的扩展。

真诚的信从者(true believer)与现实的利益往往套叠在一起,不再能分彼此,"新青年"及后来的"进步青年"成为一种既带理想又时髦的追求后,带出了一种新的现实,成为出风头、赶时髦的资本。同时,连出风头、赶时髦、吸引异性、恋爱的方式都有一种微妙的变化。

五四运动激起了一种关心国事、关心"新思潮"的风气,造成了一种阅读革命,书报阅读者激增,能读新书报即代表一种新的意向;而且也深刻地影响着青年的生命及行为的形式,人们常常从新文学中引出新的人生态度及行为的方式。在研究法国大革命时期的阅读史时,有学者从一宗订阅卢梭著作的通信中发现,有的读者因为太深入卢梭的思想世界,竟模仿起卢梭的生命历程及行为方式来。[18]这类例子当然是常见的,晚清以来有许多人读曾国藩的日记或家书,而在生命的安排及行为方式方面深受其影响。除了生命风格的改变之外,新青年对事事物物也有一套新的看法,譬如美化工农群众。夏济安(1916—1965)就说:"五四时代对于'下等人'有种肉麻的抬举。"[19]对所谓"下等人"品格境界的美化,也影响到许多人的行为抉择。

---

[17] 汪原放,《亚东图书馆与陈独秀》(上海:学林出版社,2006),页20、33、34、45。

[18] Robert Darnton, "Readers Respond to Rousseau: The Fabrication of Romantic Sensitivity," *The Great Cat Massacre and Other Episodes in French Cultural History* (New York: Basic Books, 1984), pp. 215-256.

[19] 夏志清辑录,《夏济安对中国俗文学的看法》,收入夏志清,《夏志清文学评论经典:爱情·社会·小说》(台北:麦田出版公司,2007),页242。

五四对生活世界的影响,可说是"无所不在的",像五四这种改变历史的重大运动,它摇撼了每一面,把每一块石头都翻动了一下,即使要放回原来的地方,往往也是经过一番思考后再放回去;而且从此之后,古今乃至未来事件的评价、建构方式,每每都要跟着改变。譬如以五四作为新的坐标点,古往今来的文学、艺术、政治、历史等,都要因它们与五四的新关系而经过一些微妙的变化。[20]即使连反对派也不能完全豁免。许多反对派隐隐然接受某些新文化运动的前提,或是为了与它对抗而调动思想资源,形成某些如非经过这一对阵,是不可能以这个方式形成、或如此展现的讨论形式,或是根本在新文化运动论述的笼罩之下而不自知。

　　这不是一种单纯的"影响",应该说是新文化运动当空"掠过"而使得一切分子的组成方式发生变化。此处可举达尔文（Charles Robert Darwin, 1809—1882）进化论与近代中国思想界的例子。这一学说影响许许多多人,可是起而与之对抗的学说（譬如宋恕[1862—1910]等人的以弱者为主体的"扶弱哲学"）,显然是针对"优胜劣败""适者生存"的"强权公理"的一种反击;但反击在另一种方面说是潜在的"反模仿",如果不是因为有"天演论",则不至于有像宋恕那样动员各种思想资源来构作以历史上的弱者为中心的哲学。至于章太炎提出"俱分进化论",主张"善进恶亦进",太虚大师用佛经来评天演论等等,也都不是"天演论"之前会出现的表述。

---

[20]　又如"传统",如果它像艾略特所说的那样,是"由既存的纪念物所构成的一种理想的秩序",那么经过五四的震荡,既存纪念物便重构成另一种理想的秩序。艾略特著,杜国清译,《艾略特文学评论选集》(台北:田园出版社,1969),页448。

四、"新青年"与"进步青年"

事实上,从晚清以来"青年"的发展经历过几个阶段:清末是"革命青年",五四时期是"新青年",后来则是"进步青年"。"新青年"的关心与"进步青年"有所不同,前者关心独立自主、个人主义,后者倡导社会主义、社会革命。[21]

五四造成一代青年群体的生命特质,"新青年"要做的事,是提倡新文学、白话文、新剧,喜欢讲哲学、文学、艺术,关心人生、家庭、恋爱、高深学理、人道主义、留学、理想,关心"人"的问题,主张"人"的解放。此外,他们也探究新宗教、新教育、新生活。

在生活态度上,他们则重视作为"国民"的身份,由不看报改成看报,由不关心国家大事改为关心国家大事,痛恨政治上武人升降及政客之起伏。"新青年"认为如果当时中国没有在教育文化方面造成一种全新的空气,说不定会再有第二回、第三回恢复帝制的把戏。

"新青年"认为一切希望皆在教育,对当前的政治则非常冷淡,有"非政治化"的倾向。在教育方面,受到杜威的影响而主张生活与教育合一,理想的学校里应该有图书馆、疗病院、商店、报馆、工场、农场,学校简直是现实世界的雏形。

"新青年"因为五四的震动,而有一种精神上的"惊醒",深入省察自己,有一种批判自己、革新自己的精神在心中流荡,写文章也好用"觉悟"一词。"新青年"要废除一切束缚,要重新估定一切价值。对于学术思想、风俗习惯、政治制度,都想重加检验后才决定是否接受。

---

[21] 曹聚仁,《文坛五十年》(香港:新文化出版社,1954),页112。

"新青年"好办书报,读刊物、办刊物犹如雨后春草般萌生,而且刊物大多有个"新"字。西洋学术思想成为一时的嗜尚,出洋留学成为一时时髦,西洋文学也逐渐风行,购求原本或英文译本成为风气。

在学术上,"新青年"认为学术只有世界的学术,绝对没有国别的区分;只有化学,没有中国的化学。如果称为"中国学",就表示那是一大堆尚未加以整理的学术材料,尚未归入"天文学""人类学"等世界的学术里头去的意思。

以上所说的一切,叫做"新思潮"。因为"新思潮"的发动区往往是在都市,所以青年们成群地向都市里跑,希望能亲身参与。北京、成都、长沙、上海、广州等城市尤为活跃,"他们觉得他们的生命特别有意义;因为这样认识了自己的使命,昂藏地向光明走去的人,似乎历史上不曾有过"。上面引的这几句话,以及前面有关"新青年"生命特质的描述,都取材自五四青年叶绍钧(叶圣陶)的小说《倪焕之》[22],它虽然是一部小说,但一般认为它很能传达五四青年的形象。

渐渐地,由"新青年"转向"进步青年",从关心个人的生活与解放,慢慢转向关心整个社会的解放。"进步青年"认为"为教育而教育""为人生而人生"之类的主张是没有意义的,他们大谈"工人""贫困""劳动神圣""主义""同志""阶级""社会",并质疑"国家"。由"新青年"变为眼光完全向前凝视着一个理想社会的"进步青年"后,青年由原先指导、教诲人民者变成努力想成为工、农中之一分子。此处让我再引《倪焕之》中的句子为例。《倪焕之》的叙述愈到后来,"社会"的成分

---

[22] 以上出自叶圣陶,《倪焕之》(北京:人民文学出版社,1962),页34—35、71、65、174—187、190、191。

愈强:"单看见一个学校、一批学生,不济事,还得睁着眼看社会大众"[23],"学校同社会脱不了干系,学校应该抱一种大愿,要同化社会"[24],小说并借有倾向社会革命的王乐山之口,质疑倪焕之做的事:"社会是个有组织的东西……要转移社会,要改造社会,非得有组织地干不可!"[25] 此后,"组织说"开始闪在心头,他们读国民党《第一次全国代表大会宣言》,认为"为教育而教育,只是毫无意义的言语,目前的教育应该从革命出发"[26],否则一切徒劳,"同时意想着正要去会见那些青布短服的朋友,只觉得他们非常伟大"[27] 然后是革命,入党参加革命成为新的社会精英,而成为这一新精英不需通过科考、不需学历——"革命不是几个人专利的,谁有热心,谁就可以革命!"[28] 同时,新文化运动领袖的魅力也逐步减退中,那也正是胡适在北大的课堂由最大的礼堂一步一步变到较小教室的时候。[29]

五、 新名词与新概念、文学与思想

在一波又一波、各式各样的运动时,真正可能对一般人产生影响

---

[23] 叶圣陶,《倪焕之》,页181。
[24] 叶圣陶,《倪焕之》,页182。
[25] 叶圣陶,《倪焕之》,页199。
[26] 叶圣陶,《倪焕之》,页207。
[27] 叶圣陶,《倪焕之》,页214。
[28] 叶圣陶,《倪焕之》,页238。
[29] 邓广铭的原文是:"从他到北大任教,直到二十年代,胡先生是在北大最大的三院大礼堂上课,三十年代就改在稍小点的二院礼堂上课,而到抗战前夕,则改在更小的红楼大教室上课。"邓广铭,《我与胡适》,《邓广铭全集》(石家庄:河北教育出版社,2005),第十卷,页300。

的,不一定是长篇大论,更多是改写的、删选的小册子,几张传单,还有几句朗朗上口的新名词或新口号。从晚清以来,"新名词"就已经在扮演这样的角色了。大军压境般的新名词所构建而成的"群聚"(clusters),为市井百姓带来了思想资源。刘师培 1906 年《论新名词输入与民德堕落之关系》这样说"新名词"在道德伦理方面产生转辙器般的作用:

> 当数年以前,人民虽无新智识,然是非善恶,尚有公评。自新名词输入,中国学者,不明其界况,仅据其名词之外延,不复察其名词之内容,由是为恶为非者,均恃新名词为护身之具,用以护过饰非,而民德之坏,遂有不可胜穷者矣。[30]

这一类材料非常多,兹不俱引。我想说明的是,从晚清到五四再到共产革命,有一批又一批非常强大有力的新名词、新概念所形成的"群聚",构成一张又一张新的词汇地图,它们与一种清楚的目的论意识相随,形成一种"态度与指涉的结构"。[31]这些新的概念、词汇,形成一种高度目的论意义的境界,创造一种"向上"的轨辙,在人们心中形成一种向往意识,并且带来一套"激发视野、模塑实践的性情",[32]让人们觉得理想上应该尽力向它趋近,因而成为一种有力的思想渗透及改变行为的力量。

---

[30] 此文原载《申报》1906 年 12 月 13 日,收入万仕国辑校,《刘申叔遗书补遗》(扬州:广陵书社,2008),上册,页 457。

[31] 参见李有成,《在理论的年代》(台北:允晨文化实业公司,2006),第 246 页:"若干符码、意象、词汇、信念,以及这一切所构织的文化价值,无不属于这些'态度与指涉的结构'。这些结构自然形成某一时代的精神意向或意识形态环境。"

[32] 李有成,《在理论的年代》,页 246。

譬如在民国时期的小说《新广陵潮》中不断出现"文明礼数""西洋惯例""轻蔑女界""有志青年"[33]、没有受新教育者"人格便不能完备"[34]等等字眼,似乎随着新的思想资源的介入,当时的世界已经构成一种清楚的划分:一方面是尚未起步的,一方面是值得向上追求的价值与行为。《新广陵潮》所描写的时代,显然是晚清以来一直到五四新文化运动前后。随着时代推进,前面所举的那种由新词汇、新概念所构成的目的论式世界的内容不断改变。

我个人认为在解读五四时期重要思想文献时,我们每每费心重建作者意图,而忽略了"文字的影响,每发生在作者所不及料之处"[35]而且不只是思想文献,当时的小说、诗、散文等,也表达了许多新概念或形成了新的感情结构,人们就在这张新网络之下吸收、编织他们的思想及意义,而且这张新的思想网络也成为公众构思评判事物的新标准。

新文学作品有深刻的思想史意义,五四新文学中所传达的社会思想及批判意识,对于现实的影响绝不输于一些里程碑式的思想文献。当时青年往往同时受文学及思想文献的影响,往往因为新文学而决定思想上的动向,或是以文学中所建构的社会理想作为思想及政治追求的目标。而文学中的不满与谴责,也往往转化为思想上的批判与反抗。艾略特(T. S. Eliot, 1888—1965)在讨论英国17世纪的"形而上诗人"时提到他们善于将思想转化为情感,又在另一篇文章中提到将思想转化为情感的过程中,必须要先构思一个两者之间的"等价物",以便利

---

[33] 李涵秋、程瞻庐合著,《新广陵潮》(扬州:江苏广陵古籍刻印社,1998),第九回,页9。

[34] 李涵秋、程瞻庐合著,《新广陵潮》,第九回,页10。

[35] 曹聚仁,《文坛五十年》,页157。

于它们的转换。[36] 思想与文学中情感世界的转换确实是很明显的。五四时期文学中的社会思想,对"未来"的想象与建构等无数方面,对现实都极富影响力。

六、街头层次的五四运动

目前为止,学界对五四的研究仍然较集中在举国闻名的人物,对那一群北大老师、明星学生及各省响应的知识青年的了解很充分,但是对地方或草根层次的五四研究却相当之少。[37] 我使用"街头层次"一词,当然是受到当代法国大革命史家罗伯特·达恩顿(Robert Darnton)的一本小册子的影响。这本小册子由两篇文章组成,第一篇的标题即是《街头层次的法国大革命》[38]——虽然那篇文章所讨论的还不是真正的"街头"层次。

不过我们的思维不应宥于不是"上"就是"下",不是"精英"就是"草根",而是应当注意当时各个层次都可能受到五四的影响,而且因为影响、改换常常是在日常生活中悄悄进行,所以未必能够引起足够的注意。

这里要举五四前后上海戏剧界的一个个案为例。1918 年,上海"新舞台"首演《济公活佛》一剧时,以旧道德的捍卫者自居,对欧风东

---

[36] 以上两点,前者见于 T. S. Eliot, "The Metaphysical Poets," 后者见于 "Hamlet," in *Selected Essays 1917-1932* (New York: Harcourt, Braced & Company, 1932), pp. 246, 248, 125。

[37] 大地方的五四,在过去已有陈曾焘著,陈勤译,《五四运动在上海》(台北:经世书局,1981)等专书。

[38] Robert Darnton, "Lecture I: The French Revolution at Street Level," in *What was Revolutionary about the French Revolution* (Waco, Texas: Baylor University Press, 1990), p. 5.

渐大加抨击。李孝悌的研究说明了经过《新青年》的《戏剧改良号》中对传统戏曲的猛烈攻击、新思潮的洗礼,《娜拉》(A Doll's House)之类新剧的影响,到了1920年,"新舞台"的告白全变了:

> 排这一本社会最欢迎的《济公活佛》,并不是迎合社会心理,老实说是拿迁就社会的手段去征服社会。换一句话说,就是利用济公活佛,拿极浅近的新思想去改革社会上的"恶习惯"和"旧思想"。十五本活佛,是我们征服社会的战利品。他的情节发松到极点,布景精致到极点,令人百观不厌。他的思想,竟和近代的新文化吻合。十五本活佛,第一是劝人要劳动,不可倚赖亲族不劳而食。第二劝人要为社会服务,不要为社会分利的官吏。第三排斥多妻主义。第四劝人不可自杀。[39]

1920年3月1日刊登在《申报》上的《济公活佛》一剧之广告,还极力宣称它是一出"问题戏",广告一开头先用加大字体写出全剧主旨:"今夜活佛是'问题戏'"。然后有如下的说明:

> 西洋戏中有一种叫做"问题戏",戏中演的情节,有关于政治的,或社会的,或家庭的,或……的。故意演出疑难的情节,要征求看戏人的意见,要请看客心中感觉戏中的事迹,是否正当?[40]

"问题戏"的观念完全是从胡适《建设的文学革命论》来的。[41]至于该

---

[39]《申报》,1920年9月27日。转引自李孝悌,《上海近代城市文化中的传统与现代(1880s—1930s)》,收入刘翠溶、石守谦主编,《经济史、都市文化与物质文化》(中研院第三届国际汉学会议论文集历史组;台北:历史语言研究所,2002),页361—409,引文见页394。

[40] 李孝悌,《上海近代城市文化中的传统与现代(1880s—1930s)》,页395。

[41] 胡适,《建设的文学革命论》,《胡适文存》(台湾:远东图书公司,1953),第一集,页71。

剧中模仿《娜拉》的部分，几乎完全是易卜生（Henrik Johan Ibsen，1828—1906）的框架。[42]

上述是五四对当时上海市民最喜欢光顾的剧院的影响，其变化之微妙与迅速，非常值得注意。这一类的例子可能发生在街头，也可能发生在小教室。此处再举一例。五四之后，山东省立一师国文、论理教员兼附属小学主任王祝晨（1882—1967）首先积极响应，与正谊中学校长等组织尚学会，先将各地新刊物中的文章，选取其菁萃，分为文学、教育、哲学、伦理、社会五种印成书，名为《文化新介绍》；同时联络已成全国知名人物的傅斯年等邀请杜威前往济南演讲，因而引起当地守旧派的激烈斗争。《文化新介绍》风行各地，读众极广，后来转交上海文化书店出版，王祝晨成为山东省立一师的校长。可是到了1926年，山东督军张宗昌以"提倡白话文即是赤化"，封闭书报介绍社，撤去王祝晨的校长职位并加以通缉。[43]

事实上像这一类地方上的事例在当时简直不胜枚举，如果加意搜集这方面材料，我们可以观察在地的小知识分子或在地读书人，如何感知、回应这个举国震撼的运动，如何迎接或推拒，如何赋予在地的诠释，新思想如何影响在地的生活方式；这一个全国震撼的运动如何造成各种动员，与旧派人士如何竞争，与抱持其他意态的人如何互相竞合；在思想、家庭或行动方式方面有何变化；如何因此而形成群体的划分；以及在废科举之后，地方青年如何因着反对，或是响应、模仿、号召、动员，

---

[42] 参见"新舞台"的宣传文字，《申报》，1920年6月30日，见李孝悌，《上海近代城市文化中的传统与现代（1880s—1930s）》，页396。

[43] 邓广铭，《王世栋（祝晨）先生服务教育三十五周年事略》，《邓广铭全集》，第十卷，页404。

而与外面的新力量联合,形成新标准或新力量,并把自己塑造成为新的地方精英等。

前面我曾引用郑超麟的"绅士大换班"一语来形容晚清以来对地方社群精英群体的大洗牌。在后科举时代,当科名已不再是那么绝对的社会精英的识认标准,新学校系统的学历承担起部分传讯机制(signalling system)时,到处都有吃五四饭的"新青年",成为地方社会或国家的新栋梁,成为人们羡慕追求的对象。在《倪焕之》《子夜》这一类小说中,我们更可以看出在国民革命军北伐之后有一段时间,入党与否成为能否取代乡绅成为新精英的凭借。在《倪焕之》中,自幼不学好的蒋华在父亲心目中本来毫无地位,但是因为在北伐期间入了党,成为可以与外面正在沸腾发展的大局势相联络,又能在地方上调动各种资源的人物。他那恶名昭彰的父亲蒋老虎便恳切希望儿子能介绍他入党。入党不需什么资格,连地方名声都不用,最后蒋老虎顺顺利利入了党,成为地方上的新精英。

当然,我们还要发掘各阶层的思想材料。在我研读日本明治时期的思想史时,我注意到色川大吉(1925—)的《明治の文化》[44]中所提到的一件颇为引人注意的事件。1968年,色川大吉在明治时期的武藏国多摩郡、一个只有二十几户人家的深泽村[45]里,从一户人家的仓库中,发现了《五日市宪法草案》。这个草案有204条,是五日市学艺讲谈会的三十名会员在自由民权运动期间持续讨论,再由山村中小学的助教员千叶卓三郎起草的一部草根宪法,时间大约是明治十四至十五年(1881—1882)。这个山村中的小圈子以深泽名生(1841—1892)

---

[44] 色川大吉,《明治の文化》(东京:岩波书店,1976)。
[45] 现属东京都西多摩郡五日市。

及其子深泽权八(1861—1890)为中心,在他们周围的是一群村中名士、校长、神官、僧侣、医生、地主、农村青年。色川大吉发表这个消息之后,发现事实上当时存在三十余种民间的宪法草案,其中嘤鸣社的草案比《五日市宪法草案》的条文还多四倍。而且这一类文稿相当多样,譬如千叶卓三郎对布鲁厄姆(Henry Peter Brougham, 1778—1868)《法律格言》(Institutional Maxims)的诠释,与元老院对《法律格言》的翻译便截然不同,兹引一例:[46]

元老院译文	千叶卓三郎译文
国君的精神应当可假定为符合法律的精神及理所当然的事理,如有疑问时,特别是可作如此疑问时,其假定(presumption)常要有利于国君。	全体国民的精神应当可假定为符合法律的精神及理所当然的事理,如有疑问时,特别是可作如此疑问时,其假定常要有利于国民。

我们在讨论五四新文化运动这类掀天揭地的大事件时,应该注意挖掘像《五日市宪法草案》这一类在地知识分子所形成的文本,并充分了解其思想意义。

七、结　语

最后,五四运动虽然是一个青年运动,但是当时年纪较大的人的作为与反应,也值得留意。[47]这包括广大人士的观感与反应,尤其是那些年纪较长者的确切反应。此处仅举一例:山西太原的一位前清举人刘

---

[46] 色川大吉,《明治の文化》,页110。
[47] 如前面提到日本《五日市宪法草案》的例子,其成员多半是三十至四十岁。

大鹏(1857—1942)留下了一部相当详细的日记,在五四这几天,他完全不知道有这一件事,几天之后他才对此有所记录。如果说五四新文化运动有政治与文化两面,则他先只注意到这个运动的政治面,也就是抗议帝国主义的爱国示威运动。[48]但刘大鹏对新文化运动的部分似乎一直到相当长一段时间之后,才有较为清楚的了解。相较之下,当时在上海目睹罢市的王国维则有如下反应:

> 而不知以后利用此举者当接踵而起,则大乱将随之矣。有人自北来,言北京政象极险……如危险思想传入军队,则全国已矣。[49]

像王国维这样的议论在当时并不罕见,它提醒我们应当深入分析当时对五四"半信半疑"或反五四的思想,细致地了解其中的底蕴。

在本文中,我提议把五四与近代生活世界的变化进行联系,在这个方面,可以探讨的面相一定还非常之多。最后,我想重申本文一开头说到的,记忆五四、研究五四,始终是一个值得被研究的问题,现在如此,将来恐怕也是如此。

---

[48] 刘大鹏遗著,乔志强标注,《退想斋日记》(太原:山西人民出版社,1990),页278—280。

[49] 袁英光、刘寅生,《王国维年谱长编(1877—1927)》(天津:天津人民出版社,1996),页278。

第四章

"烦闷"的本质是什么
——近代中国的私人领域与"主义"的崛起

一、前 言

几年前,我着手撰写了一篇长文《中国近代思想中的"主义"》,那篇长文包括两部分,第一部分是关于"主义"逐渐成为一种支配性论述的过程,题为《"主义时代"的来临——中国近代思想史的一个关键发展》[1]。第二部分讨论"主义"为何吸引人,也就是本文。

本文的重点与一般对"主义"的讨论所关怀的重点略有不同。第一,我是从"受众"、从"接受端"的角度去了解主义何以吸引人[2],涵

---

[1] 此文刊于《东亚观念史集刊》第四期(2013年6月)。在研究这个问题时,我受到罗志田兄、沈国威兄、潘光哲兄的帮助,特此致谢。

[2] 我不偏重理论方面,而是一种以消费者为主的研究(consumer-based research)。理由很简单,当时真正能深入理解理论的人很少,大部分人毋宁是从一些小册子,及"读书问答"中得到粗浅"认识"。如张静庐说他看《申报》,读艾思奇、柳湜所主持之"读书问答"成为习惯。张静庐,《在出版界二十年》(南京:江苏教育出版社,2005),页117。本文所偏重的是当时曾引起广泛读者回响的刊物,有明显的读者与编者对话痕迹,如1920年代的《中国青年》,如工商界下层人物阅读的刊物《伙友》,如李平心编的《青年自学指导》等等。不过这里必须强调一点:这个时期这方面的书刊很多,上述书刊只是举例性的。

盖的时段主要是新文化运动之后到1930年代。在此之后,"主义"有新的风貌,非本文所能包括。第二,过去谈"主义"时过度强调"主义"像"弥天之网"由上罩下的现象,忽略了在比较早的阶段,它是一种自发的、心悦诚服的迎向。第三,过去讨论"主义"之所以吸引人之处往往只重救国及政治的层面,而忽略了"主义"对日常生活的"意义世界"所提供的庞大资源。它与解决人生观,提供大经大法,赋予生命意义、目的感,解决日常生活中极度的烦闷与困惑感是分不开的。"主义"在救国与人生这两方面成为一种"大小总汇",一方面指引新的建国方向,一方面提供人们创造有意义人生的各种方案。

此外我要在此先说明两点:近代中国各种主义的名目达二千多种之多,有文艺的、思想的、政治的,不一而足。本文中的"主义"偏向"新主义",也就是左(马克思主义)右(三民主义)两种主义的崛起,而这两种主义有一段时间又搅混在一起。至于胡适"自由主义"等则着墨较少,这是有意的选择。至于"烦闷"或"虚无"一词,本文只是用了一个宽松的词汇,在当时的文献中有时称为"苦闷""苦恼""烦恼",不一而足。

"烦闷的本质是什么",主要是从新文化运动之后青年界常见的"烦闷"或"虚无"的状态入手,探索"主义"在私人领域的赋予意义、积极导引、提供答案等三个方面的蓝图。这是新"主义"吸引大量信从者的重要原因。但是另一方面,"主义"也逐渐成为人们私人领域中牢不可破的宰制者,也就是本文副标题所说的"私人领域与'主义'的崛起"。[3] 所以"主义"是国家与民族的,同时也是人生观与日常生活领域的。但因有关前者的讨论较多,后者几乎未见着墨,故本文将针对这个问题进行探讨。

二、"组织"与"信仰"

前面提到,烦闷的第一个理由是国家民族之衰落,而又不知从何处下手解救的苦闷,"主义"的出现满足了人们的渴望,消解人们对国家命运模糊、低迷而又找不到下手处的痛苦。关于宣称"主义"作为一种救国的万灵丹,可以说是近几代中国人的常识,故本文不多作讨论。本文只举例讨论当时新主义者所一再宣扬的"信仰""党""组织"这几种救国的利器。

晚清以来是一个大的"离心力"的时代,故梁启超、孙中山、毛泽东等人皆一再提到中国是一盘散沙。民国以来,思想家便一再感叹,没有办法"粘这散了板的中华民国"。[4] 每经一次挫折,寻求强力黏着剂的动力愈强,"向心力"成为时人的一种渴求,而人们也不断地寻求如何塑造新的向心力。我们从当时一些人的日记中看到,在皇朝、大家庭

---

[3] 本文稿中主义与人生观的部分曾以《后五四的思想变化——以人生观问题为例》为题单独发表于"国家图书馆"编的《五四运动论著目录初稿》(台北:"国家图书馆",2009),页47—49。今为求完整将该文并入本文,请读者谅察。关于"主义"的问题,有兴趣的朋友请参看我的另一篇文章《"主义"与"学问"——一九二〇年代中国思想界的分裂》,收入刘翠溶主编,《四分溪论学集——庆祝李远哲先生七十寿辰》(台北:允晨文化实业股份有限公司,上册,2006),页123—170。

[4] 傅斯年,《青年的两件事业》,收入欧阳哲生主编,《傅斯年全集》(长沙:湖南教育出版社,2000),第1卷,页386。

崩溃之后，他们面对自己大力鼓吹却也相当陌生的新生活，顿时手足无措，没有可用的模式可以遵循。面对个人、家庭、社会、国家的问题感到困惑，难以解决，遂倾向将一切交给一个集体化的组织去管理。举这个例子是要说明晚清以来出现了一个强大的"团体化运动"："群""联大群""军国民主义运动"……都是这个"团体化运动"的环节。而晚清以来人们提到"主义"并加以赞颂的主要原因也与这个"团体化运动"有关：首先，是"主义"使得一个人或一个群体有定向，不会扶得东来西又倒，第二是"主义"成为团体内部的黏着剂，使它具有统一的意志与奋斗方向。

　　五四的学生运动为组织化、团体化打了一剂强心针，当时人目睹无拳有勇的学生自动组织起来，竟可逼迫军阀退让，这种在今天看来相当常见的活动，在当时却令人大开眼界、大受震动，许多人察觉到"组织"的力量。五四前后，全国如雨后春笋般地成立各种青年社团，即是一个例证。毛泽东的《民众的大联合（一）》写于民国八年（1919）7月，便是受到这一风潮的启示。他说："胜负所分，则看他们联合的坚脆，和为这种联合基础主义的新旧或真妄为断。然都要取联合的手段，则相同。"[5]

　　"组织"所能提供的不只是政治实力，它还提供一种新的共同生活。恽代英说："我们因为要有一种组织，以练习且完成共同生活的必要。"[6]又如陈范予所说的："要有组织，才有纪律，才可做事。"[7]《陈

---

[5]　中共中央文献研究室等编，《毛泽东早期文稿：1912.6—1920.11》（长沙：湖南出版社，1990），页338。

[6]　恽代英，《未来之梦》，收入《恽代英文集》（北京：人民出版社，1984），上卷，页229。

[7]　陈范予著，坂井洋史整理，《陈范予日记》（上海：学林出版社，1997），页188。

范予日记》中有一条提到学生正在练习开会组织[8]，充分体现了当时是一个"组织觉醒"的时代，但是又发现想过所谓有组织的公共生活是不容易的，这时候便有人请"主义"上场了。《恽代英日记》中有一条反映了：人们想过群众生活，却又发现公共生活的素养太难养成，经过不断地摸索[9]，终于走向靠"主义"来维系新组织的生活的过程。

　　在当时关于培养新的社会生活至少有两条路，一条是蔡元培（1868—1940）的"教育训练"、李石曾（1881—1973）的"学治"，或是胡适常说的，救国须从救自己下手。另外一条路是在"主义"指导下进行——"真正的民众运动，乃是有目的，有组织，有领袖，而且继续不断地进行着的一种群众运动"。恽代英批评蔡元培的"教育训练"是贴劝世文式的训练，劝世文纵然贴上一万年，也不能有一点点影响。[10] 他们认为应该在一个共同的"主义"之下来维系组织的生活才是有效的。而当时许多人透过对现实行动的观察也印证这一点。张静庐（1898—1969）曾参与1929年的救国十人联合团[11]，他很快发现当时上海有两种商人，一种是旧商人，他们只是结群，但仍认为应该"群"而不"党"，张氏认为这一群人最没有力量。另一批商人是因主义结为党团。他的观察是：

---

[8]　陈范予著，坂井洋史整理，《陈范予日记》，页111。

[9]　"是日，颇觉有因个人缺点几坏团体事务者，由此可见，公共生活之修养，有不可一日缓。"中央档案馆等编，《恽代英日记》（北京：中共中央党校出版社，1981），页539。

[10]　以上分别见恽代英，《蔡元培的话不错吗？》，《中国青年》，2（上海，1923），页2—5。及求实，《评胡适之的"新花样"》，《中国青年》，98（上海，1925），页715—720。胡适的话见于他的《爱国运动与求学》，《现代评论》，2：39（1925年9月5日），页5—9。

[11]　张静庐，《在出版界二十年》，页44。

>　　没有主义和信仰，没有铁的纪律的团体是不会长久存在的。[12]

他所参与的救国十人联合团总会属于前者，所以很快即因此散伙，他当时对自己的观察是"而我却始终是个局外人，没有思想，也没有主义的信仰"。[13] 他深切体认到，最纯洁最炽烈的爱国行为，如果没有共同的主义与信仰是没有用的。[14]

当时甚至有人主张能建"党"及"以党治国"，是人类政治社会发展的最高形式，是某一阶段或某一民族中最进步、最有能力、最觉悟的分子的结合。他们认为"以党治国"绝不是孙中山所发明的，而是"人类社会发展到某一时期以后必然产生的一种制度，也可说是政治制度中最高的形式。世界上产业文化比较进步的国家，没有一个不是'以党治国'，岂独苏俄？"[15] 恽代英即认为孙中山主张"以党治国"，为主义而战，主张革命独裁政府是他的最大贡献。[16] 他鼓吹"造党"，认为中国必须要有一个纪律完备、主张明确的党，中国才有"办法"，否则永远不可能改造社会。[17]

新"组织"取代了《大学》中所陈述的格局，不再是格物、致知、诚意、正心、修身、齐家、治国、平天下，由单子逐步扩大为国家、天下的格局，而是同志式的、在主义指导下的组织生活，"诚意""正心"到"治

---

[12]　张静庐，《在出版界二十年》，页59。

[13]　张静庐，《在出版界二十年》，页38。

[14]　张静庐，《在出版界二十年》，页47。

[15]　砍石，《反对党治吗？》，《中国青年》，140（上海，1927），页390—391。

[16]　恽代英讲演，高尔柏记，《孙中山先生逝世与中国》，《中国青年》，71（上海，1925），页325。

[17]　恽代英，《造党》，《中国青年》，21（上海，1924），页9。

国""平天下"的工作都应该在主义的指导下进行。指导是束缚,也是一种帮助。参与组织、在"主义"的指导下过生活之后,从人生到国家都有了一张清楚的地图,解决了个人人生观,也找到解救国家、解救世界的道路。黄克诚(1902—1986)如此兴奋地描述他"过组织生活"之后从消极离群挣脱出来,消解个人的烦闷,也改换了一个人——"我精神上有了真正的寄托,思想上更加充实,胸怀豁然开朗,参加群众运动的积极性更高了。我再不是盲目地参加各种活动,而是在党组织的直接领导下,为着一个伟大的理想去斗争,这是多么有意义的人生!"[18]

不管是在1920年代中期的《中国青年》或是1930年代后半的《青年自学指导》,都把青年"向上"的第一步工作界定为两件事:研读社会科学,参加团体或组织团体。《中国青年》中有一篇恽代英的文章《应该怎样开步走?》,便倡言进入"团体",彼此联合做实际的社会运动。由于当时人并不知道如何进行团体活动,故恽代英模仿基督青年会的方式,以至于当时有人取笑他们是在"吃基督教了"。[19]《青年自学指导》一书则指出:

> 奋斗的方式,要采用集体的方式,决不可用个人的,孤军作战的方式。[20]

书中规划暑期的活动有四种:(1)从事社会调查。(2)组织读书会。(3)扩大识字运动,创设补习班。(4)组织歌咏团及话剧团以唤起民

---

[18] 黄克诚,《黄克诚自述》(北京:人民出版社,1994),页14、16。

[19] 恽代英,《应该怎样开步走?》,《中国青年》,96(上海,1925),页691。

[20] 李平心编,《青年自学指导》(上海:上海杂志公司,1939),页329。

众。[21] 当然,最后是要与"党"发生关系,用恽代英的话说,"我们组织小团体,是为的大联合大运动"。[22] 而且要个人在这个大组织中安于作一极小的"细胞"。[23] 如此一来,不但能排除零星、孤立、无力的生命感受,还可以有效地参与整体的救国行动——"你虽在一个小的地方,你将成为一个全国的大团体的特派员,你将成为一个全国的大军队的侦查队"。[24]

当时救国的论调很多,"教育救国,科学救国,实业救国,佛教救国,基督教救国……形形色色,五花八门。究竟什么才是拯救国家、民族和社会的正确道路?"[25] 这是黄克诚的困惑。人们显然持着两个判断标准:国家是不是有办法救?社会是不是有办法可以改变?而新"主义"提供了一张有用的救国蓝图。

布尔什维克主义或三民主义之所以吸引人的原因非常多,但有两点不可忽视:第一,它们提供了整套的蓝图与道路,即反帝国主义、反军阀,完成社会革命。第二,是有一个以主义为指导的纪律严密的党组织,可以进行极有效率的行动。在1920年代,有不少人认为他们找到的"主义"与"党"为他们提供了一条新路径,非常兴奋地觉得"报国有门"。[26]

---

[21] 李平心编,《青年自学指导》,页276—277。

[22] 恽代英,《应该怎样开步走?》,页692。

[23] 孙志楚说:"我想在某一种集体(为大众谋福利的)中做一粒小细胞。"见李平心编,《青年自学指导》,页280。

[24] 恽代英,《怎样做小学教师?》,《中国青年》,20(上海,1924),页14。

[25] 黄克诚,《黄克诚自述》,页13。

[26] 张申府提到1924年他在黄埔军校时,见学生们热情很高,认为"报国有门"。张申府,《所忆:张申府忆旧文选》(北京:中国文史出版社,1993),页31—32。

找到"门"之后，只要开门走进去然后紧紧跟着行动就是了。[27]

　　这是一种在大局困压之下感到找到地图、找到道路的欢悦之情，摆脱个人零碎、无力、渺小的烦闷感。夏衍（1900—1995）在《懒寻旧梦录》中说他读了马克思的书，"我总算认识了一个方向，就是人类社会向前发展的大方向"。[28] 黄克诚回忆自己加入共产党之后，换了一个人："从此，我在任何时候、任何情况下，再也没有消极过。"[29] 在为国家民族寻找出路的同时也在为个人寻找出路；找到国家的出路时也就找到了个人的出路，两条出路即是一条出路，个人的出路与国家的出路在这里合而为一。

　　以下的讨论将集中于一个主题：在新文化运动之后，当传统的文化系统成了问号，而未来的新生活仍然是一张空白时，主义如何提供一套新的人生观、新的"大经大法"，而且还将人们引导到革命行动的道路上。换一个说法：晚清以来，中国读书人的世界逐渐出现两个轨迹，一个轨迹是个人的、安身立命的，一个轨迹是群体的、国家的。在这两个轨迹的交会之处，有时候是个人遭际与国家命运合在一起，有时候是国家命运与个人遭际合在一起。"主义"提供了一套蓝图，将两条轨迹合

---

[27]　我认为这能了解斯诺（E. Snow）所说："他们大多数人记不清个人的琐事了。当我开始搜集传记资料时，我一再发现共产党人能够回忆起他早年发生的一切事情，但一旦他当了红军，他就在某些地方失去了自我，若不一再追问，你就可能听不到关于他自己的更多的情况，而只是红军、苏维埃或共产党的故事——这些名词的头一个字母都是大写的。这些人可以侃侃谈起每次战役的日期和过程，和在那些前所未闻的地方的转战活动，然而这些事情对他们似乎只有集体上的意义，不是因为他们个人在那里创造了历史，而是因为红军曾到过那里。"埃德加·斯诺著，李方准、梁民译，《红星照耀中国》（石家庄：河北人民出版社，1992），页90—91。

[28]　夏衍，《懒寻旧梦录（增补本）》（北京：三联书店，2000），页57。

[29]　黄克诚，《黄克诚自述》，页16。

而为一。"主义"提供了一套系统，把青年的苦闷、困惑、焦虑与挫折感，转化成一种有意义的行动，从而调动零碎的力量成为革命的洪流。当群体的、国家的说服力强大到某种程度时，有很多人认为个人应该牺牲自己，来完成群体的、国家的利益。[30] 愈受苦，愈坚定。在这里，我想先比较简略地讨论前述两个轨迹合在一起的第二点，即国家命运与个人遭际，如何在"主义"的引导下结而为一。

正如马雅可夫斯基（Vladimir Mayakovsky，1893—1930）下面这一首诗中的一部分所呈现的：

> 共产主义
> 不仅仅存在于
> 田地
> 和工厂的汗水里。
> 在家里饭桌边，
> 相互关系里，
> 亲属间，
> 日常生活中
> 也有共产主义。[31]

这一首诗道出了布尔什维克主义（与其他"主义"）在1920年代以后的中国，成为解决政治到人生问题的一个乾坤袋。解释了无名、混乱、烦闷、挫折，并将所有的问题导引、转喻到它的理论架构中，一方面得到了

---

[30] 譬如许多人认为为了完成革命，对政府没收其财产毫无怨言，或是个人应该牺牲个人的利益以成全更大的利益。

[31] 马雅可夫斯基，《把未来揪出来！》，收入飞白译，《马雅可夫斯基诗选》（上海：上海译文出版社，1981），中卷，页75。

解,一方面导向必要的行动。历史的吊诡便在于,将生活收纳到主义的乾坤袋的现象,有强加上去的,也有心悦诚服的追求。

"主义"不只是一个超大的政治剧本,也是一个超大的文化剧本,当一切都成了问题,生活充满困惑,这套剧本提供了新的"大经大法",形成了一套新的解释框架,从人生到国家到宇宙,都可以从中得到解释与导引。而且把从个人到国家,到全人类的命运,串成连珠,形成既通贯一切、又具有高度排他性的一套义理系统。

在形成这套义理系统时,我们可以一再看到"转喻"的作用(这里的"转喻"在英文中称作 in terms of, conscious of something being something, 是指意识到生活中所遭逢的复杂现象究竟是些什么)[32],将现实生活中的困惑、苦闷、挫折转换成明确可解的理由,最后都导向有意义的共同行动。于是个人的处境与国家民族的命运,甚至人类未来的解放全部联结起来。"主义"调动各种零散的资源,形成共同行动,使普遍的个人挫折转换成强大的社会力量,最终使个人的出路与国家民族的出路合而为一。

以下我将分成三个小节来说明"烦闷"如何解决人生、意义的问题,如何帮助克服"烦闷",以及"烦闷"如何"转喻"成迈向主义与行动。

三、"问题化"的人生

首先我要谈近代思想界的重大变化,如何将人生观及日常生活"问题化"。

---

[32] Kenneth Burke, *On Symbols and Society* (Chicago: University of Chicago Press, 1989). 以上论点见诸该书"Introduction," p. 5。

近代中国所经历的空前变局,使得国家、社会等观念都成了"问题"。晚清以来中国人的生命世界添加了许多旧社会所感到陌生的概念,如"国家""社会""团体"。当时一般人对这些新东西每每感到莫名所以,即使是到处向人们讲解这些新观念的青年们内心中往往也一样困惑。[33] 过去对皇帝、对朝廷、对家庭应该采取的态度是非常清楚而确定的,现在加进这些新的"国家""社会""团体",使得生活变得有些陌生起来,本来可以不假思索的变得很不可理解。

另一方面,什么是"人生"也成为一个问题。茅盾(1896—1981)在《我走过的道路》中就说五四点醒青年思考"人生"是什么[34],但是并未给定答案。五四确实一再说文学应表现人生且指导人生[35],但并未明确说明"人生"是什么。

新文化运动的一个重要层面是反传统,胡适引用尼采(Friedrich W. Nietzsche,1844—1900)的"重新估定一切价值",这句话成为反传统的有力口号。不见得一定要反对每一件事,但是没有一件事可以还安然存在那里,几乎没有任何传统是可以理所当然地被接受。这当然并不表示在实际上传统已经完全不起任何作用,但是至少在理想的层

---

[33] 这里要举一个有趣的例子,五四时期的北京大学"平民教育讲演团"到北京近郊演讲,常讲的题目便是用最浅显的内容向听众说明什么是"国家""国民""团体""爱国",什么是"人"等一连串对常民而言莫名其妙的观念。晚清陈独秀即已用白话文宣讲什么是"国家"等观念,故此应非五四特例。见陈独秀,《说国家》(原刊《安徽俗话报》,5期,1904年6月14日),收入任建树等编,《陈独秀著作选》(上海:上海人民出版社,1993),第1卷,页55—57。另请参考李孝悌,《清末的下层社会启蒙运动:1901—1911》(台北:近代史研究所,1992),也有类似之例。

[34] 茅盾,《我走过的道路》(北京:人民文学出版社,1997),上册,页404。

[35] 茅盾,《我走过的道路》,上册,页173。

次上,它不再是顺顺当当就可以依据的规范了。

此外,五四前后的思想世界出现了一种双重危机:中国文化与西方文化皆面临危机。前面提到,中国传统文化因"重新估定一切价值"而面临前所未有的危机,然而西方文化也在第一次世界大战之后出现种种问题,例如"西方文明破产论",或随着社会主义思潮的崛起而否定西方近世资本主义文明的论调,使得当时不少人认为西方亦正处于徊惶无主的状态,使得有意向西方取经的人亦感到彷徨。因此这不只是一个反传统的运动,同时也是一个无远弗届的、将一切都"问题化"的时代。

所以,新文化运动一方面是解放的、希望的,乐观地认为可以在很短的时间内寻找到真正属于"人"的文化,但是解放的另一方面是生命意义都得由自己重新造起,因此也有人感到茫然而无所适从,对他们而言,新文化运动带来解放,同时也带来烦闷感或失落感。加上无政府主义等思潮的影响,进一步加强了文化中的解消及怀疑的力量,一位敏感的青年有这样的观察:

> 甚至国家要不要,家庭要不要,婚姻要不要,财产应私有应公有,都成了亟待研究的问题。[36]

以人生观为例,在传统中国,"人生观"是相当清楚而确定的。经过新文化运动洗礼之后,人们尽管未能在实质上清洗掉旧人生观,但至少在理念层次上,每每认为旧人生观是有问题的。新文化运动的重要议题之一就是"人生",面向"人生",不是面向所谓衰腐的传统来思考什么是人的生活。过去的"人生"是落伍的,是应该打倒的。然而问题是合

---

[36] 毛泽东,《健学会之成立及进行》,收入中共中央文献研究室等编,《毛泽东早期文稿:1912.6—1920.11》,页364。

理的"人生"又是什么？这对新、旧或不新不旧的青年来说都是一个大问号。旧派即使坚持旧的理想，也因失去信心，不敢自持。不新不旧的青年，则不知是要旧的还是新的。至于新派，则对于新的"人生"应该是什么，有时也未能得到确定的答案。

过去的研究大体都强调新文化运动之后守旧派的挫折、苦闷，此处要特别强调当时的新派青年也同样感到困惑、烦闷。其中最为严重的，是因茫然、困惑而演出层出不穷的自杀事件，陈独秀的《自杀论——思想变动与青年自杀》，正是在这种背景下写的。[37] 钱穆（1895—1990）在《悼孙以悌》这一篇不大引人注意的文章中，也道出介于新旧之间无所适从的青年，因为对"要怎么生活"这一个最简单的问题产生困惑，最后竟至于自杀。[38]

以下我想举当时几个青年的例子来说明，对他们而言，本来可理解的"人生"变得不可理解，本来顺理成章的"人生"变得充满问号。

吴康形容一些青年是："一生的生活，都归于'莫名其妙'。"[39] 柔石（赵平复，1901—1931）说只知自己的过去是白过的了，但同时也不

---

[37] 陈独秀，《自杀论——思想变动与青年自杀》，收入任建树等编，《陈独秀著作选》，第2卷，页53—68。

[38] 钱穆分析北大史学系孙以悌的自杀，其实也是在讲广泛的时代现象："怎样生活"为什么成为一个问题？他说："当社会的秩序比较安定，政治法律风俗信仰等等在比较有遵循的时候，做学问的人，尽可一心做他的学问，本不必定要牵涉到我们该怎样生活的问题上去"，但当时中国家庭的父老兄弟早已失去指导子弟的权威及自信，所以不可能从生活环境中"得到一些将来生活上的习惯和信仰的可靠的基础"，"旧的信仰和习惯，尽量破弃，新的方面的建立还遥遥无期"。见钱穆，《悼孙以悌》，《史学论丛》第1册（北京：北京大学潜社，1934），页1—3。关于近代之自杀，可以参见海青，《"自杀时代"的来临？二十世纪早期中国知识群体的激烈行为和价值选择》（北京：中国人民大学出版社，2010）。

[39] 吴康，《从思想改造到社会改造》，《新潮》，3:1（北京，1921），页26。

知未来何所往,对"人"究竟是什么,也表示不清楚。"'人'究竟是真的还是假的?""一个人,就是所谓人的一个人,究竟是一件什么东西呢?""宇宙啊!为什么有一个'人'的大谜呵?"柔石的内心状态则可以用他日记中的一句话概括:"心里总觉得不安定。"[40]

陈范予说:"做一天人,就不能一天没人生观。"[41]人生观过去由旧体系管辖时,是清清楚楚的,但陈氏说:"我自堕地到现在,都是昏昏董董,在梦昧里谋生活,什么人生观,都是莫明其妙。"[42]陈氏当时与许多人一样想从佛学中寻找人生的解答,但是从他后来的发展来看,佛学似乎未能为用世情怀非常强烈的他提供这方面的解答。不过这里要强调一点:困惑焦虑的同时,是解放的快感;困惑的同时是无限希望,是想主动地追求、塑造一种新的人生观。傅斯年在《人生问题发端》中找到的人生观是"为公众的福利自由发展个人"[43],但更多的人是随意发明,如毛泽东说要提倡"狂妄"的人生观,汪寿华(1901—1927)竟说青年的责任是"养成身心健全的人,做纯粹神经作用的事"。[44]

除了"人生"的困惑之外,辛亥革命、新文化运动以后,出现了一种精神层面的危机。[45] 对此,王恩洋(1897—1964)观察说:

---

[40] 赵帝江、姚锡佩编,《柔石日记》(太原:山西教育出版社,1998),页 11、62、63、71、39。柔石一度甚至说改造社会的起点是提倡娱乐,参见页 21。

[41] 陈范予著,坂井洋史整理,《陈范予日记》,页 171。

[42] 陈范予著,坂井洋史整理,《陈范予日记》,页 170。

[43] 傅斯年,《人生问题发端》,收入傅孟真先生遗著编辑委员会编,《傅斯年全集》(台北:联经出版事业公司,1980),第 4 册,总页 1246。

[44] 汪寿华,《汪寿华日记·求知录》,《近代史研究》,1983:1(北京,1983),页 47。

[45] 张灏,《中国近代思想史的转型时代》,《时代的探索》(台北:中研院、联经出版事业公司,2004),页 50—52。

> 人心失其所信,竟无安身立命之方……[46]

价值、信仰层次的需求是非常自然的,故周作人(1885—1967)的《麻醉礼赞》会说:"信仰与梦,爱恋与死,也都是上好的麻醉。能够相信宗教或主义,能够做梦,乃是不可多得的幸福的性质,不是人人所能获得。"[47]宗教界、思想界自然都意识到信仰的危机,当然也出现许多新的选项,如太虚的人间佛教,并宣称佛教是最好的世界主义;周作人所谓的"人的宗教",还有所谓"心力救国论"[48]等等,不一而足。但是在"科学"当令及救国的急迫压力下,上述选项对当时"问题化"的青年的吸引力显然是很有限的。

四、"人生的意义是什么?"

在"科学万能"的大旗下,当时确实有不少人天真地认为"科学"可以解答所有人生、信仰方面的困惑。然而"科学"所承诺的虽多,但在涉及人生、价值、信念等层面上的建树却相对地非常少。

当时中国的新兴科学以"客观化""科学化"为特质,对事物取"研究"的态度,基本上认为"价值"与"事实"应有所区别,"学问"与"生活"也不宜随便混为一谈。用胡适的意思说,学问是一回事,道德是一

---

[46] 葛兆光,《十年海潮音——20 年代中国佛教新运动的内在理路与外在走向》,《葛兆光自选集》(桂林:广西师范大学出版社,1997),页 173。

[47] 周作人,《麻醉礼赞》,《看云集》,收入《周作人全集》(台北:蓝灯文化事业公司,1982),第 2 册,页 157。

[48] 刘光炎主张"心力救国",见刘仰东编,《梦想的中国:三十年代知识界对未来的展望》(北京:西苑出版社,1998),页 160—162。

回事，信仰又是另一回事。[49] 学术从此脱离了政治与道德教训的干扰，使学术发展得到长足的进步。然而对于一般人所渴望的价值、意义、方向等问题，则因为被认为不够科学或有碍学术发展而被刻意褫落。新学术在牵涉到价值、信仰、社会、政治的部分，尚未能建立一套足以完全取代传统文化的系统。譬如许多出国学习心理学的人，都想寻找一套新的内在世界的法则，但是他们也很快地放弃如此豪华的梦想。以"科学与人生观论战"为例，科学派宣称科学可以涵摄人生观，但是一场论战下来，人们很快发现科学能解决的范围有限，带来的新疑问反而更多。茅盾曾说："大家的想法是：中国的封建主义是彻底要打倒了，替代的东西只有到外国找。"[50] 但是到外国找来的新学问，并不能完全代替"封建"文化在传统社会所扮演的角色。

在五四青年的期刊与社团的材料中，我们不时可以看到那一代人对人生、价值等问题迷茫不定、求解无门的彷徨与虚无感，"科学与人生观论战"在1923年发生，其近因固然是《欧游心影录》及东方文化派的兴起，但也是当时青年思想界所埋伏的大问题。[51] 在这场论战中，玄学派基本上是以受宋明理学及柏格森思想影响的一批人为主，科学派基本上是科学主义或实证主义倾向相当浓厚的一群人。论战当中有一个问题被凸显了出来：人的价值世界与科学世界是不是分开的？

---

[49] 参考王汎森，《价值与事实的分离？——民国的新史学及其批评者》，《中国近代思想与学术的系谱》（台北：联经出版事业公司，2003），页377—462。

[50] 茅盾，《我走过的道路》，上册，页149。

[51] 此处必须说明，人生观方面的问题在论战之后仍不断有人在讨论，并非所有与人生观问题有关的文章皆已见诸亚东图书馆编，《科学与人生观："科学与玄学论战集"》（《民国丛书》第1编第3册，上海：上海书店出版社，1989）一书。

科学派宣称世界是一元的,认为没有主观的价值世界,一切皆可纳入大自然的规律中,包括人生观在内。当时科学派确实也提出一套自认为比较系统的看法,如吴稚晖(1865—1953)所提出的"漆黑一团的人生观"。胡适一方面推崇吴稚晖的文章(即《一个新信仰的宇宙观及人生观》),认为它已经给人一个好榜样,一方面扩充吴稚晖的观点,开出了10条最低限度的科学人生观,诸如根据生物及心理的科学,让人知道"一切心理的现象都是有因的",根据生物学及社会学的知识,"叫人知道道德礼教是变迁的,而变迁的原因都是可以用科学方法寻求出来的"。其中最后一条较有实际意义,他说根据生物学及社会学知识,"叫人知道个人——'小我'——是要死灭的,而人类——'大我'——是不死的,不朽的;叫人知道为'全种万世而生活'就是宗教,就是最高的宗教;而那些替个人谋死后的'天堂'、'净土'的宗教,乃是自私自利的宗教"。[52] 丁文江(1887—1936)则宣称科学家在专注于他们的科学工作时,实事求是的精神训练不是理学的修养所能产生的。[53]

而玄学派则认为上述两个世界是分开的;科学自科学、人生自人生,价值与事实、主观与客观、科学与主观意志、精神与物质之间不能随便混为一谈。人生观的问题是主观的,不能用科学规律来解决。玄学派的张君劢(1887—1969)提出了9种人生观,认为它们皆起于人的自由意志,不是科学所能置喙,主观的世界与客观的世界不可能在科学的世界统合起来。康德和休谟所代表的理性主义,都承认科学理性

---

[52] 胡适,《胡适序》,收入亚东图书馆编,《科学与人生观》,全书未编总页码,请见该序之页26—27。

[53] 丁文江,《玄学与科学:评张君劢的〈人生观〉》,收入亚东图书馆编,《科学与人生观》,全书未编总页码,请见该文之页21。

无从替人类的价值建立一个理性的标准。[54]

科学派与玄学派对人生观的问题打得难分难解,讨论往往说不到点上,对许多读者而言,恐怕都未能有切心餍理之感。但是慢慢地,出现了一种宣称能结合科学与价值层面的新论述。陈独秀在为《科学与人生观论战》所写的序中,便透露出一种新信息,它同时打击玄学、科学两个派别:对于玄学派,陈独秀认为人生观是物质生活及社会关系等因素所造成的,"都是他们所遭客观的环境造成的,决不是天外飞来主观的意志造成的",故也都有定律可循;对于科学派,陈大骂这一派不但没有得到胜利,而且几乎是丢盔卸甲,发表文章虽多,但是"下笔千言、离题万里",读来像是"科学概论讲义",而不曾阐明自然科学的定律如何能够指导"人生观"。陈独秀提出一种新"科学"——"社会科学",它同时辩证地统合科学与价值、客观与主观、自由与必然这看来分裂的层面。陈独秀一方面宣称关于科学与人生价值互不相涉的论述是错误的,它们是可以结合起来的;另方面主张"社会科学"既是科学的,又是关于人的、社会的,它对人类社会活动的探讨,足以发现一些规律,而这些规律可以作为人生问题的指导。[55]

瞿秋白在《自由世界与必然世界》中也宣称"社会科学"可以结合前述的分裂。在"社会科学"的世界,既承认了社会现象有科学定律,同时也承认了人的意志自由,理想上应该把两者结合起来,愈能认识社会的客观定律,人的意志就愈有自由。瞿秋白说:

"自由"不在于想象里能离自然律而独立,却在于能探悉这些

---

[54] 张灏,《时代的探索》,页107。
[55] 陈独秀,《科学与人生观序》,收入亚东图书馆编,《科学与人生观》,全书未编总页码,请见该文之页1—11。

公律;因为只有探悉公律之后,方才能利用这些公律,加以有规划的行动,而达某种目的。[56]

他又说:

人的意志愈根据于事实,则愈有自由。[57]

因此可以用社会科学来为人生指出一个方向,探悉社会现象的"必然"因果律之后,主观意志则循因果律而行,才有真正的自由意志可言,然后再由人生观导向行动;如果否认社会科学,"一切社会运动都成盲目的无意识的侥幸行动"。[58]

在过去,是经史子集,尤其是儒家经典或种种谚语、格言、家训等在指导人生,但是当人们不再相信那些传统的"大经大法"时,"社会科学"在论战过程中成了新权威,宣称可以发现人类社会的新的"大经大法",并为人们提供一套新的人生观。

值得注意的是,因为"社会科学"取得了新的权威,所以许许多多青年人,原先在新文化运动时期是渴望研究文学、哲学的,现在纷纷转向,希望研读"社会科学",语气之间似乎觉得不能在这方面下功夫,即有"落后"之感。[59]

这一明显地由文学、哲学转向"社会科学"的风潮,当然不只是为了解决人生观的问题。"社会科学"之所以在此时成为思想界的宠儿,

---

[56] 瞿秋白,《自由世界与必然世界》,收入蔡尚思主编,《中国现代思想史资料简编》(杭州:浙江人民出版社,1986),第 2 卷,页 398。

[57] 瞿秋白,《自由世界与必然世界》,页 398。

[58] 瞿秋白,《自由世界与必然世界》,页 401。

[59] 王汎森,《"主义"与"学问"——一九二〇年代中国思想界的分裂》,页 123—170。

是因为它与思想、文化、政治、社会等层面可以密切嵌合。它远远超过学术，是一种与人生的道路，政治、社会的未来，国家的命运，乃至整个世界的前途都环环扣联的新科学，人们既期待也相信它能够对以上种种问题提供清楚、确定、系统的解答。

在当时青年心中，"社会科学"一时成为解决各种问题的"大小总汇"，它似乎对新文化运动以来的种种问题，提出一个认识框架及解答，真、善、美三个层次皆在里面，既是启蒙，又是救亡。人们得到一个确定的框架去思考过去、现在、未来、价值、行动的抉择与方向，这些都是以前庞大的传统思想体系所能提供，而新学术无法提供者。

1920年代左翼刊物中，大多强烈要求人们多看"社会科学"书籍，并宣称虽然它不是一种技术知识，对于从解决人生的问题到改造社会的事业都最有帮助[60]，而且还可以解决"动荡不宁的病症"[61]。"社会科学"被突出为"救国之学"[62]——"在人间世，只有社会学是唯一的、根本的、究竟的真实学问"[63]。"我是为了要致用。""把他致用在解放改造的进程上。"[64]"一切学问，都只是为了社会学而先在的了。"[65]"'大家一起来研究社会科学'，这是最值得我们中国的青年注意的。"[66]

---

[60] 李平心编，《青年自学指导》，页304。

[61] 李平心编，《青年自学指导》，页336。在这里李平心说来函者有"'动荡不宁'的病症"，李告知对方说"也就是因为你还不曾采用新的逻辑"。从全书的语境看来，此处之"新逻辑"即"社会科学"。

[62] 参看王汎森，《"主义"与"学问"——一九二〇年代中国思想界的分裂》，页123—170。

[63] 萧楚女，《一切学问都是研究社会学的工具》，《中国青年》，14(上海，1924)，页6。

[64] 萧楚女，《一切学问都是研究社会学的工具》，页5—6。

[65] 萧楚女，《一切学问都是研究社会学的工具》，页6。

[66] 徐文台，《社会科学与择业问题》，《中国青年》，11(上海，1923)，页10。

此处再回到人生观问题。人生观问题所牵涉的,不仅限于人生观而已,对人生观的困惑与渴望,往往引领青年走到包括历史唯物主义(Historical Materialism)在内的各种新主义的大门,他们往往在对传统人生观不满而又对新人生观感到茫然时,在各种新主义中找到一种新的人生指引。

　　前面引用的《陈范予日记》中,有一段说他自出生以来都是"昏昏董董",是"在梦昧里谋生活,什么人生观,都是莫明其妙"。接着他说:"到去年的下半年,受了国家的新文化运动、世界的大潮流冲动,刚才发出一线光明;知道我个人这样？我对社会这样？对国家这样？已经摸着一点头引子,找出一点小光明了。"[67]陈范予一路摸索、一路变换,他那一条出路似乎是一种带空想色彩的无政府主义。1920年代以后,则有许多人因人生观困惑,最后从"社会科学"及历史唯物主义中找到系统的人生观。

　　1923—1924年左右,杭州一位青年学生张崇文在当地的报纸上写文章《人生的意义是什么?》,说:"人生莫测,前路茫茫。"另一个青年安体诚(1896—1927)在《杭州报》上则以公开信,用马列主义的观点论证了社会发展的规律,"指出,在社会前进的道路上,不管前面有多么大的阻力,它总是要发展、要进步的,这是一条不可抗拒的规律;人生的意义在于顺应这一规律,自觉地为人类社会的发展和进步做出贡献"。这封信在当时一般青年中引起极大的反响,张新锦、黄文容、李和涛、方恒圃、鄘咸明等,读了这封公开信,"思想豁然开朗,精神为之一振",后

---

[67]　陈范予著,坂井洋史整理,《陈范予日记》,页170。

来许多人走上共产革命的道路。[68] 此处特别值得注意的是下面这个逻辑的关联：发现社会规律→不可抗拒的规律→人生的意义在于顺应这一规律→为人类社会的发展与进步做出贡献。从这四步逻辑可以看出从人生观到所发现的历史规律，到革命行动的密切关系。

历史唯物主义的思想内容至为繁杂，并不是一时所能说清楚的，亦非本文所欲讨论的重点，此处仅作一印象式的概括，藉以说明它为何成为一种吸引人的信仰、思想的框架。历史唯物主义关键的核心之一是历史，但不是一般意义上的历史，而是具有规律和方向指涉的"社会发展史"，其源头可追溯至马克思于1859年《政治经济学批判·序言》中所提出的"亚细亚的、古代的、封建的和现代资产阶级的生产方式可以看作是社会经济形态演进的几个时代"[69]，进而加以延伸和阐发。

当时许多人都宣称在读了各种"社会发展史"之后皈依"主义"，1920年代开始的中国社会史论战，双方对中国历史分期的激辩，其焦点便在于如何将马克思的历史阶段论套用至中国历史，如王宜昌于论战中所言："在一九二七年以来，人们都利用着历史的唯物论研究所得的结论作为根本的指导原理，而将中国史实嵌进去。"[70] 至1930年代中叶艾思奇的《大众哲学》，仍反复强调"规律"的重要，这规律的发展可能"曲折"，却是颠扑不破，得以衡量一切的。这个发展史的演变，由斯大林在《苏联共产党（布）党史简明教程》将之教条化，集其大成。该

---

[68] 张守宪、董建中，《安体诚》，收入胡华主编，《中共党史人物传》（西安：陕西人民出版社，1987），第33卷，页183。

[69] 中共中央马克思恩格斯列宁斯大林著作编译局译，《马克思恩格斯全集》（北京：人民出版社，1995），卷13，页9。

[70] 王宜昌，《中国社会史短论》，收于王礼锡等编，《中国社会史的论战》第一辑，《民国丛书》第2编（上海：上海书店出版社，1990），页2。

书很快由任弼时引入中国,成为中共重要的读物。[71] 这套历史观以五阶段论为主轴,五阶段论即是五种生产方式与生产关系。这五个阶段是原始共产主义生产方式→奴隶制生产方式→封建的生产方式→资本主义的生产方式→共产主义的生产方式,要消灭过时的生产关系与生产方式,以解放生产力。要消灭一切剥削阶级,鼓吹阶级斗争说。要主张下层建构对上层的决定,故社会经济、生产方式与生产关系决定着包括道德在内的上层建构。"思想改造"在这里非常关键,要不断地改造、批评与不断地自我批评,使得自己脱离过时的思维,向社会主义的信仰迈进。值得注意的是,"主义"不只指导政治,它指导一切精神、物质、生活。这里有两个值得注意的地方,即阶段与过渡。一方面争取往更新的阶段前进,批判旧阶段,但是同时要了解各个阶段是不能跳过的,故一方面要理解其阶段性,一方面要改造,使其进步。

这是一个向前进化的历史架构,本身带有浓厚的历程性。在信仰者眼中,在这个"历程化"之中,所有新文化运动之后散碎的、矛盾的、精神的、物质的、过去的、现在的、未来的……都在这个目标清楚的"历程化"中,得到一种合理的位置与安排,并获得充分的意义感。即使在不断被批评改造的当事人身上,有时也可以看到人们把自己的受苦当作是一个庄严而有意义的过程。在这个新的真理架构中,"历史"成为新的"宗教"。"社会发展史"的阶段论形成了一种以历史定律为主体的架构,影响了政治与人生的各种面相,使得它们有意义地安顿了个别事件的现实意涵——意涵可能不是它表面所显示的,而是在过程中整体展现的。这当然包括日常的伦理与道德,思想的、心灵的、精神的内

---

[71] 陈永发,《中国共产革命七十年(修订版)》(台北:联经出版事业公司,2001),册上,页379—380。

在世界成为一个有机的绵延体，它们不能截然分开。它们如纤维丛般缠绕在一起，非常密切地关联呼应了近代中国心灵世界的革命、失落与困扰。

对1920年代的许多青年来说，历史唯物主义提供了一套吸引人的道德标准。它既否定传统，也拒绝英美，另外提出一套新的道德地图，这套地图以物质经济为基础，把人格、道德与解救国家串联在一起。

应该强调的是，当时各家各派——儒家、佛家、道家、基督教乃至通俗宗教，都提出形形色色的人生观，国民党的理论家也不例外。譬如邵元冲写了《三民主义的人生观》，强调三民主义的人生观是互助、人和的社会，其理想是各尽所能、各取所需的人生观。[72]

在各种人生观的竞逐中，左派的理论体系显然胜出。一位从未成为马列主义信徒的史学家回忆说，当时左派书籍，将人生观与历史观结合在一起，对年轻人造成极大的吸引力。譬如说把鸦片战争至民国十六年这一段历史视为民族耻辱之开始，是国家被殖民化的开始，是反封建、反帝国主义之源头，"这一说法使一代青年们的心投入且溶入这股历史大流中，使他们知道自己的历史定位，自己的历史使命。这是无数优秀青年扑向共产党而甘愿为之牺牲而成为烈士的秘密所在"。他也抱怨在孙中山的信徒这一边，却无人能依"民生哲学"写出有分量的著作，指导青年应走的历史方向。[73]

当"主义的时代"来临时，国民党和共产党无论在信仰、人生观等

---

[72] 邵元冲，《三民主义的人生观》，收入中国国民党"中央委员会"党史委员会编，《邵元冲先生文集》（台北：中国国民党"中央委员会"党史委员会，1983），中册，页335—349。

[73] 陆宝千，《我和郭师量宇的铎瑟因缘——前缘后分皆如水》，收入陈仪深等访问，王景玲等记录，《郭廷以先生门生故旧忆往录》（台北：近代史研究所，2004），页554。

议题上都处于互相争抢地盘的对抗状态,结果却是共产主义胜出,成为许多青年们解决政治与日常生活出路的选择。对这样的政治范畴的发展,本文最后有必要做一概约式的描绘。相较于共产党理论家的积极着墨和经营,三民主义阵营对于"主义"与"人生"之间的论述当然也吸引了不少人,但无疑较为贫乏与呆板。国民党的官方刊物中也会触及青年的"苦闷",但往往将原因推导至对共产主义的误信、没有坚定的三民主义信仰。这涉及了三民主义的形成与发展过程。不同于共产主义输入中国时,已有一套完整的思想系统可以推扩到生活的各个层面,三民主义往往是以共产主义为参照对象,努力在所谓"主义的时代"里撑出"主义"的局面,是出于对抗才成形的理论系统。最明显的例子,便是对民生主义的重视,甚至发展出后来的"民生史观",即是为了和共产主义在社会经济上的解释体系相抗衡;也因此在论述上,负面表列往往多过正面的陈述,目的在指出不应依循共产主义,却较少举出具体、吸引人的方案。

早期国民党内如胡汉民、刘芦隐(1894—1969)、戴季陶(1891—1949)等理论家,都试图在孙中山所留下的基础上,替三民主义进行诠释,但随着党内势力的位移,如胡汉民退出了南京国民政府的决策核心,或如戴季陶出任考试院长后,对主义的诠释亦归沉默。国民党内部对三民主义的诠释,转以二陈兄弟(陈果夫、陈立夫)的"唯生论"为主轴,呼应了蒋介石在党内的支配性角色。"唯生论"看似复杂,内容也包含许多新颖的科学名词,并触及许多和新生活运动相呼应的细节,但论述的核心还是以传统儒家为主轴的道德教化,对新青年失去了吸引力。这种以新的"主义外壳"包装旧的传统,无论是引用爱因斯坦的科学或柏格森的哲学,或者是对西方唯心论、唯物论的批判,最终目的都希望能在西方之外,找到让传统复活的主义之路。越到后期,国民党对三民主义的解释,引用了越来越多的传统儒家思想,反复强调孙中山在儒家传统中淬炼出最适合中国人的三民主义,或许是因为传统的道德和思想,才有和共产主义相匹敌的完备体系;于是受五四运动刺激所生成的三民主义,一步步变成了传统的还魂,对于新派青年,失去了吸引的力量。

至于地方层次的实际施行方面,需要的是简单易懂,将思想化为浅白可行的口号或行为准则。教育上"训育"的概念即为一例,藉由训育标准的颁布,突显"忠孝仁爱信义和平"于三民主义中的重要性,下一阶段则是新生活运动,把儒家化的三民主义推广散布于人们生活的每个环节之中。在三民主义的诠释权已定于一尊的情况下,对主义的诠释和理解已为其次,最重要的任务变成服从,如林同济等战国策派将三民主义法西斯化,强调"力行"才是重点,服从领袖才是首要,这也更促成了三民主义进一步的教条化,形成强调儒家传统准则、格言式的空洞形式。对过去传统的强调,在各种主义竞争的情况下,不见得完全没有市场,它吸引了一群人,却也同时排挤掉其他的人。我们也可以说从晚清以来,一直有人想用某种方法重新树立起儒家的地位,可是在时代思潮日趋激进的情况下,难以再吸引广大的青年人,成为风潮。[74]

由上面这一段追述,可以看出人生观与历史观结合,找出"自己的历史定位""自己的历史使命",并引向反帝、反封建,构成一整套系统的、有说服力的论述,从此生活本身不再是没有确定答案的问题,也不再是没有方向的浮萍。生命中的烦恼往往也可能是导向救

---

〔74〕 相关细节可参考翁稷安,《主义是从——国民政府的"主义化"推动(1925—1937)》(台湾大学博士论文,2015)。

国道路的开始。[75] 北伐之前《中国青年》中几件读者与编者的通信，说明新"主义"如何成为新的"大经大法"，指导、安顿人生、道德、人格，乃至日常生活的一切困惑，并将问题的解答、现实人生的出路一齐汇向反帝、反军阀的道路的情形。

1925年5月《中国青年》收到一封署名"淮阴儿"的读者来函，询问恽代英"怎么打破灰色的人生"。这位读者是复旦大学的学生，信中提到因为家庭的变化、教会学校的强迫、身体较弱、社会的黑暗、国家的危亡和帝国主义的侵略，使其走到厌世的路，"人生愈觉变成灰色了"，像是一只小船在大洋飘泊，不知将来作何归宿？恽代英的回答是，你不愿居此悲苦之境，"要去设法应付他，去做一个改革社会国家与打倒帝国主义的人"。而且要结交一些勇敢的朋友，与他们结伴前进，"你若能研究得到一种信念，知道国家社会一定是可以改造的，那譬如你在黑暗中间见了灯光"[76]，灰色人生的问题自然得到解决。

1924年5月《中国青年》刊出汝良的《人格与国事》，讨论"人格救国"的问题：

> 在殖民地和半殖民地的弱小国家，受外国经济势力的宰割压迫，很不容易得着正当的生活机会，那种人民，哪是人格救国说所能救济……中国人不是不想要人格，不过非能打倒列强和北洋军阀，要维持人格，在大多数人终是无把握的事。我们要想实现"人格救国"，我们只有联合全国人努力国民运动，以革命手段去对内

---

[75] 一直到1930年代所出版的《梦想的中国》中，上海女子中学许晚成仍说他的梦想是"出版《人生问题讨论集》初集、二集，研究人生问题，得以透彻指导青年"。见刘仰东编，《梦想的中国：三十年代知识界对未来的展望》，页107。

[76] （读者来函）《怎么打破灰色的人生》，《中国青年》，79(上海，1925)，页435。

打倒军阀，对外推翻世界帝国主义，然后可以使人人不靠出卖人格以换取生活。[77]

所以强调的是革命的人格与革命的修养。这种人格的定义非常清楚，不是循规蹈矩，而是既"反抗"旧的，又"服从"新的——主义与革命的指导者，他们通常不提温良恭俭之类的德目，而是认为人格的培养只是"认清楚路径，猛勇前进"。养成人格的办法是研究"社会科学"，明了现代社会国家的政治经济状况、一般民众的生活情形与需要、国乱民困的病根之所在，"于是我们才能认清楚了革命的必要而可能的路径"，而"对于未来的新社会发生渴慕向往之深厚情感"[78]，然后在革命指导者领导下牺牲个人，不顾一切去奋斗，"最后……我们要有坚定的主义的信仰。我所说的主义的信仰，是从历史和社会实际状况的研究观察而得到的结果"。[79] 新的品性是刻苦耐劳的习惯、刚健奋斗的精神、勇敢冒险的胆量，要"服从团体的纪律，服从真正的领袖根据团体的意志的指挥"[80]，在革命的实际工作中去磨炼这些品性。

从晚清以来，解决中国内部问题的参照系是西方。一个稳定的西方，好似是一个新的"三代"；问题是此时的西方文化也因深陷危机而被"问题化"了。因此当时，中国思想界正面临着双重危机。自晚清以来视为典型的西方文化，被社会主义、马克思主义严重地挑战着。对唯西方马首是瞻的中国思想界来说，指针系统已经混乱。在当时中国，一方面是效法英美文明的胡适派，另一方面是挑战英美文明的布尔什维

---

[77] 汝良，《人格与国事》，《中国青年》，30（上海，1924），页9。
[78] 林根，《青年的革命修养问题》，《中国青年》，45（上海，1924），页1—2。
[79] 林根，《青年的革命修养问题》，页4—5。
[80] 林根，《青年的革命修养问题（续）》，《中国青年》，46（上海，1924），页3—4。

克主义。英美文化不再是唯一的新"大经大法",于是局面益加混乱。此处要强调一点:"旧道德的标准破坏,新道德的标准未立","现在世界当一切道德失去标准的时代,这时代中有无数新倾向各是其是"[81],传统派士人对此感到愤怒,许多新派青年对此也感到苦恼。

当然也有人在努力提出各种解答。譬如留学英国的陶履恭(孟和,1887—1960)在《新青年》中所发表的《新青年之新道德》可为一例。在这篇文章中,他说新道德是创造的,"而非已成就的","新道德乃进取的",不只是以前学究先生们所宣扬的,"戒恶习,却癖好,洁身持己,无损于人"而已。"必且更进于修养己以外之人",也就是要创造良善的社会、国家。他又说新道德需要知识:"教育高、知识富,则人之所见者远而阔,能周瞩情势,详审利害,故其行为为自觉的,为自励的,不以社会习俗为准绳,不为腐旧礼法所拘囿,道德之进化,社会之革新,端赖此类之人。"[82]但是新道德的内容似乎不可能只是几篇短文章大致地说一些社会、国家、进取、知识所能满足的。

除了道德语言的空虚之外,前面已经提到过,此时青年既焦虑又兴奋,既虚无又充满希望,既渴求解放又希望寻找新的确定性的二重心理也与"主义"的崛起有关。在后经典时代,"三代"已经是过去式,皇帝已经退位,过去的"大经大法"不再被视为天经地义,当时有不少人试着提出新的价值系统,胡适派提出实验主义,传统派也在塑造新的体系,有的人提出生命哲学,有的人提出宗教信仰,有的人更提出各种无奇不有的系统。但是在当时的环境之下,有两个原则决定这个价值系

---

[81] 《少年中国学会》,收入张允侯等编,《五四时期的社团》(北京:三联书店,1979),第1册,页372、387。

[82] 陶履恭,《新青年之新道德》,《新青年》,4:2(北京,1918),页95—97。

统是否能通行:第一,它必须与现实的政治救赎密切相关。第二,它必须提供一种新的"确定性",不能再充满"问题化"。这好像是维多利亚时期的卡莱尔(Thomas Carlyle, 1795—1881),人们认为他的傲慢、专断是他在那个时代充满个人魅力的资本。他的傲慢与专断,清楚截分什么是对的,什么是错的,对于那个不确定的年代具有很大的吸引力。[83]

如何找到一种新的道德体系? 在庞大而热切的希望与混乱中,有人认为"主义"足以取代忠孝仁爱,成为一种新的道德标准。这类看法,在五四之后已经出现了,少年中国学会中就有人宣称:"万一少年中国学会会员对于现代一切理想的冲突都没有解决的方法,而又彻底存着怀疑态度——那是个个人必经的时期,那么少年中国就纯粹可以成为学会,而对于实行都该搁起,对于道德判断,都该放弃……"[84] 表明了如果不采取某种共同的主义,即无从进行道德判断的态度。

如何找到新的权威是另一个重要议题。吴世昌(1908—1986)曾说,晚清以来,保守派与复辟派都想恢复旧权威,但那已经是一去不复返了,孙中山在辛亥革命前后发现了权威的必要,而想建立一种新权威,所以有了三民主义,但终孙中山一生,他的"主义"始终未曾被国人普遍认识。不过吴氏指出,北伐之前"只有一部分不满于军阀的腐败统治,为中国前途焦急,眼看旧权威失坠,茫茫然求索理想的青年,看到了三民主义,才如获至宝"。北伐因此才能迅速推进,而当时那些督军联帅们并不知道"国民革命军找到了新权威",他说北伐成功"是三民

---

[83] Walter Edwards Houghton, *The Victorian Frame of Mind: 1830-1870* (New Haven: Yale University Press, 1957), pp. 155-156.

[84] 张允侯等编,《五四时期的社团》,第1册,页387—388。

主义这个新权威打倒了没有权威的军阀"。[85] 吴世昌所描述的正是北伐之前旧权威失坠,而茫茫求索的青年在三民主义找到其新权威,以"主义"作为新的"大经大法"之实况。[86]

如何找到一种非迷信的新"信仰"呢？在新文化运动时期,"信仰"是相当负面的东西,陈独秀的《偶像破坏论》一文即是很好的例子。但在那篇文章中,陈氏虽然鼓吹破坏旧偶像,最后仍然主张要寻找新的、真的、合乎宇宙实在真理的"信仰"。故文章结尾说:"此等虚伪的偶像倘不破坏,宇宙间实在的真理和吾人心坎儿里彻底的信仰永远不能合一。"[87] 梁启超在 1922 年所写的《评非宗教同盟》中也说:"信仰是神圣,信仰在一个人为一个人的元气,在一个社会为一个社会的元气",并说:"中国人现在最大的病根,就是没有信仰。"[88] 此时的梁启超反对社会主义,但他充分了解"主义"是一种有用的新"信仰",故他说:"认主义为信仰对象之一种","凡对于一种主义有绝对信仰,那主义便成了这个人的宗教"。[89]

贺麟(1902—1992)对当时青年渴求"信仰"的情形亦有所描述。他说:"因为当时青年情志上需要一个信仰,以为精神的归宿,行为的指针。辩证法唯物论便恰好提供了一个主义的信仰","不但这样,这

---

[85] 吴世昌,《中国需要重建权威》,《观察》,1:8(上海,1946),页5。

[86] 吴世昌的文章作于 1946 年,该文宗旨主要是慨叹国民党执政近二十年,党徒分布国内外,但已失去作为"真权威"的资格,他怀疑当时高级国民党员是否曾经把《三民主义》从头到尾看一遍。见吴世昌,《中国需要重建权威》,页3—7。

[87] 陈独秀,《偶像破坏论》,收入任建树等编,《陈独秀著作选》,第1卷,页393。

[88] 梁启超,《评非宗教同盟》,收入《饮冰室合集·文集》(上海:中华书局,1936),第13册,页24。

[89] 梁启超,《评非宗教同盟》,页19、23。

新思潮既有实际的方案,又有俄国革命成功为其模范,国内又有严密坚固的政治组织,凡此都是不能从实验主义那里得到的"。贺麟认为实验主义,"重近功忽远效,重功利轻道义,故其在理论上乏坚实的系统,在主义上无确定的信仰"[90]故其吸引力无法与布尔什维克主义相比。

当时三民主义与布尔什维克主义都标榜自己是"一种思想、一种信仰、一种力量",其吸引人之处,不只在提供实际可行的方案,还有坚固严密的组织,同时也有整套的系统,作为"精神的归宿,行为的指针",亦即它是一套新的"大经大法",既是一种救国的行为指针,同时也安顿了"精神"的层面,是一种"真权威""真信仰"。[91]

"真权威"与"真信仰"这个新的"大经大法"与左派的"社会科学"分不开,我们甚至可以说从 1920 年代开始,"社会科学"已经成为构筑一种新的"大经大法"不可或缺的要素。

左派社会科学与胡适等人提倡的"新学术"有所不同。"新学术"

---

[90] 贺麟,《当代中国哲学》(台北:台湾时代书局,1974),页 52—53。

[91] 渴求信仰的心态始终不曾中断,但不一定是三民主义或辩证唯物主义。1930年代,丁文江写过《公共信仰与统一》《我的信仰》《中国政治的出路》,这几篇文章都明示或暗示,这位信仰科学主义的英美派知识分子很重视信仰的力量,但是他所信的是科学,他在《我的信仰》中说:"举凡直觉的哲学,神秘的宗教,都不是知识,都不可以做我们的向导。""因为我相信不用科学方法所得的结论都不是知识;在知识界内科学方法万能。""打倒神秘最努力的莫过于苏俄,但是最富于宗教性的莫过于共产党。""照我的定义,宗教心是有利于社会的,是人人有的根性。""然则我何以不是共产党的党员? 第一我不相信革命是惟一的途径——尤其不相信有甚么'历史的论理'能包管使革命会得成功。"见丁文江,《我的信仰》,《独立评论》,100(北京,1934),页 10—11。在《中国政治的出路》一文中,丁氏说:"中国今日社会的崩溃,完全由于大家丧失了旧的信仰,而没有新的信仰来替代的原故。"但说:"这种新信仰和新主张决不是国民党的党纲所能代表的。"见丁文江,《中国政治的出路》,《独立评论》,11(北京,1932),页 5。

想把"事实"与"价值"分开,"求真"是其主要目标,"善"与"美"则不是关注的范围。但是左派的社会科学,既求"真",也对如何到达"善"与"美"提出行动的方案:一、它是研究人类社会的学问,以经济为其基础,涵盖政治、法律、道德、宗教、风俗、艺术、哲学、科学等。二、它是一种科学,寻找因果律。三、它不但研究过去的历史,而且发现"公律",以指导人们的行为。依照所发现的"公律",现在及未来的发展都有确定的方向、道路,有整张蓝图可资依循。四、由于上层建筑是下层建筑之反映,所以可以解释包括道德变动在内的所有人文现象。所以它是社会现实的,是真的、善的,也是美的,合知识、信念、信仰、行动为一。

新主义所提供的救国道路的特质是一切皆集中在一个逻辑上,它具有强大的不妥协性及排他性,对进入现实的社会进行点滴改良表示轻蔑的态度,认为一切都要等到社会革命成功,取消私有制,破除阶级,才能获得真正的解决。

五、"主义"与日常生活的苦闷与挫折

在谈完"主义"与"人生观"的问题、"主义"与"大经大法"的问题之后,要进入第三个主题,即"主义"与日常生活世界的苦闷与挫折。以下我想透过家庭、婚姻、求学等青年所遭遇的苦闷与挫折的一些实例,来说明"主义"的宣传家们如何提出一套蓝图,将苦闷者吸引到一个救国的大轨道来。

人们如何看待一次情感的挫折呢?它可以看成是美丑、是个性,也可以看成是贫穷或富有的问题,但是它竟然也可以被理解成是整个国家民族命运在个人身上的缩影。我们应该留意郁达夫(1896—1945)小说《沉沦》中的情节,主角因为受到日本艺妓的冷落,极度自卑,而悲

叹这都是自己国家的衰弱不振所导致的。[92] 小说男主角把个人遭际"转喻"成国家命运。"主义"时代常见的宣传正是尽可能地把日常生活的烦闷、挫折、愤怒"转喻"成国家的命运,而解决这林林总总的烦闷与挫折最终都要靠"主义"。套用《中国青年》中一篇文章所述,要"善于藉引学生的日常的小问题循循善诱,直射旁敲的去促成学生的政治觉悟"。"在他们的日常生活中藉平凡,零碎的问题做日积月累的宣传。"[93]

青年最常见的烦闷是爱情,但主义者将恋爱与经济的宰制和支配、资本主义与无产阶级的矛盾结合起来,并指出一条与国家民族命运相结合的解决办法。譬如1925年夏天,在商务印书馆《学生杂志》担任主编的杨贤江(1895—1931)在一个夏令营演讲青年恋爱的问题,他的言论掀起了一番讨论,于是大家提出恋爱须先从社会革命着手,一旦把旧社会完全推翻,另建新社会,"把社会上人人都变成无产阶级,大家都一律平等,到这时候,从前所谓的小姐、少爷一个也找不出,才可以根本解决无产阶级者的恋爱问题"。[94]

在《中国青年》中有更多这类事例。1926年10月署名"昌群"者所写的《怎样做学生领袖》中即以爱情问题作为切入点,提出一些关于爱情与面包冲突的问题要青年们解答,然后乘机对他们的"迷梦"浇冷水。[95]

---

[92] 夏志清著,刘绍铭等编译,《中国现代小说史》(台北:传记文学出版社,1979),页129—130。

[93] 昌群,《怎样做学生领袖》,《中国青年》,136(上海,1926),页284、286。

[94] 吕芳上,《1920年代中国知识分子有关情爱问题的抉择与讨论》,收入吕芳上主编,《无声之声(Ⅰ):近代中国的妇女与国家(1600—1950)》(台北:近代史研究所,2003),页90—91。吕文中列出许多参与论战的文章篇名,它们大多发表在《民国日报》的《觉悟》副刊,还有《革命与恋爱》之类的讨论集中。

[95] 昌群,《怎样做学生领袖》,页286。

这时期的青年习于将恋爱问题联系到经济制度、阶级问题，最后以"干革命"收尾——在社会革命成功之前，是不可能有真正基于感情的自由恋爱。

在《中国青年》中有一篇署名"小立"的《恋爱问题》，提到青年烦闷枯燥的生活，渴求爱的洗礼，但是他话锋一转说，在重重经济压迫之下，哪里找得到真正的恋爱呢？他的结论是："要找真正的恋爱，还得要大家去先改造社会经济，干社会革命的工作。"[96] 署名"熊熊"者写的《介绍共产主义者的恋爱观》论调基本上与此一致：在资本主义社会里没有人能自由恋爱，因为人人免不了受经济支配，不同的经济背景，不可能有真正的自由恋爱，以恋爱始者每每以痛苦终，他的结论也是"若真能以马克思主义的观点，认清了社会进化的过程，确定了革命的人生观，对于恋爱问题，应当是不难解决的"。[97] 有一篇向商务印书馆《妇女杂志》抗议的文章《中国青年与恋爱问题》，强调《妇女杂志》中所鼓吹的现代自由恋爱是不可能的，因为恋爱被经济制度所支配，"在现代的经济制度下面，真诚的恋爱很难实现"。所以必须打破半殖民地的半奴隶生活，才可能有真诚的爱情。[98]

1925年3月，署名"方斌"的青年写信问《中国青年》的编者说，他受到新文化运动的洗礼，决意解除幼时家庭代订的婚约，故写信要求双亲，但始终未获许可，想要激烈处置，又怕父母断绝其经济来源。对此，恽代英回答说："你能联合青年努力求革命之及早成功，使其'革命政府'以后真能代表人民利益，尤其是使它能代表青年利益，你自然可以

---

[96] 小立,《恋爱问题》,《中国青年》,57(上海,1924),页117。
[97] 熊熊,《介绍共产主义者的恋爱观》,《中国青年》,66(上海,1925),页244。
[98] 一止,《中国青年与恋爱问题》,《中国青年》,51(上海,1924),页14—15。

自由废约,父母没有权力能干预你的事。"[99]

当时青年处在两代知识分子的运动之间,新文化运动要他们解放,从旧家庭、旧婚姻等解放出来,但是在解放之后又产生了新问题,并不能真正自由,故家庭、婚姻的问题困扰许多人。1920年代的主义者则试着导引他们,让他们把家庭、婚姻的挫折导向社会主义革命的道路。

1924年5月,《中国青年》刊载燕日章给萧楚女(1893—1927)的一封信,信中提到他因为家庭及婚姻的累赘,徘徊于是否脱离家庭与拒绝婚姻。他提到或许应该到中国古书中去寻找使他能从苦恼中解脱出来的智慧。萧楚女回答他说,能脱去这家庭、婚姻的束缚最好,但即使不脱离,也还是可以为社会做事。他说:

> 你若真要开放你底胸襟与眼界,与其在那些散乱浪漫的中国子书中去埋头,则不若去读进化论与唯物史观的社会学。从科学的领域里,才可知道宇宙之伟大而得到自己所居的地位。然后才能有一个有条理而且是科学的进取的人生观;才不致陷于那乌托邦的迷途。你可把研究社会学与这一要求合在一起,同时去做。凡关于生物进化(如物种原始,一元哲学之类)及马克思学说,都看一下,那便胜于读五车子书。[100]

有一位叫濮铁符的青年写信给萧楚女与恽代英说,他家做米、纸两种生意,近年来因为道路不通,外国纸、米输入日增,以致家业失败。但他受到亲友帮助,继续在上海求学,而这些资助人是地方上的绅士,有些正是土豪劣绅,本应在革命党人打倒之列,他因此感到一种道德上的两

---

[99] 方斌,《婚约解除之困难》,《中国青年》,72(上海,1925),页343—344。

[100] 萧楚女,《脱离家庭及拒婚问题》,《中国青年》,33(上海,1924),页13。

难。萧楚女及恽代英回答说:"你的问题也许是很多青年的问题,是很多青年受帝国主义侵略、军阀战争的影响以致家产破产,无法解决的生活问题",他们说当时中国受帝国主义及实业发展、军阀之破坏,知识分子无进身之阶,鼓励濮铁符退出学校,到群众中"营共同的互相帮助的生活",领导斗争,"这是打破你的心中矛盾的唯一道路"。"救国、革命不是一种慈善、侠义的事业,是根据于个人的、家庭的生活的贫困无法解决,不得不起而要求改造社会制度的一种认识。"特别值得注意的是下面两句话,"所以救国的出发点是为救你自己,或者可说是你救家庭的一种手段"。[101]

前面举的例子是恋爱、婚姻、家庭,对于青年另一大烦闷的来源是读书、学校、出路。《甚么地方有较好的学校呢?》是《中国青年》中一篇文章的标题,当时许多青年因为受了新文化运动及革命宣传的影响,不愿受教职员的"压迫蹂躏",不愿再留在"黑暗的学校里",于是他们困惑地问,什么地方有较好的学校呢? 这是当时学生界相当普遍的困惑。恽代英的回答是,在帝国主义者及军阀的盘剥之下,不可能办出像样的学校——"除了根本改造这个社会,甚么人可供给较好的学校给这般青年?""青年要有较好的学校么? 不是今天从此校跳到彼校,明天从彼校跳到此校,所能达到目的的;最要是自己能够到群众中宣传,而且尽力促进革命,以根本改造这种社会,只有在较好的社会中间才会有较好的学校。"[102]

---

[101] 濮铁符,《革命青年与家庭问题》,《中国青年》,131、132(上海,1926),页187—190。

[102] 恽代英,《甚么地方有较好的学校呢?》,《中国青年》,103(上海,1925),页79—80。

如果付不起学费，准备退学以免全家吃苦呢？这是 1925 年 1 月山西曲沃东庄一位署名张景良的文章的标题，恽代英的回答是："你的问题是普通青年所要遇见的。"因为帝国主义之压迫，而国家不能把赔款外债移作一般青年的教育费用，同时，国家未能保障人民的生计，故有许多青年面临无学费之问题，对此"根本的解决，只有改造国家"，使得它能直接免费提供一般青年"圆满的教育"，所以他告诉张景良，只看见个人和家庭，是没有办法解决这种困难的，他劝张先找一个小学教员的工作"苟延残喘"，"在这苟延残喘的期间，最要是拼命尽力赞助革命运动，只有改造了国家，才可以使一切事业安定而报酬加厚的"。[103]

如何解决买不起书的青年的烦恼呢？1925 年 3 月，在南京的学生吴崇枢，抱怨他与多数同学因为贫困，且书价昂贵，买不起新杂志。恽代英的回答是：中国把全国一大半经费，作为对帝国主义的赔款及内战的军费，使得青年无力买书，无力求学，这不是教育部所能解决的。资本主义体制下的出版界，必须靠卖书赚钱，不可能要求他们减价——"要完全解决这种问题，只要打倒资本主义以后，人靠书传播文化，不靠卖书赚钱，然后人人可以有享受文化的机会"。[104]

考试是统治阶级的学校与教育为保持其阶级地位和权威所设的，所以即使是为考试所苦的芸芸学生也可以得到解答："我们努力，我们团结，我们总有一天根本废止这种考试制度。"[105]而且认为当时因为帝国主义与国内军阀之侵凌剥削，中国经济生活衰败破产，"即使学成了

---

[103] 张景良，《退学呢？使全家跟着吃苦呢？（通信）》，《中国青年》，62（上海，1925），页 191—193。

[104] 吴崇枢，《穷学生与书》，《中国青年》，72（上海，1925），页 343。

[105] 范实，《开封"补考"风潮中之国家主义派》，《中国青年》，101（上海，1925），页 26。

物理化学及其他种科学,亦无处可借我们作试验和应用"。[106] 所以在社会改造之前不用读这些书。

1926年《中国青年》中有恽代英回答读者来信的短文《我们应当开办小工厂小商店吗?》,恽代英在清理旧信时,发现江西吉安的宋宁人写来的一封信,信中提到他想联络城市中的劳动者,加以教育和组织,一方面鼓吹革命,一方面开办小工厂、小商店,以谋改善生活。恽代英在文中回答:"想在革命以前自己创造出一点小小事业(一般凡俗人所承认的事业)","明明是空想,一定要归于失败的"[107],只有投入革命才能解决问题。一位笔名少峰的人在《评所谓"工业补习教育运动"》一文中,则认为"工业补习教育运动"是替资产阶级帮忙训练劳工,"他们总幻想着要保存资本主义的制度,而且相信它是永久的",但终归是失败的。[108] 在极度排他性的公式下,一切只有一个出口,其他的出口则皆属反动。

前面是以1920年代的《中国青年》为例的讨论,《中国青年》代表北伐之前革命青年怀抱理想地奔向"主义"的思想状态。因为文本太多,我主要以李平心(1907—1966)的《青年自学指导》之类的文本为例来阐述1930年代"苦闷"的本质。

1920、1930年代青年的文字中最常出现的是"苦闷"二字,苦闷似乎是当时中国、日本等国青年的用语。刊物中常常出现的是"中学毕业以后,我莫名其妙地感觉苦闷"这一类的字眼。[109]

---

[106] 针木,《告南京的青年学生》,《中国青年》,115(上海,1926),页411。

[107] 恽代英,《我们应当开办小工厂小商店吗?》,《中国青年》,114(上海,1926),页386—387。

[108] 少峰,《评所谓"工业补习教育运动"》,《中国青年》,143(上海,1926),页471。

[109] 郑超麟著,范用编,《郑超麟回忆录》(北京:东方出版社,2004),页161。

以1937年李平心编的《青年自学指导》为例,读者来信中以"苦闷"为标题者为大宗,各式各样的"苦闷",个人、家庭、恋爱、挫折等,而苦闷青年所获得的解答是相当一致的。如陈启成来信不满包办婚姻,编者答复除了赞成他离婚,还要他"尽量做的办法最好是多读前进向上的书籍,并多多参加团体活动(如集体研究爱国工作等),不特可以排除苦闷,帮助个人的进步,而且对国家贡献也不小"。[110] 答复邓橙《失学——失业——性的要求——自杀——何处去救国》的问题时,李平心在一一解说之后,认为最后应参加青年的救国团体,甚至可以自创这类团体。[111] 他答复邵明书的《一个不可解的矛盾:"我虽然有为人群服务的热忱可是社会却摈绝了我"》时说,因为问题是连珠式的,"你必须明白,你一个人问题的解决,不是全问题的解决,就算你什么都解决了,你还是会不满意的。一个人只有献身于一种大的事变——比方献身国家民族,你就会满意了"。[112]

在答复小贩孙志楚的《怎样从死路走上活路》一文中,李平心说:"我们希望孙君从社会底全盘上着眼,去解决他个人底生活。"[113] 在《为大众谋福利的集团在那里》答复程国钧时说:"我们不要把'改造社会'这一件事情看做我们生活以外的一件事情;我们要把自己底生活变成改造整个社会底一部分。"[114]

从以上一些小青年的困惑,及主义宣传家为他们画下的蓝图中可以看出"主义"如何成为调动一切的力量——它把切身的生活经验与

---

[110] 李平心编,《青年自学指导》,页364。
[111] 李平心编,《青年自学指导》,页302。
[112] 李平心编,《青年自学指导》,页358。
[113] 李平心编,《青年自学指导》,页287。
[114] 李平心编,《青年自学指导》,页326。

改造社会、解救国家的大叙事串接起来,而且日常生活中的烦闷正是比国家大事更能吸引青年到党与主义的阵营来的利器。在《中国青年》的《同学间难于合作吗?》这一篇文章中,作者以过来人的身份劝人们不要专提出一些国家大事的大口号,要从群众切近的事出发,"只有使群众懂得是自己切身的事,才能激起群众,才能使他效命于疆场"。群众各有其特殊要求,商人可能是收回关税权,农民可能是免除苛捐杂税,工人是增加工资、减少工时,学生是免收学费、改良教科书、言论自由,"我们应该作的是,从群众许多不同的要求中,我们寻出一个当时当地的共同要求出来,号召群众"。[115] 在《中国青年》另一篇文章《怎样做学生领袖》中,作者也强调"藉引学生的日常的小问题循循善诱,直射旁敲的去促成学生的政治觉悟"。"我们要多在学生的日常生活中注意,从学生的各种生活方式中去领导他们,在他们的日常生活中藉平凡,零碎的问题做日积月累的宣传。"[116]

从前面引述的材料也可以看出,"主义"宣传家将日常生活中的各种苦恼、烦闷串联成为连珠式的问题。把问题连珠化的本身即是一种力量,而且其力量不亚于它的解答。一切私人问题的根源皆来自社会国家,解决的顺序是先大后小,先全盘才能解决点滴。《青年自学指导》中留下了一段对小贩的答语,生动地把他生活上的困顿及所有类似的情况者与整个国家命运串联起来:

> 不是吗?帝国主义要不助长中国内战,中国这国家何至于这样久不统一?国家如果统一了,走上建设之路,可怎么会水利不修?致酿成全国各地的水灾旱灾?再进一步说,帝国主义要不侵

---

[115]《同学间难于合作吗?》,《中国青年》,127(上海,1926),页41—42。
[116] 昌群,《怎样做学生领袖》,页284—286。

略,农村何至破产？帝国主义的洋货不输入农村,农村的农产物何至没有销路而终于毁灭？[117]

问题的解决,需要很大的代价,"甚至整个社会变革过来,成为另一种崭新的社会"。[118] 故解决日常生活中的任何一个问题,都必须从最根本的解决入手才可能。目前要做的是,即刻汇集群众,进行革命,创造一个理想的社会。[119]

最后要讨论的是"找出路运动",而且所找到的出路是个人与国家合而为一的出路。

陈永发指出,当时在破碎的社会中经受挫折的青年普遍在寻找出路,而参加革命也是一种出路,是精神上的出路,也是经济上的出路。国民党如此,共产党方面因受第三国际的资助,也可以提供一定的生活收入。[120] 革命即是就业,胡政之(1889—1949)在《主义与饭碗》中记他的朋友严慎予与别人的对话:"我说,中国今后,要能号召人只有主义和饭碗两种。他说,主义之外,必须加饭碗。有主义而无饭碗也是不行的。"[121]

张静庐观察说,革命是一种吃饭行业。[122] 如果只是单纯为生活而找出路,选择是多样的。但如果有人能把生活的出路、生命意义的出

---

[117] 李平心编,《青年自学指导》,页354。

[118] 李平心编,《青年自学指导》,页352。

[119] 邵力子曾说:"主义的可贵,正在能疏导时代的潮流。"他的话说得很简略,但是前面的讨论应该能说明所谓"疏导时代的潮流"是什么意思。见邵力子,《主义与时代》,收入傅学文编,《邵力子文集》(北京:中华书局,1985),上册,页474。

[120] 陈永发,《中国共产革命七十年》,上册,页133—140。

[121] 胡政之,《主义与饭碗》,《国闻周报》,3:39(天津,1926),页9。

[122] 张静庐,《在出版界二十年》,页59。

路、国家的出路三者串联在一起解决则更为吸引人。"主义"宣传中所提供的架构把每个问题的性质及解决方法皆重新定义,所以出路也是重新定义过的,是三种出路合而为一的,它不仅只是当时振兴教育与扩展实业的主旋律,而是在"主义"的指导下,从事改造社会的革命,一条全新的出路。

前面已经提到过,买不起书本的青年,所得到的解答是唯有打破资本主义的经济才可能人人有书读;缴不起学费的青年,其困境也被重新解释,认为唯一的出路是改造社会的革命。找不到好学校,或学校关门,学生在学校受到师长的"压迫",找不到女朋友,家庭经济破产,无职可就,小贩、农夫受到的痛苦,所有的问题在过去皆有各式各样的理由可以解释(如天意),而经过主义者的重构,最后皆指向同一条路,也是唯一的出路——"去打倒我们敌人——帝国主义、资本家、军阀、官僚、土豪和劣绅"[123],"谁都知道要另找出路,亦即是,谁都是革命的"[124]。

恽代英描述说,1920年代中期北方青年普遍认为摆在前面的只有三条路,一是读死书,二是无意义的玩耍,三是"到黄埔去"——到黄埔,在校免除一切费用,毕业之后"有比较可靠之出路的",而在此意义上,它是在确定可循的主义指导下迈向革命者的归宿[125]。到黄埔是一条符合生命意义、经济生活与救国的新出路[126]。后来当然又增加"到

---

[123] 秦承基,《在"民间"的革命青年》,《中国青年》,128(上海,1926),页92。

[124] 《同学间难于合作吗?》,页38。

[125] 恽代英,《告投考黄埔军校的青年》,《中国青年》,145、146(上海,1926),页519—523。

[126] 1924年在黄埔担任政治部副主任的张申府回忆,他动身南下,前往广州时,"一路上,见到许多青年学生情绪激昂",并说当时到广州的"学生们热情很高,认为报国有门"。见张申府,《所忆:张申府忆旧文选》,页31—32。

武汉去"及"到延安去"。

六、结　语

　　本文强调，主义最吸引人的部分当然是一条具有高度可行性的救国、建立新社会的道路。但有力量的"主义"还不止于此，它要能将个人的、家庭的、团体的、社会的种种希望感与挫折感，依主义所构成的蓝图，转换、连接到救国的道路上。

　　被主义所吸引的无数个人，其理由千差万别，每个人存在的遭际，及如何为这个遭际寻得一个有力的答案、出路都是相当重要的。以当时的中国而言，这个答案、出路，如果能与国家的命运连结在一起，就更为吸引人了，所以有力量的主义创造出一个意义系统，像是一条渠道，将个人遭际与国家命运连结在一起，把散在各地的零散力量，转换成为一个公共的、有意义的共同行动。

　　在近代中国，"主义"之所以吸引人是因为它形成一张蓝图，一张沟渠网，把各种零散的力量最后都汇向一个出路，联合成共同的行动。它照顾到的范围不只是政治——即使它的最终目标是政治，它还包括人生观、世界观、日常生活中的烦闷与挫折。它提供了一套新的认知框架来解释烦闷与挫折的情绪，使得一切飘荡的资源可以循着"主义"所提供的认知框架而得到新的位置与秩序。它将问题置入一个新的架构中，使得原来无以名之、无以解说的问题，在新架构中，结束了它原有的模糊、漂浮、零碎性，转换成新的了解问题、意义的方式。[127] 接着是解

---

[127] 譬如原先可能归到天道、命运或其他各种因素，现在在新的认知框架下，有一个全新的归因。

答这些问题,而且解答的方法是连珠式的、汇趋式的。像零散的小渠最后汇到一两条大江、大河,形成共同的方向,最后流向一个共同的"出路"。所以马列主义不是在1949年以后才从上笼罩下来,它一开始是一件宝贝,吸引各式各样的人。1949年以后则是用国家的力量推到各个角落。

鲁迅在1930年代出版的《二心集》中,有一篇名为《非革命的急进革命论者》的文章说:

> 在革命者们所反抗的势力之下,也决不容用言论或行动,使大多数人统得到正确的意识。所以每一革命部队的突起,战士大抵不过是反抗现状这一种意思,大略相同,终极目的是极为歧异的。或者为社会,或者为小集团,或者为一个爱人,或者为自己,或者简直为了自杀。然而革命军仍然能够前行。因为在进军的途中,对于敌人,个人主义者所发的子弹,和集团主义者所发的子弹是一样地能够制其死命。[128]

此处我不拟仔细追索鲁迅这段话的背景,我想拿它来说明"主义"调动一切资源的实况。在"主义"的引导下,不管每个人最初的动机是什么,但最终所发的子弹可以置共同敌人于死命。这恐怕是历史发展中复杂而又一致性的事件的实况。

我认为,"主义"之所以吸引人,除了政治方面的因素是最重要的,还有一个不可忽视的原因:它提供了一套蓝图,将个人遭际与国家命运连接起来,将已经被打乱了的、无所适从的苦闷与烦恼的人生与日常生

---

[128] 鲁迅,《二心集》,收入《鲁迅全集》(北京:人民文学出版社,1957),第4卷,页177。

活,转化、汇聚成有意义的集体行动。

"主义"的吸引力是透过不断的"转喻"形成一种具有说服力的思考框架。肯尼斯·柏克一再提醒他的读者,所有的了解都是"in terms of"式的,是"意识到什么是什么",在不断转喻的过程中,使我们的日常生活世界得到它的外形与形式,意识的模式帮助我们组织我们的日常生活经验,使得它们变得可以理解。[129]

有庞大吸引力的"主义"是不断进行"意识到什么是什么"的"转喻",使得陌生混乱的日常生活世界变得可以被系统地理解。但是如果仅限于把陌生的变得可以理解,还远远不能吸引当时进退失据的中国人。"转喻"到最后,是一套可以改变现实困境的实际办法,提供解决所有问题的入口。

为了观察这种"说服"的实际情况,我采用了1920年代几种进步刊物所刊载作者与读者的问答。晚清以来这种文类非常流行,各种刊物中的"问答栏"是"消费者"与"销售者"的连接点,方便我们不只是从思想家的角度,还能从"消费者"——"读者"的角度观察一代思想的动向。

《中国青年》的"问答栏"很珍贵,它提供的材料让我们得以观察当时青年人现实生活中的苦闷与困惑;以及主义宣传家如何引导当时青年把他们人生的困惑、生活的遭际与国家命运结合在一起,最后把各种困惑、挫折的情绪调动到一处,找到共同的出路。在这些回答中,恽代英、萧楚女等的调子是简单而一致的,即:一、中国在军阀及西方帝国主义的双重复压之下,情势已经混乱到无可挽救的地步。中国立即要做的事是打倒军阀及帝国主义。二、解救中国的唯一道路是"社会改造"

---

[129] Kenneth Burke, *On Symbols and Society*, p. 5.

"社会革命",完全重新来过,在此之前所有的零星努力都是没有用的。由于"问题是整个的",所以必须整体地解决、一次解决。三、唯一的出路便是停下手上个别的、零碎的工作,加入群众运动、群众革命,尽快地完成社会改造与社会革命,路只有一条,现在马上可以办的是"到黄埔去"或"到武汉去"。四、唯有如此才能解决所有问题,不管是人生的困惑、烦恼、恋爱、家庭、学校,甚至连买不起书都可以贯串在一起加以解决——投入社会革命的行动,救国即所以救自己,并且在整个蓝图中把自己的人生安顿在一个有意义的坐标中。在这里,人生观的问题,日常生活的困顿与苦闷,主义的抉择与整个国家、政治的出路紧密相连在一起了。因为"主义"与人生观及日常生活中的挫折、困惑、苦恼密切相连,而且有庞大说服力的"主义"提供了一个新的体系来引导人生,最后,包括私人领域都被"主义"整合在一起,而一步步地政治化了。

最后我要引1937年陆印泉(1911—1994)所写的《青年怎样才能不苦闷呢》一文中的话来说明"主义"如何解决青年"烦闷"的问题。这篇文章呈现了两个面相。第一面是将所有苦闷的原因归纳到"社会整体",所以要解决烦闷,要有能全盘解决社会问题的"主义"(在主义下的革命);另一方面是认为"中心思想"可以解决烦闷的问题,而这个思想中心就是"主义"。陆印泉说:"我已经把你们苦闷的社会方面的因子,说得明白了;说是青年的苦闷是由缺陷的社会所给予的。你们听了我底话,或许会大吃一惊,以为你们之苦闷既由于社会,那么这社会还没有踏上合理化的途径以前,是永远没有办法解除你们底苦闷了。"他又说:"这能使你们不苦闷的伞到底是什么呢? 我敢说,就是中心思想和中心行动","人在这复杂矛盾的社会里,其思想和行动失去了中心,便使生活失去了重心,飘摇无定,这种飘摇无定的情绪所反映出来的就是苦闷"。[130] 又说:"你们有了中心思想,必须还要有中心的行动,否则,你们底苦闷,不但不能解除……"最后又说:"你们的苦闷问题是一个社会问题,牠彻底的解决是系于整个社会问题的解决"[131],而解决"整个"社会问题要靠"主义"。"烦闷"的真正解决要紧靠着"主义",让"主义"带领人们,充满内心,指导公私领域生活,并成为时刻不可或离的资源,从而"主义"也支配了人们的私人领域。

---

[130] 陆印泉,《青年怎样才能不苦闷呢》,《内外什志》,2:5(南京,1937),页20。
[131] 陆印泉,《青年怎样才能不苦闷呢》,页21。

第五章

"主义时代"的来临
——中国近代思想史的一个关键发展*

一、前　言

近年来,中国思想界出现了"告别主义",或"没有主义"的呼声。

---

* 在这里我要特别感谢老友罗志田教授,感谢金观涛、刘青峰两位教授与政治大学合作开发的"中国近现代思想及文学史专业数据库(1830—1930)",同时要谢谢沈国威教授、许纪霖教授、林胜彩博士、罗皓星的协助。本文初稿大略成于八年前,并曾在2004年东海大学"刘崇鋐学术讲座"、2011年政治大学举办的"近代东亚的观念变迁与认同形塑"国际学术研讨会,及2012年香港中文大学"余英时先生历史讲座"中宣读。在"近代东亚的观念变迁与认同形塑"国际学术研讨会中,谢谢德国瓦格纳(Rudolf G. Wagner)教授提醒我,挪威奥斯陆大学史易文(Ivo Spira, 1978—)教授的博士论文即讨论近代中国"主义"的问题。在这里要谢谢史易文教授送我他刚出版的专著,史易文教授的书的重点与本文不尽相同,拙文偏重在从思想史的角度谈"主义",史易文教授则是偏重对近代中国各种"主义"的现象分析,书中所包括的主题甚多,我想趁这个机会举例介绍。史易文教授的书探讨了"主义"思想的传统渊源、主义作为政治运作的词汇与概念、主义作为政党认同之标帜;近代中国以爱国主义为根,吸收各种主义的现象;1920、1930年代,知识分子被逼着要选"主义"的边站的现象;中国知识分子对西方"主义"之反应;主义与未来理想的结合;主义的唯意志理想论之特色;主义成为迈向未来新社会的手段;主义的乌托邦特质;主义的化约性;主义作为一种混合体;主义作为一种对意识形态的强制分类(譬如责备某人是"过激主义");主义提供一套易于对人的行为、思想分类之范畴;主义的人格性;主义与主义者……请读者参看Ivo Spira, *Chinese-Isms and Ismatisation: A Case Study in the Modernisation of Ideological Discourse* (unpublished Ph. D. thesis, University of Oslo, 2010)。

之所以会出现这么大规模的反思,是因为过去一个世纪,"为了主义"是一个强而有力的运动。[1] 在过去一百年中,"主义"的影响最大,所以人们在百年之后,要回过头来省思"主义",并告别"主义"。

这篇文章并不是"告别主义"之作,甚至也不谈过去一百年各种主义的内容,我的讨论只局限在 1895—1925 年——也就是张灏先生所说的近代思想中的"转型时代"之中"主义"这个论述的转变。[2]

"主义时代"的来临,是中国近代历史上一场惊天动地的转变。五四新文化运动之后,"新主义"时代登场,它将晚清以来到五四新文化运动的多元气象,逐渐收归于一,而且影响异常的深远。

本文将讨论的时间放在 1895—1925 年之间是有一定理由的。据我目前的了解,近代中国最早出现"主义"一词,是在 1887 年,到了 1925 年,也就是"五卅惨案"发生的时候,"主义"已成功地结合思想、组织、行动,成为一股新力量。胡适曾说近代思想以 1924 年为界,此后进入集团主义(collectivism)的时代[3],张灏在《中国近代思想史的转型时代》中则特别提到一种"转型的政治力量",在我看来,他们隐约指陈的便是"主义时代"的来临。胡、张两说虽有一年的出入,但其差别

---

[1] 此处我借用俄国作家苏忍尼辛(Aleksandr Isayevich Solzhenitsyn,1918—2008,又译索尔仁尼琴)一篇短篇小说的题目《为了主义》(For the Good of the Cause)。参见苏忍尼辛,《为了主义》,收于刘安云译:《苏忍尼辛选集》(台北:东大图书有限公司,1976),页49。

[2] 张灏,《中国近代思想史的转型时代》,收于氏著,《时代的探索》(台北:联经出版事业公司,2004),页37。

[3] 胡适,"1933年12月22日日记",见曹伯言整理,《胡适日记全集》(台北:联经出版事业公司,2004),第6册,页729—730。

并不明显。[4]

在这里我想要讨论的有四个重点:一、"主义"概念的出现与演变,从中可以看出一种知识的转型及新政治论述形式的形成。二、五四新文化运动与主义:讨论"主义"如何变成青年们渴切的追求。三、刚性"主义"的出现:看政治"主义"如何一步步变成唯一的、排他性的、包办所有一切的真理;而且希望在现有社会外,另外创造一个新的"社会"。这种全盘的改造,排斥任何在现实中点滴改造的意义。四、"主义"如何由解决问题的"工具"变成崇拜的对象。

同时我也想解答一个问题:为何主义会如此吸引人? 这包括两部分:(1)近代政治、思想、文化创造了什么样的土壤,使得主义如此吸引人? (2)我们一般提到"主义"便想到政治,本文想问,除了政治之外,某些"主义"如何组成一个无所不在的网络,提供各种说理资源,吸引着无数的人?[5]

二、"主义"一词的出现

晚清以来在国难与救国的迫切要求下,有两个重要的思想旋律逐渐形成。第一个主旋律:群体化、组织化,由"群"→"社会"→"团体"→"党"。第二个主旋律是寻找一种义理,一步一步将它扩展为包罗一

---

[4] 当然,"主义"正式发展为大规模的革命行动是1927年的北伐。"主义"研究有另一本重要的书,即罗志田,《乱世潜流:民族主义与民国政治》(上海:上海古籍出版社,2001),其中有几章深入分析北伐前后的"主义"问题,值得读者参考。

[5] 本文另有一篇姊妹作《"烦闷"的本质是什么?——近代中国的私人领域与"主义"的崛起》(收于本书),其中有一部分是从人生观、世界观,或日常生活的层面讨论"主义"何以吸引人,请有兴趣的读者参考。

切的中心思想，"主义"是其中最值得瞩目的一种形式。这两者互相交缠，形成近代中国历史转型期中颇值得注意的现象。

在讨论近代中国乃至东亚的"主义"之前，应简略介绍近代西方的"主义"。

史易文教授对19世纪末到20世纪以来"主义"在西方的状况有一个很好的介绍。在18、19世纪的欧洲，"主义"一词暴增，常被用来指涉异端，被用来映照出不同的人群、不同的教义之不同，甚至是用来攻击或贬抑某种东西。而且"主义"的内容常常讲得隐晦不清。在启蒙时代，狄德罗（Denis Diderot, 1713—1784）、达朗贝尔（Jean-Baptiste le Rond d'Alembert, 1717—1783）的百科全书中使用了大量"主义"来描述哲学系统、世界观、信仰。他们使用"主义"时，常常暗示着不只是科学，这些称为"主义"的东西也有其精确性及博学的意味。在19世纪初，尤其是法文及英文中，各种"主义"的数量爆增，其中许多与"社会运动"有关，这时也有大量为了反对某种主义而形成的"主义"。此时的"主义"常常不只是指示现状，而且还指涉一些面向高远未来的运动。

与西方自18、19世纪以来已广泛使用"主义"的情形不同，对近代东亚而言，"主义"一词几乎是新创的。早期西方传来的"ism"有各种不同的汉文译名，譬如社会主义（socialism），曾经被译为"公用之道"。根据斋藤毅（1913—1977）《明治のことば》一书的考证，日本开始使用"主义"一词，是在1878年记者福地源一郎（1841—1906）用"主义"一词来翻译"principle"。[6] 值得注意的是，在中国历代古籍中，"主义"

---

[6] 斋藤毅，《明治のことば：東から西への架け橋》（东京：讲谈社，1977），页371—372。

一词极为罕见,我们用史语所的"汉籍电子文献资料库"查寻,除掉清末的《续文献通考》,出现不到十次。最早较接近现代用法的是《史记》中的"敢犯颜色,以达主义",我们有理由猜测,当福地源一郎使用"主义"一词时,应该是受到《史记》的暗示,日本近代许多新创的语汇,时常可以从中国古典文献中找到源头。[7]

但是事实上,1870年代初期,在福地源一郎之前,已经有一些日本文献开始使用"主义"一词。最常被举出的例子如下:1873年,记录日本岩仓具视访问团的《特命全权大使米欧回览实记》,便使用了"主义"一词;若山仪一(1840—1891)于1877年翻译《分权政治》时,也使用"主义"。1878年以后,"主义"的用例确实增加,《东京每日新闻》中的报道即大量使用。1879—1880年西周(1829—1897)所撰的《社会党论ノ说》,也用了"主义"。[8] 以上诸例,或可显示日本人已然约略知晓在西方"主义"是与政治竞争的场域相关的。

通常字典中的译名是在用法比较稳定之后才登著录的,故往往比初用时稍晚。日本在1880年代的字汇或字典中,已经普遍使用"主义"一词,明治二十年(1887)以后,各种译书、教科书、新闻、杂志中,均可见"主义"一词被广泛地使用。[9] 但是"主义"使用之初尚未有独占

---

[7] 王彬彬说《史记》中的"主义"之"主"是指汉文帝。全句的本意是说敢于犯颜强谏,致皇上于义。见王彬彬,《近代中文词汇与日本的关系》,收于黄秀如主编,《词典的两个世界》(台北:网路与书,2002),页36—39。

[8] 见李汉燮,《"主義"という語の成立及び韓國語への流入問題》,收于宫地裕・敦子先生古稀记念论集刊行会编,《日本語の研究:宫地裕・敦子先生古稀記念論集》(东京:明治书院,1995),页324—325;佐藤亨,《主義》,收于佐藤喜代治编,《講座日本語の語彙10 語誌2》(东京:明治书院,1983),页218—222。

[9] 李汉燮,《"主義"という語の成立及び韓國語への流入問題》,页325—326。

性。1881年初版的《哲学字汇》中，对 ism 一词，并不全译作"主义"，时而译为主义，时而译作理、道、教、论、学、说、式、学派、术，并不一致。[10] 1883年，柴田昌吉（1841—1901）和子安峻（1836—1898）合编的《附音插图英和字汇》中，翻译 socialism 时，初版所用的是"交际ノ理，众用ノ理"，二版所用的是"社会论、交际之理、众用之理"。[11]

　　根据佐藤亨的研究，在日本，"主义"出现以前，用来表达这一类意思的是"趣意""主意""主张""方针""理""道理"。[12] 在中国，1866—1869年，德国神父罗存德（W. Lobscheid, 1822—1893）所编纂的《英华字典》并未出现"主义"一词，而是与日本一样，用"道"之类的字眼翻译。在这部字典中，principle 译为"源、本、本源、原由、理、道理"，而-ism 也不译作主义，譬如 Communism 译为"大公之道，通用百物之道，均用百物之道"，Socialism 译为"公用之道、公用"。[13] 孙中山在1896年应英国翟理斯（Herbert Giles, 1845—1935）之邀而撰述的自述里，讲到

---

〔10〕 李汉燮，《"主義"という語の成立及び韓國語への流入問題》，页327。
〔11〕 李汉燮，《"主義"という語の成立及び韓國語への流入問題》，页326。
〔12〕 佐藤亨，《主義》，页218—219。
〔13〕 罗存德著，井上哲次郎增订，《英华字典》（东京：日本善邻译书馆，1900），页280、835、987。相关讨论请见李汉燮，《"主義"という語の成立及び韓國語への流入問題》，页322—323。李博在《汉语中的马克思主义术语的起源与作用》中说，"socialism"在进入中国时，有几种不同的译名，京师同文馆的汪凤藻与丁韪良（W. A. P. Martin）在翻译 Henry Fawcett 的 A Manual of Political Economy 时，便将"socialism"译为"均富之说"；康有为在《大同书》中则选择以"人群之说"作为"sozialismus"的汉语对等词；另一种就是日文汉字词汇"社会主义"。以上李博之说引自詹荃亦、王乃昕，《"主义"的数位人文研究》，收于项洁编，《数位人文在历史学研究的应用》（台北：台湾大学出版中心，2011），页231。

Darwinism 时,所用的正是"达文之道"。[14]

接着,"主义"一词约莫在 1880 年代后期扩散到东亚其他国家,1890 年代随着韩国留日学生引介回韩国。[15] 依照意大利学者马西尼的考证,中国大概是在 1880 年代末开始使用"主义"一词,黄遵宪(1848—1905)的《日本国志》首次出现"主义"。[16] 黄遵宪在 1880 年代担任驻日公使,有机会大量接触日本人已广泛使用的"主义"一词。《日本国志》于 1887 年 6 月成书,第一版在 1890—1895 年间刊印,它旨在介绍日本维新成功的经验,以俾清政府效法,该书卷 19 有"颇以消减纸币为主义"云云。[17] 我们大概可以确定,在 1890 年代,尤其是中期以后,"主义"一词在中国已经相当流行,清末的官书中大量出现各种"主义"。[18]

根据马丁·伯纳尔(Martin Bernal,1937—2013)有关 1906 年以前中国社会主义的研究,《万国公报》中最早谈到"社会主义"或"社会主义团体"时,用的是"安民学"及"赛会",当时(1899)从日本译来的书中,也有称社会主义为"安民学"。不过 1902 年梁启超已称马克思为

---

[14] 广东省社会科学院历史研究室等合编,《孙中山全集》(北京:中华书局,1981),第 1 卷,页 48。史易文亦注意到孙中山早期提到达尔文主义时用"达文之道",请参见 Ivo Spira, *Chinese-Isms and Ismatisation: A Case Study in the Modernisation of Ideological Discourse*, p. 108。

[15] 李汉燮,《"主義"という語の成立及び韓國語への流入問題》,页 319—340。

[16] 马西尼(F. Masini)著,黄河清译,《现代汉语词汇的形成——十九世纪汉语外来词研究》(上海:汉语大词典出版社,1997),页 270。

[17] 黄遵宪,《日本国志》(上海:上海古籍出版社,2001),卷 19,《食货志第五货币》,页 214。

[18] 晚清使用"主义"的用例很多。在官书方面,曾以宣统元年(1909)商务印书馆出版的《大清光绪新法令》一书为例进行搜寻,约有六十多笔使用。

"社会主义之泰斗",1902—1903年《社会主义》《近世社会主义》等书已通行于中国。[19] 这些新旧两种表述混用情形,正表示"主义"一词,还未形成坚固不可移易之共识。

我们相信,随着电子文献资料库的发展,近代文献中对"主义"一词的受容过程将会很快得到更确切的答案。本文所关心的是:"主义"一词为何如斋藤毅所说的是一个"重宝",尤其是"主义"一词的出现,如何微妙地改变了人们对政治知识或真理的态度。[20]

近人的研究显示,近代中国常用"主义"一词来表达:思潮、思想、观念、体系、学说、作风、倾向、教派、流派、原则、阶段、方法、世界观、政策、主张、态度、表现形式、表现形态、形式、理论、看法、社会、国家、制度、精神、纲领、行为等。[21] 它们在转化成各种"主义"之后,不但带有标明一种方针并矢志实行的意涵,不少政治性的主张在"主义化"之后马上"刚性化",带有独断性、排他性,甚至是不容辩驳、你死我活的味道,其论述性质产生重大的转变。

大体而言,从1890年代开始,"主义"在中国已经逐渐流行,而且使用者的身份是跨界的,士人、活动家与清朝的官僚都在使用。当清廷

---

[19] 关于梁启超对社会主义的理解和引进,可参见 Martin Bernal, *Chinese Socialism to 1907*(Ithaca, N. Y.:Cornell University Press,1976),pp. 90-106。

[20] 刘正埮等人所编的《汉语外来词词典》中对"主义"的定义:"对客观世界、社会生活以及学术问题等所持有的系统的理论和主张。"这个定义中的"主义"是对形形色色主义的一般性定义,如乐利主义,而不大能描述近代中国政治"主义"之特色。光从字面上看,"主义"二字便直接让人有一种确定坚持的特殊主张的意思。请见刘正埮等编,《汉语外来词词典》(上海:上海辞书出版社,1984),页408。

[21] 参见:Ivo Spira, *Chinese-Isms and Ismatisation: A Case Study in the Modernisation of Ideological Discourse*, pp. 232-235,还应参考该书的附录(pp. 287-317)。

开始有意识地模仿西方国家,一步一步转换成现代国家时,便常常使用"主义"一词,提到某种新制度或新政策时,往往要特别申明所根据的是什么主义。[22] 官员上奏中也使用"主义",甚至连旧文人如王闿运(1833—1916)之辈也用"主义",并控诉当时的学堂"以夺寺产为主义"。[23] 坚确、独断、排他、不容辩驳的"主义"观是在1900—1917年间逐步形成的。

三、1900—1917年之主义

拜"中国近现代思想及文学史专业数据库(1830—1930)"[24] 之赐,我们可以知道在1910—1917年之间,"主义"一词使用的大致情况。这一段时间,是西方各种主义传入中国的时候,无政府主义、社会主义盛行,赞成、反对之声此起彼落,大抵革命派倾向社会主义,而立宪派基本上持反对态度。当时讨论的一个重点是,究竟中国应该步趋西方最

---

[22] 在清人刘锦藻所编的《清朝续文献通考》(上海:商务印书馆,1921)中,留有大量这类的例子,如奕劻奏刑律时所用"相互担保主义"一语(卷245,刑考四,页4063),商部讨论兴办铁路时所用的"官督民办主义"(卷364,邮传考五,页6144),大理院考察他国审判制度所用"以公开为主义"一语(卷396,宪政考四,页6805),又或者内阁总理大臣在讨论立宪后国家财政时所用"以量入为出为主义"一语(卷396,《宪政考八》,页6896)等,可见当时朝臣使用"主义"一词的频繁。

[23] 此条年代较晚,参见《王湘绮之遗笈零墨》,收于刘禺生撰,钱实甫点校,《世载堂杂忆》(北京:中华书局,1997年),页76。

[24] 本项研究中关于"主义"一词的部分资料,取自"中国近现代思想史专业数据库(1830—1930)"(香港中文大学中国文化研究所当代中国文化研究中心开发,刘青峰主编),现由台湾政治大学"中国近现代思想及文学史专业数据库(1830—1930)"计划继续开发功能与完善数据库,并提供检索服务,谨致谢意。

新潮的社会主义而强调"分配",还是应该重视"生产",后者认为当时中国没什么"生产",故谈不上"分配"。

此处不拟讨论当时形形色色"主义"的内容,而想探讨当时的"主义"有哪些特质。据我所知归纳,"主义"大致有如下的特质:

一、当时固然有人对"主义"抱持负面的态度,但大体而言,人们认为"主义"是一种进步的、有益的东西。主义可以使一切努力及活动有一个定向,不致涣漫而无所宗。就个人而言,如果一个人要"尽其在我",就要有"主义"。[25] 就团体而言,为了要能凝聚一个团体就要有"主义"。而且认为可能的话,一个人或一个团体(包括国家),应该"铸一主义"。[26]

二、"主义"带有道德色彩,是对抗污秽、庸懦的利器。

三、大量使用"主义"作为后缀词,发明各式各样的主义,尤以梁启超为最。梁氏行文中所铸造的主义名目之多,几乎到了令人目不暇给的地步。凡是讲一种特定主张者,或是隐约感受到一种特性时,梁氏即缀以"主义",以突出其说,如"单独主义"。梁氏在《新民说》中更到处主张要"徇主义",朝着自己持定的"主义"走。[27] 在这个时代,许多原本在英文原文中不带 ism 的词,常以"主义"译之。

四、"主义"往往与进化、公理的观念相联,所以在宣称自己的主义

---

[25] 章士钊,《我》,收于章含之、白吉庵主编,《章士钊全集》(上海:文汇出版社,2000),第 3 卷,页 630。

[26] 刘显志,《论中国教育之主义》,收于张枬、王忍之编,《辛亥革命前十年间时论选集》(北京:三联书店,1960—1978),第二卷下册,页 884—894。

[27] 梁启超在《新民说》中说到有主义的人是何等气概:"其徇其主义也,有天上地下惟我独尊之观。"梁启超,《新民说》,收于林志钧编;《饮冰室专集之四》,《饮冰室合集·专集》(上海:中华书局,1936),第 3 册,页 25。

之正当性时,常常加上进化、公理、最新潮流、真理等概念,以突出其为最先进、最正当之"主义"。

1900年以后,"主义"使用更广泛,林林总总的西方主义传入中国,另方面中国人自创了许多的主义名目,"铸一主义"是时人之渴求,能铸主义的人是现代的,是好的。各种自造的主义,如"三克主义"[28],光从字面实在看不出"三克"是什么,攻击对方时也将"铸一主义"来归纳之,如"金铁主义"。[29] 此处我并不想缕举1900年以后的各种"主义",而是想由各种使用"主义"的场合中,归纳出此时人们心中主义的论述究竟有何特质。

人们逐渐区分有主义与没主义的政治活动之不同,并以有无主义作为现代的或前现代的,高尚的或低下的政治活动之分别。

这是中国学习西方现代议会民主政治的时代,也是中国开始比较深入了解西方政治的时代。拿来与中国相比较,他们似乎发现新、旧两种政治有一个重要差异,即西方现代政治的主张、结合等方式与中国不同。其中有一个特质是"公"与"私"之别,"主义"所表达的是"公"的政见,所求的是"公"的(国家的、大众的)利益,同志之间的结合是"公"的关系,它们与传统的,尤其是晚清民初政治乱象的症结——一切为个人私利,所有结合都是出于个人的关系利害——形成强烈的对比。对当时的人而言,有主义的政治是积极而正面的,没有主义的政治是营营苟苟的。

---

[28] "时髦三克主义",见刘声木撰,刘笃龄点校,《苌楚斋随笔》(北京:中华书局,1998),卷9,页202。

[29] 杨度,《金铁主义说》,收于刘晴波主编,《杨度集》(长沙:湖南人民出版社,2008),第1册,页212—396。

严复很清楚地区分说：东林、复社之类的学会或古代的朋党都是落后的，因为"未闻其于国家之定何主义而运何手段，以求达其何种之目的也"。[30] 梁启超在 1913 年所写的《敬告政党及政党员》一文中说"朋党"之特征有五，第一条即是"以人为结合之中心，不以主义为结合之中心"。[31] 现代的政团是有主义的。梁启超在《市民的群众运动之意义及价值》中又说"有主义的政治"是欧洲近一百多年来才发展出来的，而且与"国民意识"分不开。[32]

另一方面，当时言论家认为传统观念中君子"群而不党"是错误的观念，鼓吹中国应该有"政治团体"，梁启超在《政闻社宣言书》中说"政治团体"之为物，为今日中国所需要而不得不发生，"早发生一日，则国家早受一日之利"。[33] 而"政治团体"又与"主义"分不开，梁启超说："政治团体之起，必有其所自信之主义，谓此主义确有裨于国利民福而欲实行之也，而凡反对此主义之政治，则排斥之也。故凡为政治团体者，既有政友，同时亦必有政敌。友也敌也，皆非徇个人之感情，而惟以主义相竞胜。"[34]《政治与人民》中又说："政党之性质，则标持一主义

---

[30] 严复，《说党》，收于王栻主编，《严复集》（北京：中华书局，1986），第 2 册，页 299。

[31] 梁启超，《敬告政党及政党员》，《饮冰室文集之三十一》，《饮冰室合集·文集》，第 11 册，页 7。

[32] 梁启超，《市民的群众运动之意义及价值：对于双十节北京国民裁兵运动大会所感》，《饮冰室文集之三十九》，《饮冰室合集·文集》，第 14 册，页 36。

[33] 梁启超，《政闻社宣言书》，《饮冰室文集之二十》，《饮冰室合集·文集》，第 7 册，页 27。

[34] 梁启超，《政闻社宣言书》，页 24。

以求其实行,而对于与此主义相反之政治,则认为政敌而加以排斥者也。"[35]

梁启超上述的两篇文章皆写于1907年,此时他之所以大谈"党"与"主义",可能多少受到1905年同盟会宣布奉行三民主义的影响。总结以上的讨论,在晚清,人们已然开始认为西方的政党与主义合一,政党加上主义之政治竞争是一种健康的形式,与过往纵横捭阖式的政治是大相径庭的,当民国步入军阀政治时代——一个以争夺地盘为尚的时代,这正是解决政治乱局的一味解药,也是当时中国所应模仿之形式。

任何一种思想之形成必与它的时代环境有关。在晚清民初的士风与政风之下,"主义"有一种与西方国家不一样的特色。晚清民初传统失去约束力,旧传统中的节概与风操成为过时之物,政党风气堕落,人们被现实利害所牵引,纵横捭阖,变幻莫测,政治团体也有同样的弊病。此处仅举章太炎的一段话为例,章太炎在《革命道德说》中区分当时中

---

[35] 梁启超,《政治与人民》,《饮冰室文集之二十》,《饮冰室合集·文集》,第7册,页15。在当时,"主义"加"政团"的言论相当多,如竟盦,《政体进化论(节录)》(1903):"欲达此莫大之目的,必先合莫大之大群;而欲合大群,必有可以统一大群之主义";佚名,《大同日报缘起》(1903):"无会则无团体,无党则无主义。……党也者,所以树主义也";飞生,《近时二大学说之评论》(1903):"立一主义焉,将欲国民闻吾之言而有所警惕焉,有所动作焉,有所改革而进步焉";佚名,《民族主义之教育——此篇据日本高材世雄所论而增益之》(1903):"顾在各小团体中,不可无确定之方针,而各种团体互相应附,不可无统一之主义。""主义挨扬,徒党充实,而后能挫折政府之锋铓而无所于衄";真,《驳新世纪丛书"革命"附答》(1907):"合诸分子以成革命之全体,全体者即吾之所谓主义,分子者即吾之所谓作用。愿吾同志合尽其分子能力可也。"以上引文参见张枬、王忍之编,《辛亥革命前十年间时论选集》,第一卷下册,页545;第一卷上册,页361;第一卷下册,页409、516;第二卷下册,页998。

国人的道德水平为16种人,凡有知识、居领导地位者都是道德水平最低下的,倒是没有知识的平民道德水平较高。[36] 章太炎的《诸子学略说》《儒家之利病》《诛政党》等文,也都直接间接讽刺得意的读书人及政治人物的品格,认为这些人不能"隐沦独行""坚贞独善",不为现实利害所动摇。

我之所以陈述前面这一背景,是为了说明当时人提到"主义"时,每每有一种暗示,认为在传统的礼义廉耻日落西山之时,"主义"是一种新的道德药方,是个人或团体政治人格的保险。而且当时人赞美古今中外值得学习的伟大人物时,往往突出其能坚守主义,如梁启超《意大利建国三杰传》(1902),认为三杰皆因坚持主义而伟大,"我辈苟坚持此主义,虽复中道以死,而此同仇敌忾之念,犹将传诸我子孙"。相反地,有些人则因为"无主义,无定见"终归于失败。[37] 此外像雨尘子在《近世欧人之三大主义》一文中也提到:"皆无一非有大愿力大主义存乎内。"[38]

当时人似乎形成一种观念,"主义"是类似韦伯所说的"非关个人"(impersonal)的信念。在韦伯《中国的宗教》中,他反复批评中国历史文化最大的病状之一是缠绕在"个人利害"(personal)的网络中,使得

---

[36] 章炳麟,《革命道德说》,收于林志钧编:《章太炎全集》(上海:上海人民出版社,1985),第4册,页280—283。

[37] 梁启超,《意大利建国三杰传》,《饮冰室专集之十一》,《饮冰室合集·专集》,第4册,页39—40。梁氏评价康有为亦如此。梁启超《南海康先生传》称康有为"所执之主义,无论何人,不能摇动之",《饮冰室文集之六》,《饮冰室合集·文集》,第3册,页87。

[38] 雨尘子:《近世欧人之三大主义》,收于张枬、王忍之编,《辛亥革命前十年间时论选集》,第一卷上册,页343。

人们行事没有真正的信念与原则。[39] 晚清以来的"主义"论述似乎给人带来一种新感觉,认为个人之争应该弃绝,且"主义"之争非关个人利害,而是关乎信念与原则,所以是正面的事。"人"与"主义"是可以分开的,"人"可能是坏的,而"主义"是好的。虽然当时的主义论述已出现唯一化、排他化的倾向,但整体而言,"主义"的内容仍是可以争论的。当时人认为"主义"之争与个人之争不同,"主义"之争是一种现代的、比较高级的论争。严复在《述黑格尔唯心论》中说:"古之为战也,以一二人之私忿欲,率其民人,以膏血涂野草;乃今为战,将必有一大事因缘。质而言之,恒两观念两主义之争胜。"[40] 一二私人忿欲之争是坏的,而两种观念与两种"主义"之争是好的。正因为"主义"已经取得"公"的特质,所以此时人的言论中不断透露出"主义"之争是好事,甚至朋友之间也不以在"主义"的战场上相见为意——譬如梁启超说:"互持一主义以相辨争,则真理自出"[41],而且对于持之有故、言之成理之主义,"吾乐相与赏之析之"。[42] 有主义的政治即是现代的政治,而中国应该由前现代的政治形式过渡到现代的政治形式。所以主义时代的政治是争"主义"之内容,不牵涉到个人的恩怨。主义下的政治即使是你死我活的竞争,也被广泛欢迎。而且认为当时与有主义的西方对抗,则中国也必须要有主义,最理想的状况是所持的主义要与当时西

---

[39] 韦伯著,简惠美译,《中国的宗教:儒教与道教》(台北:远流出版事业股份有限公司,1989)。

[40] 严复,《述黑格尔唯心论》,《严复集》,第1册,页216。

[41] 梁启超,《新中国未来记》,《饮冰室专集之八十九》,《饮冰室合集·专集》,第19册,页11。

[42] 梁启超,《答和事人》,《饮冰室文集之十一》,《饮冰室合集·文集》,第4册,页47。

方最当令的主义相当,譬如西方是民族帝国主义,则中国只有提倡民族帝国主义才能与之对抗。

以上言论无不表示,有主义的人人格气质比较高尚、坚贞不折、独立向前,像寄生(汪东)所写的《正明夷"法国革命史论"》(1907)中说:"诚与其主义,不以中道相弃捐。"[43] 1905 年,吴樾(1878—1905)《与章太炎书》:"亦以某之志已决,势必九死一生,以实行此区区之主义。"[44]以上引文都表示"主义"可以激励一个人奋力往前,不为挫折所挠,而这些在过去是要靠古圣先贤的道德教训的夹持,才能做到的。

前面提到过,当时中国各种的"主义"往往是模仿西方或为了与西方对抗而起,不管模仿或对抗,他们都在争论所采取的或所反对的主义是否合乎"公理""公例"或"潮流",所以"主义"一词常与"公理"等观念合在一起,合于"公理"者为善,不能合于"公理"者为劣。当时反对他人主义时,也每每责备其"主义"不能与世界之"公理"相合。[45]

在林林总总的主义中,民族主义、国家主义、民族帝国主义常被认为最符合当时之"公理"——事实上即是因为符合西方最"先进"国家之政治形式,而获得最高的正当性。以下所引几条史料可为明证:

---

[43] 寄生(汪东),《正明夷"法国革命史论"》,收于张枬、王忍之编,《辛亥革命前十年间时论选集》,第二卷下册,页 638。

[44] 吴樾,《与章太炎书》,收于张枬、王忍之编,《辛亥革命前十年间时论选集》,第二卷下册,页 732。

[45] 梁启超谴责清政府说:"政府之主义……是明与世界之公理相幻背。"见梁启超,《论今日各国待中国之善法》,《饮冰室文集之五》,在《饮冰室合集·文集》,第 2 册,页 52。

> 国家主义,既为必不可避之公理。[46]

> 今日地球诸国,所谓陵厉无前者,帝国主义也,而此帝国主义,实以民族主义为之根柢;故欲横遏此帝国主义之潮流者,非以民族主义,筑坚壔以捍之,则如泛挑梗于洪涛之上而已矣。[47]

杨笃生(1871—1911)并进而论证民族主义是生人之"公理",天下之正义。用梁启超的话来说,"民族帝国主义"乃是一种"全盛于二十世纪,而其萌达也在十九世纪之下半"的"新帝国主义":

> 十九世纪之帝国主义与十八世纪前之帝国主义,其外形虽混似,其实质则大殊。何也?昔之政府,以一君主为主体,故其帝国者,独夫帝国也;今之政府,以全国民为主体,故其帝国者,民族帝国也。凡国而未经过民族主义之阶级者,不得谓之为国。譬诸人然,民族主义者,自胚胎以至成童所必不可缺之材料也;由民族主义而变为民族帝国主义,则成人以后谋生建业所当有事也……[48]

在各种论争中,我们也注意到有不少人任意宣称自己的主义合乎"公理",形成了一种"公理"的"无政府"状态。譬如前面提到"民族主

---

[46] 佚名,《教育泛论》,收于张枬、王忍之编,《辛亥革命前十年间时论选集》,第一卷上册,页401。

[47] 湖南之湖南人(杨笃生),《新湖南》,收于张枬、王忍之编,《辛亥革命前十年间时论选集》,第一卷下册,页632。

[48] 任公:《国家思想变迁异同论》,《清议报》,册95(1901年10月22日),该文收于《饮冰室文集之六》,《饮冰室合集·文集》,第3册,页22。当然梁启超之论"民族帝国主义",与明治时期的日本思想界息息相关,本文不详论,参见:石川祯浩,《梁启超と文明の視座》,收于狭间直树编,《共同研究梁啓超:西洋近代思想受容と明治日本》(东京:みすず书房,1999),页120—122。

义"符合"公理"的说法,但是当时也有人认为民族主义不合于"公理"。[49] 至于无政府主义,有人主张最合乎"公理",但是反对者则认为相反的一方才具备"公理"。[50]

"公理"加上"进化",强化了当时人对自己的"主义"的唯一化、正当化倾向。[51] 梁启超1904年在《新民说》第二十节"论政治能力"中说:"顾吾今者实信吾主义之最适,而无他主义焉可以媲也。而吾主义之所以不发达则由有他主义焉。持异论于其间,以淆天下之视听也。吾爱吾国,故不得不爱吾主义,其有不利于吾主义者,吾得行吾主义之自卫权以敌视之。"[52] 在这段话中,梁氏强调了:只有我的主义是合适的,其他主义无法比美。我的主义之所以不发达,是因为有别的主义相扰乱。为了爱国,必须要爱我的主义,而且对于敌对的主义,可以行使

---

[49] 志达,《保满与排满》,收于张枬、王忍之编,《辛亥革命前十年间时论选集》,第二卷下册,页916。

[50] 真,《驳新世纪丛书"革命"附答》说:"此非讲此等主义之时。今法人能不若是者,因有公理在。"收于张枬、王忍之编,《辛亥革命前十年间时论选集》,第二卷下册,页995。

[51] 譬如当时的无政府主义者所宣称的,"新"的主义比"旧"的主义好。"故共产主义之合于公道、真理,不待明言。"见民(李石曾),《驳〈时报〉〈论中国今日不能提倡共产主义〉》,收于张枬、王忍之编,《辛亥革命前十年间时论选集》,第三卷,页224。他在《无政府说》(1908)又说:"以重科学、凭公理之社会主义较,何啻霄壤之隔。"见民(李石曾),《无政府说》,收于张枬、王忍之编,《辛亥革命前十年间时论选集》,第三卷,页172。另一位无政府主义者吴稚晖在1908年所写的《无政府主义以教育为革命说》,收于张枬、王忍之编,《辛亥革命前十年间时论选集》,第三卷,页219。足见新、旧,是否进步,是否合乎公理,成为人们论证其"主义"之论据之一斑。

[52] 梁启超,《新民说》,《饮冰室专集之四》,《饮冰室合集·专集》,第3册,页159—160。

"主义之自卫权"而加以排斥。[53]

总结前面的讨论,在清末最后十年间,"主义"与"党"逐渐成为两种政治上的正面价值,是当时中国最应追求之物。[54] 人们每每认为主义是好的,是应该追求的,作为一个现代人,从个人的立身处世到团体的行动,皆应有"主义"。把理想与经验合而为一,需要"主义"来维持一个人意念之纯洁、行事之一贯,贯彻他的意志与行动。作为一个团体,"主义"是它共同的理想方向和内聚力。有主义是现代的、进步的、高尚的,合乎"公理"与"进化"的,没有主义是旧式的、落后的、个人私欲私利的。人们似乎觉察到"定主义""结党派""运手段""达目的"四个步骤可以一气呵成,思想不再是飘浮在脑海中的虚幻之物。把思想化为实际的政治力量,似乎因为有了"主义"而有轨辙可以依循。

辛亥革命前十年间最具里程碑意义的是孙中山提出的三民主义。在1905年之前,孙中山并不使用"主义",而是宣扬十六字的誓词。

1905年10月,孙中山在《民报》《发刊词》中提出了民族、民权、民生"三大主义",同盟会的宣传家们将它简称为"三民主义"。这一名词很快流传开来,隔年孙中山在《民报》创刊周年庆祝的演说中系统地阐

---

[53] 另外,当时还出现另一种思想定义,认为处于列强相争之时,一国不宜有许多主义,只能牢守一种主义。例如佚名,《论外交之进化》(1903)说:"至于主义杂出,方术矛盾:甲则保教,乙又仇教;丙既排外,丁又媚外。一国之中,若有无量数国然。以此而与列强交涉,犹以土偶对猛兽,何恃而不为之蹂躏乎?"见张枬、王忍之编,《辛亥革命前十年间时论选集》,第一卷上册,页326。

[54] 当然也有人认为"主义"(党?)不是佳物,1913年严复在《说党》中说"党非佳物。……盖人心不同则主义异,主义异故党派纷纷……"见严复,《说党》,《严复集》,第2册,页305。又,1905年严氏在半译半述的《政治讲义》也提到:"其为崇拜主义如此。……深恐此等名词主义,后此传诸口耳者,必日益多。"见《政治讲义》,《严复集》,第5册,页1279—1280。

述其三民主义[55],这个事件标志着一个新的政治论述方式的转变。

1870—1880年代之后崛起的一批思想家,从冯桂芬(1809—1874)、郑观应(1842—1921)、何启(1859—1914)、胡礼垣(1847—1916)、汤震(1857—1917)、陈虬(1851—1904),乃至康有为,他们表达政治主张的方式是思想家的方式,而不是主义者的方式。他们提出这样或那样的观点,与后来提出"主义"来系统表达其全体主张的主义者有所不同。"主义"使跟随者有一个清楚的方向可以遵循,而且也使得各种主张在同一主义之下组成一个系统,个别分子之间有连贯性的关系,最后使得就具体事物表达主张的方式逐渐失去吸引力。

日后常乃惪(1898—1947)对这种重大转变有这样的分析:"当时立宪派的主张是根据于现状立论,别无什么根本主义,虽然比较的易于实现,但缺少刺激性,不易引起同情。革命派则主要的立足点在民族主义,专从满、汉的恶感方面鼓吹,尤其易于鼓动人。"[56]"根据于现状立论"与提出"根本主义"是两种不同的政治论述。立宪派与革命派都使用"主义"一词,但是内容有所不同,刺激力不同。在当时人看来,立宪派不算有"主义",革命派才是有"主义",而革命派之所以成功,用孟森的话说是"以有主义胜无主义"。[57]

---

[55] 彭明等编,《近代中国的思想历程(1840—1949)》(北京:中国人民大学出版社,1999),页283。

[56] 常乃惪,《中国思想小史》,收在黄欣周编、沈云龙校,《常燕生先生遗集·补编》(台北:文海出版社,1975),页176—177。

[57] 孟森曾说:"国民政府之起也,所郑重自标者曰:'以有主义,胜无主义。'及今而日现代化,则以追随现代为主义以外之主义,是即示人以无主义而后可也。"见孟森,《现代化与先务急》,收于邓维桢选辑,《独立评论选集》(台北:长桥出版社,1980),第3册,页30。

1907—1908年已经出现了"主义"与"办法"究竟如何区分的争论。无政府主义者李石岑(1892—1934)与人争论时说:"凡我之认为主义者,君皆认为办法"[58],章太炎则说:"正以现有其事,则以此主义对治之耳。其事非有,而空设一主义,则等于浮沤。"[59]所以"主义"究竟是拔高于现实之上而带有抽象的性质,还是对事情所提出的"办法",这又关涉到当时主义的另一个特质,即它是凌驾于现实之上的,还是现实之中的。这样的争论在民国八年的"问题与主义"论战中,又以另外一种方式再度被提出来了。

四、 由"思想的时代"到"主义的时代"

1919年8月所爆发的"问题"与"主义"论战,是一个代表性的事件,它反映了两种道路的决裂:是个人、家庭、婚姻,还是经济制度的;是文学、伦理、哲学的、人生观的、世界观的、家庭的,由个人解放入手的,还是社会整个的,由全局下手的;是就实际问题个别加以解决的,还是全盘的一次解决、根本解决的主义。

前面的模式以新文化运动的旗手胡适、早先的陈独秀等为代表,后面一种是社会主义的模式。

促发这场论战的是李大钊与胡适。李大钊在俄国大革命成功之后,即已开始宣传俄国革命及马克思主义,当时李大钊尚未完全由一个

---

[58] 真,《驳新世纪丛书"革命"附答》,收于张枬、王忍之编,《辛亥革命前十年间时论选集》,第二卷下册,页998。

[59] 章太炎,《排满平议》,收于张枬、王忍之编,《辛亥革命前十年间时论选集》,第三卷,页51。

民主主义者转化为一个马克思主义者,但是他的一系列连篇累牍地谈"主义"的文章,引起了胡适的注意,胡适遂于1919年7月发表了《多研究些问题,少谈些"主义"》,对此迷信主义的现象加以批评。这场论战其实是新文化运动以来"点滴"的或"全盘"的,"个人"的或"社会"的两种思路的争锋。

关于这场论战的讨论已多,此处仅扼要言之。在这次论战中,李大钊的文章其实并未讲出"共产主义"这几个字。他的文章宣扬一种在政治主义的指导下,全盘的、彻底的社会及政治革命的方向。而胡适却反对以一个全盘的、抽象的蓝图来解决,他不相信有一种可以笼罩一切的"主义"。同时,他主张一种就问题解决问题的点滴式改革。从这场论战中,许多被提出来讨论的现实问题及双方对这些问题的看法,我们可以看出两种思维方式:论战的一方是把个别问题视为病兆,在这个病兆之下,有无数问题牵缠在一起,而且认为在当时的中国,病太多了,一个一个解决,已经来不及了,所以医生不只应该医治这个病,应该解决整个体质;另一方则认为一个一个地解决了所有的病症以后,整个体质便会随着改变。

从这里当然也可以看出马克思主义与杜威的实验主义的对立,前者要信仰单一的主义,后者则认为没有一个单一的主义,问题应该是一个一个解决。[60]

胡适说"实验主义"对"思想"与"真理"的本质有特定的看法。首先是不认为有天经地义的定律:"(一)科学律例是人造的。(二)是假定的——是全靠他解释事实能不能满意,方才可定他是不是适用的。

---

[60] 有意思的是,当时的毛泽东是"问题"的拥护者,而傅斯年主张"主义",认为"有主义总比没有主义好",足见人们趋向未定之情况。

(三)并不是永远不变的天理。""他只承认一切'真理'都是应用的假设;假设的真不真,全靠他能不能发生他所应该发生的效果。"此外,杜威的五点思维术:(一)思想的起点是一种疑难的境地。(二)指定疑难之点究竟在何处。(三)提出种种假定的解决方法。(四)决定哪一种假设是适用的解决。(五)证明。[61] 秉承上述宗旨的人很自然地是以解决所面临的"问题"为出发点,质疑横扫一切、"根本解决"的"主义"。

在《多研究些问题,少谈些"主义"》中,胡适认为当时的风气有高谈"主义"的危险,"主义初起时,大都是一种救时的具体主张。后来这种主张传播出去,传播的人要图简便,便用一两个字来代表这种具体的主张,所以叫他做'某某主义'。主张成了主义,便由具体的计划,变成一个抽象的名词。'主义'的弱点和危险,就在这里。因为世间没有一个抽象名词能把某人某派的具体主张都包括在里面"。"'主义'的大危险,就是能使人心满意足,自以为寻着包医百病的'根本解决',从此用不着费心力去研究这个那个具体问题的解决法了。"[62]

胡适在"主义"这种新政治论述上,看到许多他感到不安的特质。胡适说杜威的思想训练使他相信,一切主义、一切学理都只是参考的材料、暗示的材料、待证的材料,绝不是天经地义的信条。[63] 在这篇文章中,胡适还提到:"凡是有价值的思想,都是从这个那个具体的问题下手的。"他强调:"我并不是劝人不研究一切学说和一切'主义'。学理是我们研究问题的一种工具。……种种学说和主义,我们都应该研究。

---

[61] 胡适,《实验主义》,《胡适文存》(台北:远东图书公司,1953),第一集,卷二,页294、323。

[62] 胡适,《多研究些问题,少谈些"主义"》,《胡适文存》,第一集,卷二,页343—344、364。

[63] 胡适,《三论问题与主义》,《胡适文存》,第一集,卷二,页373。

有了许多学理做材料,见了具体的问题,方才能寻出一个解决的方法。但是我希望中国的舆论家,把一切'主义'摆在脑背后,做参考资料,不要挂在嘴上做招牌,不要叫一知半解的人拾了这些半生不熟的主义,去做口头禅。"[64]在"问题"与"主义"的论战中,胡适发表了五篇文章。这五篇文章的重点基本上是一贯的,主张主义只是解决问题的一种"参考材料",而不是一种"天经地义的信条"。[65]

在"问题"与"主义"的论战中,蓝志先(公武,1887—1957)则认为"问题"与"主义"是两回事,"主义"与实行的方法是两回事,但两者不是相反而不能并立的东西。他说:"若是一种广泛的含有无数理想的分子的——即为尚未试验实行的方法——问题,并且一般人民,对于他全无反省,尚不能成为问题的时候,恐怕具体的方法,也不过等于空谈。"[66]

蓝氏认为凡是革命,一定从许多要求中抽出几点共通性,加上理想的色彩,形成一种抽象性的问题才能发生效力。他说法国大革命、辛亥革命,俄国、德国革命之所以能够成功,都因为共同信奉着一个"抽象主义"。他说:"主义是多数人共同行动的标准,或是对于某种问题的

---

[64] 胡适,《多研究些问题,少谈些"主义"》,《胡适文存》,第一集,卷二,页345—346。

[65] 如胡适在《三论问题与主义》中提到:"所以我们可以说主义的原起,虽是个体的,主义的应用,有时带着几分普遍性。但不可因为这或有或无的几分普遍性,就说主义本来只是一种抽象的理想。""一切主义,一切学理,都该研究,但是只可认作一些假设的见解,不可认作天经地义的信条;只可认作参考印证的材料,不可奉为金科玉律的宗教;只可用作启发心思的工具,切不可用作蒙蔽聪明,停止思想的绝对真理。"胡适,《胡适文存》,第一集,卷二,页369、373。

[66] 蓝志先,《问题与主义》,收于《胡适文存》,第一集,卷二,页348。

进行趋向或是态度","在文化运动进步不息的社会,主义常由问题而产生……若是在那文化不进步的社会,一切事物,都成了固定性的习惯,则新问题的发生,须待主义的鼓吹成功,才能引人注意"。[67]

李大钊与蓝志先的看法略有出入,他认为"问题"与"主义"应该交互为用,"所以我们的社会运动,一方面固然要研究实际的问题,一方面也要宣传理想的主义。这是交相为用的,这是并行不悖的"。"我们只要把这个那个的主义,拿来作工具,用以为实际的运动,他会因时、因所、因事的性质情形生一种适应环境的变化。""我们惟有一面认定我们的主义,用他作材料、作工具,以为实际的运动;一面宣传我们的主义,使社会上多数人都能用他作材料、作工具,以解决具体的社会问题。"[68]

至于"根本解决",李大钊说,如果在一个有组织、有生机的社会,一切机能都很敏活,没有这方面的需要,但在没有组织、没有生机的社会,一切机能皆已停止,"任你有什么工具,都没有你使用作工的机会。这个时候,恐怕必须有一个根本解决,才有把一个一个的具体问题都解决了的希望"。他说:"就以俄国而论,罗曼诺夫家没有颠覆,经济组织没有改造以前,一切问题,丝毫不能解决",但是在俄国大革命成功之后,则一切问题已经全部解决了。[69] 陈独秀《主义与努力》一文则表示:"我们行船时,一须定方向,二须努力。""主义制度好比行船底方向,行船不定方向,若一味盲目的努力,向前碰在礁石上,向后退回原路

---

[67] 蓝志先,《问题与主义》,页351、354。

[68] 李大钊,《再论问题与主义》,收于朱文通等整理编辑,《李大钊全集》(石家庄:河北教育出版社,1999),第3卷,页305、306、309。

[69] 李大钊,《再论问题与主义》,《李大钊全集》,第3卷,页310。

去都是不可知的。""我敢说,改造社会和行船一样,定方向与努力二者缺一不可。"[70]

细心的读者可以发现这个时期的"主义者"还是相当通融,李大钊口气中的"主义"只是一种"工具",会因时、因地、因事产生适应于环境的变化,而且李大钊说信仰什么主义都好,并没有设定一种唯一可用的主义,也不大具有排他性。但是同时也相当激进,主张对当时中国那样一个没有组织、没有生机的社会,要有一个"根本解决"。

"问题"与"主义"的论战其实不因这一轮的驳火而结束,此后在1920年代,它仍一再地被提出来,打着"全盘解决""根本解决"的口号,左派青年不断地攻击胡适派的英美知识分子是"清谈问题"。

有意思的是,当胡适警觉到主义热潮时,他也觉察到"主义"是一种全新的表达形式,所以他用来反对"主义"的其实是另一种"主义"——"实验主义"。以提倡杜威实验主义闻名的胡适,在民国六、七年(1917—1918)并未直接写文章介绍实验主义,而是在为了批判新主义时,才写了《实验主义》《新思潮的意义》等文章。他标举一种"点滴改良"的主义来对抗正在崛起的要求"根本解决"的新主义。而此后"实验主义"始终也成为左右两派新主义者攻击的目标。严格说来,在1919年以后,也只有它成为对抗新主义的另一种学理上的"主义"。

总结以上的争论,"问题"与"主义"的论战代表两个方面。一方面是文学、伦理、思想的路线,这一路的人相信可以用一个一个问题零碎解决的办法;另一方面是认为社会是一个整体,而且是一个有机体,所有单个的问题错综复杂,交织在一起,故问题是整个的,因此必须全体

---

[70] 陈独秀,《主义与努力》,《新青年》,8:4(1920年12月1日),页2—3。该文收于《陈独秀文章选编》(北京:三联书店,1984),中册,页63。

解决之后,才可能有个体的解决。

这两者之分歧便归结到一个根本差异,即中国社会所需要的是就问题解决问题的主义,还是就全盘解决问题的主义呢?前者是旧的主义,是晚清以来所有的形形色色的后缀词式的主义,后者是全盘解决的主义,为"新主义"。李大钊等与胡适之争论,其关键差异在此,而李大钊等对此争端坚决不让,其根本原因也在此。

五、 后五四的思想图谱与主义的流行

经过"问题"与"主义"的论战之后,"主义"在后五四时期取得了与五四之前不大相同的意义,我称之为"新主义"。在分析"新主义"崛起的过程时,我想引述张灏先生在《中国近代思想史的转型时代》中所提到的一种三元的心理架构。张灏先生指出1895—1925年,在危机意识高涨下出现了一种特殊的三段结构:(一)对现实日益沉重的沉沦感与疏离感。(二)强烈的前瞻意识,投射一个理想的未来。(三)关心从沉沦的现实通向理想的未来应采何种途径。[71] 这三种意识往往同时存在一个人心中,不过在寻找通向理想的未来所应采取的途径时,人们提出各式各样的主张(宗教、实业、教育、新的生命哲学),这些提议也各有它的追随者,有的比较成功,有的不然。从后来的历史发展看来,"主义"是其中最为热烈的一种途径。

新文化运动是一输入"新学理"的运动,"新学理"中含有两大因子,一方面是英美自由、民主、科学("德先生""赛先生"),一方面是各式各样的社会主义。晚清革命团体在日本所进行的宣传中,已带有广

---

[71] 张灏,《中国近代思想史的转型时代》,《时代的探索》,页56—58。

泛而浓厚的社会主义色彩。[72] 但在民国初建时,宣扬社会革命的孙中山因为各方面的反对,一度取消了民生主义[73],然而,各种社会思想从未断绝。以上这两种"新学理"有时因缘为用,有时混杂在一起,颇难分辨。在新文化运动初起时,文学、伦理、个人解放等英美式的价值占据上风,但是过了几年,社会改造、社会革命转居于优势,许多人开始不满于只是改造"个人",而想要改造"社会"。

　　这些多元而又相当含混的社会主义思想,改变了青年人的"理想世界"。打开五四时期的社团记录及他们所出版的各种期刊,可以发现连篇累牍地出现两组观念。第一组是对民初以来的社会表达最深刻的不满,往往以极严厉的词句谴责当时的政治与社会,认为它是"昏浊的""黑暗的""鬼蜮的",或是认为应该经过洪水冲洗才可能干净而有生机。另一组词汇是"社会改造""社会革命",希望将来的理想社会不是英美的议会民主,而是平等的、知识阶级与劳动阶级、劳心者与劳力者合而为一,下级与上级相互联络,工读互助,是一个各尽所能、各取所需的新社会。其中还有两个值得注意的现象:第一,是把新文化运动的自由、民主、科学、解放的思想推到极端,主张比英美更自由、更民主、更科学、更彻底的解放,而将这些延伸的内容与社会主义混合在一起。第二,受儒家道德思想的微妙影响。他们往往公开拒绝儒家思想,但是儒家的仁民爱物,不忍人之心,不患寡而患不均等理想,仍然隐隐地起着作用,决定了他们对社会主义思想的了解与诠释。

　　从新文化运动到后五四期间,青年思想世界是一个调色盘,什么颜色都有,而且思想来源不一,只有"杂糅附会"四个字可以形容。他们

---

[72] Martin Bernal, *Chinese Socialism to 1907*, pp. 107-128.
[73] 张朋园,《梁启超与清季革命》(台北:近代史研究所,1999),页176—178。

仰望北京,《新青年》《新潮》及其他报刊是他们思想的重要来源,蔡元培、陈独秀、胡适、李大钊、周作人等言论界的明星是他们吸收新思想的对象。可是他们对各种刊物、各思想领袖之间的差异并没有清楚的了解,对当时西方思想界的派别也几乎没有了解。往往同时吸收在今人看起来互相矛盾的元素,然后加以无限的扩充、衍化,并且赋予自己的理解与诠释。往往一个概念或一个名词被提出来之后,便在思想界的大海中飘移、挪用、扩大解释,以致后来已经分不清它们的来源了。在同一个青年社团中也因各种思想元素并存,社员之间往往产生矛盾。

在青年们看来,凡是与传统异质的思想成分都值得研究。"拿来主义"依现在的标准来看是一个贬词,但对当时的青年来说则是一个褒词,新人物就是要尽情地"拿来",作为一种突显自己身份地位的"社会资本"。[74] 能在各种场合谈着"主义",是当时青年进步身份的象征。而且当时青年还有一种将西方传来的思想文化概念当成主义的现象。

但这也并不表示他们之间没有任何区别,我们从五四时期的社团与期刊中可以隐隐然发现,大概在新文化运动之后的一二年间,调色盘内的颜色渐渐向三边流注:一边是以蔡元培、胡适等人的影响为主的;另一边是以陈独秀、李大钊为主的;第三块则以无政府主义的思想为主。不过思想世界中交互混杂的现象,仍然非常明显,往往一个人身上

---

[74] 1920、1930年代,不断有冠上"主义"一词的辞典出现在市面上,可见"主义"已成为社会上的时髦现象。如1932年上海阳春书局出版梁耀南编的《新主义辞典》、1933年上海光华书局也出版了孙志曾编的《新主义辞典》。各式各样的课本、书籍也都被冠上"新主义",如《新主义自然课本》《新主义国语读本》《新主义常识课本》《新主义数学》,甚至还有《新主义对联》。

即可以看到各种不同的元素,只是分量轻重有别而已。[75]

由"主义"到"新主义"的转变过程中有三个重点:(一)发现"社会",(二)未来的神话,(三)组织与主义。以下我要分成几个部分说明前面提到过的新的"理想世界"及各种心理特质。

(一)"反政治"与"发现社会"

第一种独特心态是"反政治"。关于这一点,五四时期正在中国访问的杜威即已敏感地捕捉到当时青年"非政治"或"反政治"的特点。[76]

我们知道民国建立之后,言论界的重心是政治[77],但是很快地出现一种矛盾的发展:一方面是各种刊物连篇累牍地讨论政治学理,一方面是人们对现实政治的混乱产生了前所未有的失望,认为"政治"不能解决中国的政治,这种空虚、苦闷的现象在民国五、六年(1916—1917)时达到第一个高峰,无政府主义则顺势得到人们的重视。

---

[75] 张朋园,《梁启超与清季革命》,页176—178。譬如1918年12月创刊的《每周评论》中每一种思想都有,有陈独秀、高一涵、王光祈(无政府主义)、李大钊、胡适。中共中央马克思恩格斯列宁斯大林著作编译局研究室编,《五四时期期刊介绍》(北京:三联书店,1979),第1集上册,页42。《国民》杂志同时宣传了无政府主义、基尔特社会主义、新村主义、泛劳动主义。同书,第1集上册,页73。以个人而论,罗家伦思想即有自相矛盾的现象。同书,第1集上册,页76—79。

[76] 参见王汎森,《"主义"与"学问"——一九二〇年代中国思想界的分裂》,收于许纪霖主编,《启蒙的遗产与反思》(南京:江苏人民出版社,2010),页221—255;罗志田,《对"问题与主义"之争的再认识》,收于氏著,《激变时代的文化与政治——从新文化运动到北伐》(北京:北京大学出版社,2006),页61—145。

[77] 常乃惪注意到"革命成功以后,大家的精神才力都注重到政治方面,对于思想文化无人注意"。见常乃惪,《中国思想小史》,页179。

造成"政治"无法解决"政治"的思考逻辑的主因,当然是对当时混乱、黑暗的军阀统治最深刻的失望与不满,认为在"黑幕层张"的军阀政治中[78],即使最清明的政治行动最后都归无用。就像一个巨人不可能把自己举起来一般。当时人常常形容现实政治生活是一个大染缸,任何洁身自好的人都不可能维持自己的纯洁,一旦接触到现实政治,马上便被卷入大染缸而不能自拔。[79]

　　此外,民初以来各种政治思想与政治组织,每每以英美议会民主作为模范,可是在一个对民主、自由、政党、社会、国家等概念的确切意义都不太熟悉的旧社会里,对英美政治的模仿往往成为一出又一出的荒谬剧,故所谓"非政治"或"反政治"心态还有一个针对面,即对英美式的代议政治的怀疑与失望。[80] 当时人们对政党的态度趋于两极化,有的主张"造党",而且是依照西方民主政党之制度"造党",但更多的是"无党论""不党论""反党论""毁党论"。[81]

---

　　[78]　陈独秀,《文学革命论》,《陈独秀文章选编》,上册,页172。

　　[79]　这方面的史料非常多,譬如冯玉祥《我的生活》中说:"和北京当政的大人先生们往还久了,使人更进一层地认识了他们的面目。他们三个五个聚会一块,多无一言涉及国计民生。……使人只见目前漆黑一团简直闷得透不过气来。"见冯玉祥,《我的生活》(哈尔滨:黑龙江人民出版社,1981),页383。

　　[80]　从1911年10月政党公开活动开始,到1913年底政党蜕变甚至大幅消散为止,具备近代政党性质的团体有312个。党的政纲往往相近——"拥护共和""巩固统一""谋国利民福"等。见张玉法,《民国初年的政党》(台北:近代史研究所,1985),页33。

　　[81]　黄远庸在《铸党论》一文中,这样形容上面两种截然的态度:"今者党之问题,可谓波靡全国矣。一般之贤愚不肖,既尽驱率入于此围幕之中,旗帜分张,天地异色。又有一群矫异自好或无意识之徒,以超然为美名,以党为大恶,相戒以勿争党见为爱国……乃复演为千奇百怪之崇拜政党论或毁谤政党论。"见黄远庸,《铸党论》,《远生遗著》(台北:文星书店,1962),卷1,页209。

许多人认为政治的生活应该被唾弃,认为政治解决不了问题。解决政治问题应该靠"非政治"的手段。对政治的不满造成几种现象:第一,使得无政府主义得到一种新的活力。无政府主义广泛影响当时的青年社团,如北京的实社、广州的新社、南京的群社等,不一而足。[82]第二,因为政客、军人造成了无止境的混乱,所以当时有一种态度认为改变"政治"的责任,要由不涉足"政治"的青少年、劳动阶级来承担。第三种现象是仇视政治活动。如天津觉悟社有一社友说道:"大多数青年,对于政治缺乏兴味,为中国思想界之大劣点。而青年之加入政治活动者,又多步'老前辈'之故智,以钻营为进步之阶,因之优秀青年更仇视政治活动"[83];傅斯年于《新潮》杂志中所发表的《〈新潮〉之回顾与前瞻》中指出:"在中国是断不能以政治改政治。"[84]《少年中国》的社员则在争论要不要加入任何社会组织[85];创刊于安徽的《芜湖》,

---

〔82〕 在1919年11月所出版的《浙江新潮》之中,斥知识阶级不能改造社会,只有劳动阶级可以。见中共中央马克思恩格斯列宁斯大林著作编译局研究室编,《五四时期期刊介绍》,第2集上册,页434—435。施存统的《非孝》一文即受无政府主义的影响,文中提倡废姓,认为文章是公有的。见中共中央马克思恩格斯列宁斯大林著作编译局研究室编,《五四时期期刊介绍》,第2集上册,页439。在《实社意趣书》中提到:"除从事政治生活人员外,凡赞成本社旨趣者,无国界男女之别,皆得为本社社友。"见张允侯等编,《五四时期的社团》(北京:三联书店,1979),第4册,页162;实社的《弁言》则说:"颠连无告者之盈天下也,于是思有以变革之。……主张共产之真理。"见张允侯等编,《五四时期的社团》,第4册,页164。

〔83〕 觉悟社,《本刊的酝酿(三)施以给石逸》,收于张允侯等编,《五四时期的社团》,第2册,页319。

〔84〕 中共中央马克思恩格斯列宁斯大林著作编译局研究室编,《五四时期期刊介绍》,第1集上册,页92。

〔85〕 中共中央马克思恩格斯列宁斯大林著作编译局研究室编,《五四时期期刊介绍》,第1集上册,页249。

在其第一期的《宣言》中则指出:"不相信用政治底手腕和方法,可以把社会根本改造的。"[86] 少年中国学会的一些成员则认为:"康有为、章太炎、梁启超、汪精卫都是失败者,他们失败的根本原因,就是只知有政治,不知有社会,只知从事政治活动,而不知从事社会改革。"[87] 第四,也是最为重要的:摆脱晚清以来的英美派政治理想,重新寻找道路。

在新文化运动时期,人们所向往的是以思想、文学、伦理的改造为中国的政治奠定一个非政治的基础,以道德、伦理的改造切断产生旧势力的盘根错节,以创造一个新的精神文明来洗刷黑暗的政治。但是前面已经说过,在短短两三年之间有不少人开始不满这条路,转而主张"整体的"社会改造或社会革命。不管是文化的或社会的进路,他们都宣称自己所从事的是非政治的活动。

然而,俄国大革命的成功把一个人们原先认为是彻底空想的社会落实了,这对当时人而言是震惊,同时亦有鼓舞作用的。从五四青年的文字中可以看到,他们往往在摸索各种问题的解决办法之后,归纳到"社会"上来,认为是黑暗的"社会"造成这一切。这种"唯社会"的观点事实上是一个连环[88]:"社会"是极重要的,但"社会"是令人痛恨的,"社会"是可以被改造的,改造之后的"社会"可以是极光明的。

这个极光明的社会带有一些特色:一是中国传统思想中和平的、没

---

[86] 中共中央马克思恩格斯列宁斯大林著作编译局研究室编,《五四时期期刊介绍》,第 2 集下册,页 480。

[87] 中共中央马克思恩格斯列宁斯大林著作编译局研究室编,《五四时期期刊介绍》,第 1 集上册,页 263。

[88] 当然也受了当时的社会主义观点的影响。

有人对人的仇恨、压迫、平均的、性善的理想。[89] 一是晚清以来乌托邦世界的倾向,这种乌托邦思想与无政府主义及社会主义相互杂糅附会。有时且与《大同书》《仁学》等乌托邦意味较浓厚的书,混合在一起。这一个思路发展成对英美资本主义国家的敌对,这种敌对意识的形成与对第一次大战后威尔逊(Thomas Wilson,1856—1924)等英美国家领袖政策的不满有关。人们由于不满"西方"而寻找另一个"西方"——俄国,而这个新"西方"对当时的中国又处处表现善意。在少年中国学会中,郑伯奇(1895—1979)等提案指出,少年中国学会最好要提出一种主义,如果少年中国学会不规定一种主义,他担心青年会不知不觉地倾向资本主义。[90] 这段话隐然假设否定资本主义是纯洁青年的最起码要求,它与王光祈(1892—1936)所说的"各人信仰起码亦系社会主义"有所出入,因为王光祈所向往的社会主义是以充分发展实业为前提。[91] 它与戴季陶等人的社会主义思想也有所出入,因为戴氏等人认

---

[89] 江亢虎回忆道:"幼受《大学》,至治国平天下,尝叩师:'天下何以不曰治,而曰平?'又'不患寡而患不均,天下国家可均也',亦请其意义。师均无以应。怀疑既久,触悟亦多。及读《礼运》,慨然慕'大同之治',妄草议案,条例多端,以为必如何如何,而后天下可企于均平。因虚拟一理想世界,如佛陀、耶稣所谓天国者。"转引自汪佩伟,《江亢虎研究》(武汉:武汉出版社,1998),页39。

[90] "如我们有了共同的趋向,我们的社会活动才有意义,我们的预备工夫也才不是盲目的工作,而研究学问的与实际活动的也才有一个连络。法、德同人颇引张謇、黄炎培以为社会活动的标准人物,不知他们的社会活动都有正确的目的,换言之,都是有主义的。他们的教育和实业都是为达他们资本主义的。我们会员中也有许多人志望实业和教育,若预先没有一种确定倾向,恐怕早晚被他们造成的新兴的资本主义潮流吸收了去。"见郑伯奇,《郑伯奇等的提案》,收于张允侯等编,《五四时期的社团》,第1册,页448。

[91] 中共中央马克思恩格斯列宁斯大林著作编译局研究室编,《五四时期期刊介绍》,第1集上册,页259—261。

为,当时中国根本没有实业,谈不上"分配"的平等,故他们一面讲社会主义,一面希望中国应该尽快发展实业。

当他们深入分析"社会"的问题时,发现"社会"是一个有机体[92],所有问题都盘根错节地交缠在一起,所以产生"社会是整个的"这个观念。[93] 我们在前面提到,在民国八年(1919)年底的"问题与主义"论战中,远在湖南的毛泽东是站在胡适的"问题"这一边的,毛泽东针对当时的社会开了一长串的"问题单",可是他逐渐发现"问题"列不完,由于所有问题都串联在一起,毛氏逐渐转向整体的解决,宣称"社会万恶"以及要"创造一种新社会"。[94]

当时青年们也逐渐倾向于认为,改变社会必须彻底改变经济组织,人们遂放弃新文化运动以来的几种信念:一、点滴式的改革。二、个人主义式的,每个分子力求健全自己,最后达到整个社会的进步。三、由思想、文艺入手的努力。尤其是经过"问题与主义"论战的洗礼,许多原先倾向"问题"的人,后来发现"问题"多到解决不完,"问题"之间又有千丝万缕的联系,不能像胡适等人所宣称的先解放个人再解放社会,而是必须对社会进行彻底改造。唯有先改造社会,才能回过头来解救

---

[92] 晚清以来,"社会"及"社会有机体论",两者都是新的思想观念,"社会有机体论"这个理论经严复翻译斯宾塞著作如《群学肄言》之后,成为许多人的口头禅,成为对社会的想象的方式。整个社会是像人的身体一样的有机体,不可能单独切开任何一部分,所以改造社会也不可能是点滴的,而是要对整个有机体做通盘解决。

[93] 郑振铎曾回忆说:"(瞿)秋白那时已有了马克思主义者的倾向,那一切社会问题,作为一个整体来看。"见:中共中央马克思恩格斯列宁斯大林著作编译局研究室编,《五四时期期刊介绍》,第1集上册,页325。

[94] 前者见《"社会万恶"与赵女士》,后者见《学生之工作》,皆收于中共中央文献研究室等编,《毛泽东早期文稿:1912.6—1920.11》(长沙:湖南出版社,1990),页425—434、454。

个人；要先毁灭旧社会、建立新社会，所有个别的问题才能获得全盘解决。[95] 在中国传统思想中，"人"是一个不成问题的概念，但在新文化运动之后，人们不断问"人"是什么，并随时加上引号以便说明"人"仍旧是"有问题"的状态。它当然也意味着，没有成为真正的"人"之前的生活状态是不值得过的。

"人"成为一个有问题的状态与当时西方思想界的主流有关。包默（Franklin Baumer, 1913—1990）认为西方传统的"人"观在近代面临三种危机：一、传统崩溃之后，价值世界不再有中心力量，不再有一套稳定的系统，使人们面临冲突的价值时有一个参照架构。二、达尔文进化论及弗洛伊德心理分析对"人"提出复杂而颠覆性的见解。三、最重要的是一种把"人"当成完全是社会与文化形塑的产物的观念，所以它是漂浮不定的、相对化的，而不是任何一种确定的东西。[96]

在前述三种使"人"成为有问题的因素中，第一、二项，与当时中国相近，但我们在此所关心的是把"人"问题化、把"生活"问题化、把"意识"问题化之后，如何支撑起一种新的内在生活。

"主义"是一个意外的受惠者，它支撑起一个新架构，使得能过某

---

[95]《开明》编辑宋云彬说："未来的中国，将有一场大火，毁灭旧社会的一切，重新建设起一个没有人对人的仇恨、阶级对阶级的剥削的社会。"见刘仰东编，《梦想的中国：三十年代知识界对未来的展望》（北京：西苑出版社，1998），页61。后来，甚至到1930年代，这一路思维基本上是确定下来，巴金："要全社会得着解放，得着幸福，个人才有自由和幸福可言。"同书，页103；金丁（一位读者）："据历史告诉我们说，在某一个时期，做医生的，做理发师的，做瓦木匠的，做教员的……都一定要抛开他们各人的专长，而大家去做一件共同的事！因为这一件共同的事不办好，他们各人的专长就没有站脚的地方。这就是说：这一件共同的事，必然是集团的消灭个人的。"同书，页107。

[96] Franklin Baumer, *Modern European Thought: Continuity and Change in Ideas, 1600-1950* (New York：Macmillan, 1977), pp. 417-438.

种状态的生活,能思考某种主张的人,取得了高人一等的道德优位,同时也让人们相信,有理想有热情的人,应该是有"主义"的人。有的认为20世纪世界的新潮流是"人的潮流"[97]、有的认为"完成人格必须劳力"[98]、有的认为"惟具有奋斗精神,独立精神,互助精神的'平民',才算作'人'",并认为他们的目标便是"传播'人'的思想,提倡'人'的生活,建设'人'的社会"[99] 有人说"人化"即"欧化"[100],或是说"人化"即"主义化",没有主义不成其为"人"[101] 施存统(1899—1970)曾经提醒"我们不要存一个'以一个主义支配世界底野心'"[102],正可想见当时人们以为"主义"无所不包的心态。

人们也争论要怎样才可以使中国人得到"人的生活"。1920年11月,陈望道(1891—1977)、邵力子(1882—1967)与张东荪、舒新城对此有所争论:究竟如张、舒二人所说在资本主义下才能使人得着"人的生活",或是如陈、邵所说在社会主义下才能使人得到"人的生活"。邵力

---

[97] 中共中央马克思恩格斯列宁斯大林著作编译局研究室编,《五四时期期刊介绍》,第2集上册,页431。

[98] 周馨,《工学会的旨趣书一》,《工学》,1卷1期(1919年11月20日),收于张允侯等编,《五四时期的社团》,第2册,页504。

[99] 中共中央马克思恩格斯列宁斯大林著作编译局研究室编,《五四时期期刊介绍》,第2集上册,页441—442。

[100] 傅斯年,《怎样做白话文》,收于傅孟真先生遗著编辑委员会编,《傅斯年全集》(台北:联经出版事业公司,1980),第4册,总页1133。

[101] 傅斯年说:"见理不明,因而没主义可说;志行薄弱,因而没宗派可指。"见傅斯年,《白话文学与心理的改革》,收于傅孟真先生遗著编辑委员会编,《傅斯年全集》,第4册,总页1179。

[102] 施存统,《我们底大敌,究竟是谁呢?》,《民国日报》《觉悟》副刊,1920年9月28日。

子说一定要是兼顾精神及物质的社会主义才行,他说"而要使中国人得着'人的生活',一定非先有一种主义不可"。[103]

他们关心着缩短"旧人"到"新人"的时间,1920年由上海新人社出版、与上海泰东图书局有密切关系的刊物《新人》创刊,在《发刊词》中宣言该社之宗旨为"缩短旧人变新人的时间","使这理想社会变成现实社会","推翻字典上头你我他三个字的解释"。[104]

人们向往着成为光明、纯洁、奋斗的"新人"。"纯洁""坦白"成为五四社团中常见的口头禅。[105] 为能维持"人格的光明坦白",有的则主张社员之间要随时公开相互批评(如"觉悟社")。而且重要的是理想有为的青年,眼光是放在未来的社会,而不是现在的社会。要为未来社会之人,不为现在社会之人。少年中国学会也说要区分"现在的政治"与"未来的政治"。他们相信缩短由"旧人"变"新人"的时间,则可以使"理想社会"马上落实成"现实社会",或者认为凡社会改造事业,不从全局下手,仅做小规模的试验,最后一定是要失败的。瞿秋白说应该是"全世界,全社会,各民族,各阶级"的解决。[106]

总结上面的讨论可以看出:人们都认为,政治是一件肮脏的事,投

---

[103] 邵力子,《再评东荪君的〈又一教训〉》,收于傅学文编,《邵力子文集》(北京:中华书局,1985),上册,页438。

[104] 中共中央马克思恩格斯列宁斯大林著作编译局研究室编,《五四时期期刊介绍》,第2集上册,页409。

[105] 工学会的《会务纪要》说:"各分子的思想非常纯洁,绝无卑鄙;心胸非常坦白,绝无虞诈。"张允侯等编,《五四时期的社团》,第2册,页512。

[106] 瞿秋白,《革新的时机到了!》,收于蔡尚思主编,《中国现代思想史资料简编》(杭州:浙江人民出版社,1982),第1卷,页643—644。

入政治是为了拒绝政治。[107] 我称之为"现实政治之外的政治行动"与"现实社会之外的社会行动"。这种在现实政治社会之外参与政治的形式的前提是不进入社会进行改革的活动,而是以一种超越、凌驾于当时政治、社会环境之上,宏观一切,规划一切,又改变一切的方式进行,是孙中山《三民主义》中说到的:广州西关那边的阔学生先穿上毛大衣,然后希望改变天气来适应它。[108]

(二) 未来的神话

"社会"的思维与"未来"的神话是一体的,"未来"隐然是一个新宗教。新文化运动的一个重要思维是理想的社会可以很快实现,而且如果有某种有效率的新组织来领导行动,这个"未来"并不远。我们在当时一些青年(如陈范予)的文字中不断发现前面提到张灏先生所形容的一种极度失望与极度兴奋合而为一的心理结构。极度失望的是现

---

[107] 类似的论述可参见林毓生对鲁迅从政态度的讨论,见《鲁迅政治观的困境——兼论中国传统思想资源的活力与限制》,收于氏著,《政治秩序与多元社会》(台北:联经出版事业公司,1989),页253—275。

[108] 孙中山说:"我记得三十多年前,我在广州做学生的时候,西关的富家子弟,一到冬天,便穿起皮衣。广州冬天的天气,本来不大冷,可以用不着皮的;但是那些富家子弟,每年到冬天,总是要穿皮衣,表示他们的豪富。在天气初冷的时候,便穿小毛;稍为再冷,便穿大毛;在深冬的时候,无论是甚么天气,他们都是穿大毛。有一天,他们都是穿了大毛皮衣,到一个会场,天气忽然变暖,他们便说道:'现在这样的天气,如果不翻北风,便会坏人民了。'……现在一般青年学者信仰马克思主义,一讲到社会主义,便主张用马克思的办法来解决中国社会经济问题,这就是无异'不翻北风就坏人民'一样的口调。"见孙文,《民生主义第二讲(民国十三年八月十日讲)》,《三民主义》,收于中国国民党"中央委员会"党史委员会编订,《国父全集》(台北:中国国民党"中央委员会"党史委员会,1973),第一册,页190。

在的社会，极度兴奋的是未来的美好社会。这两者原来是有巨大距离的，但是在这一代青年的心理结构中却认为两者可以是一个。只要能找到一种办法，则最美好的社会必定可以实现。顾颉刚说只要努力，最美善的社会便能在一夕之间完成，即模糊地表现出这种心态。

以下要举几个青年刊物的例子说明当时青年的这种心理结构，如少年中国学会成都分会在1919年7月所创办的《星期日》，这份刊物以李劼人、孙少荆等为主，《星期日》的发刊宣言说："我们为什么要办这个周报，因为贪污黑暗的老世界，是过去的了。今后便是光明的世界！是要人人自觉的世界"[109]；出刊仅仅两期的《芜湖学生会旬刊》到处强调："黑暗、光明之对比。"[110]《杭州学生联合会报》《改革本会会报的意见》之作者认为，今后的宗旨应该"根据世界潮流，促进知识阶级和劳动阶级彻底的觉悟……建设'光明''合理'的社会'"[111]。

瞿秋白也说中国"无社会"[112]，故要人为地、有意识地去造成种种新的社会组织。毛泽东要造湖南为"黄金世界"[113]。这一类的话很

---

[109] 中共中央马克思恩格斯列宁斯大林著作编译局研究室编，《五四时期期刊介绍》，第1集上册，页280—281。

[110] 中共中央马克思恩格斯列宁斯大林著作编译局研究室编，《五四时期期刊介绍》，第2集下册，页478。

[111] 中共中央马克思恩格斯列宁斯大林著作编译局研究室编，《五四时期期刊介绍》，第2集上册，页445—446。

[112] 瞿秋白，《中国之"多余的人"》，《赤都心史》，收于周谷城主编：《民国丛书》第五编（上海：上海书店出版社，1996），页120。

[113] 毛泽东，《为湖南自治敬告长沙三十万市民》，收于中共中央文献研究室等编，《毛泽东早期文稿：1912.6—1920.11》，页529。

多,譬如说:"只希望广东成为世界上一个模范的'新国'。"[114]

(三)组织的神话

在"未来的神话"之后,还要附带谈"组织的神话"。

许多敏感的观察者都提到,五四是一个"个人意识"及"集体意识"觉醒的时代。在此之前,"学校里除了同乡会的组织以外,任何组织都没有,也不允许有"。[115] 郑超麟回忆五四时说,那是"一个意识的觉醒"的时代,说"当代中国的集体意识,可以说,是在这一年觉醒的;我个人的小小意识则确实是在这一年觉醒的"。[116] 一方面是"潜伏的个人意识已经觉醒,从此我是自己的主人,我能支配自己的命运,而不再是父师及其他长辈给我安排的家族链条中一个环节了"。[117] 另一方面是从当时学生与军阀之间的斗争中看到青年团体与组织所能产生的巨大力量。而白话文又使得一向限于精英的活动可以下及工农,可以动员、组织他们参与广大的救国活动。

此处我要举几条史料说明当时人积极创造"组织"作为战斗大本营的想法。

在描述《国民》杂志社成立周年情形的记载之中,蓝公武演说时指出五四运动之价值说:"盖必先有组织而后始能奋斗,设'五四'后而无

---

[114] 陈独秀《答皆平》一文所附皆平寄给陈独秀的书信,收于陈独秀,《独秀文存》(合肥:安徽人民出版社,1987),页822。
[115] 刘薰宇,《忆工学会》,收于张允侯等编,《五四时期的社团》,第2册,页526。
[116] 郑超麟著,范用编,《郑超麟回忆录》(北京:东方出版社,2004),页160。
[117] 郑超麟著,范用编,《郑超麟回忆录》,页165。

组织的运动,卖国者何能遽去?"[118]此为当时许多人共同的想法,也激发了以强固而有纪律的组织与社会决战的无限乐观情绪。

宗之櫆(1897—1986,即宗白华)在《少年中国》所发表名为《中国青年的奋斗生活与创造生活》的文章中提到:

> "高蹈远引脱离这个恶社会"是消极遁世的办法,应该实行的是"联合全国青年组织一个大团体,与中国社会上种种恶习惯、恶风俗、不自然的虚礼谎言、无聊的举动手续,欺诈的运动交际,大起革命,改造个光明纯洁、人道自然的社会风俗,打破一切黑暗势力的压迫"。[119]

《新人》杂志主张"新村主义",认为新村是"另立一新社会之模型,以便世人的仿制,并且是和旧社会宣战的大本营"。[120] 天津觉悟社曾有以下的主张:期许能"作成一个预备'牺牲''奋斗'的组织,认他为一个作战的'大本营'"。[121]

把前面几点稍加综括以后,我们可以发现后五四时代形成一种新论述,即中国是需要社会改造、社会革命,以实践未来的政治、未来的社会。而且未来的社会是带有乌托邦色彩的黄金社会,与民初以来不断出现在人们笔下的"混浊的社会"形成巨大反差。另一个心态认为只

---

[118] 一觉记,《本社成立周年纪念大会纪事》,收于张允侯等编,《五四时期的社团》,第2册,页27。

[119] 中共中央马克思恩格斯列宁斯大林著作编译局研究室编,《五四时期期刊介绍》,第1集上册,页246—247。

[120] 中共中央马克思恩格斯列宁斯大林著作编译局研究室编,《五四时期期刊介绍》,第2集上册,页411。

[121] 二八,《三个半月的"觉悟社"》,收于张允侯等编,《五四时期的社团》,第2册,页310。

要找到办法,在最短时间内,便可以缩短未来的理想与昏暗的现在之间的距离。这双重的距离感为结合党组织、主义、武力的"新主义"铺下了沃土,人们要寻找一种可以跨越这个距离到达目标的办法,就像毛泽东所说的,要以它来"另造环境"。[122]

最早引起我注意五四时期"转向主义"这个现象的是傅斯年。五四健将傅斯年在当时宣称"有主义比没有主义好",不过我们细检他当时宣扬主义的脉络,所指涉的大多是文化方面,在涉及政治时基本上是以"主义"来进行"国民训练"。[123] 但对以"社会改造"为无上任务的人而言,他们所企求的是一种刚性的、强有力的政治主义,可以从社会外面强力地把"社会"加以彻底改造的主义。从五四青年社团的文件中,我们不断看到他们在各种主义之间寻寻觅觅的实例。他们当时所谓的"新主义",是指过激主义、社会主义、无政府主义。[124] 在这些"新主义"中,当时青年们便作过一些评价。如他们认为无政府主义的自由作用太无限制,"容易流为空谈"[125],并不足以在旧势力与黄金未来之间架起一道有力的桥梁。从上述案例看来,人们已经觉得要有一个"主义",但这个主义究竟是什么?其实并无定见。

在各种主义之间出出入入的人很多,个殊性与差异性非常大。不

---

[122] 毛泽东,《致李思安信》,收于中共中央文献研究室等编,《毛泽东早期文稿:1912.6—1920.11》,页557。

[123] 请参见拙著 Fu Ssu-nien: A Life in Chinese History and Politics (Cambridge: Cambridge University Press, 2000), pp. 46, 155。

[124] 柯璜,《余对于新思潮之疑问》,《教育潮》,第8期,收于中共中央马克思恩格斯列宁斯大林著作编译局研究室编,《五四时期期刊介绍》,第2集上册,页432。

[125] 伍—小、山,《社员通信:西欧的"赤"况(节录)》,收于张允侯等编,《五四时期的社团》,第2册,页344—345。

信主义、怀疑主义,埋首做其他工作以试图解决问题的人也非常多,不可一概而论。虽然如此,当俄国大革命成功的消息传来后,人们已经模模糊糊觉得俄国大革命是一个很有用的模式,用毛泽东在《论人民民主专政》中的话说,俄国大革命炮声一响,送来了马克思主义。人们看到一种新型的力量,它打破帝俄时代的昏暗落后,使俄国一夕之间过渡到社会主义的天堂——但是并不是所有人都马上觉察这项信息,很多人是在后来才逐渐领悟到它的重要性。

关于中国共产党的建立及它的影响,著作已经很多[126],此处想讨论的是俄国式的"新型力量"——主义、党、党军三位一体,如何影响近代中国的"主义"论述。

俄国大革命为当时的中国提供了一个可用的模型、一个成功的范例。西方是近代中国的"新三代",而俄国是英、美之外另一个"西方",思想界迅速地由英、美、法、德转向俄国。既然与中国情况比较仿佛的俄国可以做到,则这是一条可以照着走的道路。正如许德珩(1890—1990)所说的:

> 十月革命以后,我们有了一个模糊的方向。[127]

类似的话还有许多,此处不具引。俄国大革命使得当时许多人认为他们找到了一个"方向",一切变得可以理解,而且变得可能了。俄国大革命成功的要素——主义、党、军队三位一体也成了新的万灵丹,是把idea与reality的距离压缩到最小的利器。1921年中国共产党的成立是一里程碑。李璜(1895—1991)回忆说,民国十年以前中国各政党的组

---

[126] 如陈永发,《中国共产革命七十年》(台北:联经出版事业公司,1998)。

[127] 许德珩,《回忆国民杂志社》,收于张允侯等编,《五四时期的社团》,第2册,页37。

织皆是政客式的,真正具有一定主义,为政治之宣传,向群众发言,对同志加以组织,乃是民国十年成立的中国共产党。[128]

较早对俄国"新型力量"给予注意的是孙中山。1921年,孙中山开始写信给俄国领导人,表现出对新型力量的关注。此后,中国国民党的一个重要方向是"以俄为师",以列宁为师。布尔什维克党的主义、党、宣传、军队成为孙中山及他的追随者的模范。后来北方的冯玉祥(1882—1948)也对俄国的"新型力量"表现极高的向慕。这种在主义的指导下,高度组织化、战斗化的新形式,使人们在它上面看到希望,重燃救国的信心。

青年们的心理逐渐产生一种改变,自觉到要放弃新文化运动初期那种尊重个人自由、解放的路子,改为崇尚集体的权力而愿投身革命组织,参加国民党、共产党或其他政党,以救中国,宁愿牺牲个人自由,而服从集团之纪律。[129]

六、 主义化的时代

在这里,我要暂时从论文的主线岔开,转而讨论五四前后到1920年代的一种"主义化"的现象。从个人到政党、到国家,弥漫着"有主义总比没有主义好",有主义的生活才是"人的生活"的论调。

"主义化"可以分成两个阶段:五四运动之前为一阶段,五四之后

---

[128] 李璜,《学钝室回忆录》(台北:传记文学出版社,1973),页118。

[129] 唐君毅,《六十年来中国青年精神之发展》,收于胡菊人编,《生命的奋进:唐君毅、徐复观、牟宗三、梁漱溟四大学问家的青少年时代》(台北:时报文化出版公司,1986),页79—80。

为另一阶段。

五四前后所高喊的"主义化"呼声，可以1916年12月傅斯年所写的《心气薄弱之中国人》为例。傅氏说：

> 人总要有主义的。没主义，便东风来了西倒，西风来了东倒，南风来了北倒，北风来了南倒。
>
> 没主义的不是人，因为人总应有主义的，只有石头，土块，草，木，禽兽，半兽的野蛮人，是没灵性，因而没主义的。
>
> 没主义的人不能做事。做一桩事，总要定个目的，有个达这目的的路径。没主义的人，已是随风倒，任水飘，如何定这目的？如何找这路径？既没有独立的身格，自然没有独立的事业了。
>
> 没主义的人，不配发议论。议论是非，判断取舍，总要照个标准。主义就是他的标准。去掉主义，什么做他的标准？既然没有独立的心思，自然没有独立的见解了。
>
> 我有几个问题要问大家：
>
> (1) 中国的政治有主义吗？
>
> (2) 中国一次一次的革命，是有主义的革命吗？
>
> (3) 中国的政党是有主义的吗？
>
> (4) 中国人有主义的有多少？
>
> (5) 中国人一切的新组织，新结合，有主义的有多少？任凭他是什么主义，只要有主义，就比没主义好。就是他的主义是辜汤生、梁巨川、张勋……都可以，总比见风倒的好。
>
> 中国人所以这样没主义，仍然是心气薄弱的缘故。可叹这心

气薄弱的中国人！[130]

这是一篇很可玩味的文献，它写于五四之前，它的论断非常斩钉截铁：中国人是没有主义的，"没主义的不是人，因为人总应有主义的"，石头、草木、野兽没有灵性，所以没有主义，"任凭他是什么主义，只要有主义，就比没主义好"。傅氏甚至认为即使像张勋（1854—1923）这般执守复辟主义者也是可取的。他主要针砭中国人"心气薄弱"，所以这一种"主义化"着重的似乎是中国人作为人的起码质量。不过值得注意的是，此时提出以有主义作为人之所以为人的基本条件，带来一种紧张感，一种驱动力，认为要做一个起码的人，便要有"主义"，这是"主义化"过程中不可忽视的驱动力。

前面引用傅斯年的话时，已提到"主义化"与一种新的"人"观分不开。除了新的"人"观之外，当时也有其他心理特质与它的流行有关。譬如当时时常可见的模模糊糊的口号："向上的"或"向上的生活"的观念，究竟是向上到何处去，随着人们信仰的价值体系而有不同，对许多人而言，"向上的生活"便是向上到过有主义的生活。

当时常用"有意识"的一词，要求人们过"有意识的生活"，而"有意识"的生活便是有"主义"的生活。当时人心中隐隐然关心自己是不是"进步青年"。"进步青年"应该做些什么，在不同时代，不同的阵营，目标有所不同。在五四以后，以有"主义"为进步青年的思想势力愈来愈大，一套新的文化语言，一些隐微的心理特质，把"主义者"与"非主义者"的身份作高下的分别。不过傅斯年并未把"主义"往政治方向推进。他说新潮社"最后的目的，是宣传一种主义。到这一层，算止境

---

[130] 傅斯年，《心气薄弱之中国人》，收于傅孟真先生遗著编辑委员会编，《傅斯年全集》，第 5 册，总页 1573—1575。

了,我们决不使他成偌大的一个结合,去处治社会上的一切事件"。[131]他并未将"有主义总比没有主义好"的主张推到社会改造、社会革命。但五四运动之后,一直到1920年代中后期,青年、政客和军人"主义化"的现象,则主要表现为政治的、革命的。在进入讨论之前,我必须说明:当时青年提到布尔什维克主义的频率似远超过马克思主义,提到马列主义的频率也超过马克思主义。从1920年代起,政治上的"主义"成为时髦语。像是梁启超就曾讥讽说,这几年看似蓬勃有生气的新思潮、新文化运动,试检查其内容,"大抵最流行的莫过于讲政治上、经济上这样主义那样主义,我替他起个名字,叫做西装的治国平天下大经纶;次流行的莫过于讲哲学上、文学上这种精神那种精神,我也替他起个名字,叫做西装的超凡入圣大本领"。[132] 马君武(1881—1940)也指出了"主义癖"显现的负面意义,他表示:"无论何种主张,皆安上主义二字。其中每每有不通可笑的,又有自相冲突的";往往是出主入奴,辩论纷纭,有时竟是同根相煎。如"nationalism",孙中山称为民族主义,"醒狮"同人则叫做国家主义,却未料以民族主义相号召的国民党,却把国家主义的青年党当成仇敌。[133]

在短短几年之间,一些原先服膺新文化理想的人,纷纷转向"主义"。陈独秀于1920年9月《比较上更实际的效果》一文中说:"与其

---

[131] 傅斯年,《〈新潮〉之回顾与前瞻》,收于傅孟真先生遗著编辑委员会编,《傅斯年全集》,第4册,总页1207。

[132] 梁启超,《科学精神与东西文化(八月二十日在南通为科学社年会讲演一)》,《晨报副镌》,一版,1922年8月24日,该文收于《饮冰室文集之三十九》,《饮冰室合集·文集》,第14册,页2。

[133] 马君武,《读书与救国——在上海大夏大学师生恳亲会演说》,《晨报副镌》,四版,1926年11月20日。

高谈无政府主义、社会主义,不如去做劳动者教育和解放底实际运动"[134],同年12月,在《主义与努力》中则表示他已改变立场,从原先所谈一点一滴的改造,转向高谈应该受主义指导以定方向。[135] 写《赤都心史》时代的瞿秋白,嘲讽1911年以来,"满天飞舞的'新''主义''哲学''论'……无限,无限"。[136] 同时也说"一切一切主义都是生活中流出的,不是先立一理想的'主义'"。"不在于拘守'主义',死的抽象词。"[137] 但是在1920年左右,他也转向拥抱主义,主张"整个地"解决社会问题。

柔石是一位敏感而富理想性的年轻人,我们可以从他短短几年的日记中看到一种迅速的移动,由个人主义、人道主义,迅速转入社会整体改造的革命主义。[138]

另外一个值得讨论的例子是张申府(1893—1986)。张氏原先显然摆荡在"问题"与"主义"之间,但到了1922年,也就是"问题与主义"论战之后的第三年,他写了一篇恍兮忽兮,而又显然要走向"主义"的文章,痛责清谈问题,而主张"主义"。[139]

想评估当时青年"主义"化的历程,应从那些原本赤诚服膺胡适的"问题",而逐渐转向"主义"的人下手,而最现成的例子便是毛泽东。

从毛泽东的早期文稿之中,可以看出他最初将胡适的一言一语信

---

[134] 陈独秀,《比较上更实际的效果》,《独秀文存》,页588。
[135] 陈独秀,《主义与努力》,《独秀文存》,页599。
[136] 瞿秋白,《赤都心史》,页154。
[137] 瞿秋白,《赤都心史》,页156。
[138] 赵帝江、姚锡佩编,《柔石日记》(太原:山西教育出版社,1998年)。
[139] 赤(张申府),《随感录·研究问题》,《新青年》,9:6(1922年7月1日),页84—85;该文收入《张申府文集》(石家庄:河北人民出版社,2005),第三卷,页47。

奉为圣经,胡适偶然讲自修大学,毛泽东便在湖南开办自修大学。[140]毛泽东所主办的文化书社中,胡适的各种著作与社会主义的书籍都是热门读物。胡适提倡"问题",批判"主义",毛泽东也于1919年9月1日,筹组"问题研究会",在《问题研究会章程》中开列一长串的"问题单":教育问题、女子问题、国语问题、孔子问题、东西文明会合问题、婚姻制度改良及婚姻制度应否废弃问题、宗教改良及宗教应否废弃的问题,洋洋洒洒,七十几大项,细项还不在此数。[141]

他又说"问题之研究,须以学理为根据。因此在各种问题研究之先,须为各种主义之研究",所开列认为需要研究的主义有十种:哲学上之主义、伦理上之主义、教育上之主义、宗教上之主义、文学上之主义、美术上之主义、政治上之主义、经济上之主义、法律上之主义、科学上之规律。[142]

但是很快地他的注意力转向"社会",认识到"社会"才是一切的根本。在当时,一些小小的事件即可牵连敏感年轻人的神经,湖南有一位赵女士的自杀事件即是。[143] 毛泽东对赵女士之自杀,先是发表了《对于赵女士自杀的批评》,指出赵女士所以自杀是因为有"三面铁网"[144],第

---

[140] 不只是胡适,像傅斯年当时一些文句,也被毛泽东有样学样地照搬。

[141] 毛泽东,《问题研究会章程》,收于中共中央文献研究室等编,《毛泽东早期文稿:1912.6—1920.11》,页396—403。

[142] 毛泽东,《问题研究会章程》,收于中共中央文献研究室等编,《毛泽东早期文稿:1912.6—1920.11》,页401。

[143] 当时青年知识群体走上自杀之路的原因,错综复杂,可以参考:海青,《"自杀时代"的来临?:二十世纪早期中国知识群体的激烈行为和价值选择》(北京:中国人民大学出版社,2010)。

[144] 毛泽东,《对于赵女士自杀的批评》,收于中共中央文献研究室等编,《毛泽东早期文稿:1912.6—1920.11》,页413。

一面即是中国的社会。接着在《"社会万恶"与赵女士》中说：

> 社会里面既含有可使赵女士死的"故"，这社会便是一种极危险的东西。[145]

此后"社会"变成一个主词[146]，"社会"是整个的，而不是一个一个问题。故他想办新社团，"创造一种新社会"。[147] 毛泽东在1920年3月《致周世钊信》中提到："老实说，现在我于种种主义，种种学说，都还没有得到一个比较明了的概念。"[148] 同年7月，他注意到俄国大革命，声称："不但湖南，全中国一样尚没有新文化。全世界一样尚没有新文化。一枝新文化小花，发现在北冰洋岸的俄罗斯。"[149] 同年9月《湖南建设问题的根本问题——湖南共和国》中说："俄国的旗子变成了红色，完全是世界主义的平民天下。"[150] 在另一篇文章中则总结说俄国大革命的成功是因"有主义（布尔失委克斯姆）"。[151]

---

[145] 毛泽东，《"社会万恶"与赵女士》，收于中共中央文献研究室等编，《毛泽东早期文稿：1912.6—1920.11》，页424。

[146] 毛泽东，《非自杀》，收于中共中央文献研究室等编，《毛泽东早期文稿：1912.6—1920.11》，页431。

[147] 毛泽东，《学生之工作》，收于中共中央文献研究室等编，《毛泽东早期文稿：1912.6—1920.11》，页454。

[148] 毛泽东，《致周世钊信》，收于中共中央文献研究室等编，《毛泽东早期文稿：1912.6—1920.11》，页474。

[149] 毛泽东，《发起文化书社》，收于中共中央文献研究室等编，《毛泽东早期文稿：1912.6—1920.11》，页498。

[150] 毛泽东，《湖南建设问题的根本问题——湖南共和国》，收于中共中央文献研究室等编，《毛泽东早期文稿：1912.6—1920.11》，页504。

[151] 毛泽东，《打破没有基础的大中国建设许多的中国从湖南做起》，收于中共中央文献研究室等编，《毛泽东早期文稿：1912.6—1920.11》，页508。

五四也是一个"团体"大觉醒的时代,学生们认识到团体可以发挥意想不到的力量,社会人士亦复如此,而且杜威在中国宣扬"共同生活",也是促因之一。故五四时期出现大量青年社团,这些社团倏起倏灭,其中有一大部分很快地放弃了新文化运动文艺、思想、个人改造的路线,而提出彻底的社会改造、社会革命的主张,而且认为应该追求一个"主义",它们大部分尚未形成实际行动的方案,至于新型模式——"主义、党、军队"也尚未成形。

　　此处拟举几个社团作为主义化的例子。这些社团转向"主义",每每是因为发现社会的问题是"整个的",要整体地解决,因此放弃个体路线,转向在一个"主义"下聚合同志,组成一个有方向、有组织、有纪律的团体,以达到改造社会的目标。

　　"新型力量"的出现,使当时中国有些军阀、政客,为了对抗新主义起而提出另一种新"主义",有些是震惊于有"主义"的军队的威猛力量,故而提出一种"主义",其中有的奏效,有的只是一场闹剧。

　　政党的主义化,与知识青年加入主义化的政党是影响最大的事件。在俄国大革命成功、五四运动及中国共产党成立这三大连环事件的刺激下,孙中山迅速作了相应的调整,尤以1924年的联俄容共,全盘模仿俄国的"主义、党、军队"的新型力量最为关键。

　　在胡适发表《多研究些问题,少谈些"主义"》之前,上海少年中国学会的会员即已针对北京会员提出"多研究学理,少叙述主义"之口号。当时会中有一派人认为要使每个人成为完全的人,然后再讲"主义",而所谓完全的人,即是能过团体生活并有劳动习惯的人。"此外,尚有种种训练,都是养成做'人'应该具备的性格和习惯,并且是凡向光明方面走的人，必不可不如此的。"[152] 王光祈的意思是希望少年中国学会当时还不应该选定一种"主义"，但要成为将来运用各种主义的"训练营"。

1921年7月，少年中国学会在经过多次争执之后，终于彻底分裂，受李大钊影响的"主义"派占上风，恽代英由不要求有一致的主义到确定一致的主义[153]，邓中夏（1894—1933）则主张"主义如不相同，分裂亦好"。他们甚至认为因"主义"不同，将来要在战场上相见。[154]

除了少年中国学会外，另一个颇具规模的团体是天津觉悟社，社员们也是受到李大钊文章的影响而"主义化"。在社员的回忆文字之中，就有提到他们在当时"得到了李大钊同志的亲切教导，他告诉我们，要改造社会必须确定鲜明的主义"。[155]

天津觉悟社原先属于"问题"派，希望实行"人的生活"，"觉悟无边无止，进化无穷"，而且明白说："大家都还没有一定的信仰。"[156] 1921年8月，天津觉悟社为了联合进步团体，与少年中国学会、人道社、曙光社、青年互助团等五团体采取共同行动，全体会员集结到北京。李大钊代表少年中国学会致答词时，即提出各团体有标明"主义"的必

---

[152] 中共中央马克思恩格斯列宁斯大林著作编译局研究室编，《五四时期期刊介绍》，第1集上册，页241。

[153] 中共中央马克思恩格斯列宁斯大林著作编译局研究室编，《五四时期期刊介绍》，第1集上册，页257。

[154] 中共中央马克思恩格斯列宁斯大林著作编译局研究室编，《五四时期期刊介绍》，第1集上册，页268。

[155] 刘清扬，《回忆觉悟社》，收于张允侯等编，《五四时期的社团》，第2册，页356。

[156] 邓颖超，《五四运动的回忆（节录）》，收于张允侯等编，《五四时期的社团》，第2册，页303、352。

要。认为"近年以来,世界思潮已有显然的倾向,一个进步团体,如不标明主义,对内既不足以齐一全体之心志,对外就更不能与他人有联合的行动"。[157]

1923年4月天津觉悟社的政治取向开始出现转向,说:"我认的主义一定是不变了"[158],而且有部分社员"对于主义上已有同一的趋向"。[159] 社歌云:"……社会革命,阶级战争,青年齐努力。"[160] 大谈同一目标、同一途径,与"社会"对抗不能靠个人自觉,要靠团体,要由文化转向社会,由"人"的生活转向社会,不要受环境支配,要支配环境,与恶社会奋斗,创造一种新生活。1921年于安徽创刊的《芜湖》则宣称"教育问题,正和一切问题一样,非把全部社会问题改造好了,是不得会解决的"。[161] 河南的《青年》杂志也由原本改造个人的思想与道德入手,转向改造社会,认为"物质变动决定一切"。[162]

胡适在新文化运动时期的口号之一是"输入学理"。[163] 原先甚有力量的民主主义、个人主义、资本主义、社会主义、国家主义、共产主义,

---

[157] 张申府,《所忆》,收于《张申府文集》,第三卷,页471—472。

[158] 见伍——衫逸、衫峙,《伍的誓词》,收于张允侯等编,《五四时期的社团》,第2册,页348—349。

[159] 施以,《我们的开张篇(〈觉邮〉发刊词)》,收于张允侯等编,《五四时期的社团》,第2册,页315。

[160] 《我们的五一节(节录)》,收于张允侯等编,《五四时期的社团》,第2册,页325。

[161] 见恽代英给沈泽民、高语罕的信,收于中共中央马克思恩格斯列宁斯大林著作编译局研究室编,《五四时期期刊介绍》,第2集上册,页482。

[162] 中共中央马克思恩格斯列宁斯大林著作编译局研究室编,《五四时期期刊介绍》,第2集上册,页492—493。

[163] 见胡适,《新思潮的意义》,《胡适文存》,第一集,卷四,页727—736。

是以输入学理的方式进入的，但过不了多久，它们成为主义，理解它们的方式是主义式的。学理与主义当然不同，学理只是知识、思想层次，而主义则包括知识、思想、价值、信念、信仰、道路、行动。主义标示着统一的意志、集体的追求、动员各阶层，希望深入各阶层。此时"学理"的吸引力已经让位给主义，尤其当新文化运动时期思想、文艺的关心，让位给政治的关心之后，"主义"——信仰化的主义，在政治论述的市场中成为强势货币。诚如梁启超所说的，"理性只能叫人知道某件事该做，某件事该怎么做法，却不能叫人去做事，能叫人去做事的，只有情感"。"情感结晶，便是宗教化。"[164] 将知识与行动绾合为一的论述之吸引人们的目光，也标示着时代的关怀与新文化运动时期之不同。信仰主义，即表示脱离了新文化运动时代个人觉醒与理想的观念，进入了集体行动的时代，而且在不断竞逐的过程中，只有以主义形式进入市场才可能生存。

1934年，《独立评论》发表一篇名为《新旧交替时代的游移性》的文章，在回顾过去几年的发展时，说出了不以"主义"作号召，在思想市场上如似矮人一截之状况：

> 前几年，主义这个玩艺，不论什么人，不说地，不拉一个来作靠柱，就不能存在似的。三民主义，马克司主义，及一切花花绿绿的主义，只要占上主义两个字，就不愁无人欢迎。[165]

"只要占上主义两个字，就不愁无人欢迎"，为了赶上这一种新的表达方式，故自创主义的动机相当强烈，少年中国学会的领袖王光祈，在这

---

[164] 梁启超，《评非宗教同盟》，《饮冰室文集之三十八》，《饮冰室合集·文集》，第13册，页22。

[165] 寿生，《新旧交替时代的游移性》，《独立评论》，96（1934年4月15日），页14。

时期一直为是否为这个团体定一个主义烦恼不堪。他喊出要"自创主义",一直到在德国时,他仍想创造一种比世界上现有的主义(包括布尔什维克主义在内),都更合乎世界潮流与中国民族性的主义。后来他提出了一种近于礼乐主义的想法。[166]

"自创主义"之热门现象,还可以拿1919年3月成立的工学会所提出的"工学主义"为例。工学会显然是一个受无政府影响而成立的团体,他们说:"工学主义的第一义,便是认定人生只有工与学两件事。……工学主义的第二义,便是认定作工和求学是相互需要的,工离不了学,学更离不了工。"[167] 他们要打破劳动与智识阶级的划分,会员自由发展,不加限制。[168] 但他们也宣称,有了"工学主义"之后,要"确信我们所抱的主义有提倡的价值和必要。我们今后最大的希望是工学主义能普遍的实现"。[169] 值得注意的是连科学也成了一种主义,而胡适的"实验主义"当然也是一种主义,一种为了解消主义而提出的主义。

诚如前面所提到的,即使像解决赵女士自杀这样一个小问题也被认为需要"另造环境"才能解决——"政治改良一途,可谓绝无希望。吾人惟有不理一切,另辟道路,另造环境一法"。[170] 为了"另造环境",

---

[166] 中共中央马克思恩格斯列宁斯大林著作编译局研究室编,《五四时期期刊介绍》,第1集上册,页259—261。

[167] 石樵,《工学会旨趣书二》,收于张允侯等编,《五四时期的社团》,第2册,页505—506。

[168] 《会务纪要》,收于张允侯等编,《五四时期的社团》,第2册,页513。

[169] 季尊,《本会一年来之回顾及今后之希望》,收于张允侯等编,《五四时期的社团》,第2册,页522—524。

[170] 毛泽东,《致向警予信》,收于中共中央文献研究室等编,《毛泽东早期文稿:1912.6—1920.11》,页548。

"主义"开始成为毛泽东笔下的常语,1920 年 11 月 25 日在写给罗璈阶的信中说:"我虽然不反对零碎解决,但我不赞成没有主义头痛医头脚痛医脚的解决。"[171] 要"共为世界的大改造"[172] 要造成"一种有势力的新空气",但为了换空气,"固然要有一班刻苦励志的'人',尤其要有一种为大家共同信守的'主义',没有主义,是造不成新空气的",新民学会不可以只是人的聚集或感情的结合,"要变为主义的结合才好"[173]

这类言论在 1920 年代颇不乏见。例如有人说:"我是一个爱护'主义'者。我觉得任何主义他都有多少精义,都不容有人假借他……我不愿意有人拏任何主义来欺世盗名,骗一般头脑纯洁有心向上的青年。""讲主义的人们,你要知道主义是纯洁的,向进化轨道中进展的,你们既然要讲主义,自然负有引导主义进展的责任。"[174]爱真接着归纳出四种条件:"A. 要有高尚纯洁的人格才可以讲主义。B. 要言行合一的才可以讲主义。C. 要不好同恶异的,才可以讲主义。D. 要明了社会历史及现实社会情状的,才可以讲主义。"[175] 所以不管是什么主义,只要有"主义"之名,便是神圣、纯洁的。反倒是"人"才是不可靠的。主义是主义,人是人,主义是好的,人不一定是好的,那么什么样的人才有

---

[171] 毛泽东,《致罗璈阶信》,收于中共中央文献研究室等编,《毛泽东早期文稿:1912.6—1920.11》,页 553。

[172] 毛泽东,《致罗璈阶信》,收于中共中央文献研究室等编,《毛泽东早期文稿:1912.6—1920.11》,页 554。

[173] 毛泽东,《致罗璈阶信》,收于中共中央文献研究室等编,《毛泽东早期文稿:1912.6—1920.11》,页 554。

[174] 爱真,《怎样才可以讲主义?(上)》,《国闻周报》,1:21(1924 年 12 月 21 日),页 9。

[175] 爱真,《怎样才可以讲主义?(下)》,《国闻周报》,1:22(1924 年 12 月 28 日),页 14。

资格成为主义者?

爱真所列举的四个条件大抵是当时人所同意的,不过此处也必须指出,主张先要做到"人",才能谈"主义",与主张能拥护主义才配称为"人"的两种思维,是有一些不同的指涉。前者常常表现为理想上是应该有主义的,但先要改造个人,所以他们通常反对立即投入社会主义或布尔什维克主义的怀抱,投入某种主义的怀抱之前要先完善个人,王光祈及爱真都成为既爱主义,又迟疑于迅速主义化的人。

在后五四时代有两条正路,一条是以胡适为代表的,由文学、哲学改进入手的道路,另一条是"从事于根本改造之计划和组织的道路"。然而,从1920年代中期起,"主义者"往往成为一种有利的身份。

科举废除之后,传统中国鉴别社会精英的"识认系统"(用经济学的术语是"传讯系统"[signaling system][176])已经崩溃,新的"识认系统"一直在变,而且变成多元的,学位当然是一套新的识认系统,造成风气的言论领袖也成为一种新的身份,而"主义者"也是一种新的精英身份。

在新旧政治及思潮的更迭中,地方人士有时会巧妙利用新潮流为自己在地方社会中安排一个使自己优越于他人的新精英地位。五四运动时期如此,在"主义"风行的时代,能否成为"主义者",也成为一种识别"新精英"的识认标志。

抑且,讲求"主义者",更还可能在地方政治生活里占有一席之地。从晚清废科举以来,有所谓"绅士大换班"的现象。[177] 过去在地方社

---

[176] 我对"传讯系统"的思考,受益于 G. S. Becker 所介绍的"教育传讯论"。可参见:朱敬一、林全,《经济学的视野》(台北:联经出版事业公司,2002),页77—82。

[177] 郑超麟著,范用编,《郑超麟回忆录》,页115、119。

会中，什么样的人可能上去做绅士是可以猜测得到的。从废科举到辛亥革命以后，有不少参与革命或新学堂的学生回乡成为新精英。从1920年代开始，另一批新绅士换了班，"主义者"成为新身份，而且主义者的身份更为开放，不问出身，不问学历，不问财富，只问是否信仰主义，是否领有党证，是否愿意在主义的大纛下奋斗。获得这个新身份的重要方式是把自己写进自己所参与创造出来的新的大剧本中，在其中为自己安排一个位置，而这个新的大剧本中，角色之间的关系是"同志"，是新的主义者的关系。

包天笑（1876—1973）在《钏影楼回忆录》中记载一个故事，颇能反映当时作为一个主义者或懂党义的人的骄傲。北伐成功之后，苏州吴县来了一位县官王引才，"但是苏州的那些老乡绅，还是瞧不起他的。他们有些都是科甲出身，在前清做过大员的，从没有见过这样一位县官。王引才自命为新人物，也不买他们的帐"。"最可笑者，苏州有些青年学生，研究国民党党义的，以为他不识党义，借了一点事，想去诘责他。惹得王引才老气横秋的说：'老弟！你要把孙中山先生的遗教，细心研究。他的《建国真诠》上怎么说，你读过吗？我倒要考考你！'说着，他把这一段书背诵如流。学生被他吓倒了，原来他是老党员，也许是老同盟。"[178] 沈定一（1883—1928）就曾将这等行为形容为"只是藉传播主义来维持生活，就活现一个择肥而噬的拆白党"。[179]

---

[178] 包天笑著，刘幼生点校，《钏影楼回忆录·续编》（太原：山西古籍出版社，1999），页742、744—745。

[179] 沈定一，《告青年》，原刊于《劳动与妇女》，2, 1921年2月20日。此据陶水木编，《沈定一集》（北京：国家图书馆出版社，2010），下册，页445。陈独秀在一篇文章中也提及此，见陈独秀，《下品的无政府党》，《新青年》，9:2（1921年6月1日），收于《独秀文存》，页613—614。

此处可以看出一种新、旧两批地方人士在新的"绅士大换班"之际争夺社会精英身份时产生的争执,而能否懂得"主义"是一个重要的判别标准,也是决定王引才是不是够资格作为地方领导人的判准。1925年,一位化名"霆声"的作者,在《洪水》发表《主义与主义者——论是非二》一文,说当时谈主义者几乎"多如寒空中聒噪的老鸦","几乎不是主义者便失了做人的资格一般。"他说:"如寒鸦一般多的主义者中,真正是信仰奉行某种主义的信徒,实在并没有那般以主义为招牌的'贾维新'那么多。贾维新们捐了主义的招牌是另有作用的,所以,主义者对于主义到底是怎么一种关系就很难说了。""即是真正信奉主义的主义者,他的言行仍不免被个人的情感和习惯支配着而往往有非主义中所应有的状态……""最近我们常常看见不同的主义者互相咒骂,互相攻击,例如醒狮派和共产党……他们互相撷拾一些主义者的个人言行来咒骂,来攻击主义的本身。"[180]

七、"新主义"与"新型力量"

1920年代的"主义化"风潮,也深深影响了孙中山。孙中山深知用几句鲜明的"主义"勾勒其蓝图是非常重要的。在清季革命中,孙中山以"主义"压倒没有"主义"的立宪派。当时革命与君宪之论争中,立宪派基本上是根据现状立论,别无根本的主义,而革命派吸引人的原因之一,是有清楚明快而且简洁的"主义"。这种近乎口号式的宣传,确实比没有统率全局与方向的鲜明的主义者,更能吸引人。

---

[180] 霆声,《主义与主义者——论是非二》,《洪水》,1:2(上海,1925年9月1日),页36—37。

不过当时孙中山除了三大主义有关的演讲之外,未曾针对他的"三民主义",完成像马克思《资本论》那样成体系的著作。[181] 而且他的三大主义中真正在晚清发挥效果的,主要是民族主义,当时似乎也没有足够的新阅听大众足以明了民权与民生两种主义。

1912年,同盟会改组为国民党,孙中山之三民主义在国民党党纲中只剩下"采取民生政策"一条,1914年6月,孙中山在东京成立中华革命党时,则只重申民权主义。在护国战争结束之后,中华革命党由日本迁至上海,黎元洪(1864—1928)继任总统后,中华革命党本部奉孙中山之命于1916年7月25日,向各分、支部发布通告,停止活动,实际上宣布了取消中华革命党。一直到五四运动之后,正式组成中国国民党时,才完整恢复了实行三民主义的宗旨,此时的民族主义针对的是帝国主义。[182]

此处要讨论说明的是,孙中山是时代的一分子,他也受到1920年代"主义"思潮的巨大影响,而进入我所谓的"再主义化"之阶段。此时孙中山决定比较系统地阐述三民主义。[183] 在晚清较早宣传社会主义的,也是同盟会人物。当时与同盟会对立的梁启超,一再发表文章痛斥

---

〔181〕 孙中山在《建国方略:孙文学说》(见正中文库第二辑)第8章"有志竟成"中说:"伦敦脱险后,则暂留欧洲……两年之中,所见所闻,殊多心得……此三民主义之主张所由完成也。"(台北:正中书局,1959),页78。

〔182〕 以上见彭明等编:《近代中国的思想历程(1840—1949)》,页529。

〔183〕 孙中山本人并未直接说明这一层影响,但是我们从年代的比对及其他蛛丝马迹可以作此判断。依据崔书琴《三民主义新论补篇》所言:孙中山在民国八年亲撰三民主义长文一篇,张继在此文的跋语中说,此文"内容虽与今通行本(系指三民主义十六讲)大旨无殊,但申论要点,以及所举例证,则多为今本所未及详"。崔书琴说孙中山还有一份亲笔修改的三民主义讲演稿,崔氏并做了详细的比对。见姚渔湘等,《研究孙中山的史料》(台北:文星书店,1965),页121—161。

革命党的社会主义,是鼓动流氓与乞丐之主义,所以当时国民党不只是从事政治革命,而欲根本改造国家,同时也讲求社会平等的社会革命。[184]

五四前后,在李大钊之前,于北京《晨报》副刊上宣传由日本输入的马列主义的陈溥贤(1891—1957),早期也是在日本帮革命党运送武器的人。[185] 五四以后,国民党的宣传家们大力宣传社会主义,戴季陶、胡汉民、朱执信(1885—1920)、廖仲恺(1877—1925)等皆然。胡汉民等也致力于在古代历史文化中发现社会主义的思想,并引起过诸如"井田制有无"等的学术论战。[186]

不过理想上的社会主义与如何达到社会主义似乎有一些分别。在社会改造的内容之广狭、彻底的程度,以及实行的手段之间,因人而异。在社会主义的理想方面,双方是一致的,但究竟可不可能有一种不要马克思的社会主义?

再主义化的孙中山,明白地是以俄国为师。1921年8月,孙中山在《复苏俄外交人民委员齐契林书》中云:"我非常注意你们的事业,特别是你们苏维埃的组织,你们军队和教育的组织。"[187] 1922年夏天,陈炯明(1878—1933)叛变;1924年1月,中国国民党第一次全国代表大会的宣言,宣布"联俄、容共、扶持工农"的政策,容许共产党员以个人身份加入国民党。这一年,孙中山开始演讲三民主义,记录而成《三民主义》一书。在一开头即说"主义就是一种思想、一种信仰和一种力量"。

---

[184] Martin Bernal, *Chinese Socialism to 1907*, pp. 90-106.

[185] 石川祯浩,《中国共产党成立史》(东京:岩波书店,2001),页27—46。

[186] 相关研究参考赖建诚,《井田辨:诸说辩驳》(台北:台湾学生书局,2012)。

[187] 转引自彭明等编,《近代中国的思想历程(1840—1949)》,页533。

由于当时国民党正与俄国携手合作。在这前提之下,孙中山在《三民主义》中,就纳入党内共党及非共党双方的意见,故他说:"民生主义,就是社会主义,又名共产主义,即是大同主义。"[188] 这段话也引来无数的辩论,一直到国民政府来台之后,三民主义的理论家们仍然为了化解这段话而大伤其神。不过,当时国民党觉得他们的理论是与共产党有所分别的,是没有马克思的社会主义,"纯用革命手段,不能完全解决经济问题"。"我们主张解决民生问题的方法,不是先提出一种毫不合时用的剧烈办法,再等到实业发达以求适用,是要用一种思患预防的办法,来阻止私人的大资本,防备将来社会贫富不均的大毛病。"[189] 又说:"资本家改良工人的生活,增加工人的生产力。工人有了大生产力,便为资本家多生产,在资本家一方面,可以多得出产,在工人一方面,也可以多得工钱。这是资本家和工人的利益相调和,不是相冲突。"[190] 故声明不以革命手段剧烈方法对付资本家,方法不同,但其最终理想是一致的。孙中山阵营自认为在思想上与马克思、列宁(Vladimir Ilyich Lenin,1870—1924)做出相当清楚的区分。孙中山当时决定"以俄为师",所最关心的是前面所提到的"你们苏维埃的组织,你们军队和教育的组织"。也就是主义、党、军三位一体的"新型力量"。后来俄国派遣越飞(Adolf Abramorich Joffe,1883—1927)前来协助,蒋介石赴俄考察军事,以及1924年黄埔建军等都是相关的发展。

---

〔188〕　孙文,《民生主义第一讲(民国十三年八月三日讲)》,《三民主义》,收于中国国民党"中央委员会"党史委员会编,《国父全集》,页157。

〔189〕　孙文,《民生主义第二讲(民国十三年八月十日讲)》,《三民主义》,收于中国国民党"中央委员会"党史委员会编,《国父全集》,页178、190—191。

〔190〕　孙文,《民生主义第一讲(民国十三年八月三日讲)》,《三民主义》,收于中国国民党"中央委员会"党史委员会编,《国父全集》,页169。

在当时人的心中,模模糊糊地认为孙中山与共产党分不开,冯玉祥在《我的生活》中,观察到这种心理:"在他们(北方政客)的心意,凡是诚意欢迎中山先生北来主持国政的人,都当加上一个共产党的头衔。"[191]

虽然孙中山一再地区分他与俄国布尔什维克之不同,但是当时许多国民党员是把两者合在一起看的,此处略引南社的一个例子:南社的汪大千于1924年在盛泽镇担任区党部的书记,当时徐蔚南(1900—1952)创办的报刊《新盛泽》,所宣传的便是孙中山的三民主义和列宁的社会主义思想,并且得到汪大千的热烈支持。[192] 当时这一类的例子相当多。

即使在出版界,从1925—1927年,也是马列主义与孙中山的《三民主义》及《中山全书》同时大盛的时期,当时《三民主义》《建国大纲》《共产主义ABC》和其他关于社会运动、国际运动等的新书,非常畅销。随着北伐军的步伐,孙中山的著作广为传播,张秉文(1881—1964)用了几个月编了《中山丛书》,在广州大卖,更跟随北伐进展,在湖南、江西、汉口,各重要都市倾销此书。任何书店只要印这套书就可发财,一批又一批地卖《三民主义》《中山全书》。就连向来对于新书不感兴味的工商界也为了要知道什么是"三民主义"或"共产主义"而开始读书。这股狂热的情形一直到民国十六年(1927),国民党开始进行"清党"运动之后才开始衰退。[193]

与本文所探讨的主题比较相关的是,处处模仿俄国的结果,使得

---

[191] 冯玉祥,《我的生活》,页413。
[192] 柳无忌、殷安如编,《南社人物传》(北京:社会科学文献出版社,2002),页225。
[193] 整理自张静庐,《在出版界二十年》(南京:江苏人民出版社,2005),页86—87。

晚清以来的"主义"观产生一个重大的转变。即主义不再只是一种思想,而是像《三民主义》一开头所说的,是"一种思想、一种信仰和一种力量"。[194]

后来,随着北伐军的成功,人们似乎找到了一种秘方。将各种主义信仰化的现象相当普遍,而且是极度排他性的信仰。[195]

在孙中山逝世之后,他的信徒中如戴季陶、胡汉民、蒋介石都倾向于把三民主义当作信仰、当作圣经,并强调以党治国,以党义治国。[196] "清党"运动清除了国民党内的左翼势力,以蒋介石为中心的、带有法西斯味道的一派遂成为国民党的主体,"主义"更为圣经化,而"新型力量"也与独裁的领袖合为一体。

在当时,各个政治团体多以主义、信仰为目标。在国家主义方面,曾琦(1892—1951)在一篇题为《国家主义与中国青年》的演说词中,先是论说当时军阀与知识分子朝秦暮楚,忽南忽北,时而挂着民党的招牌,时而充当军阀的走狗,说:

---

[194] 孙文,《民族主义第一讲(民国十三年一月二十七日讲)》,《三民主义》,收于中国国民党"中央委员会"党史委员会编,《国父全集》,页1。

[195] 在孙中山故逝之后,国民党内部产生剧烈的变化,当时有几派对孙中山思想的诠释,略可归纳为三种。一种是只讲国民党第一次全国代表大会宣言中的"新三民主义",强调联俄、容共、扶持工农,大抵国民党的左翼及共产主义者属于这一派。第二种是就孙中山三民主义的体系发挥。第三种特别值得注意,是要限缩三民主义中平等、自由等方面的意思,调换它的原意,尤其是要撇清孙中山所说的"民生主义即共产主义"这一点。见彭明等编,《近代中国的思想历程(1840—1949)》,页537—541、554—602。

[196] 以胡汉民为例,他说"世界自有革命史以来,没有一次革命的意义,三民主义不能包括的","就是将来世界上任何真正革命的事实,三民主义一定也无不为其主宰的",并强调"党"是"先天的国家",转引自彭明等编,《近代中国的思想历程(1840—1949)》,页574、579。

> 一言以蔽之曰，"无主义信仰之故也"。[197]

又说：

> 中国国势之不振，至今日而极矣！其堕落之程度，亦至今日而达极点矣！然何以不能挽救耶？皆以国人缺乏为主义而牺牲之精神也。凡人既服膺一种主义，必能为之而牺牲，虽赴汤蹈火，效命疆场，义不反顾。[198]

显然是国家主义者的爱真，在其所写的《怎样才可以讲主义？》中提到：

> 宗教势力渐渐小了，但是人们的信仰心，依然要有所寄托，于是学术的演进，乃宗教化而为人们信仰的中心。[199]

就是在左派刊物（如《中国青年》）中，亦弥漫着"信仰化"的情绪。如（萧）楚女所写的《革命的信仰》中，就提及："我们眼前这般青年，在自己底内心生活上，大都没有什么信仰。"他认为："我们生活上、一切烦恼、沉闷、悲哀、痛苦，都是发于这个根源。""一个人底内心没有信仰，就是那个人没有'人生观'，没有人生观的生活，等于没有甜味的蜜，没有香气的花。""我们应该想一想：我们现在这种生活，还能算是'人'的生活。"[200]

---

[197] 曾琦，《国家主义与中国青年（民国十四年五月在上海国立暨南大学讲）》，收于曾慕韩先生遗著编辑委员会编，《曾慕韩先生遗著》（台北：中国青年党"中央"执行委员会，1954），页123。

[198] 曾琦，《国家主义与中国青年（民国十四年五月在上海国立暨南大学讲）》，收于曾慕韩先生遗著编辑委员会编，《曾慕韩先生遗著》，页124。

[199] 爱真，《怎样才可以讲主义？（上）》，《国闻周报》，1：21（1924年12月21日），页9。

[200] 楚女，《革命的信仰》，《中国青年》，12期（1924年1月5日），页7—8。

在北伐前后，不论是主张信仰主义或信仰领袖的言论，都得到高度的发挥。戴季陶是其中的要角。由于戴氏当时的言论很有特色，也很有代表性，故在这里我要花较多笔墨来讨论。

戴季陶原先显然没有很深的"主义"观念。但在《日本论》中，则连篇累牍地陈述"一个主义""一种信仰""一个伟大领袖"三连环的重要性。他认为这是近代日本成功最重要的原因，而事实上读者都了解，那是戴季陶针对北伐前后的中国所说的，日本只是被用来作为一面镜子。他以日本为例说明近代日本能而中国不能的关键即在日本国民有信仰、有统一的中心、有集中的意志、有主义，中国如果想步趋日本，就应该信仰蒋介石所代表的三民主义，并在此旗帜下形成全国统一的意志。

戴季陶很聪明地区分"客观理知"与"主观意识"。从这个区分中可以看出新文化运动以来两种思路正在分道扬镳的现象。新文化运动要求人们客观、理智、解放（"客观理知"），但是戴氏的言论代表一种新走向，要主观、要统一、要信仰（"主观意识"）。[201]

他说："总理说主义是'信仰'，就是很明显地说明冷静的理知不化为热烈的情感时，绝不生力量。"[202] "信仰"与理智（或戴氏所谓的"打算"）是矛盾的，在两者之间要求"信仰"，"只有信仰，才能够永生。只

---

[201] 他说："日本的国民，是一个信仰最热烈而真切的国民了。一个人的生活，不能是单靠理知的，单靠理知的生活，人生便会变成解剖室里的死尸，失却生存的意义。而尤其是一个国民一个民族的生活，绝不能单靠理知的。民族的结合，是靠一种意识的力量。这一种意识的力量，当然由种种客观的事实而来。但是种种客观事实的观察和判断，不变成一种主观的意识时，绝不发生动力。"见戴季陶，《信仰的真实性》，《日本论》（台北："中央"文物供应社，1954），页94。

[202] 戴季陶，《信仰的真实性》，《日本论》，页94。

有信仰,才能够合众"。[203] 他说:

> 能把一切私的计算抛开,把永久一切的生存意义建设起来,从死的意义上去求生存的意义,为信仰而生为信仰而死的军队,就是革命军。
>
> 一个民族,如果失却了信仰力,任何主义,都不能救得他起来。……思想不变成信仰时,不生力量,不到得与生命合为一致时,不成信仰。鄙弃信仰的唯物史观,决不能说明人生的意义,更不能说明民族生存的意义,伟大的三民主义伟大的民生史观呵![204]

他一再引日本为例,确信"信仰是一切道德的极致"是日本成功的最大元素。[205]

戴氏对于有"主义"之军队与无"主义"的军队,也有深入的讨论,他说古人论兵,以"道"为先,"道"就是主义。他痛斥当时的军阀,说他们最大的罪状是不肯为国家,为民族,为民众造成强而有力的军队,而造不成强而有力军队之主因,便是因为"他们的行径,说不上是什么主义,他们的力量,更够不上维持什么主义"。[206]

戴季陶主张要把主义当佛经般"一个字,一句话去念"。他说佛教中有"依经派"与"不依经派",后者是禅派,而中国佛学之堕落即因禅

---

[203] 戴氏又说:"人们的打算,自古来没有完全通了的时候。……我们如果知道人生是'力'的作用时,便晓得信仰是生活当中最不可少的条件。……只有信仰,才能够永生。只有信仰,才能够合众。""信仰是无打算的,是不能打算的,一有了打算就不成信仰。"见戴季陶,《信仰的真实性》,《日本论》,页95、96。

[204] 戴季陶,《信仰的真实性》,《日本论》,页101、102。

[205] 戴季陶如此形容日本海军名将秋山贞之(1868—1918):"他确信信仰是一切道德的极致,在一切修为中,有最大威力。"见戴季陶,《秋山贞之》,《日本论》,页67。

[206] 戴季陶,《国家主义的日本与军国主义的日本》,《日本论》,页50。

宗而起。[207] 戴季陶还提出要把佛教的"信、解、行、证"作为对三民主义的态度。[208] 事实上是主张将主义宗教化。

他同时也论证信仰、领袖之重要性："领袖的人格和本领,也是创造时代的一个最大要素。"[209] 此处指的是蒋介石,到这里,戴季陶完成了"一个主义""一种信仰""一个伟大领袖"连环相扣的系统。他相当完整地论述了主义之必要性,及三民主义的优越性,然后把"领袖"的部分交给应该得到人们普遍信仰的伟大领袖蒋介石,成为多位一体的逻辑,最后走向法西斯化。

此处要特别强调一点,在北伐时期,人们确实也主动相信或主动认为,三民主义能统摄一切,笼罩一切,领导一切,徐复观(1903—1982)的一段话可以为证。民国十六年(1927)左右,他曾有一段时间认为"三民主义加科学便足够了,还要什么文科法科?"[210] 言下之意是人文

---

[207] 杨玉清便清楚地记录戴季陶如何将三民主义当作佛经读："当我接办刊物(《三民主义半月刊》)时,我去见了戴季陶。我本知道戴季陶是把中山遗教当作佛经念的。我曾问他:'对总理的主义,还是遵照精神好,还是遵照文字好?'他说:'应该遵照文字。对总理的著作,还是一个字、一句话去念的好!''中国学佛,有依经派与不依经派之分。依经派就是依照佛经一个字、一句话去念。不依经派就说,我就是佛,何必念佛经。不依经派就是禅宗。中国佛学之坏,就坏在禅宗。'"见杨玉清,《解放前孙中山三民主义思想研究浅略述评》,收于孙中山研究学会编,《回顾与展望:国内外孙中山研究述评》(北京:中华书局,1986),页212。

[208] 在一次"三民主义学会"成立大会中,戴氏"提出研究三民主义的态度,是佛学教人'信、解、行、证'四个字"。"他说:'佛学教人有信、解、行、证四个字,借来点明本党同志研究主义应采取的态度,最为恰当。'"见杨玉清,《解放前孙中山三民主义思想研究浅略述评》,收于孙中山研究学会编,《回顾与展望:国内外孙中山研究述评》,页212。

[209] 戴季陶,《维新事业成功之主力何在?》,《日本论》,页33。

[210] 徐复观,《港居零记》,《徐复观杂文:忆往事》(台北:时报文化出版公司,1980),页241。

及社会科学的所有道理都被三民主义涵括了。不过徐复观这个想法只持续了半年左右。

蒋介石从黄埔时期到南京政权建立之初,都一贯主张"三民主义为中国唯一的思想","要确定总理的三民主义,为中国唯一的思想,再不好有第二个思想"。[211] 常乃惪在《中国思想小史》有这样一段观察,他说国民党自民国十三年(1924)改组以后,遂鼓吹一种党化教育的政策,即以国民党的主义强制灌输于受教育的儿童,以及举行纪念周、读《总理遗嘱》等,北伐成功以后,更进而推行至全国。民国十七年(1928)大学院校召集全国教育会议,因党化教育一词不佳,改为三民主义的教育。[212] 推行三民主义教育的结果,便是罗隆基(1896—1965)所深深不满的"社会科学要三民主义化,文艺美术要三民主义化,于是学校教授先生们采明哲保身的格言,守危言行顺的策略,成为无思想无主见的留声机"。[213]

以上为国民党将主义信仰化的情形,在1920、1930年代的若干政党中也可以看到"主义化"的特质。在1920年代崛起的"国家主义派",是为了对抗联俄容共的势力而起。国家主义派的骨干大多出自少年中国学会,他们当年在少年中国学会的主义与非主义之争中,大多主张暂时不要抱定一种主义,或主张绕过主义,在教育、实业等现实问题中奋斗。

1921年中国共产党之成立,1922年国民党开始酝酿联俄容共,这

---

[211] 中国第二历史档案馆编,《蒋介石年谱初稿》(北京:档案出版社,1992)。彭明等编,《近代中国的思想历程(1840—1949)》,页591。

[212] 常乃惪,《中国思想小史》,页192。

[213] 罗隆基,《论中国的共产——为共产问题忠告国民党》,收于蔡尚思主编,《中国现代思想史资料简编》(杭州:浙江人民出版社,1982),第3卷,页359。

个新发展激发了少年中国学会这一派的反共力量,而开始朝向建立一个主义、一个坚强而有纪律的政党的方向推进,乃有1923年底于巴黎组成中国青年党,宣扬国家主义之举动。

此处之重点不在叙述该党与该主义之创建过程,而想藉此观察在主义时代,政治人物如何向"主义"趋近的过程。从曾琦的《旅欧日记》可以看出摸索一种新型政治方式的想法。曾琦他们痛恨军阀,对任何旧人物、旧势力不再抱持幻想,想要塑造"新人物""新势力"。他们痛省国人不能过团体生活,他们要"造新党",要不以党同伐异为恶德[214],要将"善有力主义"作为"救国之根本主义"的其中一义。[215] 由这些零星的反思可以看出:"造主义"是曾琦等人的一种主观的意愿。但是另一面的驱动力也很重要,即为了对抗左派的"主义",不得不提出另一种"主义"。因此曾琦、李璜等人特别标举"国家主义",再三强调如果要打破中国不死不生之局,"中国非再经一次大流血,使旧势力完全推倒,则政治不能入轨道"。[216] 同时为了与他们所痛恨的"新型力量"相抗衡,他们决定加以模仿,国民党如此、国家主义亦是如此。曾琦说:因为共产党"有组织,有纪律,有策略,有训练,每个党员都能明了党义"。[217] 所以与之对抗的国家主义及其政党也必须有组织、有纪律、有

---

[214] 曾琦,《旅欧日记》,收于曾慕韩先生遗著编辑委员会编,《曾慕韩先生遗著》,页440、456。

[215] 曾琦,《旅欧日记》,收于曾慕韩先生遗著编辑委员会编,《曾慕韩先生遗著》,页437。

[216] 曾琦,《旅欧日记》,收于曾慕韩先生遗著编辑委员会编,《曾慕韩先生遗著》,页451、455。

[217] 曾琦,《蒋介石对于共产党认识之进步(民国十六年六月十八日)》,收于曾慕韩先生遗著编辑委员会编,《曾慕韩先生遗著》,页51。

策略、有党义。所以当时曾琦等人所提出的口号——国家高于一切、全民革命、反共、反阶级斗争，也是一种对抗之下形成的主义。

1924年李璜在《释国家主义》一文中说："主义者，有一定明了的意识，不徒恃盲目激刺的感情"，是变含混的状态为"有意识"的状态。[218]而从先前所提到曾琦的演讲亦可以看出：不管动机如何不同，一时皆以信仰主义，组成死党为动向。他痛责当时军阀与知识分子因缘为用，朝秦暮楚，忽南忽北，说"一言以蔽之曰：'无主义信仰之故也。'""主义乃导达目的地之指南针也。""主义有如航海之'救生袋'，当轮船被难，势将沉没，其赖以救全船生灵者，仅赖有救生袋……主义之于人生，其功效有如此。故人不可无主义，以为行为之准绳也。""凡人既服膺一种主义，必能为之而牺牲。"结论是"惟国家主义，可以救中国"。[219]

"主义"确有实效，而"主义化军队"的威力，更震撼了当时的中国，蒋介石便曾自负地比较过"有主义的军队"与"无主义的军队"的悬殊对比[220]，也有人认为有主义的是新军队，没有主义的是旧军队，新军队是为一定的政治理想而战，旧军队是为争夺私人地盘而战。"主义"加上"军队"会产生如此巨大的物理力量，主要原因之一，是赋予军事力量一个意义世界，有一定的理想及蓝图。这也是为什么梁启超说国民

---

[218] 李璜，《释国家主义（节录）》，收于蔡尚思主编，《中国现代思想史资料简编》，第2卷，页633。

[219] 曾琦，《国家主义与中国青年（民国十四年五月在上海国立暨南大学讲）》，收于曾慕韩先生遗著编辑委员会编，《曾慕韩先生遗著》，页123—124。

[220] 蒋介石，《认识我们唯一的敌人（节录）》，收于蔡尚思主编，《中国现代思想史资料简编》，第2卷，页741—742。

党清党之后,剔去共产党,"简直是一个没有灵魂的躯壳了"。[221]

如果拿冯玉祥的自述《我的生活》作为底本,便可以看出"主义"在军事上所发挥的奇妙力量。冯玉祥显然很早就认识到现代军队在物理力量之上还要有精神力量,他带兵以来便一直在为他的军队寻找一套意义系统,先是以四书五经等书籍,编成各种"精神书"以作为训练教材[222],接着又找到基督教,并模仿教会宣道的方式,灌输军队一套价值与意义。接着是三民主义,然后是列宁式的主义。

在《我的生活》中,可以看到冯玉祥一直在摸索一种梁启超所说的精神世界或"第二世界"。冯玉祥认为旧的那一套已经不够用了:"而且所读的书,又都是修身齐家治国平天下的一套旧东西。以此来应付这激变期的中国社会,时时显得格格不能相入。"[223]因此,要找寻与现代政治、国家前途更有关的精神道德教育与政治教育。

他套用基督教的赞美诗形式,将基督教义作为军中精神教育的材料。[224]"每次作战之前,应当使官长士兵确实明了,这次我们是同谁作战?为什么作战?为什么必须以武力打倒敌人?官长士兵对这些都能

---

[221] 梁启超,《与令娴女士等书》,收于蔡尚思主编,《中国现代思想史资料简编》,第2卷,页289。

[222] 孙连仲回忆道:"曾文正公说:'带兵如鸡伏卵,如炉炼丹,须臾不离'。这些名句,当时西北军将领都能背诵,军中有六百字课,给士兵诵读,是从美以美教会的六百字传教文改编的,包括修身、道德、教育、智育四项。以后又增加八百字,都用成语缀成,容易背诵上口。""对于军官,另有古文四十篇,要背要讲……还有一种'精神书',总共五十条……"见《孙连仲口述历史》,收于孙仿鲁先生九秩华诞筹备委员会编,《孙仿鲁先生述集》(台北:编者自印,1981),页95—96。

[223] 冯玉祥,《我的生活》,页172。

[224] 冯玉祥,《我的生活》,页296。

切实了解,作战时才能发挥最大的效力。"[225]

冯玉祥后来成为孙中山的信徒。在其所写的《我的生活》中,他曾提到孔祥熙(1880—1967)来看他,并带给他一份中山先生手书的《建国大纲》,并说"各方面的朋友都三三五五地来看我,大约国民党朋友来得最多。……那时所谓新兴社会科学,只在萌芽。三民主义在旧政治的压迫之下,也未普遍地公开于世,因此,社会人民对于新兴社会政治的知识,都很简陋"。[226] 在孙中山逝世前不久,他说:"中山先生送给我六千本《三民主义》,一千本《建国大纲》和《建国方略》,我便全数分发给各部队,令官兵列为正课,悉心研读。……此外,我也经常规定时间召集重要的官长在一起,一段一段地轮流挨着读。对中山先生学说和主义,我们才第一次有了更深一层的有系统的全部认识和了解,大家对整个的政治思想才开始有了体系。当时我们全体官兵那一种欢欣鼓舞,兴奋难制的情形,实非笔墨所可形容的。此时我自承已为一党外的中山主义信徒,全体官兵亦莫不如此。"[227]

冯玉祥留俄的三个月里,更"深切地领悟到要想革命成功,非有鲜明的主义与参加为行动中心的党的组织不可"。"吴佩孚张嘴闭嘴所抱守的纲常名教,尽可由学究们放在纸堆里保存,不能拿到二十世纪的民主国里害人。""不仅旧有的纪律与精神要恢复,更要进一步使之成为有主义有信仰的革命部队。"故此他注意官兵的革命教育,"除每晨朝会演讲三民主义而外,又编有革命精神问答书,发给各部诵读、答问,

---

[225] 冯玉祥,《我的生活》,页361。

[226] 冯玉祥,《我的生活》,页390、420。

[227] 冯玉祥,《我的生活》,页422。

藉以提高部队的政治水准。"[228]

　　站在国民党对立面的地方军阀,亦注意到"主义"的威力。如太原的阎锡山(1883—1960)显然也在摸索一套新的义理系统。他创立"自省堂",以在主义战场得以与南京政府抗衡。[229] 孙传芳(1885—1935)则发明了"三爱主义"[230],奉天的张作霖(1875—1928)则发明了"四民主义",即在孙中山的三民主义之上又加一个"民德主义",张宗昌(1881—1932)则发表演讲,力倡"国家主义"以对抗南方的"世界大同主义"[231],四川的刘文辉(1895—1976)则有"全民主义"。[232] 张宗昌也提出过三什么主义。[233] 虽然有人批评"他们以为主义是枪杆上的装饰"。但是由这些形形色色的"主义"可以看出:当时人们对国民党的

---

[228]　冯玉祥,《我的生活》,页481、492、504、519。

[229]　邓演达以讽刺的口吻表示:南京当时所主张的"'以礼义廉耻为立国之本'是和太原的'自省堂'约莫旗鼓相当,手来脚应"。见邓演达,《中国内战与文化问题(一九三〇年九月二十日)》,收于周天度编,《邓演达文集》(北京:人民出版社,1981),页188。

[230]　在一篇刊登在潮州黄埔军校分校刊物上的文章中,是如此分析孙传芳何以要提出"主义":"因为我们国民革命军此次出师的旗帜是在青天白日之下摇幌的三民主义的旗帜,同时孙传芳为要抵制我们起见,于是他只有一闭眼一思索之劳就很轻快的创出他的三爱主义来。他是想用'三爱'主义的'三',来和'三民'主义的'三'针锋相对的拼个上下。他的意思似乎说:你们的三民主义的'民族''民权''民生',目的是要使全国人民到了'民治''民有''民享'的地步;我的三爱主义是'爱民''爱国''爱敌',我孙传芳是要自己站在最高的地位上施行我最大的能力去爱尽他们一切黎庶的。"见醒耶,《"三不"主义与"三爱"主义》,《潮潮周刊》,第10期(1926),页11。

[231]　罗志田,《地方意识与全国统一:南北新旧与北伐成功的再诠释》,收于《乱世潜流:民族主义与民国政治》,页212。

[232]　唐君毅,《记重庆联中几个少年朋友》,收于胡菊人编,《生命的奋进:唐君毅、徐复观、牟宗三、梁漱溟四大学问家的青少年时代》,页40。

[233]　吴世昌,《中国需要重建权威》,《观察》,1:8(上海,1946年10月19日),页5。

"主义"加"军队"所造成的空前成功群起仿效之情况。

"主义"发挥的力量如此之大,以至于远在川康边区的一位回民显然也弄不清三民主义与中华民国究竟是什么。1929年,当史语所的川康民俗调查团到达时,调查员与当地的杨喇嘛有这样一段对话。在《川康民俗调查报告》之中,杨喇嘛知道孙中山,并且听说过蒋介石,但不知有南京,更可笑的是,他问访问员们:"三民主义和中华民国到底谁个的本事大?"[234]

但是主义也成为紧箍咒,主义相同者称为"同志",主义不同者即是仇敌,两边成为生死之间的决战。朱光潜(1897—1986)于1937年所写的《中国思想的危机》一文中,对当时他与其交友圈子所处的社会与政治环境有以下的观察:"政治思想在我们中间已变成一种宗教上的'良心',它逼得我们一家兄弟们要分起家来。思想态度相同而其余一切尽管天悬地隔,我们仍是同路人;一切相似而思想态度不一致,我们就得成仇敌。""甚至于以某一派政治思想垄断全部思想领域,好像除它以外就别无所谓思想。"[235]朱光潜只是许许多多对当时主义狂热感到不满的人之一。甚至于"主义"的创始者更俨然扮演着裁决是非对错的"上帝",如胡适批判在国民党的统治之下,"造成了一个绝对专制的局面,思想言论完全失去了自由。上帝可以否认,而孙中山不许批评"。[236]

---

[234] 黎光明、王元辉著,王明珂编校、导读,《川西民俗调查记录1929》(台北:历史语言研究所,2004),页106。

[235] 朱光潜,《中国思想的危机》,收于朱光潜全集编辑委员会编,《朱光潜全集》(合肥:安徽教育出版社,1987),第8册,页514、516。

[236] 胡适,《新文化运动与国民党》(1929年11月29日撰),收于张忠栋、李永炽、林正弘主编,刘季伦、薛化元、潘光哲编辑,《现代中国自由主义资料选编——④文化的道路》(台北:唐山出版社,2000),页188。

当"主义"成为只此一家,别无分号,包办一切真理、包办一切是非的新东西时,1895年以来思想转型的多元竞逐之局于焉结束。

八、结 论

本文一开始即已强调,本文主要是讨论近代中国思想转型期间"主义"作为一种政治论述的转变,探讨它由一个平凡无奇的观念,变成信仰,变成"宗教",并与党、军队结合成一种"新型力量",而这个过程在短短三十几年间就完成了。

"主义"的影响无远弗届,它像一袭轻纱、像一层薄雾,不但改变中国近代政治的气候,同时也把文学、艺术、历史等几乎所有知识领域及生活世界中的形形色色,轻轻罩上一层纱,或染上一缕颜色。主义之前的新文学与主义之后的新文学、主义之前的新学问与主义之后的新学问,往往可以看到微妙的或重大的不同。而"主义化"之后的学问与生活气质也不声不响地传递下来,它们构成一个很稳定的架构,但是它们也形成无所不在的束缚,是我们探讨近百年历史最不可绕过的部分,同时也是最为丰富的习题。

综而言之,如果从"主义"出现的频率来为三十多年之间"主义"的发展分期,人们可以利用金观涛、刘青峰的"中国近现代思想及文学史专业数据库(1830—1930)"所得到的统计资料看到几次明显的变化:从1899年开始出现大量的"主义",于1903年达到第一个波峰,共有324种之多,1906年之后,主义的种类开始减少。在1911—1912年间降到波谷,之后再度出现大量的"主义",于1919年达到第二个波峰,之后虽然逐年减少,但仍维持一定的数量。但1919—1927年之间,则呈现复杂的状态,如社会主义的波峰在1921年,而帝国主义的波峰在

1926年,且各主义之间有爬升与下降之不同趋势,更有曲线交错的现象。[237] 如果以各种"主义"出现的词频进行统计,也可以看出近代中国最常见的十一个主义分别是:"民族主义""社会主义""帝国主义""国家主义""孟禄"或"门罗主义""国民主义""自由主义""无政府主义""民生主义""个人主义"和"共和主义"。[238]

如果是从思想历程的角度去观察,则可以看到"主义"论述的形成,至少经过了四个阶段的变化:第一阶段是主义作为一种"重宝"在日本诞生的过程,并讨论"主义"一词在东亚的传播。其次,是讨论由"道"→"主义"的过程。在用"主义"一词翻译西方的 ism 等字眼之前,人们常使用"道"之类的字眼来翻译,譬如社会主义译为"公用之道"。"道"是一个比较传统,且也比较带有包容性的概念,"主义"从字面上看来便带有比较浓厚的一贯性、排他性及意志论的色彩,带有坚持特定主张与方向的意涵。

第二阶段是 1900 年以后一直到新文化运动之前,此时主义逐步取得了思想上的优势地位。在这个阶段,人们使用"主义"或谈论"主义"时,基本上是以近代西方的民主政治为模型,区分现代政治与传统政治,认为近代政党政治是主义之争,现代型的政治人物是有一贯主义的政治人物。

这一时期的"主义"也带有一些道德的色彩。人们认为"主义"与"人"可以分开,"人"可能是自私自利的,"主义"是公的,为主义而争

---

[237] 詹荃亦、王乃昕,《"主义"的数位人文研究》,页 229、232—236。

[238] 请参见金观涛、刘青峰,《从"群"到"社会""社会主义"——中国近代公共领域变迁的思想史研究》,收于氏著,《观念史研究:中国现代重要政治术语的形成》(北京:法律出版社,2010),页 217。

并不是为个人利益而争,"主义"几乎成了化私为公的保证,为主义服役,为主义效力是好事,而且有主义的人往往坚持某种理念、前后一贯,所以有人称"主义"是一种"人格的保险公司"。但是在这一个时期还没有"只要有主义,就比没主义好"(傅斯年语),或"现在吾辈之信仰主义,自谓不敢后于他人"。[239]

主义论述的第三阶段是新文化运动及五四前后这一段时期,人们宣称"有主义总比没主义好"。此外,还有几种值得注意的发展:理想世界的变化,改造社会、社会革命之说压倒新文化运动以文学、伦理革命为主轴的思维,新的社会理想,是在社会之外去创造一个新的社会,使得现实与理想之间距离拉得非常大。青年人受到辛亥革命成功的暗示,认为理想是可以透过组织的力量加以完成的,"以为天下无难事,最美善的境界只要有人去提倡就立刻会得实现"。[240]

可以说这个时期出现一种心理丛聚:一方面是理想与现实的距离拉大了,另一方面是对政治深切不信任,不认为政治能改变民国政治,同时又发现社会才是一切问题之根源,认为社会是一整个的,不可能采用单子式的解决,必须先改变整个社会,才可能解放个人。同时,因为厌恨政治,所以不认为进入现实政治中去改变政治是一件正当的事,故他们寻求的是一种非政治的社会革命。以上思维的轴心是"主义"加上"组织"。

此时的另一个思想倾向是喜欢将"学理"加以主义化,加上主义的缀词,青年人争相成为"主义者",认为能有主义才是一个真正的"人"。从五四的种种社团的发展也看得出主义化的倾向,许多社团纷纷争论是否应该有一个共守的主义。不过在前文中我也指出,这时候的"主

---

[239] 王光祈,《政治活动与社会活动》,《少年中国》,3:8(1922),页403。
[240] 顾颉刚,《古史辨自序》,《古史辨》(香港:太平书局,1962),第1册,页17。

义"并不全然是布尔什维克主义。但是正如前面所提到的,由不主张马上为少年中国学会立定一个主义的王光祈无意间说的一句话——少年中国学会将来所采主义,"各人信仰起码亦系社会主义"——可以看出当时以改造社会为宗旨的社会主义在主义的市场中,已经取得了最大的优势。

朱家骅(1893—1963)曾经说过:近代中国的共产主义是从日本来的,行动是从俄国来的。[241] 新文化运动以来的社会理想及各种杂糅附会的主义,大多从日本转手而来,但是俄国大革命的成功,却使当时人觉得找到了一个可用的模型,俄国大革命成功之后,让人们在模模糊糊之中找到一个方向,这使得俄国的布尔什维克主义在各种主义竞逐的市场中成为热门的选项。

主义论述的第四阶段是 1920 年代以后:中国共产党的成立,孙中山以俄国为师,俄国式的"主义、党、党军"三位一体,成为国民党的新方向。全国只能有一个主义,只能有一个党,以党治国、以党治军的"新型力量"成了主义的新面目。孙中山在《三民主义》中的第一段话"主义就是一种思想,一种信仰和一种力量",具体而微地表现了信仰化、宗教化了的"主义",成了张灏先生所说的"政治宗教"。[242] "主义"成为无所不包的真理系统,"主义"相同者是"同志","主义"不同者是"仇敌"。前者"拥护",后者"打倒","拥护"与"打倒"往往在很短的时间内变来变去。

---

[241] 萨孟武,《河上肇及米田庄太郎》,收于氏著,《学生时代》(台北:三民书局,1967),页177。

[242] 张灏,《三民主义的蜕变:由政治宗教走向改良主义》,收于氏著,《幽暗意识与民主传统》(台北:联经出版事业公司,1989),页201—208。

"主义"加上党,加上军队,确实发挥极大的威力,成为扩张个人地盘或救国的利器。"有主义的军队"与"没有主义的军队"的力量往往高下立判,"新型力量"成为一种风行的形式,为各地军阀政客所仿行,甚至还曾经得到胡适的赞美。[243] 胡适说:"全党也多少在军事纪律约束之下",使国民党的党和军队"实际上已成为一体,至少也是联锁式地结合起来"。他认为这是"极为卓著而且重要的","这样组织起来的军队当然要打败没有组织的旧军队"。[244]

经过四个阶段的演变,"主义"成了支配1920年代以后中国命运的无上律令,也成了我们在海峡两岸所看到的"主义"国家的样态。

不过,在结束本文之前,我还要强调两点。

第一,在左、右两种最强而有力的新主义中,三民主义的力量并不及布尔什维克主义。在国民政府时期,虽然处处冠上"主义",但往往要求模糊、徒具虚文,以学术方面的主义化为例,往往帽子大、实质小。有些抓住三民主义的科学性或其中任何一点,来合理化本来就在进行的工作。但在布尔什维克主义方面的情形就大不相同。它的笼罩力自四面八方而来,判断是否合乎主义时,论证严谨,层次井然,宛如进行守护真理的辩诤,其威力广大无比。[245]

---

[243] 参见并转引罗志田,《地方意识与全国统一:南北新旧与北伐成功的再诠释》,收于《乱世潜流:民族主义与民国政治》,页206—207。

[244] Hu Shih, "The Renaissance in China," 原刊: *Journal of the Royal Institute of International Affairs*, Vol.5(1926), 收于季羡林主编,《胡适全集》(合肥:安徽教育出版社,2003),卷36,页179—180。

[245] 能反映这个情形的文献非常之多,譬如在茅盾的《我走过的道路》(香港:三联书店,1981—1988)及《舒芜口述自传》(北京:中国社会科学出版社,2002)中,都可以看到这类的情节。

第二，本文所谈的是三十年间"主义"发展的倾向，至于对个别青年而言，在追求生命及国家的救赎过程中，他们的生命轨道往往游移变化。此处仅引用唐君毅回忆他的一位朋友的一生为例——"他之短短的一生，由向内而向外，由唯心而唯物，再由向外而向内，由唯物而唯心……他在前后十多年中，思想上生活上经历了无数的跌宕，忽而道，忽而儒，忽而佛；忽而青年党，忽而共产党，忽而国民党，仿佛于十数年中，即过了数世纪。内心的向往，外在的刺激，使一个人之生命，由于激荡太多而分裂，这是不能免于一悲剧的命运的。"[246] 这是近代中国相当典型的一个生命，许多青年都经历过狂读社会主义书籍，向往社会革命、入党、离开党等迷离的生命过程。这也就是说他们的生命轨迹都是向着主义前进。譬如唐君毅虽然读过许多社会主义的书籍，因为不同意唯物论，所以掉头不顾，最后转向儒家，建立一套人生哲学。也有人在寻寻觅觅之后，成为三民主义的信徒。[247]

有些主义瞬间烟消云散，但有些却变得强大无比。布尔什维克主义与三民主义虽然有强弱之别，但在它们最有吸引力的时候，不但给人目标，也指引方向，指示了救国的道路、动员了分散的力量、完成了许多事业，而且新主义的信从者似乎对什么问题都有现成可用的答案。在那个时代，"主义"是一个如罗马的古神"雅努斯"（Janus）般的两面神祇，一方面能解救国家，为人生提供了意义的框架，另一方面却也带来了无限的压制与束缚。不管是两面神祇的哪一面，"主义"都是近百年来最强大有力的一种政治论述。

---

[246] 唐君毅的朋友为游鸿如，见唐君毅，《记重庆联中几个少年朋友》，收于胡菊人编，《生命的奋进：唐君毅、徐复观、牟宗三、梁漱溟四大学问家的青少年时代》，页43—44。

[247] 傅启学编著，《中山思想体系》（台北：台湾商务印书馆，1985），页1。

第六章

时间感、历史观、思想与社会
——进化思想在近代中国[*]

雷蒙·威廉斯在他的《文化与社会》(Culture and Society 1780-1950)中说,18世纪末尾数十年及19世纪前半叶,几个今日极为重要的字眼首次变成一般通用的英文词。他提到五个词:工业(industry)、民主(democracy)、阶级(class)、艺术(art)、文化(culture)。[1] 引用这段话是想说明,如果您问我影响近代中国最重要的五个思想观念,"进化"必然是其中一个。

2009年是达尔文出生两百周年,也是《物种原始》(On the Origin of Species)出版一百五十年,这部书对一百五十年来的世界影响极大。即使过了一百五十年,这本书对演化生物学及其他许多方面仍有启示作用,不像许多科学古典到今天只有史料的价值。事实上,进化论对近代中国的影响真是无远弗届,绝大部分在历史舞台中有一定地位的人都

---

[*] 本文是2009年香港中文大学"丘镇英讲座"的讲稿,经主办单位同意,先在此发表,特此志谢。

[1] Raymond Williams著,彭淮栋译,《文化与社会》(台北:联经出版事业公司,1985),导论,页xiii。

受过它的洗礼。鲁迅或许可以拿来作为一个例子。鲁迅回忆他初阅《天演论》时的情形说：1902年2月2日，他购买《天演论》一册，并即往水师学堂向周作人推荐，夜间同阅《天演论》至十二点才睡。[2] 鲁迅甚至能背诵《天演论》中的若干篇章。

不过我们应注意，严复译的《天演论》并不是达尔文的《物种原始》。《天演论》是严复根据达尔文的"拳师狗"或"大护法"赫胥黎（Thomas H. Huxley, 1825—1895）的《进化与伦理》（*Evolution and Ethics*）这本小书所译成的。严氏一方面介绍，一方面"创造"了这本小册子，因此鲁迅说他"作"了一本《天演论》。鲁迅下笔确有分寸，《天演论》既不是《物种原始》，而且即使是翻译赫胥黎的书，它也是一本最不忠实的翻译。[3] 所以我今天演讲的题目可以说有些问题，因为不是达尔文与近代中国思想，而应该说是严复既"译"又"作"的《天演论》与中国近代思想。

近代中国的进化论是由各种思想元素附丽、编织而成的，它与许许多多或相关或不如此相关的质素混搭在一起。从翻译的角度来看，进化论进入中国是多源的：第一，1873年进化观念已透过《地学浅释》等

---

〔2〕 蒙树宏编著，《鲁迅年谱稿》（桂林：广西师范大学出版社，1988），页32。

〔3〕 严复所译的并不是达尔文的进化论，而是赫胥黎的《进化与伦理》这本小册子，而且他对其书作了大量的推衍与引申，尤其是以理学思想比附进化论的痕迹更是到处皆是。严复虽然是译赫胥黎的书，但他所崇拜的却是斯宾塞，认为斯氏是"生民以来未有若斯之懿"，简直将他比之孔子了。但是他并不欣赏斯氏对进化论的诠释，因为斯氏是"任天行"的，也就是放任自然演化而不作任何人为的干涉。严复认为如果这样下去，社会的伦理秩序会因无法配合其脚步而出大问题，所以他认为当时中国所需要的是赫胥黎式的，讲进化同时也讲伦理的，要以人的力量去对进化所造成的恶果作某种程度干预的理论。以上内容见李泽厚，《论严复》，《中国近代思想史论》（北京：人民出版社，1979），页261—265。

江南制造局的翻译著作来到中国。第二,是经由对斯宾塞的综合或夹杂在各种社会学的翻译中进入中国。不过这里要附带提到一点,斯宾塞学说传入日本,产生了极大的影响,形成强调民族主义与国家主义、反对剧烈变动的思想。第三是来自1898年严译的《天演论》,它将这个自然理论的人文及政治意涵张扬到最高点。第四才是其他各种资源。因为来源多元,所以它是夹杂着进化、进步、向上等因素而形成的一种思想丛聚。它们笼统地聚合在一起,形成一个组件库,供人们自由取用并随意混合。直到今天,我们恐怕仍不能太过拘执于近代中国的进化思想是否忠实于原始脉络之类的问题。

尽管进化思想在严复译《天演论》之前业已进入中国,当时因为被当作一种自然理论来介绍,实际发挥的影响并不太大,但是在严译《天演论》之后,自然理论与国族的危亡密切联系在一起,产生难以想象的效力。也就是说,严复边译边作,透过他特殊的节译及按语,处处将"物竞天择""适者生存""优胜劣败"等理论与甲午战败以后的国家命运联系起来之后,造成此书的风行。

在这里我还想进一步厘清几点:第一,在西方近世思想史的脉络中,"演化""进步""进化"是三种不同的概念,而且演化与进步在某些特定时代是互相对立的。但是在近代中国,一方面受到日本影响而好用"进化"一词,另方面是经常不加分析、无从分别(也没有兴趣分别)地将三者混用,并与当时的各种思潮杂糅附会,形成一个大致以线性进化为架构的概念群。第二,达尔文几乎从不提他的理论与人类的关系,可是经过社会达尔文主义的发挥,它对人类社会的影响非常之大。第三,在达尔文的《物种原始》出版之后,西方有许多人赞成"演化",反对"天择",但是在近代中国思想界并没有这些细微的区分,达尔文《物种原始》的原书被译成中文已是五四时代的事了;相反地,近代中国所最关心的内容是"物竞天择""适者生存"。第四,《进化与伦理》一书的英文原版出版于1893年,严复的中译本只落后五年左右,可以看出严复回国之后紧跟着英国出版界的脚步。《进化与伦理》的作者赫胥黎虽是达尔文最主要的拥护者,可是他因为目睹社会达尔文主义"任天为治"——听任社会竞争、适者生存、弱肉强食,所以希望透过社会的努力来加以救治。因此,用严复的语言来说,在"天行"与"人治"之间,赫胥黎希望以"人治"来济"天行",达到两者之"体合"。然而严复在字里行间却较为强调"人治"的重要,譬如说"今者欲治道之有功,非与天争胜焉,固不可也"。[4] 在中国近代思想界,"天行""人治"之间必要的紧张性并未突显出来,反而是两者相加相乘,极端突出"人治"的重要。人的努力不再像古代儒家致力于提升人的自我超越性,以回复本然的"性"作为努力的目标,而是以人们所构拟的性质作为人性的内容,并以之作为"伦理历程"中努力向上的目标。

  接着我要进入本文的正题。本文所关心的是一个前人较为忽视的层面,即思想史与生活史之交涉,其中要谈时间感、历史观等方面的变化在思想及社会上之作用,也就是进化论所带来的整体眼光之变化,使得人们在考虑大大小小的问题时——从社会到人生、从人的定义到政治的潮流感等,都不可避免地有重大的改变。这些问题不一定是进化论的作者或译者原先感兴趣的,但却很深刻地改变各种论述的方法与论述的风貌。而在近代中国思想史中,实在很不容易再找到另一个能与它匹敌的新思想成分。

---

[4]　赫胥黎著,严复译,《天演论》(台北:台湾商务印书馆,1977),卷下,页48。

一

　　在传统中国,循环观或黄金古代的观念很具势力,两者也常常交织存在。虽然有时会出现杨联陞(1914—1990)在《朝代间的比赛》一文中所讲的"古不如今"的现象[5],但政治思想中,传统士大夫有一种不曾明言的思想倾向,认为最好的时代乃是三代,如李颙(1627—1705)说"顾今时非同古时,今人不比古人"[6]。至于在文化理想或生活品味中也是以古人的行止为最高,所以常有"人心不古"一类的话,或是抱怨某人不以古人对待自己。即使是在进化论的思想势力席卷大半个中国之际,山西的一个地方士绅刘大鹏仍在日记上这样写着:"当此之时,人情风俗大违于古。"[7]至于基层社会,我想只要翻阅一些通俗文学作品,就能很快找到资料证实崇古心态的普遍性。对他们而言,愈接近"古"就愈符合文化理想。所以在此心态的影响之下,要问的问题往往不是有没有能力变而趋新的问题,而是应不应该变而趋新的问题。

　　值得注意的是,中国思想中本有一股"化"的传统,主张物类之间

---

　　[5]　杨联陞,《朝代间的比赛》,收入《庆祝李济先生七十岁论文集》(台北:清华学报社,1965),上册,页139—148。

　　[6]　李颙撰,陈俊民点校,《二曲集》(北京:中华书局,1996),卷十六《答王天如》,页163。

　　[7]　刘大鹏遗著,乔志强标注,《退想斋日记》(太原:山西人民出版社,1990),页127。

可以随其道德修养状态而进化或退化。[8] 我曾经长期注意这一股"观化"的思想传统,但并未深入探究,只知道"观化"的思想在元结(719—772)的《观化三篇》、谭峭(唐末五代人)的《化书》、王一清(明万历时人)的《化书新声》及许许多多的文本中都有所反映。在元结的《观化三篇》中并未讨论物种变化之事,但谭峭的《化书》中则到处充满"蛇化为龟,雀化为蛤。彼忽然忘曲屈之状而得蹒跚之质,此倏然失其飞鸣之态而得介甲之体"[9],"老枫化为羽人,朽麦化为蝴蝶,自无情而之有情也。贤女化为贞石,山蚯化为百合,自有情而之无情也"[10],"化化不间,由环之无穷"。[11]各种物类之间是连续的,疆界是活动的、可以随意转换的。明代王一清的《化书新声》,也是对《化书》所做的一种新解释,该书有些地方运用理学的概念,将《化书》的观念重加诠释。王氏强调各种类之间是连续的、可以互相变化的:"譬如朽爪为鱼,腐草成萤,粪丸生蝍白,人血化野火,后稷生于巨迹,伊尹生于空桑,物之感气而变化,亦无足怪也。故知天地万物自一体出,而物即我也,我即物也。孰为有识也?孰为无识也?万物一物也,万神一神也,万气一气也,万

---

[8] 王夫之在《黄书》中有一段文字谈到,人如果失去道德修养上的努力,有可能会逐步退化为动物。当然他也模糊地提到人是由动物变来的,而使动物变而为人的主要因素,是道德修养上的努力。王夫之,《黄书·慎选第四》,收入氏著,船山全书编辑委员会编校,《船山全书》(长沙:岳麓书社,1992),第12册,页519。此外,章炳麟有一段话:"物苟有志强力,以与天地竞,此古今万物之所以变。变至于人,遂止不变乎?"章炳麟,《訄书》(台北:世界书局,1971),《原变第十九》,页59。

[9] 谭峭撰,丁祯彦、李似珍点校,《化书》(北京:中华书局,1996),卷一,《蛇雀》,页2。

[10] 谭峭撰,丁祯彦、李似珍点校,《化书》,卷一,《老枫》,页2。

[11] 谭峭撰,丁祯彦、李似珍点校,《化书》,卷一,《死生》,页13。

形一形也。无物不在太虚之中,又何分别彼此之间哉?"[12]直到近儒熊十力(1885—1968)给胡适的一封长信中,虽然主要在谈生民足食的重要性,但同时也在大谈《化书》中"化"的观念的当代意义。[13]而人可以进化也可以退化的思想,在章太炎的《訄书》中也有所表现,他说"人兽之界限程度本无一定",不一定猴变人,人也可以变回猴子。[14]

　　清代学术思想的基本方向也是"求古",是回头看,而不是向现代或向未来看的。汉学的基本兴致是尽量了解三代圣人的礼乐制度以及圣人的心志,所以清学中的每一分支大多以考古为重。这种历史研究工作与今日学院中的研究有所不同,即它实际上是想以重建上古作为效法的对象,以上古的情状作为今日的蓝图。但是这里面马上就出现一种现象:在经过客观的历史重建工作之后,人们发现三代圣人的世界原来是非常朴陋的,是野兽遍地、茹毛饮血的时代,所以黄金古代的美梦虽然不是一下子就粉碎了,不过持古代"朴陋"之说的人渐渐出现了。但他们或者不愿明白说出,或者因为受黄金古代典范笼罩太久而根本不想去质疑,所以除了江永(1681—1762)、金鹗(1771—1819)、康有为、章太炎等人外,极少有人正视这一个"怪现象"。前面已经说过,清代学术的前提是想将三代圣人的时代弄清楚之后,尽其可能地施用于当世;然而政治是瞬息万变的东西,几千年前的蓝图很不容易在现代付诸实行。所以我们看到一个极为有趣的"裂缝"——即在清代两三百年间,中国第一流的脑筋所从事的学术是用后照镜看未来,学术上是

---

[12]《老枫》篇注,王一清,《化书新声》,收入《四库全书存目丛书》(台南:庄严文化事业公司,1995),子部第83册,卷一,页4b,总页110。

[13]《致胡适并附读谭子〈化书〉》,耿云志主编,《胡适遗稿及秘藏书信》(合肥:黄山书社,1994),第38册,页584—593。

[14] 章炳麟,《訄书》,《原人第十六》,页34。

一步步跨过明、元、宋、魏晋、隋唐、两汉，希望走回到最先出发的那一点，而时代与社会却是一步步往前走的，最后走到海洋时代的来临。

在初步接触到现代变局的清儒言论中，我们很快便看到这一个"裂缝"。孙诒让（1848—1908）是一个不错的例子。温州的孙诒让毫无疑问是清代汉学的殿军，尤其是他的《周礼正义》，大概是清儒所作经疏中最为精彩的一部。可是孙诒让同时也非常关怀当代事务，他在温州地区所办的学堂及各种现代设施，很值得有一篇专文加以讨论。从孙氏的思想可以看到，他非常渴切地想将这两个面相结合在一起，一方面是求古、回头看的，另一方面是求今、迎向未来的。但他很快就失望地发现，这两个面相早就已经分道扬镳了。他一方面声称"然则古人之迹与习，不必皆协于事理之实，而于人无所厌恶，则亦相与守其故常，千百岁而无变。彼夫政教之闳意眇恉，固将贯百王而不敝，而岂有古今之异哉"[15]，但是他另一方面也发现考究历史与讲求今日之富强，实属南辕北辙。

二

接着要谈近代中国历史中的进步观。近代中国的进步观大致粗分成三个时期：晚清今文家的进步观，受到进化思想影响下的进步观，与辩证法结合之后的进步观。不过，"进步"是一种中性的观念，与它相关的其实还有许多层面。首先是进步的速度快慢之不同，其次是它究竟要"进"到何处去？"进"到什么样的社会？

---

[15] 孙诒让撰，王文锦、陈玉霞点校，《周礼正义》（北京：中华书局，1987），《序》，页4。

提到近代中国历史中的进步观,很快地会联想到清季今文经学中所谓的三世进化说:"据乱世""升平世""太平世"。其实公羊三世与进化论的思想仍有相当大的距离。譬如魏源(1794—1857)基本上认为三世是太古、中古、末世,三世的气运历经不断循环,历史由太古递嬗为中古、再为末世,末世之后便又"复返于太古淳朴之初"。故他提倡变法,其目标是将现实社会复返于太古淳朴之世,其"太平世"也就是"太古淳朴之世"。[16]

晚清著名的变法维新派康有为受三世说的影响非常大。然而他与魏源不同,他曾经大量阅读翻译的西书,并且到过香港等地,对西洋社会有相当多的了解,后来又受到进化论的影响,所以他的"太平世"不再是六经、三史中所记述的世界,而是近代西洋的、或是无限可能的乌托邦世界。康氏的例子充分说明:进化论与西学的加入,等于是把一端的口打开了,变成一个没有瓶塞的瓶子,"最理想的社会"变成是一个开放的、无限可能的问题,只要你敢想,便可能达到,也因此改变了晚清以来寻找乌托邦的模式。我们不应忘了在清季精研墨学的孙诒让,对时局极为失望,还曾构想着要到海外找到一个岛屿,按照《墨子》一书来构建他心目中的乌托邦世界。此后,乌托邦不必是古代经典中所描绘的世界了,它变成是一个对未来发挥想象力的大竞赛,所以康有为的《大同书》就必须放在这个脉络下去理解。

除了一进不复退,或人类可以进向无限完美的观念外,进化论还强调一个"动的"宇宙观,鼓舞竞争甚至斗争的思想,鼓舞人定胜天、自强保种,鼓舞人为了利益而奋斗。此外,它还有许多意涵。譬如由于相信

---

[16] 魏源,《老子本义·论老子》,收入《魏源全集》(长沙:岳麓书社,2004),第 2 册,页 645—650。

人是猴子变来的,所以"天地之性人为贵"之类的古训,或是人天生的本体是纯善无恶的思想都站不住脚了。传统思想中影响甚大的"圣人构作说",认为圣人有计划地构作人间理想秩序的想法,也面临挑战:因为天演是由朴陋逐步进而文明,并不是来自古代圣人的伟大计划。

进化论冲击着儒家那种和谐的世界观。前面已经提到达尔文之说早在1870年代已进入中国,不过并未引起后来那样的震动。严译《天演论》之所以大行,与政治的关系密切,在于它给当时面临亡国之祸的老大帝国一些警告。在"物竞天择""适者生存"的情况之下,种族是可能灭绝的,而且灭绝之后,便不再出现,这使得当时人对既亡国又灭种有相当强烈的忧虑,认为亡国灭种的可能性是被科学定律所支持的。而且当时人从《天演论》中得到的观念是群与群争、种与种争,在竞争的过程中只有透过不断的努力——而且是群体的努力,才可能生存。所以人们得到一种印象,认为国人必须集体化,才能在"国"与"国"争的局面下生存下来,因此集体主义也有了科学的基础。此外,在争生存的思想格局下,一种动的、斗的人生观变得流行起来,"与人奋斗,其乐无穷"正是其写照[17],竞争逐渐成为新的理想人生观,与儒家的思想传统产生极大的反差。与此同时,一批新的词汇也开始广为流行,如自强、自助、自立、自存、自治、自主、竞存、适存、演存、进化、进步等,有几代人的姓名或字号中大量出现适、竞存、演存、演生[18],表示了对进化思潮之信仰。

由一些无意间流露出来的文字,更可以看出进化思想影响之深广。

---

〔17〕 "与人奋斗,其乐无穷"语自毛泽东,见李锐,《毛泽东的早年与晚年》(贵州:贵州人民出版社,1992),页7。

〔18〕 李泽厚,《论严复》,《中国近代思想史论》,页268。

这里我想引一则日记材料作为左证。前人有诗"恨不早生千载上,古人未道我先说",词家夏承焘(1900—1986)说:"忆李仲骞有诗云:生我不于千载上。予欲改上为下……复生(谭嗣同)亦有惜不迟生之语也。"[19]夏承焘想改他朋友的诗"生我不于千载上"为"生我不于千载下",过去认为愈古愈能接近圣人之本源,现在则认为愈是未来,愈能目睹最新、最高的进化境界。夏氏不但改诗,同时显然相信人可以无限进步,所以隐隐认为乌托邦的社会可能实现,而且不久就将实现,所以在同一天的日记中便写"阅康南海《大同书》,其言亦渐将实现"。[20]可见在时人的思维中有一个看不见的未来世界,这个世界是无限可能的,优先于我们生活在其间的、现实的世界。看不见的、未来的人们,也必优于我们,所以谭嗣同才有"惜不迟生"之语。

如果有人想将近代各种人物思想中受进化论影响的痕迹,尽可能地整理出来,必定是一件永远无法完成的工作,因为它的影响实在是太广太大。我们甚至可以说,自1859年或更早以来,不管赞成或反对进化论,没有一位重要的思想家可以绕过它。

三

用包默在《近代欧洲思想史》中以"From being to becoming"来形容1859年以后支配西方思想界的理论,认为"万物都是变动不居的",所有凝固的被分解开,所有固定不动的被拆解,所有一切过去被认为是

---

[19] 夏承焘,《天风阁学词日记》(二),收入《夏承焘集》(杭州:浙江古籍出版社·浙江教育出版社,1992),第6册,1945年7月22日,页609—610。

[20] 夏承焘,《天风阁学词日记》(二),页609。

永恒的，都被认为只是暂时，一切是被历史脉络所决定的，所谓宗教也成为一种历史现象。[21] 关于学术方法论上，胡适所称的"历史的态度"(genetic method)即与此说有关。对历史、文化及大自然的理解，脱离上帝或冥冥之中的"造物"之观念，造成文化之历史化、大自然过程之历史化。

进化思想为近代中国的学术论述带进一种"发展"的观念。中国传统思想对"发展"一点相当忽略，蒙文通在 1952 年写给张澜(1872—1955)的信中说："儒家之学，自《周易》以下迄宋明，皆深明于变动之说，惟于发展之义则儒者所忽，而义亦不可据。"[22] 而进化论则是给中国当时各种学问带来一种发展的观点，例如改变了当时许多人对史学之定义，纷纷认为历史是寻找变迁进化的因果关系或进化之公理的学问。吕思勉于民国十二年(1923)出版的《白话本国史·绪论》中说："历史者，研究人类社会之沿革，而认识其变迁进化之因果关系者也。"在此之前，人们不会认为历史的性质是简单地认识"变迁进化"之因果关系。我们再看吕书的章节名称，如"三皇五帝时代社会进化的状况"一节，即可看出其关怀之所在。[23] 此外，在各种范畴中，人们也运用进化的观念，譬如道德进化论、"六书进化论"[24]等，不一而足。

清末以来，由梁启超等人所提倡的"文明史"，是当时日本极为流

---

[21] Franklin Baumer, *Modern European Thought: Continuity and Change in Ideas*, 1600-1950(New York: Macmillan, 1977), pp. 337-366.

[22] 蒙文通、熊十力等，《理学札记与书柬·致张表方书》，《中国哲学》第 5 辑(北京：三联书店,1981)，页 369。

[23] 吕思勉，《白话本国史》(上海：商务印书馆,1935)，页 1、10—12。

[24] "六书进化论"系钱玄同所提。见耿云志等编，《胡适书信集》(北京：北京大学出版社,1996)，上册，"胡适 1917 年 10 月 26 日致钱玄同函"，页 113。

行的史学观念。"文明史"原本不可与进化论划上完全的等号,可是在晚清中国,两者却密切交织在一起,相辅相成。它基本上认为所有人类都在爬同一个(进化的)阶梯,所以高与低、文与野都带有强烈的道德评价的意味,落后者要受到谴责,甚至有负疚的感觉。

以下我再从"线性思维",讨论进化思想对社会的影响。进化思维将原先分散开的宇宙人生万事万物重新组合,将知识或人生中一种原本自由的联结,或由传统、习俗等所形成的关系型(associated)的关系,筛选、压缩或删薙,联结成一条往上进步的斜线。这一条线的威力真是无远弗届,它提供人们看待万事万物(尤其是历史)的一种全新视角。以史学为例,试想在此之前最为流行的史籍如《纲鉴易知录》或《御批通鉴辑览》,看它们对历史事件的铺陈方式、对事情前后因果关系的组合,何尝有意要安排出一条因果紧密相连的向上进化历程。许多人艳羡能在社会进化的框架上思考历史现象,如顾颉刚之于胡适。也有许多人认为没有线性架构的历史观者即为无历史观。这些皆是过去所无法想象的,因为过去对"历史"的定义并非如此。

这一条线将一些原先散置的、不可比较的,排在一条线,以在前或在后定出优劣,使得它们之间形成一种比较关系,且便于产生高下优劣的判断,以及行动者现在应有的抉择。譬如胡适在《读梁漱溟先生的〈东西文化及其哲学〉》时便一再困惑梁氏"牢牢的把定着一条线去走"。[25] 把西方、中国、印度放在这一条线,西方是向前的,印度是向后的,中国文化是处于中间的。原先人们不一定会用"放在这一条线",并以前、中、后来比较其发展,但经梁漱溟这一线性化,这三个文明便形

---

[25] 胡适,《读梁漱溟先生的〈东西文化及其哲学〉》,《胡适文存》(上海:亚东图书馆,1923),第二集,页57。

成一个新的比较格局。

进化也造成一种新时间观,"过去"(past)这个东西可以很简单,也可以很复杂,它被放在何种架构下来看其意义是不一样的。在以前,"过去"可能只是杂乱而互不联属的一些案例。在进化论的架构下,"过去"的意义则有不同,"过去"可以是极粗陋、野蛮的,而且愈是如此愈为可信,愈是伦理化,愈不可信。研究过去,包括研究最野蛮的过去,是为了了解各种人类发展的现象的律则(law)。"过去""现在"以及"未来",由一些原本混杂、个殊、单独存在、并列或散置的事例,被排在一条线,形成一个律则。一旦形成律则,便可以适用到各种社会中。总之,"过去""现在""未来"的意义重新得到安排,获得新的意义。也就是说再粗陋朴拙的"过去"也可以有启示作用,因为它是形成律则不可或缺的一部分,所以它在进化架构下的律则的形成过程中占有一个地位。律则与现实的关系不是提供一个一个范例式的,而是因定律而产生的关系,"过去""现在""未来"如《孙子兵法》所说的"常山之蛇","击其首则尾至,击其尾则首至,击其中则首尾俱至"。

在这里请让我引用梁启超在一篇题为《生物学在学术界之位置》的演讲稿中极有意思的观察,他说:"把生物界生存的共通法则,如遗传,如适应,如蜕变,如竞争,如淘汰,如互助,如进化等等,都类推到人类生活上去,如何如何的发展个性,如何如何的保存团体,件件都发见出逼近必然性的法则,于是人类社会怎样的组织,怎样的变化,历历然有线路可寻。""不惟直接产生社会学而已,凡有关于人事之诸学科,如法律学,如经济学,如政治学,如宗教学,如历史学,都受了他的刺激,一齐把研究方向挪转。试看近五十年来这些学问,那一种不和所谓达尔文主义者发生交涉？"[26] 如果采用梁启超的话"件件都发见出逼近必然性的法则"，那么律则式思维产生各式各样的影响，譬如说：人是大自然的一部分，故人的社会与大自然遵守同一套规则，所以寻找行为律则（laws of conduct），进而找出社会发展的律则与过程（laws and course of social development）[27]，成为一种既人文又科学的办法。

由综观古今历史所归纳出的"律则"，使得历史教训的性质也有些微妙的改变。以前人认为历史可以"观风察势"，变成是有"律则"可循，故古往今来的许多史事本身可能毫无教训意义，或毫无启示价值，一经形成律则就可能给予后人有价值的教训。而且因为是律则式的教训，因此可能性非常多。一个看来没有什么伦理意味的历史过程，一旦形成律则，或是放在开始与结束这两端清楚的进化过程中，则这些过程马上变得有意义、变得富含历史教训。

这种律则式的思维，尤其是在详观历史过程中而归纳得到的律则，不但像梁启超在前面所说的，"凡有关于人事之诸学科"都变成有"必然性的法则"可寻之学问，人们对自古以来相沿不辍的"经"或"道"的解释也律则化了。譬如"经"的意义悄悄发生了改变，一方面是受了自然科学讲"律则"的影响，另一方面也受到当时人以进化的"律则"作为大经大法的思维的影响[28]，使得原先不如此理解的"大经大法"，变成是清楚的律则式的东西。

英国史家布罗（J. Burrow, 1935—2009）指出，进化观将原先分歧

---

[26] 夷夏编，《梁启超讲演集》（石家庄：河北人民出版社，2004），页149。

[27] J. W. Burrow, *Evolution and Society: A Study in Victorian Social Theory*（London: Cambridge University Press, 1966）, pp. 92, 100。

[28] 参见《读经问题》（香港：龙门书店，1966）一书中所收的论战文字，便可得到这个印象。

不能调和的道德情感排出一个序列[29]，原先看来各自有体系而相互无关或是相互矛盾的德目，因为在进化序列中的前后位置产生高下之判，使得一些道德哲学上的难题得到另一层次的解决。这一类的思维当然也会影响到我们日常生活中最寻常、最细微的判断，譬如有些人会把紧张感列为比闲散感更为进步的一种情绪，而造成人们应放弃闲散，追求紧张、奋进的决心。梁启超的文章有时候便隐含这样的想法。

线性进化观也提供了一个架构，至少对相信它的人提供了一个新的架构，这个架构的特色是将好坏、美丑、善恶、苦乐排在线性架构中，然后依其位置来为这些带有高度主观性，或尚未得到安顿的价值安排一个或高或低的位置，使人们的道德或价值蓝图能有所安顿。人生的意义或工作的意义也得到崭新的解释，把积极向上、努力奋进式的人生观，在这个理论架构上加以安顿，使它变得不言自明。

进化思维在政治方面的影响也是无远弗届的，它使得一种线性的、有目标的、化约式的发展成为崭新的追求。梁启超在当时许多文章中，几乎都出现一个模式：一切人类政治皆有一个进化目标，最后要成为西方式的民族帝国主义。而政治历程是一个由少年到成熟的过程，古代像是少年，逐步进为中年，一切嬗递而进，不能躐等，形成人类历史共同的"公理""公例"，没有国家或民族能自外；而此政治进化之轨同时还带有竞争、排外、自顾其本群或本团体而尽力排斥他群或他团体的意思。

此外，它形成了一种潮流感（墨子刻[Thomas A. Metzger]），让人们觉得进化到下一个阶段的政治形式是一个不可抗拒的历史任务，而且拥有不可挑战的正当性。孙中山为了对抗晚清的改良派，曾一再驳

---

[29] J. W. Burrow, *Evolution and Society: A Study in Victorian Social Theory*, p. 58.

斥康有为所主张的"各国皆由野蛮而专制,由专制而君主立宪,由君主立宪而始共和",认为"断难躐等"。孙中山反驳说这是"反夫进化之公理也"[30],值得注意的是孙中山只是反对不能跳级而前,并未反对在进化的轨道上,某种理想政体为未来不可逃过的目标的说法。

进化对生活世界的影响还非常多,譬如受进化观影响的人在做一件事时,也会倾向将事情本身的实践一步一步激进化,以激进化作为进化,这一类的影响,不一而足。最后,我想以"人的神化"来说明进化思想各式各样影响的另一个例子。

清末以来,"人的神化"(anthropocentrism)的思想[31]是三种思想汇集的结果:第一是进化论,第二是宋明理学中"心"的思想,第三是近代西方科学的影响。

人们由当时科学的迅速发展,进而认为未来具有无限可能,过去认为是乌托邦的世界,很快可以不再是乌托邦。由于当今科学的一切创造纯然是由"人"而起,则"人"可以无限创造及主宰,而且不再有各种界限(boundary)。"心"的力量是无限的,只要用力够深,意志够纯,"心"可以在片刻之间完成过去要千万年才能完成的事物。晚清小说中到处可见这一类思维,而康有为、谭嗣同等人则深深服膺于该思想,并加以体现。

谭嗣同说,人的形体可能无限变化,变到难以想象的样子。这样的思维在《仁学》中常可见到,此处只引他在远游北方大开科学之眼界时

---

[30] 孙中山,《中国民主革命之重要》,《孙中山选集》(北京:人民出版社,1956),页66—67。

[31] 有关"人的神化"在近代中国的发展,可参见张灏,《扮演上帝:二十世纪中国激进思想中人的神化》,收入氏著,《时代的探索》(台北:联经出版事业公司,2004),页141—160。

写给老师欧阳瓣薑(1849—1911)的信,引傅兰雅(John Fryer, 1839—1928)谈到见照相时的感想:

> 今虽萃五大洲人研格致,不过百千万茧丝,仅引其端焉。久之又久,新而益新,更百年不知若何神妙?况累千年、万年、十万、百万、千万、万万年,殆于不可思议。大约人身必能变化,星月必可通往。[32]

他接着说"因思人为万物之灵,其灵亦自不可思议",又说"唯一心是实。心之力量,虽天地不能比拟,虽天地之大,可以由心成之、毁之、改造之,无不如意。……大约人为至奇之物,直不可以常理论。古人言冬起雷,夏造冰,以为必无之事;今西人则优为之。再阅万万年,所谓格致之学,真不知若何神奇矣"。重要的是"然不论神奇到何地步,总是心为之。若能了得心之本原,当下即可做出万万年后之神奇"。[33]

同样地,道德上的感化也可以用"科学"来解释。谭嗣同也说"盖天下人之脑气筋皆相连者也。此发一善念,彼必有应之者,如寄电信然,万里无阻也"[34],便是具体而微之例。而这些"不可思议"的神化的人观,是搭挂在进化论的框架上,是他坚信在"久之又久""更百年""况累千年、万年、十万……万万年"之后可以实现的。

---

[32] 谭嗣同,《上欧阳瓣薑书二十二》,《谭嗣同全集》(台北:华世出版社,1977),卷三,页317、319。

[33] 谭嗣同,《上欧阳瓣薑书二十二》,《谭嗣同全集》(台北:华世出版社,1977),卷三,页319。

[34] 谭嗣同,《上欧阳瓣薑书二十二》,《谭嗣同全集》(台北:华世出版社,1977),卷三,页321。

四

我们究竟怎样评估一种"影响"的效力？通常我们会注意到是线性的关系，譬如说甲的成分以某种方式出现在乙。但是"影响"的层面及方式可以远大于此。进化论的"物竞天择，适者生存"或"优胜劣败"等道理很容易让人觉得它在提供"强权即是公理"或"天下无公理，唯有强权"的政论基础。

"强权即是公理"的观念在当时许多新派人物心中确实具有某种正当性；以梁启超为例，他与当时很多人一样，受到强权历史观的影响，一再说不能形成为强权帝国的民族，在历史进化轨道上没有一席地位，是"非历史"的民族。这种言论给当时人的观感是"他外面说的话，还要说强者对于弱者，应该蹂躏。这真是不道德的极点了"，"试想：天下的人，都是人类，为甚么强者独生、弱者独死呢？"[35]

"强权即是公理"这种清楚而斩截的言论将论题突显出来，使得人们开始搜寻正反两面的种种思想资源，往议题中心点集中，既有从古今思想哲理中寻找足以印证优胜劣败之理的，也有人极力向相反的方向思考，凝聚成一种"抑强扶弱"的哲学，这两种思想的动员在当时都相当清楚，而且具有对抗性的"抑强扶弱"思维，相当程度上也依附在刻意与前者相反的这种思维模式上。我们可以相当肯定地说，在进化论进入中国以前，人们并不如此讨论这些议题，即使讨论，也并不以这样的方式讨论。"抑强扶弱"思想大多是"啄啐同时"，在进化论的澡盆中

---

[35] 刘师培，《陈君不浮追悼会演说稿》，万仕国辑校，《刘申叔遗书补遗》(扬州：广陵书社，2008)，页712。

洗去身上的进化论积垢,既受影响又想要摆脱其影响,凝聚原先不以那样方式存在的资源,形成论述来反对其影响。

"扶弱哲学"有现实及思想两种因素。在现实上,由于清代后期社会离乱,生民涂炭,而在思想上,此时竟来了"扶强抑弱"的进化论。"扶弱哲学"在这个时间点的出现,一方面是要扶助现实上的弱小者,一方面则是要对抗强权思想。康有为说世间苦,求世间乐,《大同书》中提倡不忍人之心,后来谭嗣同《仁学》中特别提倡"仁",无政府主义者李石曾、吴敬恒(1865—1953)、张继(1882—1947)等人所提倡的学说,也都可以放在"扶弱哲学"的脉络里加以理解。

夏曾佑(1863—1924)《中国古代史》中常出现一种言论,即他想发明一种抵抗强权的学说,以扶弱抑强为思考,譬如在"三国末社会之变迁"中说:"循夫优胜劣败之理,服从强权,遂为世界之公例。威力所及,举世风靡,弱肉强食,视为公义,于是有具智仁勇者出,发明一种抵抗强权之学说,以扶弱而抑强。此宗教之所以兴,而人之所以异于禽兽也。佛教、基督教,均以出世为宗,故其反抗者在天演。"[36] 而宋恕似乎表现得最彻底,他说佛家宗旨,一言以蔽之,是"抑强扶弱",我认为宋恕的文集中,最核心的论点便是"扶弱";他从这一点出发去发挥同情的思想,去讲中国哲学,去分析当时中国社会,讲社会救济,去构建《六斋卑议》中的理想世界等等。又譬如他认为宋儒以来理学传统是压抑弱者的哲学,说当时中国最苦之民分别是童养媳、娼、妾、婢者,批判那些深山穷谷之民往往被加以丑名,视若兽类等说法。他最生动的口号是要以历史上的弱者来"定道统"(这个口号可能与清初颜元[1635—

---

[36] 夏曾佑,《中国古代史》(台北:台湾商务印书馆,1994),页383。

1704]有关)。[37]

前面提到的几位思想家,大多是蔡元培在《五十年来中国之哲学》中所特别提到的[38],蔡氏认为他们是清末民初以来最有代表性的哲学家。而这些思想都是"扶弱哲学"。它们当然都与佛学有关,这一点蔡元培在文章一开始即已点出,不过我更认为,它们隐隐然都与进化论之激荡有关。佛学则是以"铜山崩而洛钟应"的方式成为思想上的解药。当然,这些时代的佛门中人也表达了"扶弱"的思想。太虚法师在《论严译》中从佛家思想鼓吹抑强扶弱,他说:"而近世之竞争进化说出,益鼓舞其我慢劣情,盲骋冥驰,无由返镜,故丧己役物凌人而不惜自隳也!此真人道残灭之巨忧哉?"[39]

五

进化论在某些时候是热水,在另外的时候则是冰水;在某些人身上是热水,在另一些人身上却是冰水。反对或提出批判、修正进化论的说法真是五花八门,连佛门中人也未缺席。前述太虚法师的《论严译》还有一段话,不仅对赫胥黎书中有关佛教的说法提出质疑,也对进化的一些基础学说,从佛法出发提出反对,譬如他说:"故由佛法完全之理,无

---

[37] 《六字课斋卑议》印本,《救惨章第三十四》《同仁章第三十六》,胡珠生编,《宋恕集》(北京:中华书局,1993),卷三,页152、153。

[38] 《五十年来中国之哲学》,蔡元培著,孙常炜编,《蔡元培先生全集》(台北:台湾商务印书馆,1968),页543—573。

[39] 《杂藏:书评》(二),太虚大师全书编纂委员会,《太虚大师全书》(台北:太虚大师全书影印委员会,1970),第16编,页193。

往不通！由生物学家偏曲之执,触处成阂！"[40]此外,我们也经常见到一种不反对进化论的基本架构,却作各种或大或小的修正的现象。

进化论最有影响力的思维之一是形成一种向上进行、线性的发展架构(往往还加上竞争的元素),我觉得比较微妙的是一种既搭在这个架构,同时又加以种种修正的理论。这方面的例子很多,展现出当时思想的多样及微妙性。譬如章太炎的"俱分进化论",严格说来,他虽反对进化论,但是若没有进化论的线性进步架构,也不会有"善进恶亦进",以及文明愈进步,而杀伤破坏之力也愈大之类的思维。[41]

杜亚泉为修正进化论所做的努力更大,我们可以感受到杜氏花了很大的力气在回应这个新理论。杜亚泉确切地说:"而我国民乃犹彷徨于唯物论之魔障中,述达尔文、斯宾塞之绪余,局踏于此残酷无情之宇宙中,认物质势力为万能,以弱肉强食为天则,日演日剧,不亦可为长太息者乎?"[42]我们似乎难以想象杜氏实际上既依仗进化论,又想摆脱它,种种表现成为一种掩饰或讨价还价,而非根本地解离。杜氏并不否认线性向上及"竞争"的架构,他不满意的是这个架构中过度强调富强论及物质论。故他特意突显精神的重要性,说"则生命之是否由物质而进化,尚难定论也"。[43]又说在竞争之外,秩序亦是人群的一种天则。又如在"争"之外,特别高呼"爱"的重要,或说"竞争之说,达尔文实倡

[40]《杂藏:书评》(二),太虚大师全书编纂委员会,《太虚大师全书》,第16编,页197。

[41] 章太炎,《俱分进化论》,《章太炎全集》(上海:上海人民出版社,1982),第4册,页386—389。

[42]《精神救国论》,许纪霖、田建业编,《杜亚泉文存》(上海:上海教育出版社,2003),页33—34。

[43]《物质进化论》,许纪霖、田建业编,《杜亚泉文存》,页8。

导之;协助之说,达氏已开其端","说者谓爱之与争,虽相矛盾,而均为进化之要素"。[44]

在唯物辩证法流行之前,进化论所产生的作用基本上是热水,是促使中国各个方面进行最广泛而深刻变化的催化剂。可是进化论有一条规律:自然界没有飞跃的事物。当中国等不及自然天演,而希望快速、飞跃地改变;当中国感受到一点一滴的变化太慢而企求骤变、突变时,进化论便成了一盆冰水。[45] 可以确定的是,左派继承了进化思想却又不断使用"庸俗的进化论"的说法来攻击进化论。

俄国大革命的成功,使得许多人相信历史可以飞跃前进。如果没有这场革命的成功,我相当怀疑共产思想是否能快速地掳获大量中国知识分子的心灵。这一场成功的革命经验,使得为中国前途上下求索的读书人相信,透过人的努力,可以为中国的命运造成辩证式的、正→反→合式的突变。

例如,新文化运动内部阵营很快地因俄国大革命而对"进化"有截然不同的看法。胡适与李大钊之分裂,可以经由"问题与主义"论战等事件充分看出。如果我们留心他们两人对进化论的观察和意见,便可以发现一个仍然相信进化论主张,而另一个已经显得不满意了。

胡适认为到了实用主义,进化论才被应用到哲学上。在《介绍我自己的思想》一文中,他说:"实验主义从达尔文主义出发,故只能承认一点一滴的不断的改进是真实可靠的进化";"达尔文的生物演化学说

---

[44] 《爱与争》,许纪霖、田建业编,《杜亚泉文存》,页24。
[45] 尽管毛泽东一生仍对达尔文保有崇高的敬意。见龚育之,《毛泽东与自然科学》,收录在龚育之、逄先知、石仲泉,《毛泽东的读书生活》(增订版)(北京:三联书店,1996),页81—85。

给了我们一个大教训,就是教我们明了生物进化,无论是自然的演变,或是人为的选择,都由于一点一滴的变异,所以是一种很复杂的现象,决没有一个简单的目的地可以一步跳到,更不会有一步跳到之后可以一成不变。……但狭义的共产主义者却似乎忘了这个原则,所以武断的虚悬一个共产共有的理想境界,以为可以用阶级斗争的方法一蹴即到,既到之后又可以用一阶级专政方法把持不变。"[46]反观李大钊则一再强调人在宇宙瀑流中的主宰地位,以及突变、飞跃性的进步观。[47]在辩证唯物主义者看来,一点一滴的进化不但对改变现状没有帮助,反而是一种桎梏,不但不能推进、反而是限制,所以在短短几十年间,主张进化论者在激进派眼中竟变成不折不扣的反动派了。

---

[46] 胡适,《介绍我自己的思想》,《胡适文选》(台北:六艺出版社,1953),页3。
[47] 李大钊,《"今"与"古"》,《李大钊选集》(北京:人民出版社,1962),页433—446。

第七章

中国近代思想中的"未来"*

前 言

"未来"是一个重大的问题,它包含的子题很多:"未来"会是什么样子?如何达到"未来"?是谁的"未来"?是谁决定"未来"应该怎样?是谁决定要用什么样的方式达到"未来"?在"现在""过去""未来"三际之中,"未来"的分量如何?它只是"过去""现在""未来"这"三际"中共通的一际,或是它成为压倒性的、唯一最重要的时间?另外,"未来"究竟是邈远难知,因而可以置而不论,还是"未来"是能知的,甚至是"已知"的?以上问题不只牵涉到现实、政治、人生,也牵涉到学术等许多方面。

既然"未来"是个包罗广大的问题,本文不能不对讨论的范围有所

---

* 本文曾在北京师范大学"思想与方法:近代中国的文化政治与知识建构"国际高端对话暨学术论坛中宣读,得到包括施耐德(Axel Schneider)教授、罗志田教授等人的批评,深表感谢。评论内容参见注60。本文构思甚久,后来在实际撰写过程中也受到科泽勒克著作的启发。

限制。在本文中我想要谈的不是近代中国对"未来"想象之内容如何，而是从1900年至1930年左右，短短二三十年间，新派人物的时间意识及其连带的对未来世界的想象与计划的巨大变化——"未来"成为一个无以名之的巨大力量，并且尽量将讨论局限化，局限在三种与"未来"有关的议题。

第一，"未来"如何浮现成为一个极重要的观念，"未来"如何成为正面的、乐观的想象，以及"未来"的内容如何成为无限开放，而且成为随不同个人或团体拟议的东西。因为"未来"意识的不断膨胀，使得人们自古以来习以为常的"过去""现在""未来"三种时间概念的分量发生了重大的变化。第二，探讨一种特殊的时间意识及其对未来世界的想象与规划是如何产生的。这种时间意识与想象隐然认为"未来"为可知的、或甚至是已知的[1]，"过去"反而是未定的、或未知的，并以未来完成式出发去思考生活或思考历史。第三，上面两者互相加乘，对近代中国许多层面，尤其是日常的生活与抉择产生了重大而无所不在的影响。

这是一个"过去"与"未来"的分量急遽调整的时代。至少在有意识的层面中，"过去"的分量变得愈来愈无足轻重，而"未来"愈来愈占有极大分量，使得这个时代的思考、决定、行动的方式也莫不染上这个色彩。

一、近代思想中的"未来"

"未来"这个观念在中国古代虽不罕见，但传统概念中最常使用的词汇是"来者"，有时候则用"将来"。"来者""将来"与"未来"的意思

---

[1] 虽然从后来者的眼光看，这些只是种种价值观，并不代表对未来真有所知，但当时许多人是这样相信的。

并不相同,意味着三种不同距离的"未来"。"来者"是近而可见的,"将来"是将会来者、或将要来者,"未来"则指离得更远、更不确定的未来。[2]

传统概念中"未来"与"现在"的距离很远,有时候甚至带有预测性,如"预度未来""卜占可以知未来";有时与图谶有关,如说"图谶能知能观未来";有时是宗教性的,如佛教"三际"中的"未来际";还有禅宗的"如何识未来生未来世",指的是下一世的事情;或者说"未来佛",指的是下一个阶段,不知多少年以后的佛。从中研院的汉籍电子文献资料库中可以看出"将来"远多于"未来"[3],而且不像我们今天常三句话不离"未来"。

引发我觉得要好好思考"未来"这个问题的缘由,是因为发现晚清、民国以来,好像伟大的人物都在推销或买卖对"未来"的想象。台湾政治大学有个网站的名称是"未来事件交易所"[4],我一直对他们做的工作感到好奇——没有发生的事情为什么可以交易?这不就是晚清以来伟大人物在推销或买卖的概念吗?在传统概念中,未来才会存在的东西似乎不大可能有交易价值。随便翻翻古往今来的史书,都绝对不会像现代人那样处理"未来",即便谈到未来,也是比较想回到"黄金古代"的想法。但晚清以来的"未来"很不一样,而且愈不一样愈好,

---

[2] 清代小说《镜花缘》里就出现很多的"将来",其实"将来"是"将"要"来"的意思,而"未来"则可以想成是"未""来"或"未"可能"来",而传统经典中如《孟子》讲"五百年必有王者兴",有点未来世的味道。

[3] 以中研院汉籍电子文献资料库检索"未来"一词,大约出现了一千多笔资料,其中有许多是指人没有出现的意思,至于"将来"与"来者",则有一万二千多笔资料。

[4] 由政治大学预测市场研究中心和未来事件交易股份有限公司合作的网站:http://xfuture.org。

愈不一样愈吸引人。像康有为《大同书》里讲的"未来",是所有星球都可以按电钮投票,所有星球可以选一个共同执行委员会之类的想象——这个"未来"离古书太远、太远了。由于过去的历史与现代的世界相似性太少了,所以许多人宣称历史不再有教训(虽然在现实生活中,人们仍然是从过去中推导未来)。过去是通过"历史"寻找合法性,现在往往是通过"未来"获得合法性。康有为的《大同书》也许比较极端,但近代许许多多的概念和想象都带有沉厚的"未来"性,在现实上产生了极大的影响。令人不禁要问,在过去百年,究竟是什么促成了新的"未来"观如此畅行?

描述过近代中国的新未来观后,在此想简单地先回顾一下新未来观形成的几个因素。一、西方知识的大量引入,近代西方重视未来的思想文化大幅移植到中国。二、进化论思想引导人们想象美好的时代是"未来",而不是"黄金古代"。[5] 三、以"未来"为尊的新型乌托邦思想的引入。传统的乌托邦理想往往以上古三代为依托,新型的乌托邦则大抵是依托于未来。当时从西方传入的一些带有乌托邦色彩的文学作品,如《万国公报》自1891年起刊载的《百年一觉》这篇乌托邦小说产生了不小的影响[6],这些带有乌托邦色彩的文学作品,展示了一个与传统中国非常不一样的"未来"想象。四、在近代中国,"未来"常代表极度乐观、有光、有热、有主观能动性,甚至带有强烈乌托邦的色彩。"未来"往往与变革或革命连在一起,成为变革中一支有利的武器。任

---

[5] 关于这个方面的研究很多,包括我的几篇论文,如王汎森,《时间感、历史观、思想与社会——进化思想在近代中国》,陈永发主编,《明清帝国及其近现代转型》(台北:允晨文化实业公司,2011),页369—393。收入本书。

[6] 参考熊月之,《西学东渐与晚清社会(修订版)》(北京:中国人民大学出版社,2011),页320—323。

何人只要掌握"未来",就可以有极大的力量。辛亥革命的成功便是最好的例子,它使得历史跟现在、未来有了完全不同的关系。顾颉刚说:"辛亥革命后,意气更高涨,以为天下无难事,最美善的境界只要有人去提倡就立刻会得实现",即是一证。[7]"未来"变成是一蹴可几的,而且在现世中就可以达到。不论是戊戌变法或辛亥革命都极大幅度地引进全新的事物,并且带来无限的可能性,使得现在与未来变得和过去完全不再相似,并以新的、不相似的为正面价值。所以它们不但带来一个新的"未来",也因为人们对过去想象的丕变,带来一个新的过去。必须注意的是,并非所有人都向往新的"未来",事实上许多人在这个问题上虽然转步,却仍未移身,他们不一定都向往过去,他们也可能重视未来,但不一定都向往如此崭新的、陌生的"未来"。因而,新型"未来"的出现造成两种文化,一种是比较向往美好的"过去",一种是向往美好的"未来"。这两者往往成为分裂的派系,文化上如此,政治上亦如此。

　　这一时期的思想家可以非常粗略地分成两大类,一类面向过去,一类面向未来。晚清以前,世乱非常厉害的时候,人们往往会想回到更好、更良善、更道德、更淳朴的古代,道光咸丰年间的许多思想文献,便有这个特色。当然像龚自珍(1792—1841)、魏源等人是向往未来的,但他们所想象的未来,不是一个与传统完全不一样的未来。晚清以后,思想家的世界中,不可知的事物变得更有力量,不可知的"未来"渐渐压倒了已知,与现实离得愈远的"未来"吸引力愈大。

　　如果以光谱上的深浅浓淡作区别,那么在三民主义阵营中,也有基

---

[7] 顾颉刚,《〈古史辨〉第一册自序》,收于《顾颉刚选集》(天津:天津人民出版社,1988),页17。

本上比较面向"过去"与比较面向"未来"两种类型的区分。戴季陶的《三民主义之哲学的基础》显然是比较面向过去,而周佛海(1897—1948)的《三民主义之理论的体系》则是偏向未来理想的构建。相比之下,国民党的文宣大将叶楚伧(1887—1946)在新文化运动之后,仍然坚称中国古代是由黄金美德所构成的,胡适在《新文化运动与国民党》中便特地提出叶氏的观点作为攻击批评的靶子。[8]

以政治领袖来说,也有比较面向新"未来",和比较不面向新"未来"两种类型。前者的例子是毛泽东,后者的例子是蒋介石。蒋介石好谈四维八德、好谈道统、好谈中国古代圣贤的美德;而毛泽东则是破除传统、不断以未来社会主义的前景来说服同志与人民。蒋介石、毛泽东提到传统与未来的频率,也是截然大别的。他们所读的书也各有代表性。蒋介石好读哲学书,尤其是宋明理学及先秦诸子。他说自己读明朝胡居仁(1434—1484)的《居业录》"不忍释卷";读黑格尔(G. W. F. Hegel,1770—1831)、贺麟《朱熹与黑格尔太极说之比较观》及周敦颐(1017—1073)的《太极图说》,也都表现出很大的兴趣。[9] 从蒋介石的《五记》,尤其是《省克记》和《学记》可以看出,蒋介石最根本的想法还是想寻找通向美好过去的途径,或在有意无意之间揣想着如何把经书里讲的哲理变成现实。毛泽东则是好读历史、重视现实,历史的价值除提供许多可资参考的范例外,辩证唯物论及社会发展史则是了解"未来"、迈向"未来"的指引。向往美好的过去和向往美好的未来变成两种非常不同的思想和行动形式,张奚若(1889—1973)在1957年整风运动中曾对当时的政府工作有如下评论:"好大喜功,急功近利,鄙视

---

[8] 胡适,《新文化运动与国民党》,《新月》2:6—7(1929),页11—25。

[9] 参见黄自进、潘光哲编,《蒋中正"总统"五记》(台北:国史馆,2011)。

既往,迷信将来"[10],"迷信将来"四字极为传神地提点出一代的思想特质。

二、 历史书写与新"未来"观

"未来"变得重要,与"未来"变成是可知的或已知的是两回事,后者是比较令人诧异的,我想在这里从历史书写的角度,试着为这种新"未来"观提出一些解释。

近世西方因为革命及各种重大的社会变动,使得过去的历史与当代社会之间的相似性愈来愈少,故过去那种提供相似的古代范例作为现代人的历史教训的方式渐失效用。[11] 此一情形也发生在近代中国,经过晚清以来的历史巨变,过去与现在变得愈来愈不相似,而范例式史学也变得不像过去吃香了。另一方面,晚清民初流行的几种新史学,所带出来的新时间观与传统史学有所不同,也使得历史与未来的关系,以及"未来"的性质产生重大的改变。这些史学带有寻找并建立公例、律则、规律的特色。它们表现为两种形式,一种是认为历史中可以找到规律,一种是以律则或类似律则的方式在写历史。

这些律则式的史学使得史学与新的"未来"之间产生了密不可分的关系,新的"未来"观便从它们的字里行间浮现出来,到处发生影响,使得人们日用而不自知,尤其是使得新一代的历史著作中"未来"的意

---

[10] 张奚若,《张奚若文集》(北京:清华大学出版社,1989),页23。

[11] Reinhart Koselleck, "Historia Magistra Vitae: The Dissolution of the Topos into the Perspective of a Modernized Historical Process," *Futures Past: On the Semantics of Historical Time*, tr. by Keith Tribe (Cambridge, Mass. and London: The MIT Press, 1985), pp. 21-38.

识变得很浓厚。过去士人之间流通最广的是《纲鉴易知录》之类的史书，这些书绝对不会告诉人们未来是可知的，只有图谶、占卜才能预测未来，史学不行。可是现代史学中的律则派却发展出以前史书所没有的功能，它不再只是以范例或历史的趋势来提供历史鉴戒，而是信誓旦旦地主张从历史中可以归纳出事物发展的规律，不管是进化论史学或公例史学都是如此。

前面已经提到，晚清几十年对"公例""公理""公法"的信仰是非常坚强的，它们认为世界各国都在同一个标尺上面，可以找到共有的发展阶段与发展规律，即"公理""公例"；并认为历史的功用不仅在于提供个别事件的鉴戒，更重要的是可以从历史发展的过程中，找到一条又一条的定律，进而推知未来。

"公理""公例""公法"的崛起是有时代背景的。晚清以来，传统的"大经大法"日渐废堕，在求索新的"大经大法"过程中，西方科学定律或真理观产生了递补作用，成为新的"大经大法"，而在律则式思维的巨大影响下，兴起"公理""公例"式的真理观。这种真理观的影响真是无远弗届，从晚清最后二十几年开始，一直到五四运动之前，可以说是它们当令的时代。在这一真理观之下，人们可以从任何现象求得"公理"或"公例"。任何学问中皆有"公例"，如"生计学公例""智力学公例"。历史学也是求公例之学，这种新历史观也影响了比较具有保守倾向的史学家，柳诒徵（1880—1956）即宣称史家的任务是"求史事之公律"。[12]

仔细追索"公理""公例""公法"三个概念的来源并不是本文的目的，不过我们可以比较确定这三个词汇的使用进程：（一）"公法"一词

---

[12] 柳诒徵，《国史要义》（台北：台湾中华书局，1957），页127。

起源最早,在1850年代的《六合丛谈》中就可以看到"公法"一词,它通常是用来指自然科学的定律;(二)从一开始,这三个词汇每每互相混用,大抵皆指自然科学中所发现的律则;(三)后来这三个词汇逐渐分用,"公法"指国际公法,"公例"指定律,"公理"则指具有普遍性的道理。西方自然科学的庞大威力,使得大自然是有律则的思维,给人们带来极大的憧憬,而且认为西方的律则可以普遍适用于全世界,正因为西方的即是全人类的,所以它们是"公"的。此时许多人都兴奋地找到这个新的"大经大法",宋育仁(1857—1931)写过《经术公理学》[13]这样洋洋洒洒、发挥儒家道理为人类公理之大书,康有为早期几部野心极大的书,如《康子内外篇》《实理公法全书》也都是这一思想脉络下产生的。[14]

"公理"与"公例"固然是自然科学的,但是当时人认为人文社会领域同样适用。譬如晚清《心学公例》一书,即是讲心理学的定律。传统的"大经大法"是由儒家的经典提供,现在的"大经大法"却由"公理""公例"接手,但两者之间的性质并不相同。儒家经典提供的"大经大法"是让人们在它的道理中"涵泳"。或者借用查尔斯·泰勒(Charles Taylor)在《黑格尔与现代社会》(Hegel and Modern Society)中的话,是一种表现式的(expressive)真理[15],而"公理""公例"所提供的是律则(law、general law)式的,是将现象归纳、演绎之后所得到的律则式,而且

---

[13]　宋育仁,《经术公理学》(上海:同文社,光绪三十年[1904])。

[14]　参考黄明同、吴熙钊主编,《康有为早期遗稿述评》(广州:中山大学出版社,1988)。

[15]　Charles Taylor, *Hegel and Modern Society* (Cambridge, New York : Cambridge University Press, 1979), pp. 1-3.

每一件事皆有其"进化之公例"。[16]

综合言之,"公理""公例"式的真理观常带有以下特质:一、古今可能是相通的,故并不排除儒家的古典时代的价值,常常主张"经"与"公例"相合。其真理是"律则"式的,不是儒家原来"表现"式的,故与儒"经"原先又有不同。二、此真理观有许多时候是通贯中、西的,"公理""公例"既通于西方,往往也通于中国,但通常是以"西"为主体来评断"中",后来则逐渐发展成"中"是"中"、"西"是"西",它们不再在一个"公理""公例"的笼罩之下。三、"公例"可以是科学、人事兼包式的大经大法。四、"公例"观之影响,可以是激进的理论,也可以是保守的思维,因为动静、新旧、中外皆宜,所以如此吸引人。五、它是"科学"的,但又不纯是"科学",是一群业余的自然及人文科学者,而且常常变成人人都可宣称自己发现了某一"公例",或自己代表了某一"公例"。这个时候,谁宣称"公例"? 如何宣称"公例"?"公例"的内容是什么?像带有强烈的现实权力意涵。六、"公理""公例"与"文明""文明史"或其他价值框架相配拟,成为一个向上发展之阶梯式目标。

历史变成是寻求"律则"之学,甚至有人认为能求得"公例"的史学才是"历史",否则是"非历史"。梁启超的《新史学》说:"历史者,叙述人群进化之现象而求得其公理公例者也。"[17]西方国家所经验的历史阶段,虽然东方及其他落后国家尚未发展到达,但依据"公法""公例""公理"所预定的步骤,现在的西方即是我们的"未来",所以未来

---

[16] 严复说:"乃考道德之本源,明政教之条贯,而以保种进化之公例要术终焉"。赫胥黎著,严复译,《天演论》(台北:台湾商务印书馆,1969),页4。

[17] 梁启超,《新史学》,收入《饮冰室合集》(北京:中华书局,1989年),第1册,页10。

是可知的。

除梁启超外,我们还可找到许多相近的例子,譬如吕思勉。吕思勉曾说:"史学者,合众事而观其会通,以得社会进化之公例者也"[18],他是一位在梁启超的新史学、进化史学、左派史学影响下,但又是比较传统取向的史家。在他的诸多史学言论中,居然明白地表示"未来"是可知的。未来之所以不可知,是因为没把过去弄清楚,只要弄清过去,求得"公例",则"未来"必可知。他说:

> 因为社会虽不是一成不变,而其进化,又有一定的途径,一定的速率,并不是奔轶绝尘,像气球般随风飘荡,可以落到不知哪儿去的。所谓突变,原非不可知之事,把一壶水放在火炉之上,或者窗户之外,其温度之渐升渐降,固然可以预知,即其化汽结冰,又何尝不可预知呢?然则世事之不可预知,或虽自谓能知,而其所知者悉系误谬,实由我们对于已往的事,知道得太少,新发展是没有不根据于旧状况的。假使我们对于已往的事情,而能够悉知悉见,那末,我们对于将来的事情,自亦可以十知八九,断不会像现在一般,茫无所知,手忙脚乱了。……现在史学家的工作,就是要把从前所失去的事情,都补足,所弄错的事情,都改正。这是何等艰巨的工作?现在史学家的工作,简言之,是求以往时代的再现。任何一个时代,我们现在对于它的情形,已茫无所知了,我们却要用种种方法钩考出这一个时代的社会组织如何,自然环境如何,特殊事件如何,使这一个时代,大略再现于眼前。完全的再现,自然是不可能,可是总要因此而推求出一个社会进化的公例来,以适

---

[18] 吕思勉,《史籍与史学》,收入《吕著史学与史籍》(上海:华东师范大学出版社,2002年),页41。

用之于他处。[19]

他又说：

> 然则史也者,所以求知过去者也,其求知过去,则正其所以求知现在也。能知过去,即能知现在,不知过去,即必不知现在,其故何也。曰：天地之化,往者过,来者续,无一息之停。过去现在未来,原不过强立之名目。其实世界进化,正如莽莽长流,滔滔不息,才说现在,已成过去,欲觅现在,惟有未来。[20]

从这两段史论,就可以发现律则化史学,加上"公理""公例"观点如何为当时中国的历史意识带来一个新的范式,即从史学所发现的"公例"中,我们可能预知"未来",只要我们的研究够精进,"未来"可以是已知的。

即使是在"公例史学"流行的时代,仍有两种区别,一种认为中国历史自有其公例,如保守派史家柳诒徵认为史学的新任务便是"求史事之公律",但所求的是中国历史自有之"公例";另一种则是认为大部分或全部的公例是西方的,中国或世界其他各民族都是循这一个普遍的公例前进的。相比之下,前者是极少数,后者才是主流。梁启超《新民说》中就曾说："吾请以古今万国求进步者,独一无二不可逃避之公例"[21],鲁迅说："据说公理只有一个,而且已经被西方拿去,所以我已

---

[19] 吕思勉,《史学上的两条大路》,《蒿庐论学丛稿》,《吕思勉遗文集》(上)(上海：华东师范大学出版社,1997),页471。

[20] 吕思勉,《〈史籍与史学〉补编》,《蒿庐论学丛稿》,《吕思勉遗文集》(上),页279。

[21] 梁启超,《新民说》(台北：台湾中华书局,1972),页60。

一无所有"[22]，即是两个显例。革命阵营的《民报》上则往往将"公例""公理"的层级定位为不可逃的普遍真理："如谓不能，是反夫进化之公理也"[23]，把在"公理""公例"的阶梯上拾级而上规定为个人或国家的道德义务，既然"公例"像标尺一样精确，且放诸四海皆准，那么中国的"未来"不就在这只标尺上刻划得清清楚楚的吗？

19世纪是一个历史的世纪，因为历史思考弥浸了人文及科学的各个领域。故英国大史家阿克顿（Lord Acton, 1834—1902）说："历史不仅是一门特殊的学问，并且是其它学问的一种独特求知模式与方法。"[24]所以在20世纪初年的中国，人们总把史学当作能找到新"大经大法"的资具，史学成为一种新"经"。这个角色是与社会学结盟而取得的，譬如史家刘咸炘（1896—1932）总认为"一纵（史）一横（社会学）"，正好包括所有人事的纵、横两面[25]，从中所得到的"公例"，事实上即等于六经的"道"。

求得"公例"既然是史学的新任务，当时人所关心的是如何求得这些"公例"。除了传统的综观历史之大势外，有的人认为西方的"公例"即是中国历史的"公例"，所以只需套用西方的观念、方法即可，有的认为应该运用统计方法。譬如晚清翻译巴克尔（Henry Buckle, 1821—1862）的《英国文明史》（History of Civilization in England）中，便曾连篇

---

[22] 参考王汎森，《近代中国的线性历史观——以社会进化论为中心的讨论》，《新史学》19:2(2008.6)，页1—46。

[23] 过庭，《纪东京留学生欢迎孙君逸仙事》，《民报》第一号(1905.11.25)，页73。

[24] 黄进兴，《后现代主义与史学研究》(台北：三民书局，2006)，页245。

[25] 有关刘咸炘史学思想的讨论，请参见王汎森，《风——一种被忽略的史学观念》，收入《执拗的低音：一些历史思考方式的反思》(北京：三联书店，2014；台北：允晨文化实业公司，2014)。

累牍地指出，史学也需像自然科学般可以找出"公例"，而找出公例的办法是运用统计学。巴克尔运用统计学找出的公例非常多，而且将自然环境、物产、人事，甚至心性结合成一个系统，其中无不可求得公例。[26] 陈黻宸（1859—1917）的《独史》等文章也大力宣扬统计方法是从历史中寻得"公例"之重要法门（事实上也就是寻找真理之一种法门），陈黻辰到处宣扬"史"＋"统计"＝"公例"的公式。[27]

"公例"观使得新派人物宣扬西方式的普遍真理，也让保守派有一个工具可以拿来与新派人们争衡，譬如张尔田（1874—1945），他对胡适等新派人物，一贯存有敌意，却又想在思想上与之争衡，于是他不断地用"历史公例"来重新说明儒家的本质与历史，他说："夫天下无无源之水，亦无无因之文化，使其说而成立也，则是各国文化皆有来源，中国文化独无来源，一切创筑于造伪者之手……即以论理而言，世界各国历史有如此公例乎？"[28] 又，《与人书二》中论证孔子为宗教家[29]，最重要的是"最普通之公例，求之景教而合，求之孔教亦无不合"。[30] 还有《与陈石遗先生书》讲到谶讳时说："某尝病我国上古神秘太少，而违反

---

[26] 巴克尔的影响，参见李孝迁，《巴克尔及其〈英国文明史〉在中国的传播和影响》，《史学月刊》，2004年第8期，页85—94。

[27] 陈黻宸，《独史》说："夫欧美文化之进，以统计为大宗"，"吾又观于泰西之言史者矣，曰统计史者，非今日所能尽行也"，"斯亦史家之独例也"。收于陈德溥编，《陈黻宸集》（北京：中华书局，1995），上册，页562—563。梁启超也有类似的史学观。

[28] 张尔田，《论伪书示从游诸子》，《遯堪文集》（傅斯年图书馆藏古籍线装书），卷二，页6a。

[29] 张尔田说："然则孔教之为宗教，南山可移，此案殆不可复易矣。"《与人书二》，《遯堪文集》，卷一，页24a。

[30] 张尔田，《与人书二》，《遯堪文集》，卷一，页26a。

世界历史公例。"[31]"公例史学"使得历史教训的方式、真理的性质皆改变了，在这个新真理下，"未来"是可以依"公例""比例"而得的。西方文明所经历的阶梯，即宇宙万国之阶梯，所以只要能知道目前中国在西方文明史中的哪一阶段，便可以知道"未来"会是如何。另一种与本文所讨论的"未来"观相关的是"文明史观"。晚清的文明史观认为不管中西、不管民族都在同一条发展的路上，所以只要把历史弄清楚，人们就知道这一条定律如何发展。因此那时候人们认为，中国未来某一个阶段的文明大概就会发展到像当时最进步的西方，所以"未来"是可知的，而且是进步的、乐观的。

"进化史观"亦然，当时人认为进化是人类的"公理"，是"自然规则"，而且"进化"的秩序具有阶段性，是世界各国共遵的阶段——"宇内各国，无不准进化之理"[32]，"世界虽变迁而皆不能出乎公例之外"[33] 那么中国的"未来"是可以在这个标尺中很容易找到的，通常就是现在或未来的西方。

不过并不是所有人都有这么浓厚的"未来"感，此中有非常显著的光谱浓淡之别，譬如顾颉刚《宝树园文存》中的文章，常可见到"发展""未来的发展"，但是程度不深，而且对"未来"也没有特定的想象。即使如此，还是有许多人对过度重视"未来"不以为然，或者认为"未来"不应是史学论著的重要关怀，这一点是要特别强调的。

此外，晚清民国各种历史"阶段论"的引入也与本文讨论的主题密

---

[31] 张尔田，《与陈石遗先生书》，《遯堪文集》，卷一，页34a。
[32] 陈天华，《中国革命史论》，收入刘晴波、彭国兴编校，《陈天华集》(长沙：湖南人民出版社，1958)，页214。
[33] 熊月之主编，《晚清新学书目提要》(上海：上海书店出版社，2007)，页454。

切相关。从晚清以来各种形式的历史阶段论便相当盛行。从 19 世纪前半叶即已出现了一种中西历史"合和"的潮流[34]，即合中西历史为一家式的写法，事实上就是把中国纳入"普遍历史"之中。我们不能轻看这个潮流的影响，愈到后来"合和"得愈紧，也愈趋公式化，事实上，其中有不少历史著作已经是以西方历史驾驭中国历史，以西方的"过去"与"未来"取代中国之"过去"与"未来"。首先，苏格兰启蒙运动以来非常流行的阶段论，即"渔猎—游牧—农业—商业"[35]，在近代中国有不少信从者，但它与近现代中国思想却有不大融洽之处。第一，中国人心中对苏格兰启蒙运动哲学中与四阶段论密切相关的推测史学（Conjectural history）的背景并无了解。第二，如果不是"黄金古代"的观念被打破了，四阶段论之类的想法也不可能被接受。在"黄金古代"没落之后，如何解释从野蛮到文明的变化变得很迫切，四阶段论式的思

---

[34] 章清，《"普遍历史"与中国历史之书写》，收入杨念群等编，《新史学：多学科对话的图景》（北京：中国人民大学出版社，2003），页 236—264。

[35] 关于苏格兰启蒙运动四阶段论的讨论文章很多，如最早而有系统的论述参见 Ronald Meek（1917—1978），*Social Science and the Ignoble Savage*（Cambridge：Cambridge University Press，1976）及其 *Smith, Marx & After*（London：Chapman & Hall；New York：Wiley，1977）。Meek 认为马克思之五阶段（原始共产、奴隶、封建、资本主义、社会主义/共产）启迪于亚当·斯密（Adam Smith）的四阶段论。近人 Levine 持不同意见，Norman Levine, "The German Historical School of Law and the Origins of Historical Materialism," *Journal of the History of Ideas* 48：3（1987），pp. 431-451。历史方面的考察如 Istvan Hont（1947—2013）的 "The Language of Sociability and Commerce：Samuel Pufendorf and the Theoretical Foundations of the 'Four-Stage' Theory，" 收在是氏 *Jealousy of Trade: International Competition and the Nation-state in Historical Perspective* 第一章（Cambridge, Mass.，：The Belknap Press of Harvard University Press, 2005），pp. 159-184。"推测史学"与达尔文有所关联，参考 Stephen Alter, "Mandeville's Ship：Theistic Design and Philosophical History in Charles Darwin's Vision of Natural Selection，" *Jounral of the History of Ideas*, 69：3（2008），pp. 441-465。

维正好填补了它的空隙。第三,四阶段论在学术上颇有影响,但在考虑现实问题时并不特别吸引人,因为在一般人的认知中,它的最高阶段"商业社会"并未超出当时中国之状况,因此对中国人未来的前途不具强烈指示性。

民国初年,孔德(Auguste Comte,1798—1857)的三阶段论也有一定的地位,当时北京即有孔德学校。孔德的论述是基于人类知识与社会的发展经历三个阶段:神学阶段、形上学阶段、实证阶段。由此孔德认为按照科学发展的序列,就是首先产生作为自然科学基础的数学,然后用数学方式考察天文,依次会产生天文学、物理学、化学、生物学,最后产生研究人类学问的社会科学(就是社会学)。孔德的第三阶段,即"实证阶段",就是以科学取代形而上学的阶段,无异于预测这是人类共有的"未来",这对当时中国思想界产生了一定的影响。1919年12月,蔡元培在"北京孔德学校二周年纪念会演说词"中强调的即是这一点,他说"我们是取他注重科学精神、研究社会组织的主义,来作我们教育的宗旨"。[36]

随着严复所译《社会通诠》而大为流行的三阶段论是:"图腾—宗法—军国"[37],它不只影响到线性历史观的写作,更重要的是在这个阶段论架构中,人类最高的发展阶段是"军国社会"。这也使得当时许多人认为"军国社会"必将成为下一个阶段的中国,所以"未来"是已知的,"现在"的任务是再清楚不过了,那就是加快军国社会的到来。但在中国真正带来弥天盖地影响的是马克思主义的五阶段论,

---

[36] 蔡元培著,高平叔编,《蔡元培全集》(北京:中华书局,1984),第三卷,页373。
[37] 参考王宪明,《语言、翻译与政治:严复译〈社会通诠〉研究》(北京:北京大学出版社,2005)。

五阶段论在学术与现实政治上的影响,比前述的各种阶段论不知大过多少。[38]

三、新"历史哲学"与"未来"

前面提到过,在新未来观的影响之下,历史的角色产生了巨变,由研究"过去"变成照应"未来"。科泽勒克说革命解放了一个文化,同时带动一个"新的过去"(new past)[39],但此处所说的主要是对历史写作的影响。在这里让我们回味一下海德格尔(Martin Heidegger, 1889—1976)的说法。海德格尔提到,"过去""现在""未来"三种时间时时刻刻都在互为影响、互相建构,人们总是依照想象的(或甚至认为已印证的)"未来"来规划"现在"并研究"过去"。海德格尔又说:对于作品的预期性反应,不可避免地会影响哪些内容非被涵盖,哪些非被排除。或者我们可以认为这与佛经"三世一时"的观念相近,而在这一时的三世却以"未来"这一世占了过于突出的地位。在此前提下,"过去""现在""未来"之意义与以前不同了。

近代几种史学影响到这种可知或已知的未来观的形成,即使有程度轻重的不同,但不可否认地,近代有不少历史著作似乎有过于明显的"未来"是已知的色彩。在1930年代,中国史学有两股重要的新潮流,一支是"历史主义化",一支是"历史哲学化"。前者是尽可能地重建古

---

[38] 潘光哲,《摩尔根、马克思、恩格斯与郭沫若——中国马克思主义史学理论渊源的讨论》,收入李永炽教授六秩华诞祝寿论文集编辑委员会编,《东亚近代思想与社会——李永炽教授六秩华诞祝寿论文集》(台北:月旦出版社,1999),页363—409。

[39] Reinhart Koselleck, "Historical Prognosis in Lorenz von Stein's Essay on the Prussian Constitution," *Futures Past: On the Semantics of Historical Time*, pp. 56-57.

代历史真象,并在那个历史重建的过程中,为新文化的建立找到一些基础;而左翼史家为主的"历史哲学化"主要是为了建构"未来",要在"未来"中寻找解释过去与现在的一切的基础,它是历史的[40],但也可能是反历史的,是隐隐然以"未来"为已知,进而形塑对过去历史的解释,或者用一个时髦的词汇说,就是"回忆未来"。[41]

在各种新的"历史哲学"中最为关键的是1920年代后期以来流行的"五阶段论"。1919年,列宁在《论国家》中介绍了恩格斯的《家庭、私有制和国家的起源》和"原始公社制""奴隶制""封建制""资本主义制""社会主义制"的五阶段论[42],后来斯大林更有具体的表述:"历史上生产关系有五大类型:原始公社制的、奴隶占有制的、封建制的、资本主义的、社会主义的。"[43]在中国方面,范文澜(1893—1969)于1940年5月发表《关于上古历史阶段的商榷》,即完全接受此一论述:"人类历史的发展,要经过原始公社、奴隶占有制度、封建社会制度、资本主义制度,而后达到社会主义的社会。"[44]

---

[40] 林同济和雷海宗的"文化形态史观"也是新"历史哲学"的一支。

[41] "回忆未来"是哈拉尔德·韦尔策(Harald Welzer)在《社会记忆:历史、回忆、传承》的序中说的:"制作历史总是从'预先回顾'(Antizipierte Retrospektion)出发,就是人们将回顾某种尚待创造性的事情曾经是怎样的。"但韦尔策是从扬·阿斯曼(Jan Assmann)的论文中得此观念的。哈拉尔德·韦尔策编,季斌、王立君、白锡堃译,《社会记忆:历史、回忆、传承》(北京:北京大学出版社,2007),页10。

[42] 列宁,《论国家》,收入中共中央马克思恩格斯列宁斯大林著作编译局编,《列宁选集》(北京:人民出版社,1972),第四卷,页41—57。

[43] 斯大林,《论辩证唯物主义和历史唯物主义》,收入中共中央马克思恩格斯列宁斯大林著作编译局编,《斯大林选集》(北京:人民出版社,1979),下册,页446。

[44] 范文澜,《范文澜历史论文选集》(北京:中国社会科学出版社,1979),页81—92。

有许多人批评这纯粹是"反历史"的,如沃格林(Eric Voegelin, 1901—1985)说的,"在20世纪,历史作为一种根本的伪造,对异化的生存状态之实在的伪造"。[45] 不过新的历史哲学并不像沃格林所说的全是"伪造",譬如在1930年代的中国,它往往是既吸收了当时最新历史研究的成果,但又宣称(或实质上)涵盖之、凌驾之、修正之,并赋予较高层次的科学规律解释,因而超脱出历史主义过度问题取向式的零碎性,赋予历史大图景、大时段、大跨度的解释。

更值得注意的是,有一个重要的时代心态在支撑"历史哲学"派的生存,这个特殊的时代心态从晚清以来已经逐渐出现:既要承认中国落后于西方,应该吸收、模仿西方,但同时又终要能超越西方的一种复合性的心态。而"历史哲学"借着历史发展规律,使得这三种看来互相矛盾的思维形成一个有机体,它"把构造者及其个人的异化状态,解释成所有先前历史的顶峰"。[46]

社会发展的"五阶段论"既把前述三种矛盾结合在一起,而且又为"未来"赋予清晰的图景。由于相关的史料太多,所以我只征引比较早的作品。蔡和森(1895—1931)《社会进化史·绪论》的标题即表明"人类演进之程序",文中叙说摩尔根(Lewis Henry Morgan, 1818—1881)对美洲土著考察数十年后,得知从"群"到"国家"的形成是"挨次追溯社会的进化","我们所知道的一切历史时代的各民族莫不经过这样的幼稚时期"。[47] 其中四个字"莫不经过"尤值注意,既然"莫不经过",则

---

[45] 埃利斯·桑多兹(Ellis Sandoz)著,徐志跃译,《沃格林革命:传记性引论》(第二版)(上海:上海三联书店,2012年),页107。

[46] 埃利斯·桑多兹著,徐志跃译,《沃格林革命:传记性引论》,页107。

[47] 蔡和森,《社会进化史》(北京:东方出版社,1996),页1、2、3。

中国的"未来"即可在五阶段的格局下推定而知。在社会发展史的影响下，许多历史哲学家对胡适等所代表的实验主义史学发表强大的批判，批判的层面相当广泛，其中非常重要的一点就是实验主义史学不谈"未来"。翦伯赞说："（实验主义）历史学的任务就是研究这个社会怎样一点一滴的和平进化到了现在，而且也只准到'现在'为止，对于历史之未来的发展倾向，是不许研究的。"[48]

在社会发展史中，"未来"不但是可确知的，而且是确定会实现的，诗人聂绀弩（1903—1986）说："总有一天，谁是混蛋就要倒下去的。当然，马克思主义的胜利，无产阶级的胜利，这是不成问题的，这是历史确定了的。"[49]"未来"是确定的，是可知的，或已知的，"过去"反而是未知的；这种思维变得相当普遍，差别只在程度的轻重而已。以1940年代的吕思勉为例，他并非左派史家，但受当时史学思潮的影响就曾经说过我们在前面引过的一段话："新发展是没有不根据于旧状况的。假使我们对于已往的事情，而能够悉知悉见，那末，我们对于将来的事情，自亦可以十知八九。"[50]所以这个时候相当流行的一种历史观念是弄清"过去"，即可以找出定律，如果能掌握发展规律，那么这条在线的许多点都可以弄清楚，"未来"当然也就在掌握之中。吕思勉又说："然则史也者，所以求知过去者也。其求知过去，则正其所以求知

---

[48] 翦伯赞，《历史哲学教程》（石家庄：河北教育出版社，2000），页249。

[49] 章诒和在《总是凄凉调》的《告密》中说：聂绀弩对抗打击他的人，用的还是"未来"可知的思维，他接着说："不过，马克思主义绝不是这些人，他们什么马克思主义，是封建主义。"章诒和，《总是凄凉调》（台北：时报出版公司，2011），页16。

[50] 吕思勉，《史学上的两条大路》，《蒿庐论学丛稿》，《吕思勉遗文集》（上），页471。

现在也"[51],"过去""现在""未来"平摆在一条定律上。如果好好把过去的历史研究清楚了,"未来"就是可知的。

另一个例证是"中国社会性质论战"。在这个论战中,"未来"也是非常清楚的,"过去"反而不清楚了。"未来"就是五阶段论中的某一阶段,"过去"则决定于如何定义中国传统社会的性质。这个论战中的积极主张者们往往从"未来"一定会前往的地方回过头去解释中国历史,提供了不少因确定的"未来",而大幅影响对过去历史重建的例子。

不过当时另外有一些历史学家,像钱穆、柳诒徵、胡适、傅斯年,他们在谈历史与未来时,其叙述方式便不是那么突出。主要原因之一是他们并不服膺或根本反对进化史观和阶段论史观。但史观派的信徒越来越广大,当"未来"是已知时,做事情的方式就不同了,人们不再是那么瞻前顾后、犹豫不决了,生命的意义也在这里得到最积极的提升。领导人的任务也变得很清晰,也就是指挥人们向那条路走,因为那条路可到达可知或已知的"未来"。

综前所述,"未来"还代表了一种对无限乐观的理性力量(unbounded rationality)的乐观情绪,想象力有多高、未来就可能有多高,一切由"有限"变"无限",包括对物质的想象。"未来"是希望的,甚至是判断是否合乎道德的准则,违反它似乎带有伦理上的负罪感。人们不应有太多迟疑,应该毫不迟疑地顺着这条路往"未来"走,所以这个已知的未来带有巨大的行为驱动力,政治行动的性质和决策者的思考角度都发生改变,史家与政治家或所有人的任务变得非常清楚。"未来"是已

---

[51] 吕思勉,《〈史籍与史学〉补编》,《蒿庐论学丛稿》,《吕思勉遗文集》(上),页279。

知的，史家或政治家的角色成了"推动者"或"加速者"。

孙俍工（1894—1962）的小说《前途》，就把"未来"当成一列火车往前开，"现在的火车开满了机器，正向着无限的前途奔放！""车上的人或沉默地坐着，或高声笑谈着，或唱着不成调的乐歌；大都是在那里等候着各人所想象的前途到来。"[52] 刘少奇（1898—1969）1939 年在延安马列学院演讲时，也有类似的这么几句话："马克思列宁主义整个的理论作了无可怀疑的科学说明；而且说明那种社会由于人类的阶级斗争的最后结局，是必然要实现的"，"而我们的责任，就是要推动这一人类历史上必然要实现的共产主义社会更快的实现"，仿佛在告诉他的群众说路都帮你指好了，你就往前冲吧。[53] 这是有史以来第一次在日常生活文化中出现这样突出的时间感与未来观，影响所及的不只是政治，而且广及人们的日常生活世界。

四、"未来"与日常生活行动

对于过度"未来"性的政治思考，钱穆有扼要的观察："不知以现在世来宰制未来世，而都求以未来世来改变现在世。"[54] "未来"不但是已知的，而且如果加以适当地推动，是必然会实现的。政治家的任务便是加快它的实现，而且不向前推动是有道德责任的，恰如《民报》中所说的"如谓不能，是反夫进化之公理也"。或是如同俄国诗人马雅可夫

---

[52] 孙俍工，《前途》，收于赵家璧主编，《中国新文学大系·小说一集》（上海：上海文艺出版社，1981），页 209。

[53] 刘少奇，《论共产党员的修养》，《解放》，82 期（1939），页 10。

[54] 钱穆，《现代中国学术论衡》（台北：东大图书公司，1984），页 102。

斯基的名诗《把未来揪出来》:"未来/不会自己送上门来",我们必须采取些办法,不管是"共青团""少先队"或"公社"都应该计算好,对准目标,才能把未来揪出来。[55] 而为了到达那个未来,所有人都应服务于这个任务,转变成"驯服工具"。

"未来"既是已知的,则有一种与"未来"进程亲近的、或可导向其实践的、或适合当时之情境性质的行动,所以不是处于对做了这个决定究竟与整个未来前景会发生什么作用完全没有把握的状态。因为"过去""现在""未来"如常山之蛇,首动则尾动、尾动则首动,既然"未来"是已知的,那就使得常山之蛇的另一端也要跟着调整,才能说明已知的"未来"的形成。

新的未来观也成为近代人人生行为的指标,这里以一个共产党的小人物冯亦代(1913—2005)为例。冯亦代是章伯钧(1895—1969)晚年最信任的后辈,常常在章家走动,可是后来人们从冯的日记中发现,不断向中共党中央报告举发章伯钧的人便是他。冯亦代的例子显示,按照历史发展规律,"未来"社会革命一定会成功,所以反推回来,此时应当举发章伯钧才是合乎历史发展规律的方向,所以从冯本人的角度看来,他的报告举发与他和章伯钧的私人情谊似乎并不矛盾。[56] 从这

---

[55] 马雅可夫斯基著,戈宝权等译,《马雅可夫斯基诗选》(北京:人民文学出版社,1959),页141。

[56] 冯亦代对他的卧底、告密心中有不安,故他常打电话请示一位直接选用他的长官——彭奇,倾诉烦闷,如"晚上八时去看彭奇同志,我告诉他我的焦虑的心情","彭奇同志来电话说他今晚有事,我真想多些时候早些时间和他谈谈,这对于我的改造是有好处的","晚上彭奇同志来电话约我去,这真是个好机会……思想中还没有政治挂帅,还没有真正一切跟着党的指示走,还没有做党的驯服工具"。日记中与彭奇有关者甚多,此处不一一列举。冯亦代著,李辉整理,《悔余日录》(开封:河南人民出版社,2000),页95、113、121。

个例子,我们可以看到对"历史发展规律"的信仰,从"未来"完成式出发来作日常生活的抉择的实况。

社会发展史就好比是一列火车,开向美好的"未来",作为个人,安心地坐上车跟着往美好"未来"前进,生命的行为与抉择,应该心安地被"未来"所决定。早在新文化运动之后,这种乘坐火车往"未来"行驶的态度便已非常清楚了。如同前面所引孙俍工小说中所讲的,丢掉过去,面向未来的、前途的,只要向着这无限的前途走即可,上了火车就不要多问了。

此外我还想引 1945 年 7 月的一联诗。民国年间人李仲骞有诗云"生我不于千载上",诗人夏承焘说他要把这一联诗改一个字——"生我不于千载下"。[57]"上"是过去、"下"是未来,向往"未来"式的人生,上下之别,显现了传统与近代对人生态度、对事情的看法、对行动的策略等层面的重大不同。

在一种新的时间感与未来观之下,人们思维世界的凭借变了,人们闭眼所想已与前人不同,新"未来"观广泛渗入日常生活世界。至少,认为最好情况是在"未来",而不只是在"黄金古代"这一点,就足以产生重大的影响了。

余 论

晚清以来,从新的历史哲学或各种历史律则论、历史阶段论中,浮现出一种非常普遍的意识,认为"未来"是已知的,"过去"反而是未知

---

[57] 夏承焘,《天风阁学词日记》(杭州:浙江古籍出版社 · 浙江教育出版社,1992),页 609—610。

的,这种"未来"观迅速渗入各个层面。在这一个新的思想格局中,"历史"与"未来"关系密切,可信的"未来"是由社会发展史所背书的。"历史"是"未来"的靠山,历史成为一种"新宗教"。在社会发展史的框架下,形成了一个"大小总汇",可以解释人生宇宙的种种困惑,即使在人生观方面的影响,也非常明显,包括存在的意义、生命的目标都可以在其中得到安顿。

不过,本文所讲的主要是当时的乐观派、激进派,当时也有许多人并未受此影响(如学衡派)。他们虽然与乐观派一样都关心如何建立一个好的社会,但是他们并不把心力用在"未来"之上,而且也有许多人认为这种具有社会达尔文主义色彩的"未来"观是不道德的。我在另一篇文章中提到近代中国的一种"扶弱哲学",即是一个例子。[58] 对于倾向保守的知识分子,如何不将"时间等级化"(temporal hierarchy),如何不总是接受"线性"的时间格局——即"过去、现在、未来"的格局,使自己的国家与历史文化总是处在下风,是一个持续关注的问题(譬如梁启超晚年即有此变化)。

而且上述的"未来观"与西化激进并不能简单画上等号。晚清以来"西化激进派"对"未来"的见解差别很大[59],其中并不一定都是如钱穆所说的"求以未来世来改变现在世",尤其不同的是,以"未来"为"可知"或"已知"的态度,也不一定是西化激进派所共有的。

最后我还想借机说明几点:第一,清末民初的中国受到西方武力、

---

[58] 参见王汎森,《时间感、历史观、思想与社会——进化思想在近代中国》。收入本书。

[59] 当然,关于这一点还有一些问题值得再探讨,譬如这些未来观是不是有中国本土的成分,如佛教、白莲教对"未来"的想象是不是也对此有所影响等。

经济、文化的侵略或压迫,感受到亡国灭种的忧虑,却意外地对"未来"抱持乐观的心态,究竟应该如何解释?对于这个困惑,我个人以为至少可以提出一种说明:各种历史哲学或阶段论,往往强调亡国灭种的危机与充满希望的"未来"同在一条发展线,既揭露了现在的落后不堪,也保证努力之后可以达到无限乐观的"未来"。第二,从今天的"后见之明"来看,本文提到的那些未来说,基本上是套用西方的理论公式,提供国家社会政治改革的方案,实际上仍只是种种主观的价值信念,并不全然对未来真有所知。但是我们不能忽视当时的人的确乐观地相信自己对"未来"已完全掌握,而且还能说服广大群众相信他们代表着"未来"。这件事当然有很复杂的时代背景,它跟晚清以来的现实环境与学术思潮有分不开的关系,值得进一步探究。第三,"未来"究竟是单一的还是多元的。在"公理""公例"的时代,"未来"似乎是一元的。当时人们往往宣称自己掌握了"公例",但大体而言,"公例"的世界是西方历史经验所归纳的"普遍真理",人们模模糊糊中感觉到"公例"是一元的真理。但是到了后来,尤其是在"主义"的时代,每一个政党都宣称它拥有一个具有寡占地位的"未来"。而且"未来"也由学理的探讨,变成政治指定,由谁来规划"未来"等于是由谁来规定新的政治图景,于是规划者成为新的政治、道德、秩序的权威;同时,也有不少人靠着"贩卖"自己所预见的"未来",为自己谋得一个有权威的角色与地位。第四,由对理想的"未来"的想象,或学理的探讨,变成人们被"未来"所挟持。为了达到这个美好的"未来",人们要用许多政治力去落实它,所有人应该要做的只是"跟上来",最后,整个国家就形同被"未来"挟持了。[60]

不过,我们现在对"未来"似乎又由"已知"变成"未知"了。我小时候看过一部漫画,说未来最快的送信方式是直升机在每个家里降下来把信放进信箱,万万没想到几十年后,突然跑出 email——"未来"显然是"未知"的。本文所提到的几种史学,不管是文明史学、公例史学、进化史学或阶段论史学,现在都已退潮或完全没人闻问了,在现代史学中,"未来"几乎没有什么角色,而且也不再是"可知"或"已知"的了。

---

[60] 2014 年冬,于北京师范大学举办的"思想与方法:近代中国的文化政治与知识建构"国际高端对话暨学术论坛中,我的评论者施耐德教授及在场的学者,提出了一些相当有见地的评论。在这里谨将施耐德教授的一部分评论抄录,其中如有任何错误,一概由我负责:

一、因为时代变化太快,故难以靠"过去"提供鉴诫,因而寄望"未来",法、比、荷几位史学家都特别注意到这一点,西方对这个问题的讨论可以追溯到海德格尔。到了现代,"未来"与"过去"的关系从以"史"为鉴转变成以"未来"为鉴。但事实上并不如此清楚,仍要靠"过去"。二、"未来"与现代性(Modernity)之关系,"未来"更深一层的变化,背后是人对世界的一种重新的想象、新的关系,世界变成对象、突显"人"之力量。笛卡儿式的世界观认为,可以用规律来解释这个世界,来控制它,世界成为一个改造的对象,因有主体与客体之分,故才有救赎式的、不再是宿命论的"未来",而是主体创造出来的"未来",因此"规律"变得如此重要。故"未来"可知,背后是一种"人"把世界对象化转变的结果。三、现代的时间观变成抽象的、机械性的、可以计算的时间观,这个新的时间观背后是资本主义的发展。时间即金钱(Time is money),"时间"变成衡量一切的客观标准。法兰克福学派讨论了近现代的史观、时间观与资本社会的关系。

第八章

如果把概念想象成一个结构
―― 晚清以来的"复合性思维"*

最近,因为一个特殊的学术机缘,我开始比较认真地思考王国维的一个论点。王国维认为在近代以前,中国是"道出于一",而在西方文化进来之后,是"道出于二"。王国维是这样说的:"自三代至于近世,道出于一而已。泰西通商以后,西学西政之书输入中国,于是修身齐家治国平天下之道乃出于二。"[1]在王国维之后,对于"道出于一",或"道出于二",乃至"道出于多"陆续有所讨论。[2] 基于对这个问题的探讨,我也将一个思索多年的议题写了出来,在"道出于一"或"道出于二",甚至是"道出于多"的框架下,我们是不是应该比较深入地考虑,在近代中国这个思想与社会剧烈动荡的时代,思维/概念的本身或其构成方式是否发生了变化?是不是出现了一种激化了的"复合性思维"

---

* 我于2014年参加北京师范大学"思想与方法:近代中国的文化政治与知识建构"国际高端对话暨学术论坛,本文是对罗志田兄《天变:近代中国"道"的转化》一文的回应。

[1] 王国维,《论政学疏稿》(1924年),《王国维全集》(杭州:浙江教育出版社、广东教育出版社,2009),第十四卷,页212。

[2] 参见罗志田,《天变:近代中国"道"的转化》,收于方维规主编,《思想与方法:近代中国的文化政治与知识建构》(北京:北京大学出版社,2015),页23—45。

或"复合性概念"?如果把思维或概念想象成一个结构,那么从晚清以来,一种概念或是一个人的思维的构成方式、层次、配置、部位,到底呈现什么样的状态?这些思维/概念的样态与"道出于一"或"道出于多"的格局,有什么样的关系?

我在这里所讲的"复合性",是指把显然有出入或矛盾的思想迭合、镶嵌、焊接,甚至并置(compartmentalized)在一个结构中,但从思想家本人的角度来看却是一个逻辑一贯的有机体。它有时是一个多面体,有些面比较与时代相关联,比较易感,容易受"风寒"。而易感的面便会不断地尝试调整,甚至吸收异质的东西,与自己的本体嵌合起来,形成一个斯宾格勒(Oswald Arnold Gottfried Spengler, 1880—1936)在《西方的没落》(*Der Untergang des Abendlandes*)中所说的"伪形"。

受风面与背风面长期暴露于大自然之下产生了改变,被引来嵌合的异质性东西,可以是古、今、中、西的任何资源,但它们基本上有两个特色:一、在思想稳定的时代,复合性的思维基本上并不受欢迎,可是在思想激烈变动的时代,它不但变得容易接受,而且还可能被视为了不得的创新。二、镶嵌的诸面基本上常常逸出此前的传统脉络。这些被镶嵌在一起的思维可能看来是矛盾的,相差十万八千里的,甚至是相反对的。

当然,某种"复合性思维"是人生而具有的能力,而且每一个概念也都像喜马拉雅山的积雪,有亘古以来的长期积累、也有近时的层层迭压,观念史家科泽勒克就提醒我们,每一个概念中都有若干时间层次的叠合(layers of concept),他用了 iterative structure 一词来形容任何概念中,有些层是"反复的""承自过去"的,有些层是后来迭压上去的。[3]

---

[3] Javier Fernández Sebastián, *Political Concepts and Time: New Approaches to Conceptual History* (Santander: Universidad de Cantabria Press, 2011), p.423.

每一个概念不但有不同时间层次的迭合,也有空间性的"复合"。

不过,在"道一风同"而且传统社会风俗礼教以及儒家思想较具支配力的时代,即使是"复合性思维",相对而言仍是在一个比较稳定的状态中。此处要讨论的是晚清以来,"复合性思维"以愈来愈突出、集中、激烈的样态出现的现象。

晚清以来"复合性思维"的特色虽然在倾向保守的思想家身上表现得较为显著,但是新派人物亦往往有之。在受到时代的震荡、西方势力的覆压而不能自持之时,人们往往不停地重整、重塑、吸纳或排除各种力量,将中西、多样,甚至是互相矛盾的思想结合成一个"复合体"。

这种脱离传统的架构或脉络,形成复合性概念的情形,有着时代先后,光谱浓淡之别。在最浓的这一边,是把天差地别、互相矛盾的成分绾合成一个在行动者自身看来自成逻辑的框架之中;在光谱最淡的一边,则是将传统思想资源以原先意想不到的方式重组成一个有机体,以响应时代急遽的挑战。这方面例子很多,此处仅举清末易佩绅(1826—1906)的《仁书》为例。《仁书》的论证是相当繁复的,但是从它的字里行间可以感受到作者对于整个社会的涣散与危机四起,人与人之间的矛盾与仇恨、动乱感到不安,所以想发明一套新理论,在新的基础上塑造新的"共同体"。《仁书》中说:"人,天地合者也","溯父母以上至开辟之父母","人与父母无间,即与天地无间","其一念一息皆与天地无间者","人与天地无间,人与人自无间矣"。[4] 透过君王祭拜从中国文明开辟以来所有的祖先,即等于从时间的纵深上来建立并巩固一个广大共同体的意识。《仁书》成于1885年,时代尚早。他在当时的世局及社会之下改造旧思想体系,形成一种"祭→仁→政"体系,

---

[4] 易佩绅,《仁书》上篇(光绪十年[1884]刻本),页1b—2a。

他所改造的部分,虽然"怪怪奇奇",但是并未勉强将原先相矛盾的东西镶嵌在一起。

晚清国粹学派、国学派或国故派,还包括一些带有"国"字的概念,每每带有复合或迭压的思想特色,而其程度便过于易佩绅的《仁书》了。他们往往改变了许多实际成分,但仍然维持其为"国"或国之"粹"的身份[5],甚至于把近代的思想内容和传统的躯壳做一个奇怪的套接,形成一个他所宣扬的"国"的东西。在此,我想以志田兄文中提到夏震武(1854—1930)与裘可桴(1857—1943)两人为例。这两人的思维模式可归纳为广义的"国粹派"。

夏震武的《人道大义录》(1900)中,把黄宗羲的《明夷待访录》里提到的以天下为天下人之公产,而非帝王之私产的观念,进一步发挥。他主张"尧舜以天下为公,立万世父道之极"、"世袭专制乱世之制","一姓之忠臣义士,万姓之乱臣贼子",痛斥天子以嫡庶为尊卑是大乱之道。他斥责"公仆"观念,坚持君权,认为人君如果自认为是人民之父母,则愈能教养人民。同时痛斥女权、痛斥英国女王,认为"男任政治,女任生育,此平等之道"[6],并以此来维持儒家为至高的思想系统的主体地位。

从裘可桴的文稿中,可以看到他在自己的写作中,一波又一波地嵌进新名词,却又反对新名词。这里面的主旋律与许多国粹思想家一样,认为最能得儒家真意的是汉朝以前三千年的古代以及现代的西方。他坚持认为:白话文,现代西方的科学器械,重钢铁、重物质的精神都与先

---

[5] 参见王汎森,《传统的非传统性——章太炎思想中的几个面相》,收于《执拗的低音:一些历史思考方式的反思》(北京:三联书店,2014;台北:允晨文化实业公司,2014)。

[6] 夏震武,《人道大义录》(民国二年[1913]排印本),页10a、13b、19a、8a、23a、6b。

秦真正的儒家相合,认为"夫格致之学,吾古时之国学也"。[7] 他既骂胡适,又到处用胡适的想法,这两者看起来矛盾,却是二而一的。

当然在带有启蒙倾向的人中,我们也经常见到这种例子。如晚清的郑观应(1842—1922)、王韬(1828—1897)、汤寿潜(1856—1917)、陈炽(1855—1900),他们一方面提倡民权,一方面反对民主。[8] 又如胡汉民的思想就结合了民族主义与世界主义(nationalism-internationalism,这是白安娜[Anna Belogurova]的论点);又如中共领袖毛泽东,他的思想中共产世界主义与强烈的民族主义每每合而为一。[9] 此外,我们还常常可以见到用阶段论或其他巧妙手法,把几种实际上矛盾的思想绾合在一起,形成一个至少在思想家本人看来并不矛盾的有机体,如宋恕、康有为与严复。

此外,晚清以来流行一系列以"公"为始的概念:"公理""公法""公例"等等,它是一种纤维丛式的复合形态。譬如宋育仁的《经术公理学》,该书内容非常浩博,他把东西方有价值的思想/概念在"公理"这一条主线下交织成一束纤维丛。许多被交织进来的东西,都是传统儒家所深恶痛绝的,但在最关键处,他仍宣称这一切皆合于"公理",仍然妥妥帖帖地统辖于儒家的经术之下。[10] 我们好像看到一个三面体,从外表看是三面,但对思想家本人而言,它则是一个有机的整体。

---

[7] 裘可桴,《与从侄孙维裕书》,《可桴文存》(无锡裘氏翼经堂藏版),页29。

[8] 详细讨论可参见熊月之,《中国近代民主思想史》(上海:上海社会科学院出版社,2002)。

[9] 譬如毛泽东在《中国共产党在民族战争中的地位》(1938年10月)一文中说:"中国共产党人必须将爱国主义和国际主义结合起来。"收于中共中央毛泽东选集出版委员会编,《毛泽东选集》(北京:人民出版社,1991),第2卷,页520。

[10] 宋育仁,《经术公理学》(上海:同文社,光绪三十年[1904])。

上述现象在日本近代的启蒙思想家身上也常常见到,譬如福泽谕吉(1835—1901)、德富苏峰(1863—1957)、内村鉴三(1861—1930)等。他们原来都宣扬西方自由民主、宗教自由、思想自由,可是当另一场狂风吹起,另一个纲领性的追求压倒性地出现时,激进的国家主义与自由民权方面的追求似乎可以复合在一起,既是激进国家主义的,又是自由、民主的,而且看来好像理事无碍。

通常,我们并不容易从日记之类的私密性资料对"复合性思维"的现象做一个比较贴近的了解。然而《钱玄同日记》的出版,提供了一个机会观察他从晚清到1916—1917年左右的思想变化,对他的思维构造中一种层层堆栈的积木般的特性,能有比较细致的理解。在钱玄同(1887—1939)这一时期的日记中可以看到不同的思想线索,像一块块积木堆栈在一起,并各自向前发展延伸,而当事人并未意会到各积木之间的发展可能是矛盾的。

仔细分析钱氏1905—1916、1917年之间的日记,可以看出最严肃的国粹思想与最坚决的今文信仰在他的思想世界里同时发展,前者使他无比坚持许多传统的价值与事物,而后者认为古代史事出于伪造,这一条思路后来造成动摇儒家根本的疑古运动。这两个层面像两块积木水平延伸,我们从结果回看过去,认为它们完全矛盾,但当事人却完全没有一点警觉。

在1907年间,钱玄同以国粹派自居,对于蔑弃传统、过度吸收西方思想或渲染西方的行为方式皆痛斥之,甚至主张学校应该祭孔,故孔教会一度邀他入会,钱氏亦曾郑重考虑。这个时期的钱氏虽然崇敬颜李之说,但对宋儒甚为欣赏,尤其对宋儒讲夷夏大防、礼法、修身济世方面的工作都推重(但是不满其言心言性,陆王之学尤不同意)。

也就在同一时期,他的另一个兴趣是区分今古文学派。这个时期除了文字声韵方面的学问仍遵太炎之外,对今古文问题则恪遵今文家崔适(1852—1924)之说,且非常崇拜康有为与廖平(1852—1932),认为古文经全不可信,今文经为孔子所造,态度愈来愈激烈。如日记中说:"六经皆孔子所作,其中制度皆孔子所定,故《尧典》制度全同《王制》。"钱玄同欲推尊孔子,故他说:"虽然,廖氏谓孔子以前洪荒野蛮,全无礼教,其说亦有大过。盖经中所言尧、舜、禹、汤、文、武之圣德,诚多孔子所托,非必皆为实事,然必有其人,必为古之贤君,殆无疑义。特文化大备,损益三代,制作垂教,庄子所谓'配神明……无乎不在者',实为孔子。"[11] 钱氏同意其师崔适认为《左传》不只书法不可信,全部事实都不可信,但春秋以前之《诗》《礼》《易》等仍为大书,孔子只是整之编之。

钱氏反对"六经皆史"之说,对经史子体例宜分的说法不以为然,相信诸子出于孔子之说,此说似亦为崔适所倡导。"案廖氏最精者为诸子皆出孔经,儒亦不能代表孔子,其说最精,与《庄子·天子〈下〉篇》相合,余所谓洞见道本者此也。"[12]

1916年6月前后,是钱氏的重大转变时期,这个转变主要是受到袁世凯(1859—1916)称帝的刺激(袁氏1916年1月称帝,3月撤销帝制)。自此他弃国粹,倾向欧化[13]、无政府主义,搜读以前看不起的《旅欧杂志》《新世纪》,且以胡适、陈独秀为"当代哲人",尤其倾心于

---

[11] 杨天石主编,《钱玄同日记》(整理本)(北京:北京大学出版社,2014),上,页284。

[12] 马幼渔受其影响,改从今文家言:"幼渔近来于经史异途及尧、舜、禹、汤、文、武之事,《尚书》所载不必是实录,实是孔子所托之说,颇信之矣。"见杨天石主编,《钱玄同日记》(整理本),上,页284—285。

[13] 杨天石主编,《钱玄同日记》(整理本),上,页300。

胡适,并责备青年诸公"亦以保存国粹者自标"。[14]。

由前面的讨论可以看出,假若我们以"后见之明"来看,钱氏同一时期的尊国粹与尊今文,两者的思想影响是完全相反的,但当时的钱玄同却认为两者并行不悖,甚至不曾警觉到顺着今文走下去会动摇国故。这个案例提醒我们,有许多"复合性思维"的案例是从"后见之明"看去才是"复合性的",在当事人看来则完全是"一"不是"二"。

因此,思想的复合性或迭压性的机转为何?它发挥的现实功能为何?它是不是有分进合击、互相支持的作用?或是存在着各种成分相互竞争、相互抵消的情况?或者复合性状态只是一种顺利过渡到新状态的"方便善巧"的策略?受众们是否也理解这些概念的复合性及其运作状况?

我的观察是这样的,在一个伸手不见五指的仓库中,注意力、宗旨、意向性、目的性等,像一道强光照亮黑暗。它照射所及之处,纤毫毕现,可是一旦光炬离开,又进入黑暗。上述那些有强烈意向性、目的性的力量,常常会成为一个纲领,将各式各样的资源整合在这个纲领之下,从当事人的角度看可能是一个合理而没有矛盾的构造。有时候当事人可能也自觉矛盾,像傅斯年称呼自己的思想是"一团矛盾"。无论如何,这个构造中的成分可能互相出入、互相矛盾,甚至互相反对,也可能随时调整改变,或抛、或取、或转化、或变形,却在最高的目标、宗旨、纲领之下绾合在一起,随着所遇挑战之不同,其中的成分迭为宾主,轮番出面应付时代的不同的挑战。

最后,我要引用柏格森的一个论点,来思考所谓"道出于一"或"道出于二"的问题。柏格森说复合体的存在是有一个原因的,这个原因

---

[14] 杨天石主编,《钱玄同日记》(整理本),上,页303。

究竟是什么？他说："混合状态不仅汇集性质不同的成分，而是在一定条件下汇集这些成分。在这种条件之下，人们无法理解这种成分的'性质'差异。"[15] 柏格森似乎是在批评人们误将"性质"不同的东西，当成是"程度"不同而汇集在一起。也就是说在有"性质"差异的地方，人们却只愿看到"程度"上的差异。

　　从柏格森的论点推展到本文所关心的问题："复合性思维"中虽然可能包括南辕北辙的成分。但是人们仍然认为它道出于"一"，其中有一个重要的原因：人们主观认为或是刻意将这些"性质"不同的东西当作"程度"不同的东西而汇合在一起。我们应当追问的是何以人们会把"性质"不同的看成是"程度"不同，或刻意把"性质"不同的看成"程度"不同？宣称道出于"一"或道出于"二"，显然是因为在他们的思想体系中，对"性质"与"程度"有一些更深层的理解。当"性质"截然不同时，便不在同一个"道"之下，所以这个深层的理解决定了在什么情况下，道出于"一"，在什么情况下道出于"二"，或道出于"多"。

---

〔15〕　吉尔·德勒兹著，张宇凌、关群德译，《康德与柏格森解读》(*Le bergsonisme La philosophie critique de Kant*)（北京：社会科学文献出版社，2002），页121。

第九章

"儒家文化的不安定层"
——对"地方的近代史"的若干思考*

多年前我在《中国近代思想与学术的系谱》一书的自序中提到傅斯年的"儒家文化的不安定层"一语,傅斯年是这样说的:

> 《礼记·曲礼》:"礼不下庶人,刑不上大夫。"这两句话充分表现儒家文化之阶级性。因为"礼不下庶人",所以庶人心中如何想,生活如何作心理上的安顿,是不管的。于是庶人自有一种趋势,每每因邪教之流传而发作,历代的流寇……就是这一套。佛教道教之流行,也由于此。这是儒家文化最不安定的一个成分。[1]

傅氏认为儒家经典即使在士大夫阶层中,都已经失去实际引导日常生

---

* 本文系根据我在"地方的近代史:州县士庶的思想与生活"学术研讨会(第四期中国近代史论坛,《近代史研究》杂志社、四川大学历史文化学院主办,成都,2014年10月)的演讲稿改写而成。

〔1〕 傅斯年,《中国学校制度之批评》,《傅斯年全集》(台北:联经出版事业公司,1980年),第6册,总页2124—2125。

活的效力了〔2〕。儒家学说向来不关心庶民,加上"礼不下庶人"的传统,使得儒家经典对下层百姓也失去力量。由于下层百姓在精神及思想上缺乏引导,使得传统社会中产生了一个不安定层,所以下层百姓特别容易被新兴宗教席卷而去。我觉得这段话颇有深意,但他没有继续说明。这么多年来,我却始终在考虑这个问题,下面稍稍阐述我的一些看法。

一

钱穆等人很清楚地指出唐宋以后的中国进入平民社会〔3〕;余英时也非常有力地论证了明代后期觉民行道、讲会、平民教育之发达〔4〕。近年来罗志田、郑振满等学者的文章,也都在说明宋代以下力图实现"礼下庶人"的努力。罗志田指出了士人通过寓正德于厚生的方式构建下层民间社会,力图通过使"道"与乡土的衔接让"地方"具有更多自

---

〔2〕 傅斯年说:"所以六经以外,有比六经更有势力的书,更有作用的书。即如《贞观政要》,是一部帝王的教科书,远比《书经》有用。《太上感应篇》是一部乡绅的教科书,远比《礼记》有用。《近思录》是一道道学的教科书,远比《论语》好懂。以《春秋》教忠,远不如《正气歌》可以振人之气,以《大学》齐家,远不如《治家格言》实实在在。这都是在历史上有超过五经的作用的书。从《孝经》,直到那些劝善报应书,虽雅俗不同,却多多少少有些实际效用。六经之内,却是十分之九以上但为装点之用、文章之资的。"《论学校读经》,《傅斯年全集》第6册,总页2050。

〔3〕 钱穆在许多地方反复说明此意,例如他说:"政府以考试取士,而进士皆出自白衣。此一形势,直至清末,余特为定名'白衣社会'。白衣率从农村中崛起,其形势略同于汉武帝之时。"钱穆,《再论中国社会演变》,氏著,《国史新论》(北京:九州出版社,2013),页44。

〔4〕 相关研究请参见余英时的两本著作,《朱熹的历史世界:宋代士大夫政治文化的研究》《宋明理学与政治文化》(台北:允晨文化实业股份有限公司,2003,2004)。

足的意义。[5] 郑振满的研究说明了虽然宗庙、家谱等往往带有"套利"或其他现实动机,但是不能否认,这些礼仪是下到民间的。[6] 从这一点而言,傅斯年的"礼不下庶人",似乎只能说明宋代以前的情况,对于明清以下的时代似乎并不适用。但是傅斯年行文风格本来就有简练模糊的特色,他所谓"礼不下庶人"带有多方面的意义。

第一,我认为傅斯年除了指礼仪之外,主要是儒家主流文化并不关心下层人民的文化、思想、心灵、信仰,而佛教、道教、基督教这些宗教却以下层人民为其主要关心对象,所以民众动辄被新兴宗教席卷而去。基督教在地方上都有教堂,信众礼拜日去做礼拜是一种下及群众的宣教活动。但儒家没有教堂,传统的府州县学往往都只是士人考试行礼的地方。相对来说,传统中国的儒学要怎么维持以庶民为主的地方社会,是一个值得深入思考的问题。

第二,地方上长期处于无治状态,事实上是无政府状态,故瞿同祖(1910—2008)在《清代地方政府》中说,传统中国州县以下是一空虚的状态,清末的刘师培也认为县以下是一无政府状态。所以刘师培说要在中国提倡无政府主义实在太容易了,因为传统中国的地方社会本来就是乡绅和县令联合治理的一个无政府社会。[7]

---

〔5〕 参见罗志田,《地方的近世史:"郡县空虚"时代的礼下庶人与乡里社会》,《近代史研究》,2015 年第 5 期,页 6—27。

〔6〕 参见郑振满,《明清福建家族组织与社会变迁》(北京:中国人民大学出版社,2009),尤其是第五章。

〔7〕 这里面的问题非常之多,包括它如何形成、治理和运作,如何维持一个如此纯朴雷同的社会自行运作。相关研究可参考 Ch'ü T'ung-Tsu(瞿同祖),*Local Government in China under the Ch'ing*(Cambridge, Mass. : Harvard University Press, 1962);王汎森,《刘师培与清末的无政府主义运动》,《大陆杂志》,第 90 卷第 6 期,1995 年,页 1—9。

第三,明清两代的主流学术跟下层的关系有相当大的变化。明代中期以后有比较通俗的宣讲活动,明代许多讲会,原本允许士农工商社会各阶层的人参加,到了 17 世纪以后,就不太允许士大夫、有功名者以外的人参加,草根性的讲会渐渐萎缩,平民在其中渐渐没有角色了。清代考证学最盛的时候,所治的学问非常专门,非常精英,我们可以强烈感觉到上下两层之间,即主流知识分子的学问和地方上的思维不相联系。尤其是对渴望信仰的下层百姓而言,太过抽象,太过与现实抽离,太"明其道而不计其功",对于重视实效的平民,更处处显示其不相干性。

因此,地方的空虚不只是在统治方面的空虚,同时是地方上的思想、文化、精神、心灵、信仰等层次的内容的空虚、茫然、不安定,或混乱。即使"礼下庶人",也并不全然解决心灵、精神、信仰方面的问题,或是它所发挥的功用不足、僵化,被更强而有力的"信息"打败或取代。

这些"上下不相及""上下不发生关系"的现象有几个主要原因。第一是士大夫思想意识中是否曾经将"下"或"地方"放入他们主要的思考中?"地方"是不是始终作为附带物被考虑,而不曾作为一个"主词"被了解、被探讨?第二,一个时代占主流地位的思想或学术中,对"地方"实际的设想是什么?实际的行动是什么?

清季的动乱,譬如像太平天国,让人感觉除了土地、经济、种族等问题之外,恐怕还与前述那种上下不相连,在思想、精神、信仰上缺乏引导,没有出路,而在思想、精神上形成一个"儒家文化的不安定层"有关。洪秀全(1814—1864)仿效《周官》设立隋代已废的乡官制度[8],

---

[8] 简又文,《太平天国典制通考》(香港:简氏猛进书屋,1958),上册,"职官制",页118—120。

一方面便是着眼于下层无治、下层空虚。至于他以基督教教义为基础建立地上的天国,在我看来也是在思想、精神上提供丰沛的资源与引导。

而且有不少思想家已注意到"儒家文化的不安定层"的问题而谋补救,而且形成一条主线,"下"成为部分儒家士大夫思考重点。譬如龚自珍的《明良论》、康有为的《孔子改制考》中提出儒家设教堂、设宣教师等,宋恕由"同情心"出发的整个哲学体系,尤其是反复强调下层人民的"教""养"二事,并在某种程度上与现代的社会福利思想结合起来,都可视为这方面的表示。当然,这个问题相当复杂,比较深入的探讨,当俟他日。而对"儒家文化不安定层"这个问题的关怀,促发了我以"地方"出发来看历史变动的想法。

探讨"儒家文化的不安定层"时,首先要承认我们对"地方"了解的层次不够深。但是如果从不同的视角、注意力、主词、意向入手,我们对很多事情的看法将会有所转变。

首先,历史上永远都有地方,但"地方"何时自觉自己为"地方",譬如永远都有"青年",但为何有时某一代人会自己强调为"青年",这种突出自觉与强调,即带有重要的历史意义。

"地方"往往没有充分的书写文献以表达自己的思想,也往往是一个限制性、封闭性的区域。但限制性并非就没有历史,地方有他们表达思考(intellections)的方式。我们应该从此有限性、限制性为出发点来探讨。此外,有没有"地方"与"全国性舞台"的区分?如果有,这个"全国性舞台"是如何产生的?如何变动的?在变动时代,这两者又是如何形成、如何互动的?

"地方"或"全国性舞台"的地位并不是固定的,一股思想运动中的核心不一定是政治中心,也不一定在大都会。而且在地的有时在受到核心区的引导之后，"颠倒正面"成为其他地方仿效的对象。如李贽学说盛行时，新学术、新思想的中心，除了北京、南京之外还有麻城等小地方；或如新文化运动时，在北京大学之外，思潮的中心有杭州、上海等地方。

探讨儒家文化不安定层时，首先要处理的便是"注意力"的问题。2014年的诺贝尔奖化学奖得主们的主要贡献，是用超高解析荧光显微术来窥探细胞内部分子的活动，将注意力集中于细胞内部复杂而细致的活动。所以，从"地方"出发来看历史，可以看到地方社会中非常细致的活动。当然，历史也不可能只写各个地方，最后还是要回到大的发展脉络下来看。但是经过这一层的努力后，再回来看整体，视野、境界就变得不一样了，所以我从不认为只把细胞内的活动看得很清楚就足够了，因为细胞只是人体的一部分，最后还是要关照到整体。[9]

威廉·詹姆士《心理学原理》中很重要的一章就是讲"注意力"，现象学中也讨论"注意力"的问题。[10] 一旦"注意力"转变，看到的景象便不大一样，"注意力"所及之处，很多事情就会变得清楚起来。没有预期性的注意力，对很多事件的观察及回忆都不一样。注意力所及的地方才有历史，一如调显微镜，追求聚焦，才能得到许多原先看不到的东西。如胡塞尔（Edmund Husserl，1859—1938）所言，注意力集中的地方，好比光会有光晕及余光、残余光之分。或如柏格森的研究指出，人的注意力有一个浓淡的光谱，最核心的地区最为浓密。没有注

---

[9] 我们现在几乎都居住在城市里头，对地方的运作、活动并不了解，没有看到细胞中分子之间的作用。我们现在的史学研究习惯从人体全部来看历史，而没有从细胞的角度来看历史，中间少了一个环节。所以我讲的从"地方"出发，是一种补充，而非推翻旧有。

[10] William James, *The Principles of Psychology* (Chicago: Encyclopaedia Britannica, 1952); Margaret Knight ed., *William James* (UK: Penguin Book, 1950), pp.111-116.

意力，即使某事发生了，也不会被看到，即使看到了，也较少去面对它，或动手处理它。[11] 只有当地人才会有当地的角度，这是从整体来看时看不到的。这也就是为什么要转一个弯看一下地方后，再回来看整体。

在研究一个地方时，必须先有一个前提，即它一方面是与各地联系的，另一方面它有一套以自己为主体出发的考虑——尽管这个考虑可能包括尽量开放自己，或强化自己的特色来赢取某种利益，但它自己仍是一个方案，不纯粹只是光源的边晕，或中央的剩余物。

接着要谈到"视角"的问题。我个人认为霍布斯鲍姆谈"由下而上的历史"（history from below）时所讨论的角度[12]，并未完全超出传统的注意力与视角：还是以全国性的、整体性的角度，或从动乱出发来看，并没有转换视角。以前我对农民叛变的史料相当注意，因为承平时期很少注意下层，但一有动乱，注意力就开始转移。然而这一类史料仍然有很大的局限，尤其是它们记载的往往是不服从，而且只有不服从而又爆发问题时才有史料，不能非常深入地了解服从时的状态。从"地方"出发牵动了历史书写中"主词"的变化。首先，"主词"是谁往往带有强烈的评价性。当"主词"转变时，观看事件的角度就会跟着产生巨大的变化。譬如在清代，我们都忘了主词应该是满人的政府，忽略了以"清"而非以"汉"为主词。两者有很大的不同，如盛元光的《乐府章》

---

［11］　Henri Bergson, *Matter and Memory* (NY: Zone Books, 1988); Edmund Husserl, *On the Phenomenology of the Consciousness of Internal Time* (*1893-1917*) (Boston: Kluwer Academic Publishers, 1990), pp. 119-124.

［12］　E. J. Hobsbawm, "History From Below: Some Reflections", Frederick Krantz ed. *History from Below: Studies in Popular Protest and Popular Ideology in Honour of George Rudé* (NY: B. Blackwell, 1988), pp. 13-27.

里说:"太祖义旗既建","明督师杨镐帅五道之兵侵东夏"。[13] 此外,从特定主词出发探讨问题,跟不是主词而只是受词,也将产生角度的变化,使得人们看到的现象有很大的不同。当主词转变为"地方"时,所见亦将有所不同。[14]

将"地方"突显出来成为"主词",可以为我们打开许多值得进一步探索的问题。以辛亥革命为例,如果各个"在地"基本上反对或怀疑革命,何以最后革命仍然会成功?在这个大事件发展的过程中,"在地"社会如何仓皇失措,如何调动、适应、重组,或彻底打破旧有结构?新的在地精英如何浮现?一旦"主体""主词"改变了,所产生的历史视野也会随之变化。

在进入讨论之前,我必须强调本文并不是像清代的凌廷堪或黄文旸(1736—?)那样在宣扬某种以历史上的异族作为主体的历史观,而纯粹是为了讨论上的方便。

日本学者杉山正明的《大漠:游牧民的世界史》一书即以"匈奴"为主词,看到了许多我们所看不到、所忽略、所曲解、所不解的历史现象。不管这些观点是否完全站得住,但是它们刺激我们进一步去思考许多相沿不变的成说,丰富了我们原先的历史理解。杉山正明是以匈奴为主体由北往南看,则匈奴不再是随汉朝起舞的,或是附属的叙述,而可能许多时候是汉随匈奴起舞,为了应付匈奴,而有许多的作为。陈寅恪在《唐代政治史述论稿》中的"外族盛衰理论",认为历史上所谓"盛

---

[13] 杨钟羲撰集,雷恩海、姜朝晖校点,《雪桥诗话全编》(北京:人民文学出版社,2011),第1卷,页194。

[14] 19世纪中期以后,在很多西方传教士的报纸如《中国丛报》(*Chinese Repository*)中,可以看到传教士眼中的广州跟传统中国的视角是不一样的。

世"往往只是异族互相牵制的结果,其实已多少说出这层意思了,只是没有更进一步以匈奴为主体看史局。如果暂时退出传统的史观,而以匈奴等外族为主角,则历史有不同的写法。

以匈奴为"主词"来看汉帝国,则汉武帝为何要到朝鲜设乐浪、玄菟、临屯、真番四郡的历史意义似乎就比较清楚了,因为北方的游牧民族已经开始影响到朝鲜。杉山正明说百济到公元 5 世纪时还在用"左贤王""右贤王",这是标准匈奴的称谓,汉朝因为看到匈奴的势力已经到了朝鲜,才赶快去经营并设郡。我们所读的史书大多是从汉人的角度出发,一旦换了主词,则历史可能会有出入。许多史事的发动者其实是北亚游牧民族,先是匈奴、拓跋、突厥,后来是蒙古、满洲。如哥伦布发现新大陆,人们皆习惯于从外面宏观地看这个历史性事件,但作为当事人,当时实际想法及过程究竟如何? 我们不得而知。如果以清朝的某一个地方的角度看自己,和从中央看地方那般纯朴雷同,可能也是不一样的。[15]

二

在讨论了不同的主词、视角、注意力、意向所可能产生的转变之后,由于我对"地方"并无专门的研究,所以此处只能针对链接性的关系、信息与知识的向下或向上扩散、如何在一个不以文人为主体的"地方"追索无声的语言,以及"地方"上无所不在的文化"传讯机制"(signaling

---

[15] 以日本德川幕府末年为例,当时日本有二百多个藩,每个藩都是用自己的角度在看国家的变化,没有统一的视野,但为何最后还是形成以天皇为中心的国家发展? 如果以每一个藩为主词去观照,还是可以看到很大的不同。

system)四个方面,结合东西方的史例,提出一些观察。也就是在沉默的世界中,如何察知地方上心态的变化,以及如何在一个沉静的"寓意系统"(allegorical system)中维系一个地方的道德秩序。

(一) 链接性角色(linkage)

我注意到近代几个大变动时期都存在着"链接性"人物或者"中介性"人物这类角色。阅读五四或辛亥时期的人物回忆,我们会发现在特定地方,往往有一个或几个链接点,也许是同学、朋友或师长之类的人物扮演链接性角色,使得核心区的活动能扩散到某些小地方。

法国年鉴学派的莫里斯·阿居隆(Maurice Agulhon, 1926—2014)在他的《共和国在乡村:从法国大革命到第二共和时期的瓦尔居民》这本名著中[16],主要关注瓦尔(Var)地区的政治意识之变化。瓦尔地区原是保皇党的大本营,可是在1810—1850年间,本来如此尊重王权的地方,竟然变成激进社会主义思想的温床,这中间的改变究竟是怎样发生的?阿居隆的解答非常清楚,这个地区有一群在地的小知识分子,他们接引了法国当时文学与教育的风潮、语言、沙龙、共和政治、通俗文化,他们仿照巴黎文人社会,组成各种沙龙及形形色色的小组织,他们成为瓦尔与巴黎之间信息思想交通的渠道,将乡村地方"巴黎化",巴黎的思潮、文士关心的主题透过这些在地小知识人引入这个乡村地区,掀起莫大的变化。当然也有人认为阿居隆上述论点不一定完整、周全,但这是一个很有力量的解释。而且,对于这个问题,必须从出发到到达,两边都有所研究才可能回答,也就是必须同时了解巴黎引领全国风

---

[16] Maurice Agulhon, *The Republic in the Village: the People of the Var from the French Revolution to the Second Republic* (Cambridge: Cambridge University Press, 1982), pp.112-225.

骚的那一方,以及在地的这一方。

　　这里面有一个重点就是"链接",一群地方上的小读书人透过酒馆、沙龙、阅报社等等,使得乡村"巴黎化",就像五四运动时很多小地方也有阅报社或其他链接性的人物或组织,使得地方与全国性的信息得以传递。透过这些链接,透过小的组织、在地的小知识分子,使得原本相当保守的乡村地方,与巴黎或北京"链接",进而产生变化。当然,回乡文人也是重要的链接人物(如陈翰文与回浦高等小学),而且"链接"不一定是"从上"下渗到地方,有时候透过"链接",也使得地方的流行上升到全国性舞台。这个在下一点会谈到。

　　以五四新文化运动为例,扮演"链接"性角色的人物、组织、刊物非常之多。五四时期各地的书社、阅报所、社团、歌唱队等都是。地方上的小知识分子以它们为节点与全国风潮中心相链接。链接者的身份、链接的组织、链接的方式都很值得注意。如毛泽东、恽代英等人早期的文稿中反复提到的湘江书社、利群书社都是。许多研究也都显示了地方热烈响应五四,改变了地方原先的思想氛围,将一个偏乡、小地方的文化氛围一如发生在北京般"学运化"了。[17] 又如大革命时期,许多地方上的链接团体——尤其是带有浓厚社会主义色彩的小组织,如雨后春笋般出现在地方,如尚钺(1902—1982)青年时在河南所参与组织的"穷党"[18],常熟、镇江各地也有"穷社"之类的组织(风起云涌组成的无数小社团)。[19] 此外,北伐时期各地链接性的组织,如"党义研究

---

〔17〕在辛亥、五四的回忆录中可以找到许多这方面的材料。
〔18〕毛佩琦,《尚钺年表》,《尚钺史学论文选集》(北京:人民出版社,1984),页589。
〔19〕顾莲郢,《从"穷社"命名想起——缅怀吕凤子先生》,《镇江文史资料》第17辑(政协镇江市文史资料研究会编印,1982),页109—111。

会""中山俱乐部"也是。中国传统社会中也有一些"链接"性的东西,如京官,地方上要推动重大事情,往往要透过京官在北京疏通,绅民与地方官冲突时,也要透过北京的京官对地方官施压;又如明代地方上的乡宦与北京的联结也都是这方面的例子。

此外,我们应该注意链接性的在地人物不只"模仿"核心区,对他们而言,模仿同时是一个"创造",而且地方整体是一个方案,不仅仅只是核心区的残余或变样。

(二) 在地知识的向上扩散

接着我们要谈另一个面相,即链接是"下"或"边缘"的吸收了"上"的或"核心"的。长期以来,我们习惯于"下渗式"(trickle down)的思维。在此思维之下,大都会是上位的,地方是下位的;核心是扩散的一端,地方是接受的一端。譬如在明代,人们常常要到苏州去"观赴",而且日常用品中有"苏趣""苏样"等一系列以"苏州"为核心的词汇。但是我们却也不能忽视有许多后来大范围广泛流行的技术、知识或物品,是从地方上来的,或是由下往上升的。

过去我们讲思想文化时,也多将注意力集中在思想往下渗透、往下扩散,忽略了思想文化有向上扩散的力量。且让我们仔细想想胡适的《白话文学史》,书中不断地提到所有这些东西都来自民间,这不就是地方知识往上扩散的例子吗?包括像魏晋时期《孔雀东南飞》这样的乐府叙事诗,很多人说是受到佛教"佛所行赞"的影响,但胡适认为它是来自地方的,不是外来的。

欧洲史上也有很多这方面的例子。乔治·杜比(George Duby,1919—1996)在一篇文章中讨论欧洲封建社会中下层的品味如何逐步上升成为贵族风格。杜比说14世纪的欧洲,基督教致力于通俗化后,许多原本属于精英的文化下降到平民。但是因为他们刻意面向下层信众，所以亦从下层文化中吸取许多观念或心灵图像（mental image）。在墨洛温王朝时期可以看出这个现象，在13、14世纪，当多明我会（Dominican）与圣方济各会（Franciscan）努力使得基督教成为城镇日常生活中之一部分时，也有同样的情形。在15世纪，贵族阶级则刻意学习许多牧人及农村的娱乐形式，这也是从下层往上传递的例子。杜比举的另一个例子说，一方面是贵族之风习下传，另一方面是武士的风习上传，勇气、武功、忠诚在10世纪时愈来愈往上传，并成为贵族之风习。到了1200年，即使最高位的贵族或国王也以武士之风为尚。[20]

另一种形式是主流文化将在地文化吸收成为主流的一部分。在《现代主义精英文化的大众维度：以世纪末慕尼黑的戏剧为例》这篇研究中，作者彼德·杰拉维奇（Peter Jelavich）说19世纪以来戏剧、绘画、音乐等精英文化的生产者，日益依赖被他们认为是通俗文化的主题与形式。彼德·杰拉维奇说当时有一个潮流，艺术家转向通俗文化，以对抗布尔乔亚的精英文化，对抗19世纪形式化的文化。他们认为19世纪剧场盛行古典剧，脱离群众，年轻作家对此相当不满，形成一种"自我普罗化"运动，主动将通俗形式引入精英舞台，用杂耍来瓦解高级剧院的品味。"木偶剧、哑剧、歌舞杂耍表演与马戏节目的元素，农民或城市下层民众的体裁和风格，都出现在剧作家、导演和舞台设计者的作品中。"同样，"大众木刻和与宗教有关的图画、农民艺术和玻璃彩绘的风格与内容也影响了现代主义绘画"，"现代音乐也糅合了欧洲的民歌

---

[20] George Duby, "The Diffusion of Cultural Patterns in Feudal Society", *Past & Present*, No. 39 (1968), pp. 3-10.

旋律与美洲的爵士乐"。[21]

以下我要借助于彼得·伯克的《知识社会史》一书来说明知识由下向上的流动。彼得·伯克的书强调知识如何体系化、一元化，如何疏通与扩散。如果我们换个角度读这本书，可以注意到许多专业知识是从下层匠人而来的，譬如绘画与建筑的传统，矿工与采矿的知识，商人的实用知识与经济学等。彼得·伯克在这本书中重视的是各地知识的汇整，经过一个整齐、划一化的处理，而成为一般知识的过程。而我们更想知道的是这些知识原先在各个地方的状态，及从地方知识向上扩散并成为普遍知识的实例与过程。在这个上升的过程中存在着"转换"性角色。在西方，它们通常在城市、大学、图书馆进行"转换"，譬如在亚历山大里亚图书馆，地图学家们将各地的地理知识汇整为地图。又如字典、百科全书、医学百科、万用书、教科书往往也汇整各地的地方知识而成，知识在中心"转换"之后，以印本形式散布各地。这些整理或转换的中心之间是互相竞争的，但后来有一个"学科化运动"（disciplinary movement）或"专业化运动"。它把地方知识一致化了、定本化了。当知识世界产生"树形图"时，即表示一种从各地而来的地方知识汇合、整理成一个一元的体系了。[22]

---

[21] Peter Jelavich, "Popular Dimensions of Modernist Elite Culture: The Case of Theater in Fin-de-Siécle Munich", Dominick LaCapra, Steven L. Kaplan eds. *Modern European Intellectual History: Reappraisals and New Perspectives* (Ithaca：Cornell University Press, 1982), pp. 220-250，尤其是 pp. 220-236。此处参考了中译本：王加丰、王文婧、包中等译，《现代欧洲思想史：新评价和新视角》（北京：人民出版社，2014）。

[22] 值得注意的是，许多殖民专家靠在地通报人（local informant）整合殖民地之传统知识，当然也不时衍生出新的"另类知识"。Peter Burke, *A Social History of Knowledge: from Gutenberg to Diderot* (Cambridge：Polity Press, 2000), pp. 75, 77, 110.

前面提到胡适的《白话文学史》。胡适写作这本书的主旨,是想说明中国文学史中"上"的,其实都是从"下"来的。而我的解读有些不同,我认为从以下的引文,可能可以看到我所提到的地方知识向上扩散的现象。胡适指出,历史进化之趋势是白话化。他说:"一切新文学的来源都在民间。民间的小儿女、村夫农妇、痴男怨女、歌童舞妓,弹唱的、说书的,都是文学上的新形式与新风格的创造者",而且"古今中外都逃不出这条通例"。他说:"《国风》来自民间,《楚辞》里的《九歌》来自民间,汉魏六朝的乐府歌辞也来自民间。以后的词是起于歌妓舞女的,元曲也是起于歌妓舞女的,弹词起于街上的唱鼓词的,小说起于街上说书谈史的。"

胡适问道:"中国三千年的文学史上,哪一样新文学不是从民间来的?"胡适认为"上"的忍不住要模仿"下"。"文人忍不住要模仿民歌,因此文人的作品往往带着'平民化'的趋势。"他也提到"韵文"既抒情可唱,又最容易表达百姓的情感,又是非常实用的,"所以容易被无聊的清客文丐拿去巴结帝王卿相,拿去歌功颂德,献媚奉承,所以韵文又最容易贵族化,最容易变成无内容的装饰品"。[23] 胡适在这里特别指出"下"的影响到"上"时,常常一方面是文人文学的"民众化",但同时也有可能使下层文学"贵族化"或"文人化"。"到了东汉中叶以后,民间文学的影响已深入了已普遍了,方才有上流文人出来公然仿效乐府歌辞,造作歌诗。"胡适举了许多例子来说明这种情况,如汉代的乐府诗,如"故事诗",它的产生亦在民间。文人仿作这种民间的故事诗,才有《孔雀东南飞》这一类的杰作。此外像陶渊明一扫建安以后的"辞赋

---

[23] 胡适,《白话文学史》,季羡林主编,《胡适全集》(合肥:安徽教育出版社,2003),第11卷,页233、244。

化""骈偶化""古典化"的恶习,也是因为他生在民间,做了几次小官,仍回到民间。唐代诗歌文学的黄金时代也是来自民间。[24] 当然,中国文学史往往是多元的发展,胡适所指出的是其中一个突出的脉络。他的研究基本上呼应了本文所强调的一个由"下"而"上"的、由"弱势"而影响了"强势"、由边缘影响了核心的现象。[25]

新鲜而陌生的知识不是令人觉得不可信的,而是不相干的。譬如唐代征服安南,非常陌生,他们的了解多被旧有的观念所囿。对美洲大陆的了解,一开始也是尽量放在旧的认识范畴之中,到了1650年左右才逐渐扩大到能认识这些新的东西。而将新世界组入旧思维中,却对欧洲大地带来重大改变:新大陆改变了母国,遥远的"地方"改变了古老的欧洲。如野蛮人的存在,加强了线性史观的说服力量。影响不只及于知识,还及于经济与政治系统、国家力量、行为方式、工业、政府,它们造成经济与社会变迁,与欧洲资本主义兴起有关。此外美洲的需求刺激欧洲的制造工业,造成消费。艾略特(J. H. Elliot)在《旧世界和新世界,1492—1650》一书中描述了因为美洲殖民地,使得人们可以将"权力"放在全球的架构中看,譬如因庞大的海外传教机会,使得教会得到重振的机会,又因殖民地,使得皇权大振,足以压服敌人。以西班牙为例,加泰罗尼亚地区丧失自由,即与王权坐大有关。作者认为美洲扮演了一部分孕育16世纪欧洲国家主义的角色。此处并不是要详述

---

[24] 胡适认为文学演变有两种趋势,"文人仿作民歌,一定免不了两种结果,一方面是文学的民众化,一方面是民歌的文人化"。胡适,《白话文学史》,页260、265、283、296、319。

[25] 还有许多"影响"是从四面八方来的,像"风"的吹拂一般。相关论点请参见王汎森,《"风"——一种被忽略的史学观念》,《执拗的低音:一些历史思考方式的反思》(北京:三联书店,2014;台北:允晨文化实业股份有限公司,2014)。

艾略特的观点,主要是想藉此说明边缘如何牵动、改变核心。[26]

(三) 追索无声的世界

接着我要讨论一个我很感兴趣的问题。讨论地方,常常碰到的一个问题是没有材料。我们研究的是一群不大以文字表述自己的人,该如何勾稽他们的思想世界,这成了一道难题。但法国年鉴学派发展了一些非常巧妙的方法,探索心态史的世界,从中也许可以得到些启发。[27] 在这里我要以中国为主,提出我的一些观察,而我所提出的,往往不只适用于草根层次。

在这里我要做的是透过一些方法,了解看似沉默的地方社会有什么思维活动正在发生。或是透过其间之差异,了解其意向之不同。我的构想都是来自一个简单的想法。威廉·詹姆士说:"古人说人是由三个部分组成的——灵魂、肉体和服饰。"[28] 但我认为除了上述三者,还有许多行为、象征活动等都是"自我的延伸",而历史研究者可以透过它们来求索行动者无声的世界。譬如,1945年,毛泽东从延安飞重庆,周恩来则由陆路从延安到重庆,周在路上只看张良庙与武侯祠,而张良与武侯都是所谓"二把手",两人都缺乏帅才,都是追随主公筹谋

---

[26] J. H. Elliot, *The Old World and the New*, *1492-1650* (Cambridge: Cambridge University Press, 1970), pp. 41, 51, 54.

[27] Nathan Wachtel 有一篇名文,讨论透过南美被征服者对通俗歌曲的微妙改动,察知他们的心态世界的变化。Nathan Wachtel, "The Vision of Vanquished: the Spanish Conquest of America Represented in Indian Folkore", *in* Marc Ferro ed., *Social Historians in Contemporary France: Essays from Annales* (NY: Harper and Row, 1972), pp. 231-260. 这篇文章也影响到本文对戏曲的文本变动的讨论。

[28] Margaret Knight ed., *William James*, p. 102.

策划的军师。[29] 周恩来的参拜行动,即是一种"自我延伸"。[30]

这里还要进一步引用肯尼斯·柏克的象征行动理论。柏克说不管我们讲话、行为、穿衣、吃或其他生活中的行为,既反映自己,也在与自己沟通、说服自己,同时也都是在说服、沟通其他人。柏克称之为"各种情境中之策略"。既然是说服,则有"意义"蕴含其间,故他提醒我们注意地方上的日常生活行为的意图说服性。这包括精神病院病人私藏小东西的行为,在一个自我认同与尊严被威胁与剥夺的环境下,即可能代表他的自我认同。一个人挂画或照片等等,可能也是自我延伸的一种方式,欺骗性行为也是如此。角色扮演有时也可以理解为一种欺骗行为,希望别人相信自己就是自己所号称的"我",同时也希望自己如此相信。[31]

象征或象征性行为既是反映(reflect)现实的,同时也是在某种情境下用来沟通的。因此,从中我们也可以曲折地看出社会心态情状。[32] 衣着、象征、符号等与角色扮演一样都表达某种思想、意义,譬如法国大革命时期百姓的衣着[33],如在国丧期间刻意穿红衣服都有浓

---

[29] 权延赤,《走下圣坛的周恩来》(北京:光明日报出版社,2004),页12、19、20。

[30] 此外,像阅读经典、点歌等,都可能带有对话性质。我曾经观察一群人点歌,发现即便在某一个情境下所点的歌曲,其歌词好像都贴近他们目前的心境与心情,并形成一种对话关系,往往也是一种"自我的延伸"。

[31] Kenneth Burke, Joseph R. Gusfield eds., *On Symbols and Society* (Chicago: University of Chicago Press, 1989), p. 17.

[32] 一个历史上传下的文本,如果在某些时候再度出版或以其他方式冒出来也常常有此类意涵,公共仪式(public ritual)是一种社会活动,不只要问什么仪式(ritual),还要问如何表演这些仪式。

[33] 如 Daniel Roche, *A History of Everyday Things: The Birth of Consumption in France, 1600-1800* (trans. Brian Pearce, Cambridge: Cambridge University Press, 2000), pp. 3, 193-205。

厚的政治意涵。在那么多颜色中,何以在丧礼期间选取红色,在无数的选项中,"选取"这个动作便代表政治的态度。人们描述晚明亡国时,乡间突然流行一些仪式、歌舞、演出、剧目,可以如是观。日常生活中的衣着、象征符号、角色扮演的意义亦可以如是观。而了解其意义帮助我们重建地方上沉默世界中的思维活动。[34]

钱穆在《理学与艺术》中提出一个重要的论点,即汉代艺术是教化的一部分,宋代以下,艺术则画与画家是合一的[35],也就是说画与画后面的人是合一的。画与画家心灵境界合一,本身并未独立。我要进一步提出一点,那就是将画挂在墙上的人,与画也是合一的,挂画也是一种自我延伸,也是一种"象征行动"。人生活在一个丰富的"寓意/比喻系统"中,"寓意/比喻"充满在生活空间中。而在这样一个空间中生活,艺术不纯粹只是欣赏或娱乐,一方面主人用它来显现他自己的认同,另一方面它是主人想用来传达、沟通的象征。

这里我要举几个例子。民初桂林梁济(1858—1918)在决定投水自杀之前的遗书中有处说:"余尚须料理家事,检点装殓衣物,安排客厅字画,备吊者来观,以求知我家先德",旁有注云:"字画上有先德可征,故欲求来吊者观之。"[36]梁济的遗书前后写了很久,篇幅非常大,他仔细反省,酌量安排,而其中有一段就是安排客厅字画,让来吊唁者知

---

[34] 他们也有某种思维活动,只是与我们不同,或是没有发出声音来。年鉴学派在这个主题上有贡献,如 Daniel Roche 的 *The People of Paris: An Essay in Popular Culture in the 18th Century*(trans. Marie Evans, Berkeley: University of California Press, 1987)。

[35] 钱穆,《理学与艺术》,氏著,《中国学术思想史论丛》(合肥:安徽教育出版社,2004),页208—232。

[36] 梁济,《遗笔汇存》,梁济著,黄曙辉编校,《梁巨川遗书》(上海:华东师范大学出版社,2008),页67。

道"我家先德"。"我家先德"语意虽不甚显豁,但我认为客厅的字画是他所传承的,所认同的,所要表达的,所想向吊客沟通的。

这种"寓意/比喻系统"充斥在整个儒家文化的生活空间中。旅游手册中提供最多这方面的材料。这里仅举山西王家大院为例,它的整座建筑与装饰都是一个寓意的系统。透过"谐音"或是"寓意",表达主人的道德要求或人生祈向:莲花与小儿图案——意指"连生贵子";石雕鲤鱼与门是"鲤鱼跃龙门";两只石猴子是"辈辈封侯";石雕的两个瓜是"瓜瓞绵绵";或以六只围绕寿字的蝙蝠强调福寿的主题;以鹌鹑和菊花谐音而成"安居乐业";又如帘架间雕三戟插于瓶内,取二者谐音为"平升三级";以三枚圆柿组成的图景为"连中三元"。当然还有各种牌匾、坐右。[37] 这类象征系统甚至大量出现于许多地方华侨的民居,这些民居上所见的牌匾、木刻、石雕、窗花、文字等都是一种以传统儒家道德教化为主体的自我塑造(self-fashioning)。而由它们所想表达、沟通的内容可以多少窥见他们无声的世界。

此外,地方上有许多带有浓厚象征意味的活动也值得注意。在这里要从一段小的讨论开始。在一篇讨论高夫曼《日常生活中的自我表演》的文字中,孙中兴一再强调,自我表演、面具等是一幕欺骗剧。[38]

---

[37] 如和义堡在门头题:"凡语必忠信,凡行必笃敬。饮食必慎节,字画必楷正。容态必端庄,衣冠必肃整。步履必安详,居处必正静。做事必谋始,出言必顾行。常德必固持,然诺必重应。见善如己出,见恶如己病。凡此十四者,我皆未深省。书此当座隅,朝夕视为警。"或如匾题司马光《独乐园诗》:"吾爱董仲舒,穷经守幽独。所居虽有园,三年不游目。邪说远去耳,圣言饱充腹。发策登汉庭,百家始消伏。"以上见张昕、陈捷,《画说王家大院》(太原:山西经济出版社,2007),页135—142。

[38] 孙中兴,《导读》,高夫曼著,徐江敏、李姚军译,《日常生活中的自我表演》(台北:桂冠图书股份有限公司,2004),页17—18。

但我的看法与此稍有不同，它除了是一种欺骗之外，有时可能同时也是自我期望的表达，是自我想塑造的形象。即使是想遮掩真实的自我，选来遮掩的面具也不是毫无意义的。"面子"亦是如此，面子是这个文化使得自己想成为的那样。欺骗在某种情况下也有可能是自我形象的塑造。

纪念或祭拜历史名人的活动也与此相关。我认为这类行为与角色扮演有相近的意义，借着纪念或祭拜表达自己对心目中英雄或人物的认同。既表达自己，同时也说服别人或与别人沟通。除了扮演什么，如何扮演之外，是谁热情于扮演，在什么驱动下扮演，每次扮演时的差异等，都非常值得注意。是对时俗不满？寻找自我？表达自我的焦虑？定位自我？寻找方向？从这些五颜六色的象征性活动中是不是可以找出一些反映时代的趋向？

从而我们要思考地方上的庙会、八家将等，乃至近代的新剧、合唱团、歌咏队等代表什么意义？正如吉尔兹所强调的礼仪或戏曲演出是"一群人对他们自己说自己的故事"（story a group tells itself about itself），或是说人们演出他们自己现在的生活状况（the living now perform their lives），或是特纳（Victor Turner）所说的"将自己展现给自己"（showing ourselves to ourselves）。[39] 所以搬演什么，突出什么角色，每每是在诉说社群自己。即使这些象征行为、角色一成不变，但一成不变的"格套"，本身即富含意义，它们是一个社会中共享的"精神货币"。[40]

---

[39] Victor Turner, "Acting in Everyday Life and Everyday Life in Acting," *From Ritual to Theatre: The Human Seriousness of Play* (NY : Performing Arts Journal Publications, 1982), pp. 104,108.

[40] 精神货币（spiritual currency）是肯尼斯·柏克提出的概念。参见 Kenneth Burke, *Attitudes toward History* (Berkeley : University of California Press, 1984), p. 179.

更何况,在每次扮演中,一成不变的"格套"中间仍有细微乃至重大的改变,因而显示了重要的意义。就像巴厘岛的戏剧化人物。吉尔兹说,凡爪哇人用哲学来表达者,巴厘岛人皆以戏剧表达之。他们发展出半打以上的格套、颂词、名词学等等,模塑个体的存在来迁就那种规范的状态。[41]

晚清以来的新剧社团,尤其是新文化运动之后,地方上新知识分子(相对于旧知识分子)的演戏,往往就是一种角色扮演(cosplay)。而所扮演的角色,往往也富含深意,故《色戒》中的学生一面演救亡戏,一面杀汉奸。再以《终身大事》一戏为例,娜拉不只是戏中的女主角,同时也是各地无数女性的角色扮演,而扮演本身往往也是一种说服自己并传达给别人的过程。一个反对新思潮的青年不易念"你该自己决断"这句台词,一般守旧的女学生也不易扮娜拉。《终身大事》用英文写,后来有几位女学生要排演,胡适才译成中文,但因为这戏里的女主角田女士跟人跑了,"这几位女学生竟没有人敢扮演田女士"。[42]张春田观察说:正如《娜拉》一开始多是由男生扮演,女生不敢扮演,一直到1923年才被打破。[43]演娜拉与祭拜某位古人一样,都有角色扮演的意味。后来江青(1914—1991)扮娜拉,一举成名,她甚至宣称"我就是娜拉",而观其一生思想行事,确实与娜拉有几分神似之处。在这里,我还想举溥仪(1906—1967)在《我的前半生》中说的一段话为例。溥仪说他祖父最爱演的一出戏是"卸甲封王",他认为祖父之所以如此爱扮演这出

---

[41] 吉尔兹著,王海龙、张嘉瑄译,《地方性知识:阐释人类学论文集》(北京:中央编译出版社,2000),页81—82。

[42] 胡适,《〈终身大事〉跋》,《新青年》,第6卷第3号(1919年3月),页319。

[43] 张春田,《思想史视野中的"娜拉"——五四前后的女性解放话语》(台北:秀威资讯科技有限公司,2013),页94—95。

戏中的角色,"如果不是一种有意的迂回表白,至少也是某种郭子仪的心理反映"。[44]"象征性行动"尚可包含具有高度象征主义的对象式行动。2012 年我曾在加拿大英属哥伦比亚大学做过一个讲座,题为《豆腐、镜子、水》,其详细内容此处不能赘述,我主要是想阐述地方上的百姓如何透过一些高度象征性的东西,如豆腐、镜子、水、万民伞、脱鞋等,在官员离去时,沉默地表达他们的评价,并借着这一类象征性的活动,表达他们的标准及要求。[45]

最后,我还要举一个例子来说明,我们如何从一些蛛丝马迹来探索一个时代集体心态的变化。譬如歌曲、民谣在不断的传唱过程中有心或无意的改变,或戏曲在流传过程中不断的修改,有些可能是演出者为了适应时代氛围或地方差异所做的修改,有些可能是地方上的搬演者无心的改变,而两者都是追索无声世界的线索。从各种版本的细致修改,有时可以看出时代及地域的差异,有时可以看出阶层、家族力量的兴起。田仲一成在《古典南戏研究——乡村、宗族、市场之中的剧本变异》一书中通过巨细靡遗的版本比较,展示了几个例子。[46] 随着在不同场域的演出,剧本的版本也会有所不同,如在乡村、宗族、市场三种场域,《琵琶记》的细节有微妙变动。市场演出本的《琵琶记》强调赵五娘的辛苦,批评蔡伯喈,反映出老百姓的想法,富有讽刺官吏的意味,市场百姓喜欢这种谐谑风格的戏剧。以地域为例,吴本倾向脱离礼教,反映下层民众的想法;闽本则重视上下尊卑关系,在身份称呼上表现严格。

---

[44] 溥仪,《我的前半生》(北京:群众出版社,2013),页 8。

[45] 请见我的待刊稿《明清时期地方民众的几种仪式性活动》。

[46] 请参考田仲一成著,吴真校译,《古典南戏研究——乡村、宗族、市场之中的剧本变异》(北京:中国社会科学出版社,2012),页 207。

闽本《琵琶记》认为儿子不应在父亲面前自称"蔡邕",而改为"男邕";重视妇德,故原来牛氏的丞相女居高临下称丈夫为"穷秀才",改为"一秀才",将"亲把坟茔扫,也与地下亡魂添荣耀",将"添荣耀"改为"安宅兆",表示虽为丞相女,但为自己公婆扫墓,仍不能用"添荣耀"。[47]

总而言之,在一个鲜少文字直接表达的地方社会,其礼仪,象征性活动,文本的微妙改动,除了反映其潜在的状态外,还带有说服他人、与人沟通的意味,特别值得我们注意。

(四) 地方文化的"传讯机制"

在基本上静默的地方社会,人们也有一些潜在的表示。首先,人们生活在一个"可见"与"不可见"(visible 与 invisible、seen 与 unseen)交织的世界中,其中有许多是看得见的,如山川、风景、遗迹、牌坊、祠庙,也有许多是看不见的,但仍实际存在那里,产生微妙的影响。在这个系统中,意思的表达往往需要经过深刻的解读才能领会。在这里,且让我引用日本柳宗悦的一段话:"大津绘区别于其他民间绘画的特色,就是其中包含的谐谑。""其中也蕴含着对浮世的观察,从中可以看出对人类社会喜怒哀乐的种种评判,也能看出民众之心对世象的态度","由于当时普通的百姓不能公开批评世事,因此只能用这样的方法"。[48]但我们应注意,何时一件大津绘是对时局的批评,何时它只是一件作品。象征系统是"精神货币",人们取用这个货币与别人分享、交换,既

---

[47] 此外,田仲一成对《荆钗记》《白兔记》《拜月亭记》《杀狗记》等皆有此类比较分析,见《古典南戏研究——乡村、宗族、市场之中的剧本变异》,页33—35、52、61。

[48] 柳宗悦著,石建中、张鲁译,《民艺四十年》(桂林:广西师范大学出版社,2011),页126。

然有货币,也同时存在一个我称之为自动柜员机(ATM)式的支付系统。

我认为在地方近似空虚无治的状态下,仍然可以维持某种程度的道德秩序,其权力临在的方式,不是物理能力随时随地临场纯展示式的方式,而是一种自动柜员机式的,也就是银行柜台或柜员机式的方式。行员或是提款机不把款项摆出来,可是任何时间要提款,钱就马上到位,如果有人发现自己从窗口放进提款单,而居然领不到钱,消息一旦传出,马上会引起挤兑,最后银行可能关门。[49] 而常民社会的道德素质,透过努力,人们可以在一个"自动存取所得账"中得到盈余。

这种权力展现的方式是隐藏的,但发现时又是丝毫没有商量余地的。而中国历史中政治权力与道德权力通常都是这样的。所以我一方面用自动柜员机,一方面用"可见"与"不可见"来形容它,即可见的与不可见的是并存的,显现的与潜在的是同样重要的。而维系这个"不可见",使得它随时"可见"的是一种机制。它使得"地方"上在道德、秩序、文化、心灵方面能维持一定的运作。这里牵涉到无所不在的"传讯机制"[50],人们生活在无所不在的"传讯系统"中。

这世界评判价值的高下,或是道德水平的高低,并不是天然的,也不是透明的。好似一个皇帝不能从大臣的脸相看出他的忠与奸,也不

---

[49] 譬如卓负声誉的书画出版社,突然出版一本三流的作品,人们不只对这本画册指指点点,还要进一步问:"XXX 是什么意思?""XXX 想做什么?"出版一本不够格的书,是表示传讯系统改变了(或故障了)。一如 ATM,人们一旦领不到钱,马上会问"这是怎么回事?"

[50] "传讯机制"是经济学中的概念,在这里我作了扩充的使用,未必与原先的理论完全相同。理论的原始定义可参考朱敬一、林全,《经济学的视野》(台北:联经出版事业公司,2002),页 81。

能从一次见面中判断他行政能力的高低。这时候需要一个"传讯机制",譬如科举考试中对四书五经的熟悉度;譬如学历、文凭、英文能力的高低。这些"传讯机制"带有相当程度的任意性,并不必然与当事人的能力有关系。而地方上维持其道德或秩序,常靠无所不在的"传讯机制"。譬如某些地方的习俗,把脸遮住是比较道德的表现,人们可以根据这个标准将人分出高、低或善、恶。从外人的眼光看,它们有时"可见",有时"不可见",但对生活于其间的人而言,却都是看得见、可运作的。就像一个寄信者,他只需要在一个信封上写上地址、贴上邮票,他可以完全不了解邮局的运作,但信件最后总会到达某一国家某个人手上。

"传讯机制"是一套潜在的大剧本,地方的人生活在一个潜在的大剧本中,即使没有明白说出的,人们仍然照着运作,后来这个潜在的大剧本破裂了,没有明白说出的,就不一定能做。譬如,近代的"社会"与"契约"两个观念就与这个潜在的大剧本相出入。对许多人而言,"社会"的概念很难理解,尤其是个人的善行对整个社会不一定有利,对许多百姓来说简直不可理解,而且对千百年来的善良风俗也是一个不小的挑战。过去许多以祝颂或祝祷为基础的人际行为,现在一律改为"契约",而"契约"也是许多人所不解或不能适应的。

维护"传讯系统"与"传讯机制"运作的,是一些我称之为"道德镇守使"的人,他们是"可见"世界及"不可见"世界的维护者。且让我引日本德川封建时期水户藩第二代藩主德川光圀(1628—1700)一段对士或武士的描述——虽然两国情形不尽相同,但仍有参考价值:士或武士"其唯一的任务,就是保护或维护'情义',其它阶级的人与可见之物交往,而武士则与不可见、无色和非实体之物交往……如果没有武士存在,情义便会从人类社会中消失,人们也会丧失廉耻之心,邪恶与不正将横行于世"。[51] 在中国,"道德镇守使"包括乡宦、有科举功名者、绅董、局董、地方上的读书人,甚至作一手好诗、写一手好字的人。[52] 当然地方上的贞节牌坊、烈女祠、乡贤祠等,还有政府的其他评价活动,如挂匾,也都发挥某种作用。这里且举清代名诗人黄仲则的女婿顾麟瑞的一段话,说明地方上的"道德镇守使"怎样发挥其影响力。他说:"余憨直负气,里党间有越礼事,余必面争之,词色不稍假。"[53]

"道德镇守使"所维护的,还有"文化理想"。"文化理想"不一定是已实现的东西,但是人们总企求向它趋近。"文化理想"是一些潜规则,是一些隐蔽的筛选原则,是一些标杆,是地方上的评价系统,是一些"说法"。做任何事要给一个"说法",而这个"说法"即像是一种"精神货币"。"说法"与"做法"不一定完全相应,但一件事能做与否决定于是否能给出一个"说法"。"道德镇守使"也靠"说法"镇守地方社会。在地方社会中,当"说法"尚未大变之前,它是相对比较稳定的。[54]

除了"道德镇守使",地方也透过街口巷尾的议论,甚至匿名揭帖来表达意见。[55]《先秦汉魏晋南北朝诗》中《魏诗》卷十二"杂歌谣

---

[51] 贝拉(Robert Bellah)著,王晓山、戴茸译,《德川宗教:现代日本的文化渊源》(香港:牛津大学出版社,1994),页97。

[52] 赋诗、书法等文化权力(culture power)是杜赞奇(Prasenjit Duara)在《文化、权力与国家:1900—1942年的华北农村》一书中所未提及的,却是重要的"权威"之来源,如李立三写一手好字,成为安源煤矿工人中的权威。

[53] 许隽超,《黄仲则年谱考略》(上海:上海古籍出版社,2008),页347。

[54] 用钱穆的话说是"中国社会之文化传统与其心理积习之一种无形潜势力"。钱穆,《八十忆双亲·师友杂忆》(北京:三联书店,1998),页287。

[55]《横山乡人日记选摘》中所说之匿名帖,即代表一种评价意见。陈庆年,《〈横山乡人日记〉选摘》,《镇江文史资料》第17辑(政协镇江市文史资料研究会编印,1982),页196。

词",多是歌谣官吏有善政者,其实也就是一种评价官吏的手段。此外,有一类的文本常常被当作装饰性文本或俗套,但是除了有心人操作阿谀官员之外,有时它也有其社会功能,譬如官吏离任时送行的歌咏集。康熙十四年(1675)海宁148位士绅歌颂知县许三礼的《乐只集》即是一例。[56] 这些带有格套意味的文书非常流行,一直到清末民初仍然相当流行。

前文曾提到,这种评价系统有时是透过一些象征符号来表示,如在官吏离任时,家家户户摆一个香案,供一杯清水,或一块豆腐,以表示其为官清贫或一清如水,或是在官吏启程离任时,强行将其靴脱下,并以木盒将靴挂在城门口,以示不忍其离去之意。这一类"被治者"(相对于官员而言,可以说是弱者)的象征性行为,案例极多,一直到民国时期仍有其痕迹。[57] 一般都只将之视为无用之具文,而忽略了它能有的现实功能。譬如清代后到民初,在一些下层读书人的日记中,都记录了县官离任时的场景。有些人愤愤不平地指摘地方官员离任时,虽有一些送行的场面,但是那些场面是势利小人帮忙做出来的,有些则以诗、

---

[56] 邓之诚著,邓瑞整理,《邓之诚文史札记》(南京:凤凰出版社,2012),页461。

[57] 如山东临沂县长范筑先(1882—1938)之例。范筑先离任时,地方上家家户户在路旁摆上香案,"香案上并不烧香,摆着清水一碗,镜子一面,豆腐一块,青葱几棵,用以象征范县长的'清似水、明似镜','一清二白'。还有清酒两杯,主人的名片一张,表示饯别。只见县长在许多人簇拥下一路行来,——区长、镇长、警察局长、小学校长,少不了还有随从护卫,——鞭炮震天,硝烟满地。这一次他没有多看我们,一径来到香案之前。香案上有两杯酒。范氏站立桌前,端起右面的一杯,——右面是宾位,——洒酒于地。就这样,一桌又一桌。兰陵本来就满街酒香,这天更是熏人欲醉。随员取出范氏的一张名片放在桌上,把主人摆在桌上的名片取回来,放进手中的拜盒。就这样,鞭炮声中,范氏一桌挨一桌受礼,临之以庄,一丝不苟。"王鼎钧,《昨天的云》(北京:三联书店,2013),页12。

画嘲讽官员离任的场面,这都代表了一种当地人的潜在评价。[58]

近代地方"舆论社会"的出现,大幅度改变了前述的格局。随着各种报纸、刊物涌入地方,地方上出现许多新政治语言,对大部分人而言,陌生的思想如潮水般涌来。在这方面,佐藤仁史的研究值得注意。[59] 佐藤藉由《陈行乡土志》,研究上海陈行地方精英中的下层读书人兼领导人,指出他们所使用的措辞值得注意。一方面,新思想的下渗一般到小市镇为止;另一方面,可以比较恰当地评价究竟有哪些启蒙语言被市镇中的精英层次所运用。《陈行乡土志》中连篇累牍地铺陈"爱国""国民"之义,"空谈爱国之士,读各国书,睥睨一世,问其本乡土一、二掌故,则瞠目不能对。夫爱生于情,情生于知,不知其乡,何能爱乡?不爱其乡,何能爱国?""为我乡造成爱国国民者,当以是编为之基本。"[60] 有意思的是,过去人们从这部书中是看不出"国民"这些意义的,但是在新概念、新思想的时代,出现了不同的认识框架。

这让我们想起肯尼斯·柏克的论点,这些新概念形成"词幕"(terministic screens),人们用这些"词幕"来观察诠释他们的日常生活世界。[61] 当新概念如潮水般涌入时,形成新的"词幕",使得人们看待数百年来不怎么变化的生活世界有了很不一样的意义。如果我们把这一

---

[58] 赵钧撰,周梦江整理,《赵钧〈过来语〉辑录》,《近代史资料》总第41号(北京:中国社会科学出版社、中华书局,1979),页124。张㭽撰,俞雄选编,《张㭽日记》(上海:上海社会科学院出版社,2003),页128—129、187、215页。

[59] 佐藤仁史,《近代中国の郷土意識——清末民初江南の在地指導層と地域社会》(东京,研文出版,2013)。

[60] 孔祥百等编著,石中玉整理,《陈行乡土志》(上海:上海社会科学院出版社,2006),页1。

[61] Kenneth Burke, Joseph R. Gusfield eds., *On Symbols and Society*, pp. 114-125.

地区从明到清的各种村志、镇志,当作一层又一层的切面,就可以看出从明到清,每一本志书对这一个地方的看法与意义都不尽相同。由此更可以看出"词幕"之变化所产生的重大影响。

此外,在新的"词幕"出现时,也浮现了一个议题。地方上的人并不熟悉一些报刊所带来的新观念,如国家、政党、社会、契约等。以"社会"来说,这是一个陌生的观念,尤其是为什么一个一个人的努力,却不一定能促成整个社会的美好。这个问题在尼布尔(Reinhold Niebuhr,1892—1971)《道德人与不道德的社会》中曾经提出来。

且让我们回想一下尼布尔是怎么说的。从个人的道德到社会之间有一个重大的隙缝,需要一个跳跃,也就是说行为自身的价值不一定是社会的价值,尼布尔形容这是"道德的个人"与"不道德的社会"。[62]上述两者的共同后果,即是以前人们认为老实努力守住一己的德行,即可以得到好的回报,即可成为乡里中被尊敬的人,或是对整个社会、秩序有正面贡献的人。但是在近代"社会"观念引入后,却发现它与上述这个相沿数千年的认知南辕北辙。相似的情形在德川后期的日本也曾经历过。在德川后期,如"社会""契约"之类的观念,铺天盖地而来;乡民之间原先所循守的"常民伦理"以及"道德经济"式的借贷关系被彻底改变了。德川后期大量的农民叛变,往往是因为农民发现自己即使在"常民伦理"之内推到极端也没有办法时才爆发的。[63]

---

[62] Reinhold Niebuhr, *Moral Man and Immoral Society: A Study in Ethics and Politics* (New York: Charles Scribner's Sons, 1960).

[63] Irokawa Daikichi, translation edited by Marius B. Jansen, *The Culture of the Meiji Period* (N.J.: Princeton University Press, c1985), p.23.

三

还有几点是来不及在正文中申论,但值得在余论中提出的。

第一,在地人的观点并不总是比较高明的。最明显的例子是,灾难发生时,信息流动有不同的方式。由社群内部看(etic),并不总是比由社群外部看(emic)看得更清楚,有时反而会出现"灯下黑"的情形,故必须循环往复才能看得更深入。地方有它自己的方案,有它自己的"接近感知经验",这种"接近感知经验"与"遥距感知经验"是有不同的[64],有许多是"说"比"做"容易的事。故应该既由内部看,又时时由外部看,两者周流往复。

第二,解救出"地方"之后,下一步呢?可能有人会误以为从地方出发,即是满足于"地方之见",要完全去中心化或除去大的历史框架。事实当然不是如此。但是多这一道工作,有利于对全局的历史的了解。如果地方是如此,何以后来历史的发展却如彼,从"地方"到"全国"的局势如何调整变化,这就会产生许多新的、饶富意味的课题。譬如在五四时期,如果从地方出发看,大多数地方是保守的,那么何以仍有全国性的运动风潮?地方舆论动向与全国性运动如何发生关系?这好像是用荧光纳米显微镜观察内部分子作用的过程,最后还是要回到整个"人"的运作,否则历史会变得非常零碎,而且有狭窄化的倾向。

第三,地方的思维活动。地方的封闭性与局限性,"蛩蛩之氓"的识

---

[64] 吉尔兹,《地方性知识:阐释人类学论文集》,页72。

见,范围有限,但也可能在这种地方、这种方式下形成一种思维特色。[65] 清季在镇江已出现一种既不支持太平军,亦不满清朝的意识。[66] 此外,譬如地方知识人的组织、地方上的诗社,他们的诗歌往往反映地方上小读书人的思想、意态,值得深入分析。这些诗社的失势,有相当重要的时代意义。

第四,讨论地方上的文化问题时,仍应设想三个时间层次或多个时间层次。即地方上的文化存在着多个层次,其中有的是长时段的、较稳定的,有的是随着时代而变的。

第五,我想在全球化的效应下,整个世界的"地方"都在消失,变得只有城内、郊区的差别而已。以台湾的"老街现象"为例,所有"地方"都在一致化。本文提到19世纪发生在慕尼黑的艺术运动,许多艺术品、剧作品,原来都是"地方"的,最后成为全国、全世界的,上下之间应该互相流动,有的往上走,有的往下走。多样性的地方,可能滋养社会,若地方枯竭且一致化时,社会便少了许多活力与资源。

此外,我必须郑重强调,关于"地方",可以讨论的问题还非常多。譬如,地方上的公共空间或神圣空间。文庙常是地方上的公共空间、精神堡垒,有其道德、政治、社会、文化功能。譬如前面提到,原本布置艺术是一种象征性活动,既是说服自己,亦是说服别人。但是从某一个时间开始,自我与这个象征系统之间不再是有机的关系,艺术不再是"寓意系统",而是纯粹欣赏的对象,是对象化、主客二分的。

---

[65] 2014年诺贝尔文学奖得主艾莉丝·门罗(Alice Munro)就是写小地方。我们必须先承认地方的封闭性,而且封闭有时候是自己希望的,譬如德川时代的封闭性就是自己希望维持在这样的状态之下。

[66] 忻元章,《一份记太平军在镇江的珍贵文献——介绍馆藏善本〈苹湖笔记〉》,《镇江文史资料》第7辑(政协镇江市文史资料研究会编印,1984),页159。

最后，我觉得研究历史好比观看一个选手带球上篮，一般只注意他上篮的动作及是否得分，而忽略了他一路拍打着球，每一次拍击，球的内部承受的力量、撞击地板的角度都不同，球的内部有着不同的变化，球的反弹也相当不一样。拍打得太过用力，球可能会弹得太高而失控；拍打得不够，球可能弹跳不起来。一方面球撞击地板，一方面地板将之反弹而起，这些变化，就像是地方社会的变化。如果我们一直只从全国性的角度，或仅从制度着眼，等于只注意带球上篮，是否得分，忽略了拍打时篮球内部的变化。多年来我一直都在想着，我们如何既观赏带球上篮，又注意拍动的篮球，也就是说既不忽略地方社会的脉动，又能兼顾到整体的历史。

第十章

人的消失？！
——兼论20世纪史学中"非个人性历史力量"

本文是对20世纪史学中一种"非个人性力量"的反思。文章的前半部，着重在讨论近代新史学中对"非个人性历史力量"的强调，以及历史书写中"人"的分量的递减。后半部则是在讲"非个人性历史力量"的更激烈展现，即忽视个人在历史中的角色，而且是忽略"人格性力量"在历史中的作用，甚至极端地宣称"人的消失"。

在着手研究这个问题时，我的出发点非常简单，就是感觉到近代人文与社会科学中普遍出现一种"人的消失"的现象。然而，一旦动手写这篇文章时，我发现问题非常复杂。[1] 不过在这个阶段我选择对史学中"人的消失"这个现象作一梳理。我以为"人物"有几层意义：一、是有自由意志、有主动力量的；二、可以是个人，但也可以是人人；三、不只是英雄，也包括许多平民或不知名的人物、人格与事件。[2] "人"的消失，当然也会牵连到在历史变迁中"人"所扮演的角色问题。这个问题

---

[1] 至于仔细区别"人的消失"与各种不同面相之间的关系，则有俟他日。

[2] "人"与"事件"原先不是等号，可是后来到了结构主义时期，又几乎可以画上等号。

分成几个层次,第一层是史学著作中关系到个人的比重之减少。第二层是刻意否认个人,或人在历史中的重要性。第三层是宣称"人的死亡",使得人只是从历史中蒸发掉的气体。不过,我并不是在讲全部史学实践之状态,而是比较重视新派,而且叙述也有畸轻畸重之别。譬如说传统史学阵营中"人"的书写仍是主角,在新派人物中,吴晗(1909—1969)编写了《朱元璋传》,又如左派也不至于只重物质而不谈人,他们也承认少数人会理解历史的趋势。然而,"人"的分量的逐渐消失却是一个不可忽略的现象,这是首先要说明的。

一、 传记史学中的"人"

中国史学传统一向强调人,尤其是《史记》,其最异于先前史体者,就是人物纪传,此后纪传体成为历史书写的主体。有时甚至到只有人而没有制度的地步,如李延寿的《南史》《北史》,只有传记性质的"本纪"和"列传",到了后来有些史书,基本上也都是人物传记,即是一例。而且传统史学在分析历史时,往往将历史的变动归于"人"。[3] 对此一以"人"为主的历史书写传统,钱穆也屡屡强调:"中国历史有一个最伟大的地方,就是它能把人作中心","纪传之主要特征,乃一种人物史。故中国史书传统,可谓人物传记乃其主要之中心。亦可谓中国史学,主要乃是一种人物史。此语决无有误"。[4] 又如史论方面的书,也

---

[3] 但是古代史书不重视平民,《竹书纪年》中就没有一句与平民有关。
[4] 钱穆,《中国史学发微》(台北:东大图书公司,1989),页84、264。中国传统史学重"人"的传统,正如钱穆说的:"记人一体,更为中国史书主要精神所寄"(页53),"中国史主要所在,还是在人物"(页56),"中国社会之重视人物,则远自上古已然"(页264),"然而人的影响胜过了事的影响"(钱穆,《国史新论》[台北:东大图书公司,1984],页274)。

往往将历史的成败起伏,局限到几个人身上,如宋代叶适(1150—1223)的《习学记言序目》中讲到历史起伏时,往往皆因个人,而且对历史发展之成败的解释,往往也归因为用某人,或不用某人,或某人如何,某人不如何。[5] 早在晚清,一本从英文翻译过来的英国史即提醒它的中国读者们,西方历史不是以人物为主。《大英国志·凡例》表示:"英史体例与中国不同","中国史记列传用纪事体较详","英史有本纪而无列传",作者希望读者不要以中国史的体例来想象英国史。[6] 以"人"为主的历史书写传统,一直持续到晚清,直到清末梁启超的史学革命,才打破了这个传统。

二、 新史学:"团体"与"社会势力"

中国近代"新史学"的开山祖师梁启超的几篇里程碑文件,替以"人"为主体的历史书写敲下丧钟。梁启超在1902年发表了《新史学》与《中国史叙论》,这两篇文章所传达的信息很多,其中最为人津津乐道的是中国的传统历史是"相斫书"、是"帝王将相的家谱",详于政治,忽于社会;详于帝王将相,忽于人民;只重个人,忽略团体的历史;只褒贬个人,不褒贬团体。[7] 梁启超的历史主张与现实主张往往是一致

---

[5] 譬如叶适说:"然则尚书为天子私人,事归台阁,公卿充位,盖有由来。至于人主不能亲览,台阁遂成朝廷,古今之变,微而不自知也。"叶适,《习学记言序目》(北京:中华书局,1977),页380。

[6] 慕维廉,《大英国志》(台北:历史语言研究所傅斯年图书馆藏,清咸丰六年江苏松江上海墨海书院刊本),页2。

[7] 梁启超,《新史学》,收入《饮冰室文集》(台北:台湾中华书局,1983),第四册。他在文章中谈到之处甚多,如页9—10、27。

的,从晚清以来他就认为传统中国社会一向最缺乏"团体",没有"社会"。梁氏虽然未曾明显反对个人在历史中的地位,但实际上因为他严厉批判二十四史,而二十四史就是以人物为主的纪传体,所以痛责二十四史也就是间接反对以"人"为主的历史书写传统。

梁启超虽然批评传统史学,宣扬社会优于个人,团体优于个人,但在他的议论中,"人"仍然是历史的要角。他强调要褒贬一个"时代","时代"才是有意义的单位,而不是像传统史书那样褒贬个人,个人不是一个有意义的单位。在今天,人们对梁启超的论点已耳熟能详,但在当时,二十四史的传统仍然具有笼罩性的地位,他的论点当然是石破天惊的。

梁启超在1920年代初期的两本小书《中国历史研究法》及《中国历史研究法补编》中,对"人"在历史书写中的角色看法已经有所改变,对历史中的"公例"的想法也已经放弃,但是在畸轻畸重之间,梁氏仍然认为"社会"高于个人。

梁启超在《中国历史研究法》中强调的不是"人"的活动,而是"人类社会"的活动,他说:"不曰'人'之活动,而曰'人类社会'之活动者,一个人或一般人之食息、生殖、争斗、忆念、谈话等等,不得谓非活动也;然未必皆为史迹。史迹也者,无论为一个人独力所造,或一般人协力所造,要之必以社会为范围;必其活动力之运用贯注,能影响及于全社会,最少亦及于社会之一部,然后足以当史之成分。质言之,则史也者,人类全体或其大多数之共业所构成,故其性质非单独的,而社会的也。"[8]不是每一个人或每一件事都能成为历史("史迹"),要一个人或一件事能在"社会"造成影响,才能成为历史。梁启超在当时主张区

---

[8] 梁启超,《中国历史研究法》(台北:台湾商务印书馆,1966),页2。

分"历史的"与"天然的",历史的是指有意志的、进化的,而"天然的"是昨日如此,今日如此,明日亦是如此的,所以"天然的"是没有历史的。[9] 到了1920年代,这个区分得到进一步厘清,即成为"社会的"一部分,才是"历史的",否则是"非历史的"。

他又说今后的历史,殆将以"大多数之劳动者"或"全民"为主体。不过这个时期的梁启超并未忽视有一种"首出的人格者"的地位。这些"人格者"将其力量传递于"群众",他有时称他们为"群众的人格者"。[10] 这个概念在他这个时期的历史著述中常常得到发挥。他分析这些"历史的人格者"的定义与历史功能时说:"然所谓'历史的人格者',别自有其意义与其条件,史家之职,惟在认取此'人格者'与其周遭情状之相互因果关系而加以说明"[11],"何以谓之'历史的人格者'?则以当时此地所演生之一群史实,此等人实为主动——最少亦一部分的主动——而其人面影响之扩大,几于掩覆其社会也"。他又说:"吾以为历史之一大秘密,乃在一个人之个性,何以能扩充为一时代一集团之共性,与夫一时代一集团之共性,何以能寄现于一个人之个性?申言之,则有所谓民族心理或社会心理者,其物实为个人心理之扩大化合品,而复借个人之行动以为之表现。"[12]

梁启超在《中国历史研究法补编》中又说:"一个人一群人特殊的动作,可以令全局受其影响。"[13] 虽然在说这一段话的同时,他仍然坚

---

[9] 梁启超,《新史学》,页7—8。
[10] 梁启超,《中国历史研究法》,页171、172。
[11] 梁启超,《中国历史研究法》,页44。
[12] 梁启超,《中国历史研究法》,页170、172。
[13] 梁启超,《中国历史研究法补编》(台北:台湾商务印书馆,1966),页30。

持批评传统史书只重个人的历史,失去了历史的性质。[14] 但是很明显地,这与他将近二十年前的论点已经有很大的不同。以他在《中国历史研究法补编》中写到王阳明的一段为例,梁启超很想写包括全部的中国文化史的一百篇传记,王阳明是其中一篇,他说:"前人的思想似乎替他打先锋,后人的思想都不能出他的范围,所以明代有他一个人的传便尽够包括全部思想界。"[15] 所以,晚期的梁启超显示出一种所谓"互体"式的历史观,即伟大人物与伟大时代为"互体",进而形成一个时代的历史。[16] 梁启超认为,每个时代都有一个代表人物,而种种的事变都可以归纳到他身上,譬如他说:"先于各种学术中求出代表的人物,然后以人为中心,把这个学问的过去未来及当时工作都归纳到本人身上。"这种做法的好处在于:"历史不外若干伟大人物集合而成,以人作标准,可以把所有的要点看得清清楚楚",另外还能培养人格,"知道过去能造历史的人物,素养如何,可以随他学去,使志气日益提高"。[17]

归根究底,我们可以说这个时期的梁启超并不忽视"人",也主张以"人"为中心把一个时代相关的东西汇聚在"此人"身上,或是以"此人"作为传递,扩充成一种社会势力,是历史的发动机。所以他想写百

---

[14] 梁启超说:"历史不属于自然界","专以人为主的历史,用最新的史学眼光去观察他,自然缺点甚多,几乎变成专门表彰一个人的工具。许多人以为中国史的最大缺点,就在此处。这句话,我们可以相当的承认:因为偏于个人的历史,精神多注重彰善瘅恶,差不多便成了修身教科书,失了历史性质了"。梁启超,《中国历史研究法补编》,页40。

[15] 梁启超,《中国历史研究法补编》,页134。

[16] 梁启超说:"前人总是说历史是伟大人物造成,近人总是说伟大人物是环境的胎儿……我们主张折衷两说,人物固然不能脱离环境的关系,而历史也未必不是人类自由意志所创造。"他又说:"事业都是人做出来的","集中到一二人身上,用一条线贯串很散漫的事迹"。《中国历史研究法补编》,页128、132。

[17] 梁启超,《中国历史研究法补编》,页42。

人传。但在这个时代,他最常用的史学措辞仍是"团体活动""社会势力""事迹的团体""史迹团体""时代集团""史迹的集团""社会趋势"等。[18] 而梁启超后来的史学措辞,好用佛学词汇,如"业力"[19],亦显示其中有一种"非个人"的意味。在讲梁启超史学的时候,我们不能忽略,这不只是他一个人的思想,事实上晚清以来非常流行"群学""社会"等观念,使得人们的思考中,常常偏向"群""团体""社会",而明火执仗地反对"个人"。不过这一波思想在史学上的代表人物仍要推梁启超。

梁启超的《中国历史研究法》及《中国历史研究法补编》写成于五四之后不久。这里有一个值得注意的现象:一般认为五四新文化运动是一个个人主义觉醒的时代,可是这个时期,提到"人"时常带着引号,表示当时的知识分子觉得这个阶段的中国人尚未做成一个真的"人",所以是处于引号的状态。但在当时历史解释中,对个人在历史中的角色与地位并没有相应的强调。这一方面是因为反传统思维居于主位,而历代正史是最被批判的传统之一,二方面是梁启超的影响很大,三方面是当时新一波史学主要来自西方(或假手日本传入的西方史学),而在西方史学传统中"个人"并不重要。

当时从西方传入的新史学的主要特色之一,是以"事"为本位的历史学。在这个阶段中,批判传统仍是思想学术界的主流,所以不仅仅是"事"本位,同时是以"事"本位来批判"人"本位的中国传统史学。当时人觉得赵翼(1727—1814)的《廿二史札记》,以及每一件事独立成篇的"纪事本末体"比较符合"事"本位的史学,所以群相推挹。梁启超

---

[18] 譬如梁启超说:"眼光锐敏的历史家,把历史过去的事实看成为史迹的集团,彼此便互相联络了","要从新把每朝种种事实作为集团"等等,《中国历史研究法补编》,页43。

[19] 梁启超,《中国历史研究法》,页11。

即在《中国历史研究法补编》中说:"纪事本末体是历史的正宗方法",并希望以"事"本位的历史书写为基础改善旧史。[20] 章学诚史学在这个时期,特别受到人们推重,而章学诚即是特别推重以事件独立成篇的纪事本末体。在以"事"为主的历史写作中,对历史上"个人"作用的叙述减少,也是值得注意的。"事"本位的史学叙述,可以以何炳松(1890—1946)在《中国史学之发展》中的一段话为例:"(袁枢《纪事本末》)因事命篇,首尾完具,其所得结果无意中与现代史学上所谓主题研究法者不约而同,实为吾国史籍中最得通意之著作。"[21]

1920年代后期成立的中研院历史语言研究所是"新史学"的旗手,以求知为目标,以历史"问题"为本位,对历史求"整个的"了解,并不重视历史的镜鉴作用。[22] 在傅斯年这篇《历史语言研究所工作之旨趣》的里程碑文章中,虽然没有像梁启超那几篇史学宣言中那样挞伐只重个人的旧史,但他所要建设的新史学,是像生物学、化学那般科学、严谨的史学研究,新材料、新问题、新工具为他关心的重点。凡是他所正面主张的,都是针对历史"问题"作"整个的"研究时所要用上的东西。他虽不突出批评旧史的"人"本位,但是他这篇《旨趣》的最末一段,与那米尔(Lewis Namier, 1888—1960)的名言:"把心性从历史中赶出去"(taken the mind out of history)的意趣颇近。

傅斯年说:"一、把些传统的或自造的'仁义礼智'和其他主观,同历史学和语言学混在一气的人,绝对不是我们的同志!二、要把历史学

---

[20] 梁启超,《中国历史研究法补编》,页43。

[21] 何炳松,《中国史学之发展》,收入刘寅生、房鑫亮编,《何炳松全集》(北京:商务印书馆,1997),第二卷,页312。

[22] 一如伯伦汉(Ernst Bernheim, 1850—1942)所说的德国兰克学派,以求知为其目标,并不在于借鉴之作用。

语言学建设得和生物学地质学等同样，乃是我们的同志！三、我们要科学的东方学之正统在中国！"[23] 从上面这段宣言看，他所要驱逐的正是过度道德化或甚至是个人化（personalized）的旧史。傅斯年所提倡的"问题"本位的史学研究，当然与"事本位"的新史学有合拍之处。当时有一位受到这个学派熏陶的人便这样描述他所接触到的新史学："到所（史语所）时，多聆（傅斯年）教诲，兼得诸同事讲习，略窥老旧史家与今日史家之异趣，似旧日多以书为本位，现代则多重历史问题。"[24]

在这一波新史学风潮中，胡适并未突出地提倡他的史学主张。作为当时全中国最有影响力的学者，胡适的任何主张都会被特别注意。基本上，他的史学研究属于科学的考证学派，以客观地解决历史问题为导向。显然曾经有人批评他的史学不重视个人，所以他在《介绍我自己的思想》这一篇重要的文字中说："这样说法，并不是推崇社会而抹煞个人，这正是极力抬高个人的重要。个人虽眇小，而他的一言一动都在社会上留下不朽的痕迹，芳不止流百世，臭也不止遗万年，这不是绝对承认个人的重要吗？"[25] 1930 年代左翼史家便非常清楚地指出胡适的实验主义太过重视个人在历史中的位置，"最后实验主义者在历史中极端强调'个人'的作用，而否认'大众'之历史的创造作用"。[26]

综上所述，民国新史学有两个倾向，一是"事本位"，一是"问题本

---

[23] 傅斯年，《历史语言研究所工作之旨趣》，《中央研究院历史语言研究所集刊》第一本第一分，1928 年 8 月，页 10。

[24] 《陈述致傅（斯年）》，1938 年 2 月 25 日，傅档Ⅳ:230。

[25] 胡适，《介绍我自己的思想》，收入《胡适文存》（台北：远东图书公司，1953），第四集，页 615。

[26] 翦伯赞，《评实验主义的中国历史观》，《历史哲学教程》（石家庄：河北教育出版社，2000），页 253。

位",虽然"事本位"或"问题本位"者都未明白反对"人本位",但其实际影响都是对"人本位"的史学的批评或抵消,使得史家的注意力在此不在彼,这种影响是不可轻忽的。

三、左翼史学中的"个人"

1920年代后期逐渐崛起的左翼史学,是另一个具有关键性影响的史学流派,这个流派的重点是以社会发展史的规律决定人的意志、意识与意向。在讲社会发展史时,社会经济的变迁是主体,生产力的发展才是社会进化的基点,它极少或甚至不是由个人所决定的。当时流行的社会发展史编译本非常多,就以讲罗马帝国衰败的原因为例,其中往往强调不能只讲人的因素,讲其他历史的大起大落,也往往看不到几个人名。[27]

在这里,我想引用两种文献为例来说明左派史家对"个人"的看法。一是在马克思主义阵营中讨论"个人"与"历史"的经典文献——普列汉诺夫(Plekhanov, Georgiĭ Valentīnovīch, 1856—1918)的《论个人在历史上的作用问题》;一是中国的马克思主义理论家李大钊、翦伯赞(1898—1968)等人的著作。

普列汉诺夫认为任何一种现象,任何一种东西,都有它自己发展的规律,都是客观的,都有它的必然性,不能由人的主观思想随便改变的。[28] 但是普列汉诺夫理论的巧妙之处在于,他非常精细地论证了

---

[27] 此处只举一例,如刘莹编译,《人类社会发展史》(上海:春秋书店,1932),页45。

[28] 有关普列汉诺夫对于个人在历史上的角色的研究,可以参考 William H. Shaw, "Plekhanov on the Role of the Individual in History," *Studies in Soviet Thought*, Vol. 35, No. 3 (Apr., 1988), pp. 247-265。

个人不等于偶然性,而在"历史规律"下个人仍可发挥主观能动性,并将个人的才能发挥到极致。关于偶然性,他说偶然性出现在诸必然过程的交合点。关于伟大的个人如拿破仑,他说那是社会关系网的产物[29],而不是像18世纪史家霍尔巴赫(Paul-Henri Thiry,Baron d'Holbach,1723—1789)所说,人的一个想法或做法即可改变历史的进程。为了说明上述的观点,普列汉诺夫不厌其烦地再三申述:"历史事变的进程远不仅仅是由人们的自觉行为所决定的;单是这个情况就必定要使人想到,这些事变是在某种潜藏的、像自发的自然力量那样盲目地然而按照某些确定不移的规律起作用的必然性影响下发生的","俾斯麦能不能把德国拉回到自然经济去呢?""可以用必然性的眼光看现象,同时又成为很有权力的活动家。"[30]

在介绍完普列汉诺夫的观点之后,要回过头来讨论近代中国几位代表性左翼史学理论家这方面的言论,他们的言论对近代史学发挥了重要的影响力。

李大钊的《史学要论》是早期左翼史学的里程碑之作,他的主要对话对象之一显然包括梁启超。他说:"史学是专研究关于团体的生活者,而不涉及个人的生活。是亦不然。"[31]李大钊对个人在历史中的作用显然采取比较缓和的态度,故他虽然一方面强调马克思主义史学重群众、重团体,但如果说完全轻视个人,他也并不能同意。在翦伯赞《历史哲学教程》中的《目前历史教学中的几个问题》,也提到当时左翼

---

[29] 普列汉诺夫说:"现实中出现的任何人才,即成为社会力量的任何人才,都是社会关系的产物。"普列汉诺夫著,王荫庭译,《论个人在历史上的作用问题》(北京:商务印书馆,2010),页49。

[30] 普列汉诺夫著,王荫庭译,《论个人在历史上的作用问题》,页26、21。

[31] 李大钊,《史学要论》(石家庄:河北教育出版社,2000),页13。

的历史教学出现了一种"避免提到个别历史人物的现象",他说:"有些教师把商鞅变法改为秦国变法。凡是讲到汉高祖的地方,都用'汉初'二字代替他的名字。讲林则徐焚毁鸦片,也认为可以不提林则徐的名字。甚至讲儒家学说,有人不提孔子。在世界史讲授中也有这样的现象,个别的教师把亚历山大东征改为马其顿东征,把革拉哥兄弟的改革,改为农民为保持土地而斗争。理由都是一样,即认为上述历史事件和学术思想,都是历史的必然性或社会经济发展的规律性所引出的结果,和个别历史人物没有关系。"他反对全部否定个人在历史创造中的作用,他说:"全面地讲述历史,应该是在肯定历史必然性和人民群众是历史的主人的原则下,承认个人在历史上所起的一定作用。"[32]

综前所述,李大钊的史学观念强调社会发展规律、社会经济之决定性,并以之修正以政治历史为中心的历史观。他强调下层建构决定上层结构,主张思想意识随时代社会经济基础的变动而变动,强调历史中有法则等。但李大钊对"个人"在历史中的角色仍持较为调停之论。后来所流行的各种唯物辩证史观的译著就激烈得多了,譬如说:"拿破仑也不过为在经济的条件所驱使的范围内,出现在历史舞台上的自动傀儡之一罢了。"[33]

至于翦伯赞,他关心的是:"中国历史发展的动力不是'卓越人物'的愿望,更不是神的启示,而是社会经济。社会经济的结构是历史的真实基础","政治、法律、宗教、哲学及其他观念都是社会经济的派生物"。历史的重心不是皇帝们的宫廷生活、贵族的姻娅关系,"而是生产力与生产关系"。他认为"只有根据生产力与生产关系,然后才能对

---

[32] 翦伯赞,《目前历史教学中的几个问题》,《历史哲学教程》,页320—321、322。

[33] 刘莹编译,《人类社会发展史》,页87。

于某一时代的政治现象、文化思想以及一切复杂纷乱的历史现象给予正确的本质的说明"[34] 他认为伟大人物的出现只是偶然性的,历史规律才具统制性。既然,伟大人物只是偶然,会有替代者,所以在特定的必然性——历史规律之下,即使没有拿破仑也会有别的人出现来代替他的地位。[35]

翦伯赞认为只有偶然性与必然性合一才能出现杰出的人物与杰出的成果,他反对胡适的实验主义突出"个人"之重要性,而忽略大众。他说:"社会的发展最后地计算起来,不是杰出人物的意志和思想来决定,而是社会生存所必须的物质条件的发展来决定的,由社会生存所必须的物质财富的生产方式的变迁来决定。"[36]值得注意的并不是有没有大人物,而是说大人物的出现也是历史的必然。他引申了普列汉诺夫的说法:"一个历史上伟大人物在某一个国家某一时代之出现,是那个国家那个时代的社会之需要,这件事是必然的。"他说即使在中国历史上删去了秦始皇、汉武帝、忽必烈、朱元璋、洪秀全、杨秀清、孙中山这一些大人物,在中国的社会经济发展的一定阶段上,"也必然会出现另一些英雄或民族革命的领袖来替代他们。中国历史决不会因为没有他们而改变其发展规律"。而且"只有在历史的必然性中,才能使这些历史上的伟大人物的偶然性表现出来"。[37]

翦伯赞反对没有"人"的机械论,但他主张个人要在历史发展规律之下才能表现自己;他不忽视史实的重建,但认为史实是探索历史发展

---

[34] 翦伯赞,《怎样研究中国历史》,《历史哲学教程》,页285、290。
[35] 翦伯赞,《群众、领袖与历史》,《历史哲学教程》,页24。
[36] 翦伯赞,《评实验主义的中国历史观》,《历史哲学教程》,页254。
[37] 翦伯赞,《群众、领袖与历史》,《历史哲学教程》,页25、26。

规律的基础,他希望用这个宗旨来改造中国史学。翦伯赞等人主要批评的是胡适所领导的实验主义。在旧史家眼中,胡适的实验主义是不重视"个人"的,但在翦伯赞等人眼中,胡适却太重视个人,完全忽略了群众与历史发展规律的作用。

尚钺是另一左翼史学代表性学者,他认为史学书写的目的在于:"阐明中国历史的发展规律","历史学要成为科学,就在于阐明规律,阐明真理"[38],故轻视历史人物的作用。他说像争论明惠帝的生死下落这一方面的问题,即使提出千百个,写出千万篇论文,仍是没有价值的。[39] 此外,如范文澜说历史的发展不是由英雄决定,"而是由于生产力的增长发展"。[40] 左翼史学的实际影响是非常大的。譬如在1920年代末到1930年代初期的"社会史论战",和前后出现的中国社会性质问题论战,中国农村社会性质论战的大量文章几乎都很少出现人名,整个历史像一列往前驶的火车,驾驶、乘客是谁不重要,重要的只是车厢、铁轨。事实上,这种火车与乘客的意象,即经常出现在当时的新文学作品中。

这一思想也反映在实际行动中。在蒋介石"清党"后,柳亚子(1887—1958)曾经提议刺杀蒋介石,恽代英却回答柳亚子说:"共产党相信群众,不重视个人"[41],故杀蒋没有必要性。当然在分析现实局势

---

[38] 尚钺,《〈中国奴隶制经济形态的片断探讨〉序言》,《中国历史纲要》(石家庄:河北教育出版社,2002),页498。

[39] 尚钺,《〈中国奴隶制经济形态的片断探讨〉序言》,《中国历史纲要》,页499—500。

[40] 范文澜,《谁是历史的主人》,《范文澜全集》(石家庄:河北教育出版社,2002),第十卷,页159。

[41] 张明观,《柳亚子史料札记》(上海:上海人民出版社,2008),页122。

时，这类思维是根深蒂固的。在这里且让我跳出时间序列，举几个1950年代之后的相似论述，以见其影响之延续性。[42] 1982年，有一篇左翼学者的文章讨论大特务戴笠时说："戴笠从一个侍卫随从，竟成了蒋介石独裁统治下的中国的'希姆莱'，绝非偶然。这是半封建半殖民地社会这一特定历史条件下的产物。"[43] 在这方面的史学论著中，不是没有个人，而是将其作用降到极低，最后都归纳到一个大的历史规律中。邓之诚在1950年代的日记中提到俄国《真理报》，"报载，《真理报》论崇拜个人为违反马列主义"，邓之诚的言辞中颇为讶异。[44]

在过去几十年中，中国大陆史学界有过几次史学理论的争论，都与"人"在历史中的角色与分量有关。1970年代史学理论中的争论"合力说"，认为归根究柢所谓"合力说"或"平行四边形"之说，仍然不承认个人的意志可能产生重要的历史作用。1980年代，以黎澍（1912—1988）为代表的"历史创造者问题"的讨论，突破了传统唯物史观，认为只有人民群众是历史创造者之命题。这个问题的提出，也反映了当时史学实践中普遍忽略"人"在历史中的作用。值得注意的是蒋大椿教授在2000年前后，发表了两篇文章反思马克思主义史学过度轻视"人"的现象。[45]

---

[42] 到了1950年代，李泽厚在分析孙中山思想时这样说："孙中山的思想的这种弱点与其看作是其个人的缺陷，还不如看作是其所处的社会历史条件和阶级立场的限制的表现，是中国落后的社会关系（资本主义还很不发达，阶级关系还很不成熟）所必然带来的小资产阶级的幻想的表现。"李泽厚，《中国近代思想史论》（北京：人民出版社，1979），页353。

[43] 章微寒，《戴笠与"军统局"》，收入《浙江文史资料选辑》第23辑（杭州：浙江人民出版社，1982），页131。

[44] 邓之诚著，邓瑞整理，《邓之诚文史札记》（南京：凤凰出版社，2012），页926。

[45] 蒋大椿，《历史与人的意志支配的实践》，《安徽史学》，2004年第1期，页22—33；《当代中国史学思潮与马克思主义历史观的发展》，《历史研究》，2001年第4期，页3—21。

他在这两篇文章中反复地论证,就是为了从马克思主义经典中找出蛛丝马迹,说明"人"在历史中是有作用的,虽然这个作用非常有限,但还是存在的。作为一位马克思主义的史学理论家,蒋大椿确实想突破层层束缚,提醒大家"人"在历史中之重要。虽然话说得有些含糊,但意思是很清楚的。他的论证非常曲折,这一论证方式,其实反映了原来的史学理论束缚之大。由此可以反证出近五十年正统的马克思主义史学中相当轻视"人"。蒋大椿说马克思重视"复数的人",又说马克思是重视"人"的,他将"现实的人"作为历史研究的出发点,但他们都没有来得及专门地研究"现实的人"自身。[46] 说马克思没有来得及,即代表着希望从马克思主义史学理论内部找出"人"的急切心声。

四、钱穆等人的驳议

从1930年代起,钱穆的著作中每每零星出现一些反对历史去"人"化的论点,我形容之为历史是一场没有人踢球的足球赛。

在新史学大盛之后,传统史学家中明火执仗加以对抗者并不少,但是关于"人"或"个人"在历史中的作用,并没有非常显著的论述。相比之下,钱穆恐怕是一个例外。在这方面,钱穆所写的文字甚多,而且持续的时间很长,一直到他生命晚期的著作中仍然坚持此意。可惜因为文字比较分散,人们对他这方面的言论并不特别注意。

钱穆一生都在强调中西之分,认为"人中心"主义或"事中心"主义是中西史学最大差异。所以他标举"人"为历史的中心,不只是为了对抗当时中国的各种新史学,事实上也是与他所认为的西方史学的特色

---

[46] 蒋大椿,《当代中国史学思潮与马克思主义历史观的发展》,页14。

相颉颃。钱穆说:"中国历史有一个最伟大的地方,就是它能把人作中心","我们如把一部西洋人写的历史同中国人写的历史作比,他们似乎看重事更过于看重人。中国人写历史,则人比事更看重"。[47] 钱穆反复强调"人"才是历史的发动者,"人"才是世运兴衰的关键,没有"人"便没有"事",不是没有"事"便没有"人"。他认为西方史学是反其道而行,譬如他说:"历史只是记载人事。但究是人在做事,并不是事在做人。平心而论,当然人为主,事为副。"他又说:"一切世运兴衰,背后决定全在人。决定人的,不在眼前的物质条件,乃在长久的精神条件。"[48] 从这段话也可以看出他主要的批判对象之一是以"物质"为基础的左翼史观。

重"人"的史学才有办法进行历史的课责与褒贬,著史才有个入手之处。他说:"若重事而轻人,则褒者或有贬,贬者或有褒","故治中国史,则断不当重事而轻人。尤不当于人无褒贬。而其于褒贬,尤当有深义"。[49]

钱穆甚至认为,所谓历史人物分成许多种,有成大事立大功的,但也有并未成"事"的人,却在历史中占有极重要的地位,而且影响千古。这是一个重要的面相。首先是孔子,孔子一生没有什么"事"可记,《左传》里面提到孔子的分量微不足道,远远比不上其他几位人物,但孔子的影响却是如此深远。颜渊亦然,颜渊虽不见于《左传》,但他对后来的中国历史仍有重大影响。[50] 钱穆常举三个历史上的人物说明人不

---

[47] 钱穆,《史学导言》,《中国史学发微》,页84、83。
[48] 钱穆,《史学导言》,《中国史学发微》,页56、63。
[49] 钱穆,《国史馆撰稿漫谈》,《中国史学发微》,页279。
[50] 钱穆,《国史新论》,页269。

必因事之大小而决定其历史地位：介之推、公孙杵臼、程婴。这三个人只是当时社会普通的平常人，却同为历史的大人物。[51] 他又好举三国时代的管宁为例，说管宁没有什么事功，却是三国一大人物。他又常举历史上的失败人物，强调失败人物仍有极大的历史作用，对后世有极大的影响，如文天祥。钱穆甚至激烈地说："单只一件事，事是留不下来的。"[52]

以上几组人物可以说是钱穆在讲"人"重于"事"时最常出现的主角。这里彰显出一种范例式的、潜在性的人物观念，这些人物或为无事功之人，或为隐遁之人，或为失败之人，但因其人本身行为体现一种文化标准，他即可在历史上发挥极大作用。我认为它们反映了钱穆有一种本体论式的，或我称之为"历史潜在势力"的史学观点。我想在这里试着对这种史学观点作一些诠释：第一，整个"历史"是一部要一直演下去的大戏，不在这部大戏中的人不是"历史"的人，只是自然的人。[53] 他说："退出了历史，还是一个人，可是只成了一个无历史的自然人。他们的人生，多半只是仰赖着别人家的历史来过活。"[54] 既然同在一部绵延不绝的"历史"大戏中，就有一时的"事"与永远的"事"之分。一时的大"事"当然可以影响千古，但另外有一种永远的"事"，这种"事"在当时看可能没有什么现实的重要性，但却对未来千年发生潜在的作用，故"历史的潜在势力"是指那些决无法成就一时的"事"，但其精神、意识却将永远发挥影响的"事"；而从整部"历史"的大戏看来，

---

[51]　钱穆，《略论中国历史人物之一例》，《中国史学发微》，页269。

[52]　钱穆，《国史新论》，页271—272。

[53]　这一点他可能多少受到梁启超"历史的"与"非历史的"分别的影响。

[54]　钱穆，《史学导言》，《中国史学发微》，页83。

后者反而是更有力量的。所以他动辄云一人之心如何代表世世代代千万人之心[55]，或一人可能与千古之人共享一种人格或心性的类型，而能彰显此类型的人，不管其为何人，都有重大的历史意义。

历史"潜在势力"的观点，还可以从下面这一段话看出。从政治史的层面上看是唐盛宋衰，但从历史整体来看，宋代思想文化的影响则胜于唐代，故钱穆说："唐代人物，就不如后面的宋朝"，"开元之治以前的人物，实不如天宝之乱以后的人物来得多，来得大，表现得更像样"。[56]其实章太炎在1930年代也发表过类似的议论。他在一篇演讲稿中认为当时新史学所力倡的纪事本末体，有其不足之处，他说："只是要紧的事，并不在事体大小。纪事本末，只有大事，没有小事，就差了。"[57]此语与钱穆所说有可比观之处：即历史上有些小事、小人物，也有重要的历史意义。而近代西方史学谈到"人"的历史作用时，往往将"人"与"能动者"（agency）画上等号，没有产生现实重大作用的人就不是"能动者"了吗？而钱穆或章太炎却同时注意到"润物细无声"之类的历史作用，这一点颇值得注意。在我所读到有关能动者与历史的讨论中，有一个明显的出入点值得在此提出，即西方或近代史学所重视的是大事、大人物，但是章太炎、钱穆都不约而同地说，即使小事也有重要者，所谓小人物或在历史上没有事功之人物，亦有非常重要者。

除了"人"或"事"之外，钱穆还痛斥近代史学中有重"物"的倾向，而且因为重"物"而倾向于轻"人"。"重物轻人"的批评主要针对1930

---

[55] 钱穆在《略论中国历史人物之一例》中以南宋程鹏飞为例，认为："当时此女一人之心，实乃我中华民族五千年来世世人人之心，而此女则得此心之同然。"《中国史学发微》，页271—272。

[56] 钱穆，《国史新论》，页267。

[57] 章念驰编订，《章太炎演讲集》（上海：上海人民出版社，2011），页56。

年代的左翼史学,以物质经济为下层建筑,且上层建筑由下层建筑决定的唯物辩证史观。新史学提倡新史料,尤其重视考古发掘所得的地下材料,在钱穆看来也是"重物轻人"的表现。在《中国历史精神》《中国史学发微》《现代中国学术论衡》等书中皆时时表示此意。但是钱穆这方面的言论也多少反映他在新史学大量发掘史料(尤其是地下史料),宣扬新史料的重要意义时,有一种特殊的情结——既然他没有机会接触这些史料,干脆宣称没有这些新史料一样可以研究历史,而且研究所得不一定不如新史家们。

史学就是现实。人在历史叙述中的作用及分量即是"人"在现实中的作用和分量。没有"人"的历史,等于昭告读者"人"在历史的发展中不起作用,也等于宣告历史发展纯任无名的力量所左右。人没有着力之处,人没有可以入手的把柄,等于是想开电灯时却找不到开关。钱穆在《国史新论》的最后一章《中国历史人物》中一再说:"若我们不注意人物,重事不重人,那么天下衰了乱了,更没有人了,此下便会没办法。希腊、罗马之没落便在此。"[58]读者千万不要以为我全然同意钱穆的史学观点,事实上钱穆反复说的似乎是"事"并不重要,而且认为不必在史料或史学上有任何革新或扩充。不必"上穷碧落下黄泉,动手动脚找材料",也不必在那些不能体现历史价值或历史教训的枝节史实上下不必要的功夫。事实当然不是这样。

---

[58] 钱穆,《国史新论》,页266。钱穆在耶鲁与一位历史教授争论历史以人或事为主,更反映出两人所代表的史学传统之间的重大差异(钱穆,《师友杂忆》[台北:东大图书公司,1983],页296)。而民国时期较具传统心态的史学家倾向的"史学"即"人事学",钱穆说:"史学只是一种人事学"(《中国史学发微》,页51),刘咸炘也说,史学是"人事学",两人的主张相近。有关刘咸炘对史学的看法,可参considered王汎森,《执拗的低音:一些历史思考方式的反思》(台北:允晨文化实业公司,2014;北京:三联书店,2014)。

五、"人的死亡"

1949年之后,中国历史学分成两脉。在中国大陆的是马克思主义史学,在台湾的情形则有点复杂。1949年之后,台湾史学先是以胡适、傅斯年所领导的历史考证学派为主,但从1960年代开始,西方史学潮流的影响愈来愈大,历史学界往往以吸收当时西方最流行的史学作为自己的史学思考。这个情形在1980年代后的中国大陆也开始发生。

在进入这些讨论时,我要强调一点:以下所述不管是哲学思潮或史学运动都多少影响到历史书写,即使不受理论的影响,也可能受到西方史学著作本身的影响。但因为"西方的""新的",往往代表价值框架中"上"的部分。它们被标举在那里,常常是人们心向往之,或是认为应该追求的一种风格。但这并不表示它们实际上已经改变了大部分的历史书写,在西方如此,在中文历史学界更是如此。

前面已经提到,西方史学传统本来就不特别重视人物,尤其是西方近代史学,先是受到自然科学的洗礼,迷信律则,喜好寻找模式,故轻视个人在历史中的作用。较早的譬如史宾塞(Albert Spencer, 1892—1975)与涂尔干(Émile Durkheim, 1858—1917)等都是反个人、反政治、反事件,强调规律,向往没有人名的历史(history without names);较晚的如那米尔则强调史学要去人化(depersonalized),要将心性从史学赶出去都是显例。当然,也有人持强烈相反的态度,如心理学家威廉·詹姆士就刻意强调个人,尤其是伟大人物,但相较之下毕竟是少数。

过去五六十年,这个情形更为激烈。1960年代到1970年代以来,有五股力量使"个人"变得苍白无力,分别是:一、马克思主义的复返;二、"从下而上"的历史;三、结构主义;四、年鉴学派;五、1980—1990年代的"语言学转向"影响下的历史学派,此处主要讨论后面三者。

首先要谈结构主义的历史书写。结构主义的开山祖师索绪尔(Ferdinand de Saussure,1857—1913)强调,一个信息的意义并不决定于传递这个信息的人的意图,而是在于一些造成这些"符码"(codes)的规律,也就是结构。受到结构功能主义的影响,1960年代开始流行"结构史学"风潮,在这个思潮影响下所写的历史,其中主角的功能是由他们在结构中的相对关系所产生的。关于结构主义的文献太多,不知引用何者为好。所以在这里,我只用一部权威的《二十世纪社会思潮》(The Blackwell Dictionary of Twentieth-Century Social Thought)中的"结构主义"的条目。看它对于我所关心的问题,提供了什么样的描写。在巴托穆尔(Tom Bottomore,1920—1992)编的这部辞典中,是这样说的:结构主义及个人主体意志,它意在找寻在一般可观察现象下的深层结构。它反人文主义,因为意识、个人或社会团体中有目的的行动被排除在寻找结构因果观之外。在有意向的行动与无意向的行动之间,倾向于后者。结构主义通常反"历史主义",结构主义重视的是共时性的结构,而非历时性的发展;重视发现人类社会中的结构,认为人只是结构关系中的一环,反实际经验;重视深层的结构、深层的因果关系。[59] 故个人的意志与其行为的后果不一定相关,甚至常常出现吊诡的现象。"吊诡"是道德教训的敌人,它使得人的道德抉择不一定产生预期的后果,它使得意志与行为后果的好坏不相干了,故以历史作为对人的教训这个古老的任务变得模糊起来。另一方面,在结构主义史学风潮下,是"人"从属于"结构",是结构在发生作用,而不是个人的意志

---

[59] Tom Bottomore, William Outhwaite ed., *The Blackwell Dictionary of Twentieth-Century Social Thought* (Cambridge, Mass.: Blackwell Press, 1993), pp. 648-649.

在发生作用。而且要认可人的自我中不可逃避的矛盾性,不可调和的差异性,以前谈人的自我太重视一致性、理性、非矛盾性,故压下了许多内在的冲突。"人的死亡"是结构主义的产物,在这个结构主义当令的舞台上,没有人的位置。1960年代,几乎所有重要的结构主义理论家都匆忙地致力于阐发"人的死亡"。[60] 结构主义的风潮的盛行,使得社会学家杜兰(Alain Touraine,1925—)后来大声呼吁"人物"的复返。[61]

对于结构主义在史学方面的影响,我们可以拿当代流行的西方史学史的观察为例,在布莱萨赫(Ernst Breisach)的《史学史》(*Historiography: Ancient, Medieval & Modern*)中,作者便断然地说,受到结构主义影响的史学著作,是"人的去中心化"(decenter the subject),而后来在解构主义的影响下,则是"人的死亡"(the death of the subject)。[62]

接着要讲"年鉴学派"。布罗代尔(Fernand Braudel,1902—1985)深受结构主义大师列维-斯特劳斯(Claude Lévi-Strauss,1908—2009)的影响,他反对法国当时的主流历史学派[63],尤其是深受兰克学派影

---

[60] 见汪民安,《福柯的界线》(北京:中国社会科学出版社,2002),页107中的讨论。

[61] 见 Alain Touraine, *Return of the Actor: Social Theory in Postindustrial Society* (Minneapolis: University of Minnesota Press, 1988)。如同 Philippe Desan 在书评中所说:"在他看来,社会学已成为一种现代性的意识形态,但却用过时的模型来理解社会的结构发展。他发现,这一基本悖论导致了当代社会学中行动者(actor)的消失。事实上,由于发达的工业社会趋于贬低个人的作用,现代社会学常常取消社会行动者,在某些情况下,甚至将行动者与社会视为彼此截然对立的,而非紧密相关。" *American Journal of Sociology* 91:2 (1985), pp.437.

[62] Ernst Breisach, *Historiography: Ancient, Medieval and Modern* (Chicago: The University of Chicago Press, 1983), p.330。

[63] Admir Skodo, "Fernand Braudel and the Concept of the Person", *Historisk Tidskrift*, 130:4 (2010), p.722。

响的法国巴黎大学索郡校区旧派史家们。布罗代尔有意对抗他们,故他不重英雄、个人、政治、事件,他重视的是"non-people person",是地理、气候、人口等,他认为历史的"长时段"最有价值,喜好可以跨时间与空间使用的模式(model)。布罗代尔认为人是"历史的囚徒",事件没有价值。"人"是最消极的,虽然说人创造历史,但历史也创造人。[64] 布罗代尔也受到涂尔干的影响。布罗代尔在第二次世界大战期间曾被囚禁在战俘营,认识到个人的无能为力。他在《论历史》(On History)一书中多处谈到历史中个人的角色,说:"我想起在巴伊亚(Behia)附近的一个晚上,当时我入迷地看着萤火虫的'灯火表演'。它们微弱的磷光发亮,熄灭,再发亮,但并没有发出任何真正的光明来刺破黑夜。事件也是如此。在它们的光辉之外,黑暗依然笼罩着。"[65] 所以他觉得个人在历史中像是泡沫,不起作用;或像是在黑夜中抛掷到夜空中的烟火,它的光亮瞬间便被黑夜吞噬。布罗代尔不但将"人"从历史赶出去,也将"事件"从历史中赶出去。他说:"一个事件是一次爆炸……它的迷人烟雾充满了当时代人的心灵,但是它不可能持久,人们刚刚勉强看到它的光亮。"[66] 他说"结构"才真正有力量,它左右历史的发展,而且往往是以"阻碍力"的方式在形塑历史的发展。几个世纪来,人们都是气候、植物、动物、农业以及某种缓慢形成的生态平衡的囚

---

[64] 有学者认为过去五十年的西方史学界,忽略"人"在历史中的作用,是受年鉴学派的影响。可参考 Admir Skodo, "Fernand Braudel and the Concept of the Person," pp. 719-723。

[65] Fernand Braudel, translated by Sarah Matthews, *On History* (London: Weidenfeld and Nicolson, 1980), pp.10-11. 中文翻译参见:刘北成、周立红译,《论历史》(北京:北京大学出版社,2008),页11。

[66] Fernand Braudel, *On History*, p. 27. 中文翻译参见:刘北成、周立红译,《论历史》,页30。

犯——而人们并不能脱逃它们的决定。[67]

彼得·伯克在《历史学与社会理论》(History and Social Theory)中便直接指出马克思与布罗代尔的史学信徒"把人赶出了历史"(leaving people out of history),其中的极端分子甚至可以说是"非历史的"(unhistorical)。因为他们强调不变的结构(static structure)胜过变动的历史。在布罗代尔当红时,许多评论者也有类似的评论。史家艾略特在评论《菲利普二世时代的地中海和地中海世界》一书时说,布罗代尔笔下的地中海世界,是一个"对人的支配力完全不予理会的世界"。彼得·伯克注意到在《地中海世界》中,"监狱"这个象征一再出现,人们就像囚徒一样,被囚禁在自然环境与心态的架构之中。

在1967—1979年出版的三卷本《15至18世纪的物质文明、经济和资本主义》中,布罗代尔也反对经济史家波兰尼(Karl Polanyi, 1886—1964)的论点。波兰尼认为19世纪有一次大规模的经济革命,但在布罗代尔的这部巨著中,他仍然不愿赋予人的思想及其主观能动性以转移历史的力量。包括韦伯在讨论资本主义时所涉及的"资本主义精神",像勤劳、节俭、纪律、冒险等,布罗代尔都一概不提,他仍然认为以资本主义的发展过程而言,人依然是被物质环境所囚禁的。

布罗代尔式史学引起不少人的反对,例如他对意大利历史的处理方式,显然引起意大利史家们的不满。金兹堡(Carlo Ginzburg, 1939—)等人所领导的"小历史"的崛起与对年鉴学派的批判有关,而"小历史"中一个非常重要的主题便是重新重视人物在历史中的重

---

[67] Fernand Braudel, *On History*, p. 31.

要性。[68]

前面引用布莱萨赫的《史学史》中提到,结构主义在史学中的影响是"人的去中心化",而解构主义的影响则是"人的死亡",其中一个代表人物是福柯(Michel Foucault,1926—1984)。福柯在他的《知识考古学》(*The Archaeology of Knowledge*)中宣布"人的死亡"。[69] 上帝死了,人死了,主体性死了。"人的死亡"这一思想,并不容易掌握,在这里我试着综合相关的研究。

在《"人的死亡":福柯与反人文主义》一文中,作者指出在存在主义之后,受到海德格尔影响,反人文主义之风兴起,在这个思潮下,"人文主义"是一个贬义词。阿尔都塞反对"人"在历史中之作用,认为人只是历史的"承受者"(bearers),而不是历史的"行动者"(actor)。福柯认为自己不是结构主义者,但他明显地受到结构主义影响;福柯认为"人"的观念出现甚晚,始于19世纪。"人"可能无意识地受早已存在的结构制约却完全无能为力。[70] 福柯关于"人的死亡"方面的意见,包括了几层意思。第一,"人"是个近代的发现物,18世纪末叶之前,"人"并不存在。第二,人文学科并不能完整地研究"人",由于这些学

---

[68] 参考 Carlo Ginzburg and Carlo Poni, "The Name and the Game: Unequal Exchange and the Historiographic Marketplace," Edward Muir and Guido Ruggiero ed.; translated by Eren Branch, *Microhistory and the Lost Peoples of Europe* (Baltimore: Johns Hopkins University Press, 1991), pp.1-10。

[69] 福柯认为"人的死亡"是历史学的产物,在现代知识里,作为主体的人和作为客体的人是一回事。人文科学实际上已经完结,这意味着人的灭亡。于奇智,《傅科》(台北:东大图书公司,1999),页140。

[70] Beatrice Han-Pile, "The 'Death of Man': Foucault and Anti-Humanism," in Timothy O'Learry & Christopher Falzon ed., *Foucault and Philosophy* (Malden, Mass.: Wiley-Blackwell, 2010) pp.118,119,122,124.

术,"人"从这些学问之间的缝隙溜掉了。[71] 第三,人无法认识自己,"人与其复位"是"既经验又超越的双重面相"。[72] 福柯认为,人文科学并未发现人的本质,他说:"历史使人碎片化","我们没有揭示出人的本质,只找到了一些实证性经验:生命、劳动和语言。这些实证性经验还远离人的本质","人是起源衰退与起源复还的双重存在者","与其说近代知识发现了人的起源,不如说它只弄清了人的起源的有限性、虚无或衰退,人在近代知识里拥有的美景十分短暂"。[73] 第四,人没有本质,是语言的附带现象,其意义由相对关系所决定。语言是结构的,所以"人"的思想或主观意向并没有任何作用,人受到语言的限制,人

---

[71] "词与物的这次结合,不是文艺复兴时代相似性关系的简单重复,也不是相似性和代表性在知识内部关系上的承续,而是偶然来到,毫无准备……语言的代表功能终结了,同时留下了一个荒原。虽然人已有漫长的生命史,但此时才在这个荒原上出现,也才成为认识的对象。于是,关于人的科学才得以建立。"人是一项最近的发现,"因为长期以来被误认为是一件珍品的人来自于知识内部的突变,只是突变性知识沉积深处的简单褶皱或暂时性产物。"《词与物》之序言:"自苏格拉底以来,研究得最久的人原来竟是存在于事物秩序中的一块碎片,无论怎样,人的这一形象,是最新的知识布局产生的……人仅仅是最近的发明物。它的诞生还不足两个世纪,是我知识里一个简单的褶皱,随着新的知识形式的出现,即将消亡。"研究人文主义是为了拯救人,重新发现人。"人的出现是建立人文科学的可能条件。人文科学并没有发现'人'——人的真相、本性、出生及命运。"人文科学仅仅处于这个知识三面体的空隙里。人在人文科学中找到了"家",这个"家"同时是墓地。于奇智,《傅科》,页 123、124、129、132、135。亦可参考 Noam Chomsky and Michel Foucault,"Human Nature: Justice versus Power," in Arnold I. Davidson ed., *Foucault and His Interlocutors* (Chicago: University of Chicago Press, 1996), pp. 107-144。

[72] Beatrice Han-Pile 在《"人的死亡"》里也集中讨论这一议题,他说:"超越的与经验的有限性之间的关系形成一种恶性循环"(p.126),"人的双重性,既是被研究对象又是研究的主体"(p.128)。

[73] 以上皆引自于奇智,《傅科》,页 139、137、149、152。

是在"语言支离破碎的夹缝中构筑了自己的形象"。[74] 虽然福柯的"人的死亡"是一个相当复杂的说法,绝不可轻易化约为他是在宣称"人真正的死亡",但这句口号给人的感觉是,人是无足轻重的对象,人不是历史、知识和他人的主体[75],它对写作及史学的无形影响是清楚存在的。

在福柯之后,有关"个人"与历史的这个问题,最值得注意的是"语言转向"(the Linguistic turn)之后的历史书写。一般认为在 1967 年罗蒂(Richard Rorty, 1931—2007)所主编的《语言学转向——哲学方法论文集》(*The Linguistic Turn: Essays in Philosophical Method*)出版之后,"语言转向"的说法得到广泛的认同。这个转向的含义很多,非我所能尽述,此处只谈其中与"人的消失"有关的部分。

在"语言转向"的脉络中,任何语言都是一个封闭的系统,"能动者"(agency)被嵌入这个语言系统中,语言是囚牢,人没能改变什么,人不是能动者,语言才是。"人"是语言的产物,受语言控制。[76] 语言转向使得过去三十年的历史研究中,"人"的角色被大为贬低,将人说成是历史的病人,而不是主角。[77] 语言转向之后,将"人"赶出历史的几个例子:一、认为"人"没有改变历史的能力,如帕特里克·乔伊斯(Pat-

---

[74] 黄进兴,《后现代主义与史学研究》(台北:三民书局,2006),页 25—27。

[75] 见李晓林,《审美主义:从尼采到福柯》(北京:社会科学文献出版社,2005),页 136 中的讨论。

[76] "人"的主体性是被建构的,"自我"受系统、语言左右,故不能为自己的行为、道德负责。David Gary Shaw ed., *History & Theory: Studies in the Philosophy of History* Theme Issue V.40(Wesleyan University,2001.12),p.45。

[77] Michael L. Fitzhugh & William H. Leckie Jr., "Agency, Postmodernism, and the Causes of Change," *History & Theory* V.40, p.59.

rick Joyce)的《民主的主体：19世纪英格兰的自我和社会》(*Democratic Subjects: The Self and the Social in Nineteenth-Century England*)。[78] 斯各特(Joan Scott)讲法国女性时，认为法国女性是受限于架构之中，人们只能顺从语言系统而动，难能有主观意志上的作为。斯各特在最后对"能动者"的问题相当没把握，相当之灰色。[79] 二、态度比较缓和，认为"人"尚有其他位，如杰伊·史密斯(Jay M. Smith)认为应将信仰及价值与语言分开，它们不受语言决定，故仍可促发历史变迁。

当然，史学的专业化也是"人的式微"的重要因素。史学专业化不必关心非专业社群之外的读者，所以对于人及故事便不如此在意了。史学专业化在20世纪的一个重要成果，便是将历史中的非个人性因素充分渗入其历史书写中。

历史中"人的式微"或"消失"的一个重要现象，即是不相信人的意志（或意图）、思想或人的作为可以改变历史。历史也不再成为人的智慧与道德的资源，人们无法从历史中学到人的意志、努力与抉择可以如何改变历史的发展，甚至不认为人可以造成重要的改变，能把奄奄一息的时代翻转过来。当然西方史学家中，仍有不少人反对上述轻视"人"的潮流[80]，但是从时代思潮上，是可以得到前述论断的。

有研究西方史学理论发展的学者认为新文化史崛起之后，"人"有逐渐复活之迹象。新文化史的"经验转向"，强调"偶然性"(contingency)的重要，企图将人放回历史的中心，代表着史学放弃"语言转向"。

---

[78] Patrick Joyce, *Democratic Subjects: The Self and the Social in Nineteenth-Century England* (Cambridge; New York: Cambridge University Press, 1994).

[79] Micael L. Fitzhugh and William H. Leckie, Jr., "Agency, Postmodernism, and The Causes of Change", *History & Theory* V. 40, p. 74.

[80] 譬如卡洛·金兹堡、斯蒂芬·格林布拉特(Stephen Jay Greenblat)等。

在杰伊·史密斯的一篇文章中,作者认为新文化史既想要保留"人"的主观能动性,又想保留客观的、结构性的"格套"(grid)。他认为即使个人也不能全然摆脱结构之类客观的东西,是主观"理解""经验"这个世界时所必经的,所以不是任意性的。故一方面是个人的主观能动,一方面是强调个人在了解现实世界、赋予意义时有种种"格套",而这些"格套"是结构性的、客观性的、沟通性的,不是随个人意志转移的。另外,他也观察到因为反"结构"而转向另一个极端,转向"经验"(experience)。[81]

当然另外还有一种呼声,是不反对"个人",但要重新定义"个人",如福柯认为"个人"(individual)是一个散漫的主体,希望要恢复北方人文主义那种非固定的、非一元的、非必然理性的,甚至内部充满矛盾的主体。[82] 另一明显的转变,当然是"年鉴学派"第三代的转变,他们对人物又发生了兴趣。彼得·伯克形容这是从"地牢"到"阁楼"的转变,譬如大卫·克劳奇(David Crouch)撰写了《威廉·马歇尔:1147—1219 年安茹帝国的宫廷、事业和骑士制度》(*William Marshal: Court, Career, and Chivalry in the Angevin Empire, 1147-1219*);勒·高夫(Jacques Le Goff, 1924—2014)则撰写了一部《圣路易传》(*Saint Louis*),都是明显的例子。当然,即使有人认为新文化史代表"人"的复返的某些迹象,

---

[81] 杰伊·史密斯在1997年观察到存在一种放弃语言转向、转而发生经验转向的现象。这个"经验转向"重视真实人生中的机会、社会的情境、生命的经验,想将语言结构与人结合在一起。Jay M. Smith, "Between *Discourse* and *Experience*: Agency and Ideas in the French Pre-Revolution," *History & Theory* V. 40, pp. 117, 119.

[82] 他们强调的是一个新的"自我",这个自我、主体系一个语言系统。自我受系统、语言所制,何能为自己的行为、道德负责? Elizabeth Dees Ermarth, "Agency in the Discursive Condition," *History & Theory* V. 40, pp. 39, 40, 43, 45.

有人仍认为新文化史消泯"人",使"人"在历史解释中没有地位。[83]

结 论

20 世纪的新史学认识到在个人及个人意志之外,尚有更深、更广、更长、更复杂或更强大的决定力量,这些力量往往不随个人意志而转移,我称之为"非个人性历史力量"(impersonal force)的发现。这些力量可以是经济的、社会的、心态的,也可以是结构的、长程的,不一而足。此外,对历史中律则性力量的了解与强调,也是过去一个世纪史学中一个不可忽视的面相。当然也有人认识到历史的各个部分是万户千门般的关系,每一个门户都会牵动其他千门万户,形成了极大程度的互相联结(interconnected)。此外,当然还有另一种发展,充分认识到历史发展与个人意志之间存在着"吊诡性"的关系。"吊诡性"的敌对面便是能贯彻自由意志的"个人",既然是吊诡的,那么个人的道德性抉择,便可能出现不道德的结果,而使得道德教训不再有功效。或是发现历史发展有像亚当·斯密所说的"看不见的手",故"人"在其中并没什么角色。上述这些史学思潮倾向于看轻个人、看轻思想与意志的作用,而且在过去一个世纪里,愈能朝这些新方向努力的著作,往往愈能得到史学界的认可。吊诡的是,一部宣称是为了没有历史的人而写的杰作,其结果竟然是成了"没有人的历史"。[84]

---

[83] Michael L. Fitzhugh and William H. Leckie Jr., "Agency, Postmodernism, and The Causes of Change," *History & Theory* V. 40, pp. 60-61.

[84] David Gress 认为 Eric Wolf 的书事实上是没有"人"的历史。请见 David Gress, "History without People: A Review of *Europe and the People Without History* by Eric Wolf" (http://www.newcriterion.com/)。

这里形成了一个矛盾现象。一般民众渴盼读到有"人"的历史,专业史学界则反其道而行,认为愈没有"人"的历史,层次愈高,人名太多的历史是"软"的历史,反之才是"硬"的历史。只好把"人"的历史交给通俗传记作家或文史工作者。

然而,正如前面说到的,20世纪史学最大的创获便是发现"非个人性的历史力量",发现"宇宙如网"、互相交织的历史,发现"结构"的力量等。我们并不能假装它们不曾发生过,或者把它们"塞"回子宫,因此,此时如要讨论人的"复返",首要之务便是不能天真地认为可以完全别过头去,不理会20世纪史学的发展,假装近代一波又一波的新史学都不曾发生过。而且我们还应正面积极地承认对历史中非个人性力量的发现是一个重要的创获,现代史家贵在能将"人"与这种非个人性历史力量交织在一起考虑。如果只是平浅地状写人的故事,可能尚嫌深度不够,或只能成就一些轶话式的历史,或是折回到另一个极端,即毫无保留地让所谓"传统的"史学复返。

钱穆在谈到"人"的问题时,一直有一个隐约之见:凡涉及社会的、物质的,凡脱离传统史学的历史书写,都是对"人"的背叛。但我个人认为我们不可能完全回到传统史学,或钱穆先生所设想的历史。我们不大可能再回到叶适《习学记言序目》中所说的,将历史的成败、起伏都归因于人。但是重人并不一定是指回到人物传记或通俗历史的书写,虽然人物是其中不可忽视的一环,在所有的历史书写中都应更积极考虑"人"的因素与"人"的角色。

在此,我想举两个例子说明"结构"和"长时段"的优点。历史上有一些亡国之君,其实非常想力图有为,但是因为结构性因素的阻扰,最终一事无成。因此讲"人"时,也不能不考虑结构性因素。又如,近来以《二十一世纪资本论》(*Capital in the Twenty-First Century*)一书而享誉全球的法国经济学家托马斯·皮凯提（Thomas Piketty），便是运用了"长时段"的观点，其研究的时间跨越两三百年，因而对资本社会贫富不均的成因，及愈来愈严重的态势看得更清楚、更深入，这就是"长时段"的好处。

不管是社会经济史、心态史、结构史学或是强调各种历史因素的互联关系，都可以增益我们历史解释的深度，使我们不再天真地以为几个孤零零的个人就足以成为一切历史的发动机。但是我们也都莫忘了"人"是历史的主角，结构虽然是沉甸甸的铁板，但是十几个有志一同的人也可能造成风潮、翻转结构。以此为例，历史研究要告诉我们改变历史的"总电掣"（梁启超语）在何处，怎么开启；而不只是反复地说人是"历史的囚徒"。

在结构主义的影响下，我们可以进一步问，在结构强而有力的时代，"人"的角色与作用是什么？个人与结构之间的关系是什么？个人如何与结构互动（interplay）？个人如何在结构中运作？史家仍应积极客观，尽其在我地重新评估"人"在历史中的角色与作用。

我个人觉得我们要"重新论述"（reformulate），在充分采用近代新史学的长处之后，重新寻找"人"在这些结构性历史因素中的角色与地位，是有机地嵌入，而不是强制地焊接。这样历史会变得更有机，也更有挑战性。最重要的是，读者也可以重新在这种历史著作中找到"人"的角色与地位，即使这个"人"已经变成是一个极度复杂的主词。反过来那一面也相当重要，即不只重视"人"的角色与作用，同时也要讨论如何造就"人"、捧出"人"，而且一旦结构变了，被捧出的"人"往往便会被放在一边。

不管是"我们记忆自己的方式就是我们自己所成为的样子"（we are what we remember），或是同意"史学即是现实"，重新正视历史中

"人"的角色有许多方面的意义。这里只谈其中几点。第一,近人不信个人在历史中的作用,所以也不大相信个人可以在现实世界中起着关键性,甚至是旋乾转坤的角色。但在过去,当人们阅读历史时,可以从中看到"人"的角色,也等于看到自己在现实世界中的角色。譬如说当我们看到"人"在历史中具有主动的作用时,也将影响到我们思考人在现实中的可能作为,如果相信在现实世界中人的积极作为可以改变或完成历史,或认为个人内心世界的状态可以转移现实世界,那么对于它的读者会有莫大的作用。第二,因为近代历史著作中往往没有人,所以人们在历史著作中也找不到相应的、可以"追体验"(verstehen)的主词,所谓"历史教训"也往往难以有着力之处。第三,关于"人"在历史中的角色,当然也涉及历史褒贬或历史责任的课责问题,而褒贬与课责曾经是历史的重要任务。进行"历史课责"时要考虑几个前提,如原因、状况、个人的动机、计划、意识形态、官僚结构的角色等,当然还有许许多多的因素都应该列入考虑。

有人举了1990年代三位史家的著作为例,说明他们的史学风格一无例外地都是"去个人化"(depersonalized),他们将一些群体或结构性力量拟人化(pesonification),成为一个历史趋势、群体等的工具。他们的书中移除了个人的意向(removing interest)、限制了个人的自由度、扩大背景,使之包括更大的结构或过程、或藉无限"联结"来去个人化。[85] 1990年代四本写希特勒(Adolf Hitler, 1889—1945)、斯大林的

---

[85] 藉艾萨克·多伊彻(Issac Deutscher)、A. J. P. 泰勒(A. J. P. Taylor)、阿奇·盖提(J. Arch Getty)三位史家的著作展示了史学界如何消灭或取消个人在历史中的力量。但 Robert Tucker 关于斯大林的著作给了另一面,即个人与结构之互动。Philip Pomper, "Historians and Individual Agency," *History and Theory* Vol. 35, No. 3(1996.10), pp. 286-287.

传记可以看出近代史学的轻"人"之风,造成"历史课责"方式的转变。譬如希特勒屠杀犹太人,如果将之归为结构性因素[86],那么全德国人都有责任,意即加害者若是官僚机构与行政程序,那么就是汉纳·阿伦特(Hannah Arendt, 1906—1975)所谓"凡庸的罪恶"(banal evil);如果是希特勒的计划,则与大部分德国人无关,那么课责的对象就是希特勒个人,斯大林也是一样。[87] 譬如多伊彻用非常消极的口吻讲斯大林的角色,他说:斯大林是巨大政治机器的工具、斯大林只是时代的"代言人"(mouthpieces)——他。[88] 盖提说:斯大林是没什么计划的,"大清洗"背后有结构性问题。[89] 如果照这样看,斯大林对于"大清洗"就不负什么太大的责任了。

从上面两个例子可以看出"人"在历史中的角色,深刻影响到历史的褒贬与课责的问题。而褒贬与课责是在现代史学中几乎已经被忘掉,但事实上仍是不可忽视的任务。我们不能忘记"史学"存在几种基本任务,其中之一便是提供历史的教训,而其中有一大部分是对"人"的教训。史家有所谓"史权"[90],意即史家有责任也有权力提供历史判断。

在历史许许多多的功能中,如何从历史中获得智慧与勇气是重要

---

[86] 泰勒说:在大屠杀中,希特勒只是将大多数德国人心中想的付诸实现;希特勒是被动的,他的外交是没有政策的,没有办法启动大计划。Philip Pomper, "Historians and Individual Agency," pp. 293-295.

[87] A. D. Moses, "Structure and Agency in the Holocaust: Daniel J. Goldhagen and His Critics," *History and Theory* Vol. 37, No. 2 (1998.5), pp. 201.

[88] Philip Pomper, "Historians and Individual Agency," pp. 289-291.

[89] Philip Pomper, "Historians and Individual Agency," pp. 297-298.

[90] 柳诒徵,《国史要义》(台北:台湾中华书局,1979),页19—35。

的一环,此中包括了如何透过"人"的力量,挽救几乎不可挽回的颓局,在低迷不振的环境中,使出可能翻转这一切的努力。"人"的决定与作为曾如此重要,即使决定在这个阶段不作为,也仍然是一种"作为"。历史上充满了这一类的实例,譬如五代的张全义,史书上虽然嘲笑他媚事朱温的种种丑行,却不能忽略在黄巢之乱后,他以十八屯将为基础,在五年之后,使洛阳一带成为富庶之区。[91] 荷兰史家安克斯密特(Frank Ankersmit)在他的《历史表现中的意义、真理和指称》中给我们一个例子。在拿破仑征俄时,俄国元帅库图佐夫(Kutuzov)始终避免与拿破仑军队交火,他认为明智的政治家或将军首先应谦卑地顺从巨大力量的作用,小心和谦卑地试着与之合作,利用它实现自己的目的。库图佐夫柔和地为这些巨大力量的运行铺设道路,成功击败了拿破仑。表面看起来是无名的"巨大的力量"在起作用,但是不是要像库图佐夫那样顺从并利用这个无名的"巨大的力量",仍是取决于库图佐夫本人。[92]

另外一个值得注意的现象,是近代史学著作中连史家的主体性也消失了,历史著作中几乎不再出现"我""史氏""外史氏"这类主词。史书中最常出现的词汇是"历史的评断""历史的惩罚",但这个"历史"是谁呢?有时候,人们喜欢使出一个遁词,开一张无限的支票,说某某事情,将来历史一定会给予评断,但是真的有这个评断吗?这个评断是由某一位或某一群史家所给出的吗?或只是指一个抽象的历史进

---

[91] 钱穆,《国史大纲》(台北:台湾商务印书馆,1975),页388。

[92] Frank Ankersmit, *Meaning, Truth, and Reference in Historical Representation* (Ithaca: Cornell University Press, 2012), pp.248. 此外,参考了周建漳的中译本《历史表现中的意义、真理和指称》(南京:译林出版社,2015),页271。

程?主词成了"历史"而不是史家,而且是一个遁词化或抽象化的主词。

最后,我要跨出历史专业对近代人文社会科学的发展说几句话。大体而言,近代人文及社会科学中往往也出现"人的消失"的现象。社会科学尤其如此。张灏先生在他的自选集《序》中就反思道,在1960年代,他隐约觉得近代社会科学失掉了"人",后来他在神学中找到"幽暗意识"。[93] 20世纪史学者对学术社群的忠诚是不是背离了对广大人群的忠诚,值得我们郑重的思考。

---

[93] 张灏先生说,他刚到美国时以为可以在美国找到了解"人的行为与思想的钥匙",但1960年代的美国社会学界流行实证主义和行为主义,在那里"找不到人"。见张灏,《张灏自选集》(上海:上海教育出版社,2002),《序》,页2。另,William H. Sewell Jr. 的 *Logics of History: Social Theory and Social Transformation* 一书中,若干章也在讨论相近的问题;或可参考罗志田,《近代中国思想史研究的两点反思》,《社会科学研究》,2009年第2期,页150—158。

附 录

中国近代思想文化史研究的若干思考[*]

"太阳底下没有新鲜事",这句话对于史学家尤其适用,研究历史的人,即使观点再新,也不能新到宣称满洲人从来没有入关(李济语)!但是,过去一二十年来,史学界的新发展,也是有目共睹的。

或许"国科会"人文处历史学门通过计划的名单是观察台湾史学趋势的一项好材料。从近年来所通过的专题计划名单,我们可以看出,整体而言,台湾史学界对种种西方新史学风气非常敏感,尤其受到新文化史的影响最大,其特点有几个:第一是认识到文化的建构力量之强大,从而对各种界域的历史建构的过程,或是对过去被视为是本质式的或约定俗成的种种现象,以文化史的建构性角度加以解释。第二是各种过去所忽略的新问题的讨论(如出版史、生态史、情欲史、阅读史等)。第三是与性别、后殖民主义,以及与国族主义有关之研究。

没有人能否认以上种种新发展大幅地扩大了历史的视界,我在此不想重复这些新动向。此处所谈的,纯粹是我个人实际进行研究工作时的一些反思。

---

[*] 本文在2003年3月蒋经国基金会于普林斯顿召开的"中国文化与社会研究新视野"国际研讨会中发表。

近一二十年来，与近代思想文化史有关的文集、史料等都出版得很多，但更值得注意的是，因为历史眼光的改变以及政治气候的变化，使得原先不被注意的材料大量出土。尤其是中国大陆，正在经历一个"恢复历史记忆"的时期，也就是对民国时代非左派的历史人物与历史事件的好奇与兴趣，连带地，也使得与这些人物相关的各种材料大量问世。在林林总总的材料中，"私密性的文件"（private document）很值得注意。譬如大量日记被整理出版，我个人印象比较深刻的，如《胡适的日记》[1]（台湾）、王闿运（1833—1916）的《湘绮楼日记》[2]、刘大鹏的《退想斋日记》[3]、《吴宓日记》[4]、金毓黻（1887—1962）的《静晤室日记》[5]、朱峙三的《朱峙三日记》[6]、陈范予的《陈范予日记》[7]、缪荃孙（1844—1919）的《艺风老人日记》[8]等。此外当然还有许许多多未被印出的日记，从晚清以来，估计在一两千部以上，许多存在县、镇级的图书馆，如果能审慎而有效地使用这些日记，几乎可以按年按日排纂出各个阶段、不同阶层的人对历史事件的看法、心态的变化，思想资源的

---

[1] 胡适，《胡适的日记》（台北：远流出版公司，1989—1990），共18册。

[2] 王闿运，《湘绮楼日记》（长沙：岳麓书社，1997），共5册。

[3] 刘大鹏遗著，乔志强标注，《退想斋日记》（太原：山西人民出版社，1990）。

[4] 吴宓著，吴学昭整理注释，《吴宓日记》（北京：三联书店，1998—1999），共10册；《吴宓日记续编》（北京：三联书店，2006），共10册。

[5] 金毓黻著，金毓黻文集编辑整理组校点，《静晤室日记》（沈阳：辽沈书社，1993），共10册。

[6] 《朱峙三日记》，刊于《辛亥革命史丛刊》（武汉：湖北人民出版社，1999），页223—337。

[7] 陈范予著，坂井洋史整理，《陈范予日记》（上海：学林出版社，1997）。

[8] 缪荃孙著，李一华等编，《艺风老人日记》（北京：北京大学出版社，1986），共10册。

流动等等问题,使得我们可以不局限于探讨思想家的言论,而能从一个新的广度与纵深来探讨思想、文化史。书信也是一宗值得注意的新材料。如《胡适遗稿及秘藏书信》[9]、《罗振玉王国维往来书信》[10]、《陈垣来往书信集》[11]、陈寅恪的书信[12]等皆是。

除了"私密性文件"之外,地方性的材料也值得注意。过去因为史学界将较多的心力放在全国性的事件,或在全国舞台上扮演重要角色的思想人物,比较忽略地方的材料。除了地方士人的著作外,各种地方小报、宣传册子、习俗调查、通俗书刊,如果善加利用,都可能投射出新的光彩,它们有许多仍然保存在各地的档案馆、文史馆中。近年来,中国大陆整理了清末民初各地的报纸,包括了许许多多晚清以来地方上的小报纸,从中很可以观察到一个时代的变化如何在一个极不起眼的地方社会中发生作用,以及地方与全国性舞台的关系。

此外,也有一大批未参与近代的主流论述的所谓保守派或旧派人物的著作,陆续引起注意,刘咸炘的《推十书》[13]即是一例。刘咸炘是四川成都一位"足不出里闬"的旧派人物,他独立发展出一整套以章学诚的思想为基础的著作,其丰富性与独特性相当值得注意。此外像王闿运、王先谦(1842—1917)等人的作品也被陆续整理出来,提供许多的方便。

最后,一些始终被注意、但史料却很零散的社团材料,也陆续被整

---

[9] 耿云志主编,《胡适遗稿及秘藏书信》(合肥:黄山书社,1994),共42册。

[10] 长春市政协文史和学习委员会编,王庆祥、萧立文校注,《罗振玉王国维往来书信》(北京:东方出版社,2000)。

[11] 陈垣著,陈智超编著,《陈垣来往书信集》(上海:上海古籍出版社,1990)。

[12] 陈寅恪著,《陈寅恪集·书信集》(北京:三联书店,2001)。

[13] 刘咸炘,《推十书》(成都:成都古籍书店,1996)。

理出版。像清季在文化与政治上都起过关键性作用的"南社",近年来因着《南社丛书》的出版,提供了远比一二十年前丰富得多的素材,可以比较深入地进行分析。

在研究方法方面,首先我要谈思想的社会功能,我想说的是"思想的形形色色使用",这个词是从英国哲学家奥斯汀(John Austin, 1911—1960)的《如何以言行事》(*How to Do Things With Words*)[14]发展出来的。我们除了探讨思想的意蕴,还应留心这一思想的形形色色的使用以及它们的社会、政治功能。思想有时被用来划分群体,甚至与权力的得到或失去息息相关,有些是用来帮助维系社会精英地位,有些是合法化世俗的愿望等等,不一而足(譬如周作人《知堂回想录》中描述"革命"一词在学校里如何被作为低班的人反抗高班同学的思想依据)[15]。既然要谈思想的社会功能,则思想与自我利益(self interest)之间的关系便值得厘清,在思想的传播过程中,人们的理性选择(rational choice)也值得注意。

此处我想举一个例子来说明思想的形形色色的使用。[16] 儒家的经典除了我们所熟知的道德教化功能之外[17],在民间有时还被当作宗

---

[14] John Austin, *How to Do Things With Words* (New York: Harvard University Press, 1975).

[15] 周作人,《知堂回想录》(香港:敦煌文艺出版社,1998),页76—77。

[16] 我注意到,人们在探讨下层民众文化时,有意无意间出现一种错觉,认为真正值得注意的只有通俗宗教,通俗化的儒家是不值得注意的。

[17] 有时儒家经典还被当成养生诀。陆世仪《思辨录辑要》(台北:广文书局,1977)《后集》卷十:"先君少时曾授仪以儒家养生诀云,于邹学屏上得之,其言曰:'动静必敬,心火斯定;宠辱不惊,肝木以宁;饮食有节,脾土不泄;沉默寡言,肺金乃全;澹然无欲,肾水自足。其言极平易,极精微,极简要,极周币,通于大道,绝胜导引诸家。'"(页6)

教经典使用,用来驱鬼、祈雨、敬神等,上层精英在诠释儒家经典,下层百姓或读书人,也用他们的生活经验在诠释、使用儒家经典[18],还有像清初潘平格以《孝经》祈雨[19],像《绿野仙踪》中齐贡生以《大学》来赶鬼,并且认为《大学》是比道教经典更有力的驱鬼利器[20],像清季太谷学派以宗教性质来重新诠释大部分儒家经典,皆是这方面的例子。

不过,此处要强调一点,我们不能过度将思想化约为只是现实操作的一部分,思想家的作品及独特性仍值得最认真看待,即使是思想或概念与各种现实事务紧密缠绕,但我们看待这个问题时必须承认,行动者一方面是深深涉足于现实的纠葛,同时也仍然可能是思想的真诚信持者。我个人的看法是,思想与政治等层面不能互相化约,在历史行动者身上,它们根本是层层套叠的,即是某些抽象形上思想的信持者,同时也在具体的行动中运用它们,不能因后者而否定前面那个领域的存在,

---

[18] 以明代来集之的《对山堂续太平广记》中搜集的一些故事为例,可以看到它们如何被用来治病驱鬼。在《风俗通》中有一则说:"武帝迷于鬼神,尤信越巫。董仲舒数以为言。帝验其道,令巫诅仲舒。仲舒朝服南面,诵咏经论,不能伤害,而巫者忽死。"那么儒家的经书可以抵抗巫。在儒家经典中,似乎《易经》与《孝经》特别具有这种能力,来集之引某一部《江西通志》,说德安有一位江梦孙(字聿修),家世业儒,博综经史,他出任江都令时,听说县厅经年闹鬼,历任皆迁于别厅。江梦孙不管,他升厅受贺,在夜间则"具袍笏端坐,诵《易》一遍,怪息"。此外,《说颐》一书也记载北齐时权会夜间乘驴出东门,突然觉得有一人牵着驴头,有一人随后,走入迷路,权会觉得有异,乃"诵《易经》上篇一卷未尽,前二人忽然离散"。吴均的《齐春秋》则记载顾欢以《孝经》去病的故事。书中说"有病邪者,以问欢。欢曰:'君家有书乎?'曰:'惟有《孝经》。'欢曰:'可取置病人枕边,恭敬之,当自差。'如其言,果愈"。以上转引自郑振铎,《经书的效用》,《郑振铎文集》(北京:人民文学出版社,1988),第6卷,页344。

[19] 见我的《潘平格与清初思想界》,《亚洲研究》,23(1998),页224—268。

[20] 李百川,《绿野仙踪》(上海:上海古籍出版社,1996),页617。

反之亦然。而且不同的思想派别,其实也可能起着区分不同政治派别的作用,形上的与世俗的层面总是互相套叠、互相渗透,人的意识本来就是如此复杂。

第二,马克·布洛赫(Marc Bloch, 1886—1944)曾经说,研究古代的历史要像"倒着放电影"(regressive method)[21],要从古代建筑物在地面上所留下的阴影倒回去追索该建筑的模样,对于史料稀少零碎像法国农村史的研究而言,他的方法很有道理。

但近代思想文化史是一个史料非常多的领域,而且整体的历史轮廓也比较清楚,我个人认为,在方法论上应该是顺着放电影,也就是努力回到最初的"无知之幕",一步一步展向未来。

我们对百年来的历史知道得太熟了,所以我们已逐渐失去对所研究问题的新鲜感,需要"去熟悉化"(defamiliarized),才能对这一段历史产生比较新的了解。对某一个定点上的历史行动者而言,后来历史发展的结果是他所不知道的,摆在他面前的是有限的资源和不确定性,未来对他而言是一个或然率的问题,他的所有决定都是在不完全的理性、个人的利益考虑、不透明的信息、偶然性,夹杂着群众的嚣闹之下作成的,不像我们这些百年之后充满"后见之明"的人所见到的那样完全、那样透明、那样充满合理性,并习惯于以全知、合理、透明的逻辑将事件的前后因果顺顺当当地倒接回去。

换言之,"事件发展的逻辑"与"史家的逻辑"是相反的,在时间与事件顺序上正好相反,一个是 A→Z,一个是 Z→A。太过耽溺于"后见之明"式的思考方式,则偏向于以结果推断过程,用来反推回去的支点

---

[21] Peter Burke, *The French Historical Revolution: Annales School 1929-1989* (Stanford: Stanford University Press, 1990), pp. 23-24.

都是后来产生重大历史结果的事件,然后照着与事件进程完全相反的时间顺序倒推回去,成为一条因果的锁链。但是在历史的发展过程中,同时存在的是许许多多互相竞逐的因子,只有其中的少数因子与后来事件发生历史意义上的关联,而其他的因子的歧出性与复杂性,就常常被忽略以至似乎完全不曾存在过了。如何将它们各种互相竞逐的论述之间的竞争性及复杂性发掘出来,解放出来,是一件值得重视的工作。在近代中国,原有的秩序已经崩解,任何一种思想都有一些机会成为领导性论述,同时也有许许多多的思潮在竞争,必须摆脱"后见之明"式的,或过度目的论式的思维,才能发掘其间的复杂性、丰富性及内在的张力。

此外,一个大致知晓全幅历史发展的人,与一个对未来会如何发展一无所知的历史行动者,对事件中各个因子之间的复杂情况与各因子之间的关系的了解与分析明显不同。我们可以想象后代史家会多么容易对"事件发展逻辑"所特有的非透明性、歧出性、偶然性,作出错误的解读与诠释。同时也能意会到想要"去熟悉化"是一件多么艰难,甚至永远不可能达到的目标。但是对这两种逻辑之间重大差异的自觉,恐怕是史家所应时刻保持的。

第三,我们已经充分了解韦伯所说的思想、习俗等所构成的"世界图象"对历史发展所扮演的类似火车"转辙器"的功能[22],但是如果更深入地看,思想与政治、社会、教育、出版、风俗、制度之间,是一种佛家所谓的互为因缘,或是用诺伯特·埃利亚斯(Nobert Elias)的话说,是

---

[22] Max Weber, *From Max Weber: Essays in Sociology*, tr. H. H. Gerth and C. Wright Mills (NY: Oxford University Press, 1958), p. 280.

一种"交互依存"(interdependence)的关系。[23]

韦伯也曾经说过,人是搭挂在自己所编织的意义网络之上的动物,此话诚然,但人同时也是搭挂在其生活网络与社会网络之上的动物,后面两者与思想有非常深刻的关系。当社会生活形式产生深刻变化之时,便与一种新的思想产生亲和性(affinity)的关系,思想像一株树木,它生活在社会生活的土壤之中。如果我们比较深入地了解舒兹(Alfred Schutz, 1899—1959)对日常生活世界的分析[24],或许可以把握"思想"与"生活"之间交互依存的关系。

远的不说,是什么样的社会生活变化,使得"过去"成为一个陌生的国度[25],使得"传统"成为一个流行的概念,使得形形色色的新思潮得以越闸而出。是什么样的社会生活变化,使得较早一批出身于港澳或租界或沿海通商口岸的思想家,把他们生活中所见所感的东西化为歆动一时的思想言论。

思想与社会、政治、教育等复杂的"交互依存"性关系,使得跨领域的研究变得相当迫切。近来自然科学已经出现了学科重组的新发展,19 世纪以来逐渐定型的一些学科划分,面临了改组的命运,而新出现的学科常常是跨领域研究的进一步发展,在思想史研究中,跨领域研究也是一条值得重视的路。(譬如近几十年来,有关中国上古思想史的

---

[23] Robert van Krieken, *Nobert Elias* (London: Routledge, 1998), pp. 11-12, 49, 55-61, 103-104.

[24] 舒兹这方面的著作很多,如 *Collected Papers* vol. I: *The Problem of Social Reality* (The Hague: Nijhoff, 1962);还有他与 Thomas Luckmann 的 *The Structure of the Life-World* (Northwestern University Press, 1973)。

[25] David Lowenthal, *The Past is a Foreign Country* (Cambridge: Cambridge University Press, 1985).

一些新看法是与人类学分不开的。)

在研究课题方面,首先,我们在研究近代思想文化史时,太过注意浮沉于全国性舞台的人物或事件,或是想尽办法爬梳庶民的心态,但比较忽略"中层"的思想文化史,如果地方上的人物被史家注意到,通常也是因为他后来成为举国所瞩目的人物,像新文化运动时期的成都的吴虞(1872—1949),或杭州一师的施存统,但是除了这些后来上升到全国舞台的思想人物外,许多小地方都有它丰富而多彩多姿的变化,在地的读书人也敏感地寻找思想文化上的出路。德塞都(Michel de Certeau,1925—1986)说,在大波浪之下的海底鱼儿们游水的身姿也值得我们注意。[26] 这里所指的是县或乡镇这一级的思想文化活动。有几个立即可以探究的问题:没有这些在地的读书人,通文墨的种种身份(如阴阳生)的人,精英的论述可能下及在地社会吗?他们是不是被动"启蒙"的一群?他们与主流论述的大知识分子之间的关系怎样?他们在大思潮风行草偃之时,是否维持其在地性的思想特色?或者根本应该反过来思考,上升到全国舞台的大知识分子是否事实上始终带着在地性的思想色彩?

以江南一些古镇中的小读书人与整个时局变化的关系为例,浙江和江苏的几个古镇像周庄、同里、黎里、甪直,它们都是一些富含明清江南古典气息的小镇,但在清末民初,其地的读书人,酝酿了一些动能,在地方上也都兴办了许多新的事业,这些动能并不全然与主流论述相合拍,但他们都有摸索各种出路的努力(以周庄为例,《岘声》《新周庄》这类地方小报纸是了解当地思想文化动态的好材料)。其中只

---

[26] Michel de Certeau, *The Practice of Everyday Life* (Berkeley: University of California Press, 1988).

有后来与南社有关的诗人,如柳亚子、陈去病(1874—1933)等较为大家所知。

如果我们比较仔细地观察,这些原本十分古老、封闭的地方社群中思想与知识的生产与流动,他们如何得到书刊,他们读什么书报,信息沟通的网络,地方新兴起的舆论,几个零星的"有机型知识分子"如何获得外部信息,如何把外面的主流思想议论变造成浅白的语言,传达给在地的人民,如何成为组织者与宣传者,并使自己取得了原先旧科举功名拥有者在地方上所享受的优越地位等,都很值得注意。[27]

第二,过去,我们似乎将太多注意力放在新派人物,即使被注意到的所谓保守派,也常常是与新派人物保持密切对话的人(如梁漱溟[1893—1988]之《东西文化及其哲学》[28],其中牵就陈独秀与胡适之处甚多),对于旧派人物的丰富性了解相对较少。尤其是他们的论点常常隐晦地表达在他们对经书的批注或诗词之中,更增加其了解的困难。

受旧文化熏陶较深的读书人,有一整套价值观,对于自己所属这个文明的"理想的自我形象"有一套看法,对于种种长期积累的"文化理想"也有其坚持,故对许多旧派人物而言,所谓进步的东西,在他们看来是一种堕落与破灭。所以常常是社会文化已经变得面目全非,但是旧读书人挂在口头上的始终是"理想上"应该如何如何。只要这"理想上应该如何如何"的心理不曾变化,则不管现实的变化有多大,他们心

---

[27] 这些地方上较早的一批旧读书人,譬如周庄的诸福坤,南社的最早几位先驱,早年皆受学于他,他们的思想意态显然已经酝酿着一些变化了,但我们对此等人物却只有吉光片羽的了解。

[28] 梁漱溟,《东西文化及其哲学》(台北:里仁书局,1983)。

目中仍将以这些"文化理想"衡量、评判现实,想尽一切努力回到那个"文化理想"。所以,这些"文化理想"的内容,旧派人物的思想世界与传统的"文化理想"的关系,以及在什么时候、在什么情况下,主流论述严重地挑战或破坏了这些"文化理想",都值得探究。此外,我们已经知道"新派"不停地在变,但我们较忽略的是旧派人物也不停在变,他们也在以独特的方式响应时局。

第三,"一只燕子能否代表一个春天"?如果一种想法只是出现在某位思想家的笔下,而没有传播开来,那也就只是一只燕子而已。

因为我们讨论的是思想史,所以不能太心安理得地以为一只燕子就代表一个春天,也就必须考虑思想传播的问题,而考虑这个问题时,便不能不注意新式报刊及印刷的流行所带来的革命性的变化。胡适曾说,一个商务印书馆远比一个北大有力量,即因为他认识到这一个现象。

此处只举几个简单的例子。首先,新报刊与各种印刷物将思想带到原先所到不了的地方,形成了一个网络,而且深入到原先不可能接触到这些思想资源的大众,形成了一个纵深,新刊物是定期出版的,所以形成了时间的持续感。作者与读者之间形成了一种超越亲缘、地缘的联络网与对话关系,而且形成一种声气相通的拟似社团,原先对事情的零星反应可能透过报刊而形成了集体舆论,它们所产生的影响非常广泛而复杂。

以"官"与"民"的关系为例,掌握在非官方手里的传播网提供了表达各种逸出官方正统的思想,人们不必透过上书的方式,而是直接在报刊上表达。当时人不免产生一种不解,即社会上出现一种怪现象,下层官员或百姓有意见时,不循正常的书奏管道,而是径交各种报刊发表。当时人的不解正好反映了一种新的信息网络的兴起,这种新网络促成新式"舆论"的出现,造成一种公共舆论,这种公共舆论和以前官方的采诗采风不同,成为一种相对于官方而言具有独立意味的领域,甚至与官方的意识形态竞争,并常常拂逆或左右官方的意志。我觉得在晚清轰传一时的"杨乃武与小白菜"的事件,便已透露出《申报》等大媒体所形成的公共舆论,如何挑战官府的判决,而官方的权威、官方的意识形态等,也都广泛地受到这一类公共舆论的新挑战。[29]

新报刊与印刷物的流传,也使得精英的上升管道逐渐多元,在科举之外,有些人靠着在报刊发表文章成为言论界的骄子,即使没有功名,也可以迅速积累象征资本,成为新的社会精英。思想上"主流论述"的产生与运作方式也产生了新的变化。不过,报刊与印刷固然使得多元的思想可以公开表达流传,并与官方正统意识形态竞争,但反过来说,某些论述也可能凭借强势媒体的力量,压抑在地的、多元的声音。

第四,近代中国感觉世界(structure of feeling)[30]与"自我感知的框架"(frames of self-perception)[31]的变化也值得注意。此处再以南社为例,柳亚子、陈去病这群震动清末历史的人,整天聚会饮酒,流连于酒楼、古墓、遗迹,写诗作文,做的完全是旧文人的事,写的都是旧体的诗词,他们较少发表时论,但他们的诗词展现一种不安于现在、不满于现状,一种激情、悲愤与豪兴,鼓吹活泼淋漓的少壮风气,其中固然少不了革命的、民族主义的想法,但是这些思想都在《民报》等刊物中阐述再

---

[29] 关于此案之过程,见刘志琴主编,《近代中国社会文化变迁录》(杭州:浙江人民出版社,1998),第一卷,页379—383。

[30] Raymond Williams, *The Long Revolution* (New York: Vintage Books, 1973), pp. 45-48.

[31] 借自 Clifford Geertz, *The Interpretation of Cultures: Selected Essays* (New York: Basic Book, Inc., 1973), p. 239。

三了,他们的诗词所发挥的作用毋宁是以文学催促旧的渐渐消灭,暗示民族的更生,整体而言是在带动一种感觉世界的变化,而这种变化歆动了一时的文化界,与革命思想交互作用。从这个例子看来,如何捕捉感觉世界的变化,是一件值得注意的事。

此外,"自我感知的框架"也在变。形形色色的新思想、新概念、新名词,纷纭呈现,而又层层交叠,生活在这个由新概念、新名词所编织而成的政治文化之下的人,看待世界的方式与行动的方向都起了变化。年轻的读书人所理解的常常只是几个粗浅浮泛的概念,可是因为对旧的已经失去信心,对新的、未知的世界无限向往,一两个名词、一两个概念,便成为一种形塑个人与社会的重要思想资源。我们应如何捕捉这些飘移的信息,从而勾勒出晚清以来"自我感知的框架"的情状?

科泽勒克在一篇文章中说了一个故事,他说在德国的一个小地方,古来的习俗是未成年的子女不能上桌吃饭,有一天一个少年从外面回来,他父亲先是赏了他一个耳光,然后告诉他,从今以后,他可以上桌吃饭,家人对此突发事件非常错愕,忙问父亲这到底是为什么,这位没有什么知识的父亲回答说:"人们说这是进步!"[32] 这本来是一个平凡无奇的小故事,但在这代中国随时随地在发生。举一个例说,晚清书刊中满纸的"公理""公法"……五四以后,青少年的口头禅"向上的生活""进步""反动""主义",或是他们在诗文中常用的"自然的"与"有意识的"之对立,便发生这种作用。"向上的生活""有意识的生活",成为塑造"自我感知的框架"的关键词,就像那位父亲一知半解地说"人们说

---

[32] Reinhart Koselleck, *The Practice of Conceptual History: Timing History, Spacing Concepts*, translated by Todd Samuel Presner and others (Stanford: Stanford University Press, 2002), p. 218.

这是进步"。

最后,我想以四点作为这篇短文之结束。

第一,比较研究也是不可忽视的,这方面前辈史家已经作过种种努力,但是大多是以现代化的理论为基础来进行,我们应该摆脱这个理论支架,把近代中国思想和同一段时期印度、东欧等地区的思想发展进行比较。此外,我们如果更加深入地了解近代欧洲思想学术,并把中国放进当时世界思想脉络中去理解,必然会得到较为深刻的见解。

第二,从年代上来说,1950年代以后的台湾与大陆的思想历史,目前仍是一片相当荒芜的园地,而这五十年中海峡两岸所经历的思想变化非常复杂、深刻,应该得到特别的重视。

第三,有许多普遍感兴趣的问题,像隐私的观念、人权、友谊、宇宙观、时间、空间的观念等,还较少被放在近代思想文化史的脉络中加以探讨,值得进一步开拓。

第四,虽然我在前面谈了这么多,但是,最后、也是最重要的是,我们仍然不能忽略对于一群又一群思想家们的原典的阅读与阐释,如果把康有为、梁启超、孙中山、陈独秀、胡适等人的思想从近代历史上抽掉,那么,近代中国历史的发展就是另外一回事了。所以,对于重要思想家的著作进行缜密的阅读,仍然是思考思想史的未来发展时最优先、最严肃的工作。

出版后记

秉承"思想自由、兼容并包"的传统,本着"繁荣学术、培养人才"的宗旨,北京大学于2012年设立"大学堂"顶尖学者讲学计划,希望在全球范围内邀请各领域学术大师来校举办讲座、开设课程、合作研究等,以推动科学研究、人才培养的全面创新和发展。光华教育基金会向北大捐赠专项资金,资助和支持"大学堂"顶尖学者讲学计划。北京大学国际合作部负责计划的具体实施,接受提名和推荐,并组建学术委员会予以遴选和讨论,最终确定入选学者。

按照项目设计,受邀学者通过系列讲座这一主要形式,并辅以座谈会、研讨会、工作坊等其他学术交流活动,与来自北京大学内外的优秀中国学者展开交流。在运行与实施过程中,学校各院系踊跃申报,师生们积极参与,从各方面给予大力支持,共同支撑起这一北大的高端学术交流品牌。2016年北京大学人文社会科学研究院成立后,从学者推荐、学术组织、行政服务与支持方面,全力支持"大学堂"讲学计划,极大地便利了学术对话活动的开展。

"大学堂顶尖学者丛书"依托"大学堂"讲学计划受邀学者的讲座内容,立体地展现他们在北大的思想交锋过程。"大学堂"丛书的编辑出版工作,得到光华教育基金会的资助。作为光华教育基金会董事长,尹衍梁先生多年来关心和支持北大建设,包括"大学堂"讲学计划在内的诸多教育事业,从中受惠良多。在"大学堂"丛书推出之际,谨此表达对上述人士或单位的诚挚感谢。

北京大学国际合作部(北京大学港澳台办公室)

2017 年 7 月